Georges VERMARD

La Tradition Hermétique

Maât l'initiatrice

TOME III

Roman

Georges Vermard

La Tradition Hermétique
Maât l'initiatrice
Tome III/3

Publié par
Omnia Veritas Ltd

Ⓞmnia Veritas

www.omnia-veritas.com

© Omnia Veritas Ltd – Georges Vermard – 2017

Tous droits réservés. Aucune partie de cette publication ne peut être reproduite par quelque moyen que ce soit sans la permission préalable de l'éditeur. Le code de la propriété intellectuelle interdit les copies ou reproductions destinées à une utilisation collective. Toute représentation ou reproduction intégrale ou partielle faite par quelque procédé que ce soit, sans le consentement de l'éditeur, de l'auteur ou de leur ayants cause, est illicite et constitue une contrefaçon sanctionnée par les articles L-335-2 et suivants du Code de la propriété intellectuelle.

L'intuition a guidé cet ouvrage.

L'intuition est à la conscience supérieure

Ce que l'instinct est au cérébral

Et le réflexe au corps.

PRÉSENTATION	7
CHAPITRE XIX	9
CHAPITRE XX	38
CHAPITRE XXI	85
CHAPITRE XXII	109
CHAPITRE XXIII	155
CHAPITRE XXIV	220
CHAPITRE XXV	278
CHAPITRE XXVI	338
CHAPITRE XXVII	355
CHAPITRE XXVIII	381
GLOSSAIRE	413
DÉJÀ PARUS	422

Au monde d'hier…

À celui de demain…

Présentation

Maât

*C*e dernier ouvrage de la trilogie Héri-tep – L'Our'ma – Maât, a pour vocation de poursuivre la quête de la « Tradition Primordiale ».

Lire, ce n'est pas seulement parcourir, c'est méditer. Le lecteur n'est pas simplement spectateur de la narration, il s'y agrège, il s'y modèle tel le matériau sous l'idée qui le conçoit. La vie est un espace restreint où nous sommes le plus souvent prisonniers de nous-mêmes. Un choc, un évènement, une réflexion et nous franchissons à notre insu un seuil cognitif, qui nous projette sur les margelles d'un ailleurs intangible dont nous pressentons les indicibles effluves d'une autre réalité.

Ce troisième ouvrage a pour intention de nous y conduire, afin de nous aider à percevoir en un syncrétisme subtil les limites de notre quotidien, là où le hasard et ses conséquences se substituent à l'intuition pour engendrer le puzzle des notions symboliques qui étaient à l'origine de la pensée. C'est au gré de ces pages, parmi la *multitude des extrapolations, que le lecteur trouvera matière à discernement. Les aléas existentiels affrontés depuis toujours par l'humanité ne peuvent plus, aujourd'hui, être mesurés à l'aune du temps passé. Tout s'est modifié très vite autour de nous. Nous avons fragilisé la bio-carapace de notre planète et les coups qui lui sont portés résonnent dangereusement le long de ses fêlures. Les crevasses d'hier deviennent, au fil du temps, des failles menaçantes, que nous continuons à enjamber avec inconséquence, sans chercher à en analyser ces grondements alarmistes qui nous viennent du fond.*

Les ténors de cette société interlope, derrière lesquels nous prenons sillage, ne seront plus à leurs postes le jour où la Terre malade vomira les miasmes des appétences humaines. En vain, nous chercherons la présence de ces décisionnaires au verbe dominant et aux arguments tranchés. Ces autoproclamés guides universels se seront débandés et nous nous retrouverons seuls face au drame planétaire qu'ils auront suscité par leur abus de privilèges. Nous aurons alors bel apanage à considérer ces couards coupables des malheurs qui nous accableront. Certes, des décennies durant, auront-ils précipité la désagrégation par leurs attitudes égoïstes, crapuleuses et irresponsables. Mais nous, les cibles monnayables, qu'ils appellent avec un cynisme soigné... concitoyens et dont les deux autres syllabes après la première sont excédantes, n'avons-nous point eu la crédulité de les placer en siège, d'entériner leurs décisions, d'aduler leurs oratorios, d'étayer leurs pouvoirs. Cela, malgré la pluralité des signes annonciateurs que nous avons scotomisés au profit d'une quiétude qui n'est que flegme à la volonté d'être. Gens du petit vaisseau spatial « planète bleue », en tant que goutte d'eau dans l'océan, nous ne sommes rien, mais en tant qu'océan... nous sommes tout. Il est urgent que nous envisagions une société existentielle, axée sur les principes d'une morale collective et d'un esprit de pérennité. Le destin qui s'exprime en l'harmonie universelle semble nous tendre une dernière fois la main, sachons la saisir. Demain, il se peut que ce soit nous qui lui tendions fébrilement la nôtre.

Chapitre XIX

Cette petite averse soudaine autant qu'inattendue réveilla la nature assoupie. De balsamiques senteurs émanaient des bosquets aux tonalités délicates qui jalonnaient de leurs généreuses arborescences l'allée jardinière.

Maut, les orteils recroquevillés dans le sable humide, attendait, l'air résigné, que Nedjemer ait achevé sa litanie incantatoire à la déesse Hathor. La divinité se trouvait devant elle, personnifiée par un vieux et volumineux sycomore dont le feuillage en oriflamme embrasait le firmament. Les fumigations aux essences de santal pénétraient la frondaison pour se dissiper en de mystérieuses inhalations dans le cœur même de l'arbre.

Les jeunes filles en parures de lin blanc, mains ouvertes en direction du Ciel, gardaient le regard invariablement fixé sur la scène. Le sérieux de leur physionomie contrastait avec la tendre beauté de leurs jeunes corps. La prêtresse se retourna, les deux bras tendus vers son assistance :

- *Mère éternelle vous remercie de vos généreuses pensées. Amon le divin, Amon le caché est omniprésent en ce lieu !*
- *Hamoun... le caché ! reprit en chœur l'assistance féminine. Alors que Maut se surprenait à dire « Amen... ! », ce qui la laissa un instant perplexe !*

D'un geste délicat, la jeune prêtresse d'Hathor releva le bas de sa robe pour descendre les trois marches du petit édicule sur lequel elle se tenait. Souriante et détendue, elle s'avança vers cette blonde étrangère que les Hiérarques venaient de lui confier :

- *Regarde, Maut ! indiqua-t-elle avec douceur. J'ai placé un serpentin de vie autour de l'un des doigts de la déesse ! Cela, afin que ton nom, Maut Clairmonda, soit, ton existence durant, protégé par cette divinité.*

Maut s'approcha du houppier de l'érable. Instinctivement, elle suivit l'index de la jeune prêtresse qui lui indiquait l'une de ces petites spirales d'or ayant place parmi la multitude. Désormais, elle se trouvait accrochée comme tant d'autres aux ramures multiples de l'arbre sacré.

En regardant plus attentivement la conformation de cette minuscule sinusoïde, Maut ne put s'empêcher d'établir un rapprochement avec la double spirale d'ADN illustrée par la biophysique de son XXIème siècle. Un instant, elle imagina pouvoir développer ce point de vue avec Nedjemer, mais elle réalisa que sa maîtrise de la langue était trop imparfaite. Le fameux génie insinué par Héri-tep n'était plus là pour lui faciliter la tâche, aussi lui parut-il judicieux de disséquer au mieux de ses possibilités chacune de ses phrases !

- Je suis... sensible à cette intention... Merci ! trouva-t-elle à répondre sans trop de difficulté.
- Hathor veille sur toi, désormais ! Lorsque tu retourneras parmi les gens de ton peuple, les Celtes boréliens, tu rayonneras de la lumière de Ta Meri !
- Comment sais-tu... Nedjemer, que je suis née en nation celtique ?
- Les Hiérarques me l'ont dit ! J'ai déjà rencontré des araméens, des galates et j'ai entendu parler des mitanniens ! Leurs souches sont celtiques, mais une femme borélienne blonde comme toi... je n'en avais encore jamais vu !

La prêtresse entoura amicalement le bras de Maut. Précédée d'un cortège floral composé de très jeunes filles, elles empruntèrent une allée latérale menant au pavillon du jardin.

- Lorsque j'étais petite, reprit Nedjemer dans le souffle d'un rire, je me souviens de trois « Dru-wids », les très-savants, comme on les nommait en leur langue. Ils étaient invités au palais royal pour parfaire leurs connaissances en matière de tradition. À leur vue, j'allais me cacher, j'avais peur de leur barbe et de leur longue robe en tissu rêche. Ils sont demeurés parmi nous de longs mois, puis un jour, ils ont repris le bateau pour traverser la Grande Verte. Les

Hiérarques que tu connais les fréquentaient assidûment, mais eux ne parlaient jamais aux femmes ou aux enfants... Je ne sais trop pourquoi ! Tiens, voilà ton cottage, Maut. Je suis heureuse de t'avoir désormais pour amie.

Leur petit groupe parvint au pied des résidences en brique sèche réservées aux étrangers de marque. Après une courte interruption, Nedjemer renoua avec son ressenti :

- Je sais que la vie est différente d'un pays à l'autre, surtout pour une femme. C'est pourquoi ces nobles suivantes se trouveront dans cette pièce annexe, attachées à ton service, de jour comme de nuit. Demande-leur ce que tu veux, elles satisferont tes désirs. Sauf en ce qui concerne les interdits formels, que nous ont spécifiés les Hiérarques.

- Maut se montra étonnée : Puis-je savoir de quelles teneurs sont ces interdits... Nedjemer ?

- Il ne faut pas que tu aies de relations sexuelles durant ton séjour parmi nous. Pas de promenade solitaire, pas de risques inutiles et surtout pas de conversation sur les mœurs de ton pays. C'est pourquoi, je ne te poserai pas de questions, Maut, malgré le brûlant désir que j'aurais à le faire !

- Maut rit de cette franchise, alliée à ce penchant féminin qu'elle ne désavouait pas. Ces interdits sont acceptables... en une durée limitée ! Je m'y soumettrai, Nedjemer.
- J'en suis convaincue ! Regarde... il semblerait que tu sois attendue par l'un des Pairs. C'est un honorable privilège, Maut !
- La fille du septentrion marqua l'arrêt : Est-ce là l'un des Hiérarques qui se trouvait avec l'Our'ma, hier soir ?
- Oui ! Son nom est Iam-Iret, il est très vieux et empli d'humour ! Je te laisse en sa compagnie ! Si tu désires m'entretenir de quelque problème, les filles qui suivent tes pas savent où me joindre !

Avant que Maut n'ait trouvé les mots pour remercier cette fille du soleil, Nedjemer s'éclipsa, souple et légère, parmi la frondaison. Les très jeunes servantes qui demeuraient près d'elles se courbèrent avec grâce devant les pas clopinant du patriarche. Un long bâton aux contours torsadés soutenait sa marche.

- *Maut... Ma vue est fatiguée, je n'arrivais pas à différencier ta personne parmi ce parterre de fleurs !*
- La jeune femme sourit à ce délicat compliment : *La différence, Révérend Pair... c'est qu'il n'est nul besoin de cueillir mon âme pour la déplacer... elle vient à vous !*
- *Tu t'exprimes déjà comme une princesse. Tu n'es pourtant là que depuis la veille. Parlons net, veux-tu ? l'Our'mâ, vénéré soit son nom, m'a dépêché près de ta personne pour organiser ton emploi du temps, lors du court séjour que tu es appelée à effectuer parmi nous.*
- *Il s'agit d'un court séjour... j'ignorais !*
- *Notre divin Pair s'est subitement souvenu, lors d'un précédent entretien avec une divinité, qu'il lui avait été spécifié que tu ne devais pas demeurer plus de neuf jours en Égypte. Cela écourte de beaucoup le calendrier des connaissances que nous projetions de t'enseigner. C'est pourquoi il nous faut aller très vite à l'essentiel.*

Le patriarche posa sur l'avant-bras de Maut sa longue main veinée de bleue. Un court instant, les petites prunelles rieuses qui dansaient en ses yeux musardèrent en silence avec le délicat minois de la blonde aryenne :

- *Après quoi... ajouta-t-il sur un ton rieur, nous ferons en sorte que tu retrouves très tôt... le bordel des hélicoptères !*

À l'énoncé de cette phrase inconvenante, Maut rougit de tous les pigments de sa peau :

- *Pair... ce mot... « Bordel », que j'ai imprudemment prononcé dans le feu de ma locution, est à considérer comme une escapade linguistique courante en mon pays. J'ai utilisé ce vocable spontanément pour signifier une situation confuse. Mais il s'agit d'un gros mot, lequel ne saurait convenir au vocabulaire châtié, que vous, les Pairs, utilisez. Dans votre bouche il me choque !*

- *Oh... C'est parfait... ça marche le truc de L'Our'mâ ! Il avait raison lorsqu'il m'a dit : Essaye un peu de choquer son comportement, il se peut que cela déclenche en son esprit une réaction qui facilite les possibilités naturelles qu'elle a pour s'exprimer... C'est gagné, Maut... gagné !*

Devant la duplicité d'une telle stratégie, la fille du XXIème siècle resta un instant interdite. Mais elle changea rapidement d'appréciation au regard des résultats obtenus. Un mécanisme psychique s'était déclenché en elle, peut-être était-il dû à une réminiscence des facultés octroyées la veille par « le génie » que lui avait esquissé Héri-tep ?

- Quant à l'hélicoptère, reprit le facétieux vieillard, Shem'sou, qui a été témoin de la scène, nous a expliqué que de nombreux rameurs, petits et sans doute très costauds, se tenaient cachés en cette embarcation. Leur rôle, semblait-il, était de faire tourner leurs rames dans l'air, si vite et si fort, que l'esquif se soulevait au-dessus des têtes. Le tout, en un bruit d'orage que lui disputaient mille meutes de chiens en rut... Ça devait être un sacré spectacle cette vision !

Maut fut ravie de ce rocambolesque descriptif. Toutefois, la mise au point oratoire lui parut être une épreuve au-dessus de ses forces. Ce que l'on attendait d'elle dans les jours à venir lui paraissait plus préoccupant.

- Pardonnez-moi, Respectable Pair, de revenir sur mon cas personnel. Vous prétendez, dites-vous, avoir aménagé une planification... Je veux dire, une ordonnance de mon temps, adaptée à mon séjour parmi vous ?
- Oui... Maut ! L'Our'mâ, malgré le plaisir qu'il aurait eu, ne peut se libérer pour t'enseigner les rudiments de ta quête. Aussi a-t-il décidé de confier en partie cette instruction à un personnage quelque peu étrange, au demeurant extrêmement compétent, une sorte d'anachorète vivant en semi-troglodyte à quelques lieux d'ici. Il s'agit d'un devin visionnaire à qui il sera inutile de dépeindre ta situation, car il est sensé la mieux connaître que toi !
- Ah ça ! Où, quand et comment devrai-je me rendre auprès de ce prodige, Respectable Pair ?
- Tout est prévu, Maut, pour que tu n'ait point souci de cet ordre.

Demain, à la première heure, se formera un convoi de prêtres éducateurs, accompagné de gens en armes. Ils auront pour mission d'escorter ta personne lors du voyage sur le fleuve. Il te faudra prévoir une navigation de deux jours en direction du Sud. Tu seras assistée en permanence et le moindre de tes désirs sera satisfait... Cela dans la mesure du possible, bien évidemment !
- *Une litière... dites-vous ! Et vous évoquez la présence de soldats en armes ! Y a-t-il un risque quelconque à voyager en ces contrées ?*
- *À dire vrai... la campagne de Pharaon en territoire de Canaan contre les mitanniens insurgés a considérablement affaibli les effectifs militaires d'intervention. Instruits de cette lacune, des conformations tribales de race nubienne se permettent parfois des incursions jusque sous les murailles du palais. Ils volent du bétail ou rançonnent des éleveurs isolés. Mais lorsqu'ils subodorent des bijoux en or chez des voyageurs de passage, cela semble décupler leurs capacités à nuire. Aussi n'hésitent-ils pas à attaquer ce genre de convoi et tuer ceux qui les protègent.*
- *Je suppose, Pair, que ce sentiment d'insécurité se prolongera au centuple dans la demeure isolée du personnage chez lequel je dois me rendre ?*
- *Là-haut... oh non, tu n'encourras aucun risque de cet ordre parmi la communauté des gymnosophistes. La terrible réputation de leur chef terrifie les nubiens... plus que la mort elle-même.*
- *Les yeux de Maut s'emplirent de larmes : Je crains, Pair, de ne pas être suffisamment résistante pour affronter des épreuves de cet ordre, voyez-vous je suis encore trop faible !*
- *L'Our'mâ pourtant est persuadé du contraire ! Il m'a dit que ton apparente faiblesse réside en ton excès de féminité, dont tu trouveras bientôt l'explication rationnelle.*
- *Et que me faudra-t-il encore réaliser comme prouesses... à mon retour, si retour il y a ?*
- *Notre Très Respectable Pair l'Our'mâ a émis le désir de parfaire lui-même ton enseignement. Je crois savoir qu'il sera essentiellement axé sur les secrets du plateau pyramide que tu nommes Gizeh !*
- *Ce Très Respectable Pair, que vous appelez Our'mâ... c'est Héri-tep... N'est-ce pas ?*
- *Oui... Maut ! Celui d'entre nous que tu aimes bien. Tu n'es pas la seule d'ailleurs. Héri-tep dépasse en connaissances tous les Grands*

Maîtres à penser qu'il nous fut donné de connaître en Égypte.

Durant quelques secondes, Maut eut la désagréable sensation d'être mise à nue. Mais il était exact que, sans la présence rassurante d'Héri-tep et de son étrange regard, sa nature n'aurait pas été en mesure de supporter cette translation métapsychique, pour laquelle elle n'était nullement préparée. Le corps arqué sur son bâton patriarcal, Iam-Iret laissa alors éclater son enthousiasme :

- *Tu représentes, Maut, une expérience exaltante, unique en son genre. Sans que tu le perçoives formellement, tu places au pied du mur la vieille Égypte et son cortège de connaissances non révélées ! Si nous nous montrons capables de relever ce défi, nous pouvons prétendre enrayer le processus de désagrégation de la société en laquelle tu vis, je veux parler de ton XXIème siècle ! Et si tu venais à achopper en ton induction ! Cela signifierait que pour les êtres peuplant ta civilisation, nos connaissances se présenteraient comme trop ésotériques pour leurs cogitations ! Ce serait dommage pour la survie de tes contemporains.*
- *Pair, comment puis-je prétendre en aussi peu de temps restituer des millénaires de connaissances acquises ? L'idée même, n'est-elle pas déraisonnable !*
- *La connaissance, ma petite fille, est semblable au parfum : Lorsqu'il est concentré, une seule personne le sécrète avec surabondance, mais lorsqu'il est vaporisé, il prédispose une multitude à la joie de l'inhaler !*
- *Mais... Pair, toutes ces formules mystérieuses ne manqueront pas de s'avérer très compliquées, pour moi et pour ceux à qui je chercherai à les faire valoir. Je crains que...*
- *Si le chemin est long et scabreux pour gravir la montagne, l'instant pour contempler son panorama est le plus souvent hâtif. C'est pourtant de lui et de lui seul, dont on se réfère, lorsqu'on évoque le voyage... aussi pénible qu'il eut été.*

Maut se dit qu'avec ce maître en sapience, chaque mot était saturé de sous-entendus, et que cela risquait de devenir contraignant. Aussi profita-t-elle d'un court silence pour tenter une réflexion plus avisée :

- Pardonnez-moi, Pair ! Je réalise soudain que les propos que j'émets ne sont pas à la hauteur de la confiance que vous, les Hiérarques, placez en moi ! Cela pourrait laisser planer un doute sur ma volonté d'aboutir !
- Tu penses avoir trébuché, c'est donc déjà que tu t'étais élevé. Tout ce qui rampe, ma fille, ne saurait encourir ce genre de risque ! C'est pourquoi, vois-tu... avec l'âge... j'accorde une certaine estime à mon bâton... il me soutient, tout en se tenant plus droit que moi !

À pas lents, Iam-Iret gagna l'entrée sous les regards respectueux et craintifs de l'assistance :

Nous nous reverrons bientôt, Maut ! Je te souhaite un excellent voyage. Il faut que tu saches que les Nubiens appréhendent les filles blondes, qu'ils prennent pour de redoutables sorcières ! À bien considérer, je me demande... s'ils ont si énormément tort...

Le patriarche ne chercha pas à apprécier l'effet qu'avait pu produire sa phrase sur le minois de sa gracieuse interlocutrice, il franchit le seuil en claudiquant, sans se retourner.

***

Le Nil en ces lieux étendait ses eaux calmes jusqu'aux confins des terres. Autour d'eux, une multitude de petits îlots arborés ponctuaient de leurs touches vives ce maussade glacis d'un bleu éteint sur lequel glissaient leurs embarcations.

Maut se trouvait allongée sur le pont supérieur d'un petit bâtiment rustique aux peintures écaillées. Près d'elle, se tenait tout un entourage attentif à son comportement.

Les vingt-huit rames, qui plongeaient en cadence dans les eaux du fleuve, l'empêchaient de se concentrer sur la multitude de bruits étranges que produisait la nature ambiante. Les cris de ces milliers de volatiles et le bourdonnement lourd de ces écharpes d'insectes n'étaient en rien comparables avec ce qu'elle connaissait de l'Égypte contemporaine. L'air était plus vivace, plus organique. Il était chargé de fragrances aux origines indéfinissables, que renforçaient de temps à autre de forts effluves de végétaux chancis.

Les berges regorgeaient de hérons, d'ibis, de canards aux plumages d'apparat, alors que des nuées d'oiseaux migrateurs sillonnaient un ciel enflé de cumulus lactescents. Huppes et loriots aux regards effrontés n'hésitaient pas à se poser sur les vergues aux voiles carguées de leur embarcation. Autour d'eux, les flots tressautaient de poissons scintillants sur lesquels nul regard ne se posait.

En cette Égypte qui coulissait sous les yeux de Maut émerveillée, la vie végétale et animale imposait de toute part sa nécessité d'être. En tant qu'observatrice, elle avait l'étrange sensation de ne représenter qu'une espèce parmi tant d'autres. Elle trouva cela curieux et se dit que, jusqu'ici, jamais un tel sentiment n'était venu affleurer sa conscience d'être humain privilégié

Le regard distrait, Maut parcourut de nouveau les huit embarcations qui constituaient sa flottille d'accompagnement. Cinq étaient occupées par des hommes en armes et trois abritaient des prêtres et leurs assistants. Ces derniers étaient assis sur des caissons de jonc contenant les provisions de voyage. L'un des bras du fleuve que leurs esquifs venaient d'emprunter avait l'apparence d'un canal navigable. Les berges proches étaient bordées d'immenses papyrus qu'une brise molle agitait en autant de signes de bienvenue.

Animée de son perpétuel sourire, Nedjemer gravit à petits pas rapides les marches d'escalier qui séparaient le pont inférieur de celui où se trouvait sa protégée.

- Nous arrivons, Maut ! Distingues-tu parmi les brumes, ces montagnes roses nappées de blanc dans le lointain ?

La blonde passagère plaça sa main sur son front, afin d'être moins éblouie par le soleil. Dans l'arrière-plan, au-delà des haies sauvages recouvrant les berges, une découpe de collines violacées gouachait l'horizon. À bien observer, un petit édifice aux reflets pâles semblait accroché à l'un de ses flancs.

- *Dans combien de temps serons-nous au pied de ces collines ?*
- *Un douzième de ce jour tout au plus, Maut... Nous y sommes presque !*
- *Quels sont ces chants que l'on entend ?*
- *Ce sont les bateliers ; ils chantent le dieu du fleuve... Écoute, ils remercient Happy d'avoir permis que ce voyage s'effectue sans encombre. Lorsque nous parviendrons au petit embarcadère, une partie des effectifs restera à quai, l'autre s'avancera dans les terres pour te conduire au plus près de la demeure de Neb-Sekhem, le Maître magicien du nome.*
- *Pourquoi... au « plus près » et non sur le site lui-même ?*
- *À vrai dire... Maut, la crainte qu'inspire cet homme est telle, que personne ici ne voudrait être exposé à son regard ! Seuls les Hiérarques au cœur pur... le peuvent !*
- *Cela signifie, que toi non plus, tu n'oserais aborder son regard, Nedjemer ?*

Avant que la jeune prêtresse n'ait eu le temps de communiquer ses sentiments, les chants d'allégresse s'arrêtèrent. Les battements répétitifs des rames cessèrent. Les bruissements-mêmes de la nature se firent plus discrets. Un silence confondant, dense, chargé de menaces, s'immisça en l'atmosphère contractée des berges. Puis, venu de nulle part, un cri d'angoisse brutalisa la suavité des lieux :

- **Les nubiens !**

Comme flagellé par cette prompte dénomination, l'ensemble du personnel dressa l'échine vers l'amont du fleuve. Droit devant, à cinq cents pas à peine des premiers méandres, une dizaine de pirogues à la promptitude combative venaient de faire leur apparition.

Longues et étroites, elles filaient sur l'eau comme canards apeurés s'essorant des marais. Une dizaine d'hommes à la peau brune occupaient chaque esquif. Leurs boucliers tendus et leurs sagaies menaçantes étaient un défi lancé aux équipages. Avec la rapidité d'une griffe de caracal Nedjemer se retourna vers Maut :

- *Nous allons tenter de gagner la rive ! Prépare-toi à fuir avec les soldats de ton escorte. Surtout, ne vous préoccupez pas de notre sort, nous allons retenir ces écumeurs et tenter de les tirer en aval ! Adieu Maut, la vie est un rouleau de papyrus, la mort un espace entre les paragraphes… que Neb-Sekhem te protège !*

Maut resta sans voix ; ces événements soudains et impétueux dépassaient ses capacités d'assimilation. Drainée, poussée, portée, elle fut projetée tel un sac de grain dans l'une des embarcations de l'escorte dans laquelle déjà se pressaient une douzaine de soldats. Un autre paquet suivit, que Maut reçut lourdement sur les jambes. Il s'agissait de Meh-ibâ la jeune confidente de Nedjemer. Sans perdre un instant, leur esquif se détacha du vaisseau mère pour tenter de gagner la berge à grand renfort de rames. Hélas, à peine l'équipage avait-il amorcé cette manœuvre qu'une pirogue nubienne vint se placer au-devant d'eux avec l'évidente stratégie de leur couper la trajectoire.

Alors que l'abordage paraissait inévitable, ils virent surgir à tribord l'une des pirogues de leur flottille. Arc-boutés sur leurs rames, les hommes paraissaient tendus en un effort surhumain. La vitesse alliée au poids supérieur de leur embarcation était un atout décisif pour le harponnage. Les nubiens prirent conscience de ce handicap, ils tentèrent une manœuvre désespérée, mais il était trop tard !

Activée par son élan, la pirogue égyptienne ne se contenta pas de crever la coque de l'embarcation nubienne, elle l'enfourcha sur cinq coudées, à la manière d'un coup de machette sur une bûche. Aussitôt, les hommes des deux bords entrèrent en conflit à force de massues et de glaives recourbés. Les cris des blessés se mêlaient aux chocs mous des corps chutant dans l'eau rougeoyante.

Maut fut horrifiée par ce retournement de situation. Un instant plus tôt, elle contemplait les berges paisibles du fleuve et, soudain, elle était engagée dans une aventure où elle et son entourage risquaient de perdre la vie.

Alors que de toutes parts la bataille faisait fureur, leur embarcation, à force de rames, s'approcha du rivage où était censé se trouver le salut. Tout aurait été pour le mieux si une pirogue nubienne de l'importance de la première n'avait fait son apparition. La distance toutefois jouait en leur faveur, les hommes d'équipage étaient assurés d'atteindre la berge avant que ces nouveaux arrivants ne les rattrapent. Mais l'épreuve ensuite allait se prolonger sur la terre ferme. Pour Maut, cette perspective n'était guère réjouissante. Alors même qu'ils étaient sur le point d'accoster, un jeune guerrier à la proue de l'embarcation, se leva prestement, il enjamba les pieds des rameurs, pour se rapprocher des deux passagères aux corps blottis l'une contre l'autre :

- *Je m'appelle Tep-nefer, Ta Seigneurie. Je dirige les hommes de cette équipe. Nous allons devoir fuir rapidement parmi les roseaux et papyrus. Ce n'est pas sans danger ! Les Nubiens vont nous poursuivre. Il va falloir que tu t'attaches à mes pas, tout écart, toute hésitation, peut compromettre nos vies. Le garçon se tourna vers la jeune assistante : Meh-Ibâ prends ce couteau de silex et tranche la robe de Sa Seigneurie à hauteur des cuisses, tu feras de même avec la tienne... fais vite !*

Ces deux filles jeunes et belles échancrant leurs robes à grands coups de canif aux côtés d'hommes à demi nus, ce tableau aurait pu relever d'un érotisme suggestif, mais l'heure n'était nullement aux billevesées fantasmatiques. Selon toute analyse, leurs vies ne tenaient qu'à un fil. Lorsque leur embarcation toucha la berge, ils réalisèrent que non pas une, mais deux pirogues les poursuivaient, et que celles-ci étaient à une poignée de secondes de la leur.

Ayant alors pris pied sur la terre ferme, ils s'engouffrèrent dans la forêt de papyrus qui se prolongeait devant eux. Surprises par cette intrusion territoriale, des dizaines de poules d'eau au vol indécis s'égaillèrent sous les élans de leurs pas, en émettant une cacophonie stridente et accusatrice.

La course prit très vite un caractère hallucinant. Les ombelles aux pointes acérées des papyrus leur giflèrent l'épiderme. Les nombreuses souches limoneuses refrénèrent leur élan et provoquèrent des chutes dans la vase glissante. Les minijupes immaculées des filles se bariolèrent aux tons de la nature ambiante. La végétation même devint agressive.

Ils coururent ainsi des centaines de pas, avant que Tep-nefer ne donne l'ordre de s'arrêter. L'index posé sur les lèvres, celui-ci imposa à chacun le silence, puis s'étant approché de ses hommes, il leur chuchota à l'oreille une série d'ordres brefs. En un instant, cinq guerriers s'agrippèrent par les épaules pour former une tour humaine, sur laquelle grimpa le plus jeune d'entre eux. L'homme éleva un regard prudent au-dessus des larges ombelles qui ajouraient la clarté du Ciel.

Il donna tout d'abord l'impression de ne rien voir, puis subitement sa tête au cou tendu rentra précipitamment entre ses épaules, comme si une arme invisible était venue le frapper. La pyramide se décomposa rapidement et l'homme sauta à terre. En effectuant force gestes en direction du Sud, il rendit compte à Tep-nefer de son observation. Tout le monde comprit que l'ennemi était au plus près et que la plus grande prudence était requise. Le jeune chef fit signe de se diriger au Nord, mais contrairement à ce que Maut espérait, il tempéra l'allure au point que tous avaient l'impression de marcher sur des œufs. Agacée par ce comportement qu'elle jugeait malavisé, la jeune femme remonta la file pour gagner sa hauteur. La question qu'elle désirait poser à ce « petit chef » lui brûlait les lèvres.

- Pourquoi ces foulées par trop prudentes, Tep-nefer, alors que le danger est à quelques pas derrière nous ?
- Ta Seigneurie, l'élément d'un groupe doit faire confiance à son responsable et suivre ses ordres sans poser de question ! Les Nubiens sont proches, mais ils ne savent pas exactement où nous nous trouvons. Alors ils guettent les envolées d'oiseaux qui révéleraient notre présence. Lorsque nous marchons comme on le fait, doucement, les oiseaux ne sont pas surpris : ils s'évadent en courant parmi les bosquets sans chercher à s'envoler !

Confuse d'avoir entamé une controverse stupide, Maut se contenta d'approuver de la tête. Il ne faisait aucun doute que ce garçon était compétent et qu'elle n'avait pas à émettre de doutes sur ses décisions. À deux pas derrière elle, la jeune servante suivait, comme attachée à sa personne, sans une plainte, sans un mot de douleur malgré sa parure ensanglantée. Son khôl avait coulé le long de ses joues. Il majorait de larmes noires son allure d'animal traqué.

- *Ça va, Meh-Ibâ ?*
- *Ne crains rien maîtresse, je suis derrière-toi...Je te protège de mon corps...*

Un tumulte confus se fit entendre à l'extrémité de leur petite colonne. Un voltigeur nubien venait, d'un coup de machette, de tuer net le guerrier égyptien qui fermait la marche. Instantanément, deux hommes se détachèrent du groupe et lui firent subir le même sort. Avec ces actes cruels, rapides et tragiques, leur échappée ne laissait plus de place aux tergiversations. Il n'était alors plus question pour eux de ruser avec l'ennemi, mais bien de le fuir ou de l'affronter, tout en sachant que leur infériorité numérique les contraignait à l'échec !

Compte tenu de la mission protectrice dont il avait la charge, Tepnefer sembla opter pour une solution intermédiaire. Aussi, prit-il la décision de placer six hommes en arrière-garde de manière à limiter l'avance des nubiens, tout en protégeant leur fuite.

Pour judicieuse qu'elle fut, cette résolution réduisit l'effectif. Il n'y eut plus que cinq hommes autour de Maut et de Meh-Ibâ pour les protéger en cas d'agression soudaine. La course reprit, épuisante, douloureuse, incertaine. À tout moment, ils s'attendaient à voir surgir à leurs côtés une horde menaçante, supérieure en nombre, rompue au combat rapproché. Lors de la traversée d'un marais de bourbe gluante, les deux sandales de Maut restèrent prisonnières de la fange. Il ne fut pas question de les rechercher. Cet imprévu eut pour conséquence immédiate de soumettre ses plantes de pieds aux nombreux accidents du terrain, alors que l'épaisse couche de peau morte des indigènes les protégeait de ce genre d'avatar. Le chemin parcouru s'avéra considérable, mais leurs poursuivants étaient du genre tenace. À l'évidence la fille blonde représentait pour ces pirates un otage privilégié sur le plan du négoce.

Les fuyards parvinrent à l'orée de la forêt de papyrus. Devant eux s'étendait une vaste étendue à découvert, débouchant au loin sur des marécages asséchés. Au-delà, le sol grimpait sensiblement jusqu'aux barrières rocheuses, au pied desquelles, s'ils avaient la chance d'y parvenir, ils pourraient s'estimer en sécurité. Épuisés, tous s'étendirent sur le sol pour reprendre haleine.

Des coups, des cris et des plaintes étouffés laissaient clairement supposer que les hommes, qu'ils avaient laissés en arrière de leur groupe, étaient en accrochage avec leurs poursuivants. D'un regard angoissé, Tep-nefer inspecta prudemment les alentours :

- *Cette étendue est désertique. Nous n'avons pas d'autre choix que de tenter de la traverser. Pendant tout ce temps, nous serons visibles de très loin ! Si l'ennemi se montre, nous combattrons pour permettre à la Princesse et à sa servante de gagner la colline... Y a-t-il des commentaires ?*

Les yeux baissés vers le sol, les quatre derniers guerriers de leur escorte acquiescèrent de la tête sans prononcer un mot.

- *Maut reprenant lentement son souffle se rapprocha du décideur : Tep-nefer, pourquoi ne pas attendre la nuit pour reprendre notre progression ?*
- *Ta Seigneurie, la nuit, les Nubiens risquent d'être plus nombreux. Ils chassent la nuit, ça les amuse et ils voient mieux que nous. En plus, nos vêtements sont mouillés et nous n'avons pas de peaux de fourrures pour le froid. Enfin, les bêtes sauvages et les moustiques en grand nombre auraient raison de nos vies.*
- *Ça fait beaucoup... en effet !* attesta Maut, en inspectant d'un œil chagrin ses pieds ensanglantés.

Meh-Ibâ, que cette attitude inquiète interpellait, déchira en un geste large et décisif le haut de sa robe. Ses jeunes seins jaillirent au soleil devant les guerriers ébahis ! Tep-nefer comprit : dénouant lui-même son tablier d'officier, il le déchira en lanières et enveloppa l'autre pied de Maut.

Au terme de ces quelques instants de répit, ayant de nouveau annexé leurs forces, leur essaim en fuite envisagea de s'élancer en serpentant sur cette surface composée de souches, de bosses et d'excavations qui s'étendait devant eux.

Malgré l'impossibilité de dissimuler leur progression, pendant une bonne moitié de ce parcours à découvert, ils ne constatèrent pas de présence alarmante. Parvenu en l'endroit préalablement repéré où se trouvait un léger infléchissement de terrain, tous s'allongèrent sur le sol. Ayant avisé une énorme souche d'acacia aux racines tentaculaires, Tep-nefer la gravit prestement sans toutefois dépasser son faîte de plus d'une demi-tête. Les muscles tendus, le regard scrutateur, il demeura ainsi quelques instants sans émettre le moindre avis. Puis prestement, sans prendre le temps de redescendre par où il était monté, il sauta de son promontoire pour se glisser jusqu'à eux :

- Ils sont là... pas très loin ! dit-il, l'air agité. Nous n'avons aucune chance de ne pas être aperçus !

Un court instant, le jeune homme parut méditer sur les conséquences des paroles qu'il allait devoir prononcer, puis, ayant relevé la tête, il ordonna sur le ton qui convenait à un officier responsable :

- Tous les quatre, nous allons attendre ceux de nos ennemis qui se trouvent être les plus proches ! Nous créerons ainsi une diversion. Mâhou, tu es le plus aguerri, tu resteras avec la Princesse et sa suivante, pour les protéger dans leur fuite le plus longtemps possible ! D'accord ! Vous devez aller tout droit, traverser le marécage et ne pas vous arrêter. Qu'Âha, soit avec vous... et avec nous ! ajouta-t-il sur un ton à peine audible.

Bien qu'il ne leur apparut pas de solution plus logique que celle pour laquelle ils venaient d'opter, il y eut un frémissement d'anxiété avant l'application de cette décision. C'était la seconde fois que leur groupe se scindait et il s'en trouvait réduit à un sauve-qui-peut.

- Nous allons tenter de bloquer ceux qui vous poursuivent. Allez, maintenant, ne perdez plus une seconde ! clama Tep-nefer en un ultime sursaut d'autorité.

Maut était bouleversée par un état de culpabilité. N'avait-elle pas implicitement approuvé l'option de sacrifice que venait de prendre Tep-nefer. L'abnégation de ces jeunes gens se conformant stoïquement aux ordres reçus, jusqu'à l'abandon de leur vie, la fascinait. Elle en était de ses tergiversations intimes lorsqu'elle fut brutalement rappelée à la situation présente :

- Allez la belle… Ce n'est pas le moment de mollir ! s'exclama le jeune Mâhou, avec un soupçon d'irrévérence.

Tous trois giclèrent de leur trou avec la vélocité des belettes sentant l'haleine du loup. Ils n'accordèrent qu'un geste furtif d'adieu à ceux qui s'apprêtaient à sacrifier leur vie pour tenter de sauver les leurs. Étrangement, tout en bondissant de touffes en caillasse, il apparut opportun à Mâhou de tenter de justifier, entre deux souffles, l'attitude héroïque de ses camarades :

- C'est la loi de la vie, aujourd'hui… Demain, nous serons tous des morts-vivants… **Tous** *!*

Ils cavalèrent ainsi de longues minutes, droit devant eux, en évitant excavations, pierres et souches, quand il ne s'agissait pas de frétillantes reptations qu'ils ne s'accordèrent pas le temps d'interpréter.

Non accoutumées à ce genre d'épreuves, les jambes des filles fléchissaient parfois brutalement. Cela les entraînait dans des chutes spectaculaires dont elles se relevaient meurtries et forcément éprouvées. Mâhou poussait l'une, relevait l'autre, en une cadence infernale. Leur corps entier devenait une engeance douloureuse où la sérénité que pouvait offrir la mort imposait à la logique sa pitoyable alternative. Heureusement, le marécage était proche et la perspective de se dissimuler à l'ombre d'un bosquet entretenait le peu d'ardeur dont ils disposaient encore.

Maut, qui était en tête, n'était plus qu'à quelques pas de cette végétation salvatrice, lorsqu'elle entendit une plainte étouffée, suivie d'un bruit de chute. S'étant retournée, elle constata que Meh-Ibâ était à terre et se tordait de douleur.

- Que lui arrive-t-il ? hurla-t-elle à l'adresse de Mâhou.

Tous deux stoppèrent net leur élan pour revenir près de Meh-Ibâ. Avec beaucoup de courage, la jeune fille tentait déjà de se remettre debout. Sa silhouette, toutefois, adoptait l'insolite allure des éclopés, l'une de ses jambes accusait un coude prononcé à la hauteur du tibia.

Son visage était livide.

- Jambe cassée ! Interpréta laconiquement le jeune garçon, en déposant à terre son bouclier et son glaive.

Titubant sur un pied, Meh-Ibâ se releva. Le regard hypnotisé par sa jambe blessée, elle sembla soudain évaluer la gravité de sa chute :

- Je vous en supplie, Maîtresse, fuyez, ne vous occupez pas de moi... vous êtes sauvée maintenant... Allez !
- Il n'est pas question que nous t'abandonnions ici ! s'insurgea Maut, le visage révulsé par l'épreuve.

Alors qu'ils s'approchaient pour l'aider à soutenir son poids, Meh-Ibâ fouilla prestement dans sa ceinture. Elle en retira la longue lame de silex qui avait servi à échancrer leurs robes. Sans se concerter sur les conséquences possibles d'un tel geste, Maut et Mâhou s'élancèrent d'instinct.

- Non *! s'écria Maut, le bras désespérément tendu en sa direction.*

Mâhou redoubla d'effort pour parvenir jusqu'à elle. Il n'était plus qu'à deux coudées de la jeune servante lorsque celle-ci d'un geste décisif se plongea la lame sous le sein. Le garçon reçut son corps ensanglanté et encore vibrant dans les bras, puis il se laissa choir à terre en un accablement muet. Maut s'accroupit sur le sol, la tête entre les mains, les cheveux rabattus vers l'avant du visage. Ses jambes, lacérées de traînées rouges, étaient secouées par des tremblements sporadiques.

- Ceci est ma faute ! Gémit-elle entre ses doigts crispés qu'inondaient les larmes ! Tous ces morts, ces blessés... dans quel but... Je n'en puis plus... Je reste là ! Qu'importe ce qui m'arrivera désormais, je reste là... Trop... c'est trop... Je n'en puis plus !

À peine avait-elle mis un terme à ses paroles de désespoir, qu'une énorme poigne la saisit par les cheveux. Sous cette brutale poussée, sa tête se rejeta en arrière, alors qu'une gifle magistrale la projetait sur le sol :

- ***Et moi Princesse !*** *Invectiva la voix de Mâhou aux intonations éraillées, Tu meurs... et moi... je fais quoi... moi ? Et tous mes copains, qui eux aussi sont morts... pour qui...* ***Pour toi ?*** *Eh bien moi je te forcerai à vivre... à vivre...* ***salope !*** *En Égypte, Princesse de mes couilles, nous ne mourons pas pour rien... Jamais... La vie nous sert à avancer et la mort est le bilan de cette connerie !*

Mâhou approcha son visage inondé de sueur au plus près de celui de sa protégée. Maut sentit sur sa joue le souffle de son haleine brûlante. Les dernières intonations de sa voix s'affaiblirent et devinrent intimes, presque convaincantes. Mais elles gardaient les accents acérés d'un boisseau d'épines :

- *J'ai dix-neuf ans Princesse... et quand mon père est mort, j'étais tout gamin ! Pour aider ma mère, mes frères et sœurs, je suis entré à l'âge de dix ans aux enfants de troupe de la garde de Pharaon. J'en ai chié, princesse... chié comme tu ne peux pas t'imaginer ! Les sacs trop lourds, les marches éreintantes, la soif, l'eau puante, le pain plus sec que les cailloux, les combats, les blessures, les ordres de merde, les filles à soldats, les paillasses, la vermine...*

Et surtout Princesse... le manque total d'espoir ! N'être que souffrance, tous les jours de sa vie ! Et toi, à qui on m'a confié... ***tu veux crever,*** *parce que tu as un peu trop couru ! T'as fait bobo à tes petits pieds... t'as cassé tes ongles !*

Tu vas vivre... ***Vivre,*** *tu m'entends.* ***Tu m'entends !*** *Je ne veux pas en mes derniers moments, crever sur un échec ! Tu piges Princesse... pas sur un échec... J'en ai trop eu...* ***Trop !***

Ces ultimes paroles furent prononcées en un ravalement de sanglots, puis, la voix se tut. Maut, toujours prostrée sur elle-même, humait la sudation forte de cet homme qui pesait maintenant de tout son poids sur son corps. C'est alors qu'elle sentit des larmes glisser le long de sa nuque, pour aller se perdre dans les contours de ses seins meurtris. Comme elle aurait pu le faire pour un animal blessé, qu'elle n'aurait pas manqué de cajoler, malgré le risque de se faire mordre, la jeune femme glissa une main tremblante le long de ce bras noueux que cerclaient des manicles de cuir. Ses doigts hésitants rencontrèrent ceux de Mâhou, qu'elle perçut frémir sous l'impulsion des siens.

Éprise soudain d'un indicible désir, elle posa ses lèvres sur cette main humide de larmes et de sang. Elle sentait graduellement sa poitrine se gonfler, ses seins la brûlaient d'un feu étrange et généreux, ses reins se tendaient d'instinct contre les touffes d'herbes sèches sur lesquelles elle était allongée. Volontairement ou non, Mâhou ne fit pas se mouvoir la moindre parcelle de son corps, habitué qu'il était à ce genre de rêve que le réveil efface au moindre mouvement.

Le silence ému dans lequel leur couple avait versé, recelait un instant privilégié, un de ceux où la nature sait gommer toutes les craintes du monde, pour les concrétiser en une humble inspiration à vivre.

Leur couple en était à ces prémices intimes, lorsqu'une envolée de rires éructés les transperça de craintes. Maut releva la tête ! Là, à quelques pas à peine, se tenaient hilares quatre gigantesques gaillards de race nubienne. Leurs tatouages sur le visage, leurs pagnes de léopard, leurs grands boucliers ovales accrochés sur le dos, leurs poignards dentelés au côté et leurs sagaies aux pointes de silex, leur donnaient une allure de démons, sortis tout droit des abysses de la terre.

Devant l'inaction incompréhensible de ce guerrier égyptien prostré sur lui-même, que la blonde fugitive retenait contre son sein, il y eut de la part des nubiens un instant d'interrogation ! Sans le manifester ouvertement, Maut elle-même s'interrogea sur la curieuse attitude de Mâhou ! Il n'avait pas bronché d'une fibre. Était-il malade ou paralysé de frayeur, à moins que ce ne fût la ruse de combattant aguerri ! Mais dans cette attitude aveugle, la tête détournée de l'ennemi, comment pouvait-il se rendre compte de l'imminence du danger ?

Intrigué par cet étrange comportement, l'un des quatre guerriers s'approcha du corps de Mâhou en état de prostration. Sa sagaie fermement en main, avec des gestes appliqués, il en dirigea la pointe vers ce dos musclé, strié d'anciennes et profondes cicatrices. Animé par un instinct cruel, le guerrier nubien perça minutieusement la peau, en provoquant une estafilade sur quatre pouces de long. Aussitôt, un sang vermeil ruissela et s'écoula en deux filets vifs jusqu'au pagne de Mâhou, dont le corps n'eut pas le moindre tressaillement.

Maut, dont la scène se déroulait au plus près du regard, réprima un cri, aussitôt étouffé par une montée de violents sanglots. Mais le guerrier égyptien, qui n'avait pas frémi sous l'action de la lame, maintenait cette posture statufiée où l'avaient découvert ses poursuivants.

De plus en plus intrigué devant ce ballot de chair inerte, l'homme à la sagaie interrogea du regard ses compères, lesquels visiblement n'avaient pas d'opinions plus élaborées que la sienne. Pensant alors qu'il avait affaire à un homme évanoui, le responsable du groupe s'avança de nouveau. Il changea son arme de main et agrippa résolument la tête de Mâhou par les cheveux, avec l'intention de la rejeter en arrière. C'était précisément l'erreur à ne pas commettre. C'était aussi ce qu'attendait imperturbablement le jeune égyptien, instruit qu'il était de toutes les ruses de la guerre. Mâhou savait qu'en cet instant précis, la curiosité de son ennemi l'emporterait sur sa prudence, l'arme qu'il détenait devait se trouver en sa main gauche et non ostensiblement dirigé contre lui. C'était exactement le cas ! Avec une fougue et une rapidité digne d'un jaguar, Mâhou se saisit du poignet de son adversaire qu'il tira brutalement à lui, catapultant son corps vers l'avant pour en accentuer le déséquilibre. En un éclair, le nubien se retrouva sur ses épaules, l'abdomen perforé par un long poignard.

- *Sauve-toi... vite !* Cria le jeune guerrier à Maut ébahie par la promptitude de l'action.

Décontenancée, mais comprenant que la conjoncture ne lui laissait pas d'autre alternative, Maut fit une courte distance à quatre pattes avant de se redresser brusquement pour fuir de toute la vélocité de ses jambes.

- *Hemet... Hemet !*

La femme... la femme ! Hurla l'un d'eux, le bras tendu en direction de la fugitive. Le sujet en fuite devait revêtir une importance essentielle, car deux d'entre eux n'hésitèrent pas à délaisser l'affrontement, pour se lancer à la poursuite de cette blonde étrangère. Sans se soucier apparemment de l'issue du combat, d'un geste significatif, ils laissèrent au plus jeune d'entre eux, le soin de terminer cette rixe mal engagée.

Face au rusé égyptien, le tiers restant se garda bien d'afficher une quelconque suffisance. L'idée de fuite ne lui aurait pas paru déraisonnable, si ce n'avait été la crainte du pire des châtiments. Il resta donc sur place, la sagaie grelottante et le bouclier flottant. Comprenant rapidement à qui il avait affaire, sans quitter un instant des yeux son adversaire, Mâhou ramassa calmement son glaive et sa rondache de cuivre. À l'insu de toute logique et contrairement aux tactiques guerrières les plus répandues, il s'avança vers son ennemi, les armes écartées, les deux bras grands ouverts formant croix.

Cet étrange comportement ne rassura pas le guerrier nubien. Toutefois, l'occasion de planter sa sagaie dans le corps d'un ennemi si généreusement offert, constituait en combat singulier une aubaine rarissime. L'homme n'hésita pas, il brandit haut son arme et lorsqu'il lui parut que la cible ne pouvait lui échapper, il projeta son bras en avant en une détente de tous ses muscles. La sagaie n'avait pas encore quitté l'extrémité de ses doigts, qu'il comprit son erreur : le corps de son adversaire pivota sur lui-même à la vitesse où se propulsait l'arme. La pointe de silex rencontra le bouclier, mais au lieu que celle-ci le perfore, le mouvement tournant l'accompagna en son élan, ce qui la fit aller en un jet d'étincelles s'égarer sur les cailloux. Le nubien resta un instant stupéfait par une démonstration aussi réussie ! Puis, réalisant soudainement que cette prouesse mettait en cause sa propre vie, il tourna les talons et amorça une course éperdue, elle ne fut pas longue. En une plainte éructée, il écarta les bras et s'effondra sur le sol, un glaive de jet planté au milieu du dos.

N'accordant que peu d'attention à cette prompte victoire, Mâhou retira son arme ensanglantée et se retourna pour juger de la situation ! Ce qu'il avait prévu venait d'arriver. À environ soixante pas de lui, la Princesse fugitive avait été rejointe par les deux coureurs de savane. Elle n'était apparemment pas blessée, bien qu'allongée la face plaquée contre terre. L'un des nubiens la maintenait à hauteur des épaules, alors que l'autre s'employait à immobiliser ses chevilles à l'aide d'un lien de cuir. Il ne fallut que quelques instants à Mâhou pour parvenir jusqu'à eux. La Princesse se débattait vaillamment et les deux hommes étaient tant occupés à la maintenir qu'ils n'avaient pas eu le temps de jeter un coup d'œil en arrière. Ce n'est que lorsque l'ombre de l'égyptien courut sur le sol à côté d'eux, qu'ils eurent le réflexe simultané de faire volte-face !

L'un d'eux avait eu le temps de se saisir de son arme posée à terre. En un visible effort, il tenta de se mettre en position de combat. Mais Mâhou était déjà sur lui. D'une impulsion preste, il lui asséna une portée de glaive mal ajustée, l'atteignant au cou et à la poitrine. Dans le même temps, le second homme lâcha sa prisonnière et déjà brandissait sa machette. Sans doute aurait-il blessé mortellement Mâhou, si Maut, consciente du danger, n'avait agrippé d'instinct le pied du tortionnaire. Le corps déséquilibré, en plein élan, le coup porté par le nubien ne put être ajusté. Il passa toutefois si près que le jeune guerrier sentit le souffle de la lame effleurer sa chair. Le retour fut instantané, Mâhou lui trancha la nuque et son corps ensanglanté chuta sur les jambes de Maut totalement hébétée.

Il y eut un silence terrible. Les yeux en larmes, les bras inondés de sang et de boue, les paumes de mains ouvertes comme pour justifier au Ciel de son innocence, Maut regardait, horrifiée, le cadavre du guerrier étendu sur ses genoux. Impassible, Mâhou dégagea le corps d'une poussée du pied.

- *Ce sang sur tes jambes… c'est celui de l'ennemi… ou le tien ?*
- *C'est le sien… balbutia Maut… Je ne suis pas blessée.*
- *Bon… délie tes chevilles et tirons-nous de cet endroit.*

Ayant constaté que cette fille aux mains tremblantes était dans l'incapacité d'agir, Mâhou s'accroupit près d'elle pour l'aider à dénouer ses liens.

- *La mort, Princesse,* susurra-t-il avec une sorte de tendresse affectueuse dans la voix ; *la mort fait partie intégrante de la vie ! Sans la vie, la mort n'existerait pas, nous sommes tous des morts en sursis. Jusque-là, j'ai pu triompher de mes ennemis, grâce au fait, qu'à chaque instant, je suis prêt à terminer ce parcours... eux, non... je le vois dans leurs yeux... Les miens sont morts à la réalité du monde...il y a longtemps... lorsque j'étais encore un enfant !*

Tout en écoutant ces paroles empreintes de désespoir, Maut se joignit à Mâhou afin de l'aider à dénouer ses liens, lorsque celui-ci bascula à ses pieds, pour finir par s'allonger à terre. Elle pensa qu'il avait raison de s'octroyer ce court instant de repos avant qu'ils ne reprennent leur épreuve. Voilà qui était fait ; le dernier lien ôté, le corps contusionné, la jeune femme douloureusement se redressa. Elle jeta alors un regard anxieux sur son guerrier qui s'était rien moins qu'assoupi. C'est en observant au plus près sa physionomie qu'elle fut saisie d'angoisse, ses yeux étaient mi-clos et un mince filet de sang coulait de sa bouche entrouverte :

- *Mâhou... Que t'arrive-t-il... ! Tu n'es pas blessé... Tu n'es pas blessé... Je ne vois rien... Réponds-moi... Réponds !*

Maut essaya de soulever ce long corps inerte, mais toutes ses forces l'abandonnèrent. En retirant sa main qu'elle avait glissée sous son dos, elle sentit un liquide poisseux inonder le pourtour de ses doigts.

- **Non !** *hurla-t-elle, la face dirigée vers ce Ciel insolemment bleu. Non... plus... plus... je deviens folle... !*

Puis, l'instinct aidant, elle observa une brusque volte-face ! À quelques pas seulement de sa personne, le nubien qui tentait un instant plus tôt de lui lier les pieds et que Mâhou avait blessé en premier se traînait sur le sol, une sagaie ensanglantée au poing.

- **C'est toi... salaud**... *toi qui la tué... je vais t'achever... je vais... !*

Maut avisa le glaive resté à terre que portait Mâhou. Elle s'en saisit avec rage et s'avança résolument vers cette espèce de moribond. Il ne faisait aucun doute que l'homme, en une ultime réaction, avait profité de l'inattention du jeune égyptien pour lui enfoncer profondément sa sagaie sous les flancs.

- **Salaud... Tu vas payer !** réitéra-t-elle comme pour se donner du courage.

Elle brandit l'arme le plus haut qu'elle put, afin d'avoir la vigueur nécessaire pour frapper. L'homme qu'elle s'apprêtait à occire n'avait visiblement plus la force d'amorcer un geste de défense, l'effort qu'il avait été contraint de fournir pour frapper Mâhou lui avait ôté toute vitalité. Allongé sur le dos, le corps inondé de sang, le regard dilaté, il fixait avec une obsession résignée ce glaive encore vibrant qui s'apprêtait à lui pourfendre la poitrine. Devant l'hésitation de Maut, il leva une main accablée, qu'il agita faiblement en signe de négation.

- *Je ne peux pas... non !* réalisa Maut en tremblant de tous ses membres. *Cette terre de meurtres et de souffrances me rend folle... C'est à moi de mourir... Oui c'est ça... c'est à moi !*

Elle abaissa son glaive. La lame chancelante, le regard immobile, elle s'agenouilla près du moribond.

- *Tu souhaitais me tuer, n'est-ce pas ? Eh bien, je vais t'en donner l'occasion... Tiens !* renchérit-elle en lui plaquant dans la main la paume du glaive. Puis, ayant rejeté ses cheveux vers l'avant, elle abaissa sa tête sur ses genoux, en tendant son cou vers la terre du mieux qu'elle put. *Frappe... vas-y frappe...* **Qu'attends-tu ?**

L'œil fixe, Maut scrutait avec insistance une série de petits cailloux, ultime substrat de sa vision du monde. C'est alors qu'un bruit métallique détourna son attention ! En un effort décisif, l'homme avait jeté au loin le glaive qu'elle avait placé en sa main. Son regard bouleversé interrogeait le sien, alors que deux énormes larmes venaient humecter ses lèvres tremblantes. La scène était émouvante, certes, mais Maut ne pouvait plus pleurer. Ses tempes étaient prises dans un étau dont les mâchoires se resserraient inexorablement.

Levant la tête pour mieux respirer, elle aperçut au loin un

attroupement de nubiens. Leurs voix portantes et leurs bras tendus semblaient embrasser le relief tourmenté où avait eu lieu le carnage. Lorsqu'ils l'aperçurent seule à l'orée des marais, ils se mirent à gesticuler en poussant des cris stridents. Puis, animés d'une intention commune, ils s'élancèrent en sa direction. Devant cette réaction hostile et significative, la jeune femme retrouva promptement le réflexe qui stimule tout animal pris en chasse. **Non !** S'exclama-t-elle à la nature ambiante, avant de s'envoler à corps perdu parmi le foisonnement des joncs.

À l'opposé de ses terrifiantes appréhensions, la belle fugitive sentait de moins en moins la fatigue. Une sorte de second souffle mécanique prit le relais de ses poumons suffocants. Enivrée par cette dynamique, elle se plut à enjamber en sa course, de rugueux et gris troncs d'arbres, dont les formes allongées se dérobaient mollement sous ses pas. Ce dérivatif passé, elle entendit les cris d'épouvantes de ses poursuivants se débattant au milieu d'une colonie de crocodiles soudainement éveillée ! Elle en eut une frayeur rétrospective qui l'obligea à redoubler d'attention.

Voilà qu'elle accédait à la fin de ce bras du fleuve semi-asséché qui la séparait encore de l'autre rive. Un dénivelé sableux composé de roches et de tamaris se présenta bientôt à sa vue. Dans l'arrière-plan se détachait sur un ciel nuageux la falaise rocheuse, frontière salvatrice que Nedjemer lui avait désignée, lorsque toutes deux se trouvaient en conversation sur l'entrepont du navire.

La pente était éprouvante, mais ce sol rude était propice à une progression rapide. Depuis les berges des marais, Maut ne s'était pas retournée pour juger de la situation de ses poursuivants. Ce fut lors du contournement d'une petite crevasse qu'elle constata, horrifiée, que les nubiens étaient plus près d'elle qu'ils ne l'avaient jamais été. Certes, leur effectif se résumait à cinq ou six hommes, alors qu'elle en avait évalué précédemment une bonne vingtaine, mais il était indéniable que ceux-ci gagnaient du terrain. Si elle n'atteignait pas au plus vite l'hypothétique demeure de ce devin mage, elle allait être rattrapée et capturée.

À la suite de ce constat éprouvant, la fatigue se fit de nouveau sentir.

Les douleurs resurgirent, lancinantes et impitoyables. Ses pieds n'étaient plus que charpies. Ses seins lui faisaient mal et son abdomen taraudé de points implorait misère. Il devenait évident que cette situation ne pouvait se prolonger. Allait-elle succomber au moment précis où elle atteignait le but ? C'est sans doute ce qu'espéraient ses poursuivants en faisant preuve d'un tel acharnement.

Alors que tout semblait perdu pour Maut, une conjonction de phénomènes étranges se manifesta sur le relief alentour. Une colonie d'anthropoïdes apparut au creux des anfractuosités rocheuses. Debout, les bras tendus vers le ciel, en une attitude commune de supplication, ceux-là paraissaient invoquer la grâce des divinités climatiques du lieu. De leurs voix graves, ils émettaient un chant aux consonances étranges, qui avait le don de lui faire frissonner l'échine.

Sans que se manifeste de leur part une attitude franche et protectrice apte à la rassurer, Maut se sentit intuitivement parrainée par le chant de ces êtres insolites. Cela eut un tel impact, qu'elle prit résolument le parti de faire face à ses adversaires. Après avoir escaladé un petit rocher, elle put voir que ceux-ci étaient seulement à quelques enjambées d'elle, près à la capturer.

Les nubiens s'arrêtèrent de courir. Javelines brandies, le regard inquiet, ils épiaient le Ciel et ses manifestations grondantes. Cette présence vengeresse qui occupait toutes les directions les terrassait d'effroi. Le cœur bondissant d'anxiété, la jeune femme éleva elle aussi, ses bras vers cet amoncellement nuageux, en symbiose avec ces apparitions d'un autre âge, qui en appelaient à la justice divine.

Pendant une poignée de secondes, les guerriers nubiens demeurèrent dans une indécision complète. En sa fébrilité craintive, Maut les entendit prononcer des mots égyptiens ; *djoui – netjeret - queri,* ce qui pouvait signifier qu'ils craignaient les réactions de la déesse de l'orage. Depuis peu en effet, ce ciel couvert de lourds cumulus aux bouffissures de houille amoncelait ses menaces sur les berges du Nil. Bientôt, d'énormes gouttes d'eau tiède vinrent percuter le sable en soulevant çà et là de petits cratères aléatoires, puis une pluie dense, violente fouailla la nature alentour. Face à cette intervention divine, Maut abaissa ses paupières. C'était, à n'en point douter, l'aboutissement de ces mystérieuses incantations. Lorsqu'elle se décida à entrevoir la situation, les nubiens avaient disparu de son champ de vision, engloutis sans doute par la crainte mystique d'un châtiment. L'eau tombait drue. La nature estompait ses contrastes. Les entités surgies des roches s'étaient dissipées sous ces vaporeux vélums. Le corps ruisselant, elle descendit en titubant de son tertre et gravit la pente qui était censée la conduire vers son objectif.

Cette mini-tornade cessa brusquement comme elle était venue. Les pieds puisant dans le sable mouillé, Maut continua à errer au gré de ces énormes roches monolithiques qu'elle était dans l'obligation de contourner pour poursuivre sa progression. C'est précisément au détour de l'une d'elles qu'elle se trouva en présence d'un être étrange de sexe mâle au comportement préoccupant. Il était jeune, nu et recroquevillé sur lui-même à l'effigie d'un infirme. Son corps entier était recouvert de cendre blanchâtre que zébraient de grossiers tatouages de couleur ocre. L'instant de saisissement passé, ce gnome hasarda à son adresse un large sourire en partie édenté.

- *Ioumen... Zekhem !* dit-il, l'air convaincant, puis il ajouta en indiquant une direction :*Chepes... Neb-Sekhem... !*
- *Oui ! Neb-Sekhem !* articula Maud en un souffle d'espoir.

Elle en déduisit que cette humanité difforme lui désignait un temple où se trouvait le Vénérable Neb-Sekhem, devin de réputation redoutable. Aussi estima-t-elle, en l'état de ses forces, ne plus avoir le choix de la décision, il lui fallait suivre ce gnome au comportement singulier. Il appuyait ses mains sur deux immenses bâtons, qu'il lançait par secousses en avant de sa marche. Cela ressemblait aux déambulations d'un gros insecte blessé et, malgré un sentiment très fort de compassion, Maut en était tout effarouchée.

Le terrain s'aplanissait, les roches diminuaient de volume, tous deux arrivèrent bientôt en vue de structures d'habitat à demi encastrées dans la paroi rocheuse. À grands renforts de gestes, l'être difforme qu'elle suivait à distance se dirigea vers une de ces cavités.

Maut était à bout de forces. Ces courses épuisantes, cette tension répétitive, ses pieds blessés, l'excès de soleil, la faim, la soif et pour finir cette pluie intense, le tout avait eu raison de sa résistance. Elle grelottait, flottait sur ses jambes et il devenait urgent qu'elle bénéficie d'un gîte pour se reposer, avant toute autre considération.

Son étrange guide et elle étaient parvenus à la hauteur du seuil. Alors que tous deux se tenaient appuyés contre les piliers de l'entrée, Maut remarqua, dans la pénombre de la pièce, la silhouette blanchâtre d'un personnage à l'attitude impassible. Le corps droit, les bras croisés sur la poitrine, le regard résolument orienté dans leur direction, cette inflexible créature ne tentait pas la moindre approche pour la secourir. Était-il concevable qu'elle ait effectué ce voyage en cumulant autant de difficultés, en surmontant autant de dangers, pour ne bénéficier en fin de parcours que d'un goujat mépris. Elle n'avait pas besoin de ce surcroît d'affliction. Un voile noir passa devant ses yeux. Elle sentit ses genoux fléchir sous son poids. Maut s'évanouit.

Chapitre XX

Il flânait dans le voisinage un doux parfum de fleurs sauvages et, malgré plusieurs tentatives d'interprétation, Maut ne parvint pas à en déterminer la nature. Réalisant confusément que l'essentiel n'était pas l'odorat mais la vue, elle fit un effort pour entrouvrir ses paupières encore obombrées de sommeil. C'est alors que la mémoire lui revint : le bateau, les Nubiens, l'échappée, la fidèle et dévouée Meh-Iba, les valeureux guerriers de la garde, Mâhou, les combats, la course poursuite, le petit gnome et ce personnage de marbre, avant qu'elle ne verse en un noir abîme !

La caverne où elle venait de s'éveiller était étrange. Les murs de roches taillées recelaient de nombreuses cavités, dans lesquelles étaient entreposés des objets divers. Sur un pavois, à deux pas d'elle, un faucon naturalisé l'observait de son œil dominateur. Il y avait des modèles réduits de barques avec des personnages miniaturisés, des fioles aux formes étudiées, des laies sur lesquelles étaient disposées des plantes séchées. Elle-même se trouvait allongée sur une couchette constituée de nattes tressées. Apparemment, sa toilette avait été faite. Une couverture de fibres de lin recouvrait son corps nu. Au bas de son lit, ses pieds munis d'énormes pansements, ressemblaient à deux poupées se congratulant.

- *Tiens !* s'étonna soudain une voix venue de nulle part : *Notre belle hyperboréenne nous revient à la vie !*
- Maud se crut victime d'un choc cérébral. *Vous êtes… vous parlez ma langue… le Français ! Vous parlez … mais où êtes-vous ? Vous parlez la langue de mon pays ? Où êtes-vous…bon sang ?*

Maut distordit son cou en tous sens pour tenter de localiser d'où venait cette voix au timbre grave et à la diction irréprochable. N'en pouvant plus de boudiner ainsi son corps, elle revint à sa position initiale pour découvrir, face à elle, un personnage qu'elle identifia aussitôt comme étant l'homme entraperçu sur le seuil, avant qu'elle ne s'évanouisse.

- *Vous c'est vous... vous êtes... le sorcier Neb-Sekhem... Vous êtes cet être impossible devant le mal d'autrui ? On m'avait bien informé d'un homme redoutable... mais nullement impitoyable !*
- *Redoutable... le terme est excessif, mage serait mieux approprié ! Quant au « mal » que tu sous-entends, du qualificatif « impitoyable », il est le naturel pendant du « bien », Maut ! Enlève le mal et tu verras disparaître le bien !*
- *Autrement dit : Si j'aspire au bien, il me faut accepter votre présence et la façon dont vous vous comportez ?*
- *Attention, Maut... L'insolence est une manifestation du mal que tu t'escrimes à condamner !*
- *Il me faut accepter de surcroît vos propos moralistes, alors qu'il y a peu, je vivais l'aventure la plus éprouvante de ma vie, j'étais épuisée en grand danger, et vous vous êtes conduit tel un goujat.*
- *Ne sois pas si catégorique, nous aurons l'occasion, d'analyser mon attitude ! N'est-il pas de notoriété que la colère restreint la raison.*

Le crâne rasé de l'étrange personnage luisait à la clarté timide de la faîtière. Un abraxas bordé de faïence bleue ornait sa tunique de lin blanc. Ses gestes avaient la lenteur qu'adoptent les pattes du chat lorsqu'elles guettent une proie. Ses épais sourcils, ses orbites enfoncées, ses lèvres minces révélaient une nature introvertie, assujettie sans doute aux arcanes de la mystique égyptienne. Le ressentiment de Maut était vif, mais elle fit effort pour éluder sa rancœur. Il lui fallait calmer le jeu et aller à l'essentiel :

- *Puis-je vous demander par quel effet de magie il se fait que vous parliez une langue que l'on emploie au XXIème siècle de ma civilisation, c'est-à-dire dans plus de 4 000 ans de l'ère où nous sommes en ce jour ?*
- *L'explication n'est pas des plus simples à argumenter ! Au mieux, je peux tenter un aperçu amusant pour que tu comprennes que le temps présent relève d'une appréciation erronée, en fait il n'est qu'un leurre, à l'échelle humaine, il ne saurait être autre chose qu'un temps relatif. Mais puisqu'il est question de pénétrer dans le réceptacle du passé et du futur, il nous faut pour cela accéder à un*

« présent simulé ». Si nous y parvenons, nous n'avons plus alors qu'à faire choix des âges qu'il nous importe de vivre ou de connaître.
- *Je crains de ne pas pouvoir saisir autant de subtilité, cher Maître.*

- *Alors, je vais simplifier à l'excès : Imagine-toi une énorme roue de char tournant lentement sur elle-même, elle avance sur un sol aplani, que nous allons considérer comme un temps présent. Alors que la jante de la roue, qui plaque au sol, représente notre temps existentiel, celui-ci est essentiellement composé d'un passé et d'un futur. Ce temps que nous tiendrons pour conventionnel est illustré d'âge en âge par le défilement des rayons de la roue.*

- *Me suis-tu, Maut ?*
- *Je suis tout ouïe !*
- *Bien, maintenant, imagine-toi, que tu te changes en un petit scarabée incarnant la nécessité existentielle, et que par le fait même, tu sois contrainte de déambuler sur le bas de cette jante, aussi rapidement que tes pattes te le permettent. Tu dois te maintenir à la verticale du moyeu et ne pas te laisser entraîner par le mouvement de la roue. Devant toi se trouve donc le futur et derrière toi se tient le passé. Il va de soi, que si le rythme de tes pattes faiblit, tu régresses dans le passé... c'est alors la mort assurée. Il te faut donc impérativement te maintenir à la verticale du déroulement de la roue. C'est ce que nous faisons tous au cours de notre vie.*
- *Jusque-là cela m'apparait cohérent, je suis un petit scarabée !*
- *Bien ! Imaginons que, soudain, fatiguée par ce manège incessant, tu prends le risque de t'envoler, pour te positionner au centre du moyeu de cette roue. Tu conviendras que cela ne saurait changer en rien la course de la roue à vitesse constante par rapport au sol, et que le temps existentiel qu'elle représente s'écoule normalement. Toi, par contre, petit scarabée qui a glissé dans le mouvement de la durée, tu seras par la distance du rayon, projeté dans un temps distinct de celui que tu viens de quitter. Pour toi, placé désormais au centre de l'essieu, ta tête dirigée vers le futur, le déroulement du temps existentiel ne t'obligera plus qu'à un mouvement très lent de tes pattes pour te maintenir à niveau de la verticale. Tu auras compris que la jante circonférentielle appliquée au sol emblématise le temps humain solaire. Maintenant le temps se déroule de la même façon, mais toi tu n'avances tes pattes que très lentement. Maut,*

imagine que ce petit scarabée, toujours posé sur le moyeu de la roue, prenne le volume d'une cellule organique, puis d'une molécule, puis d'un atome, d'un quark, d'un photon et qu'à chaque étape minimalisée il se recentre davantage sur l'axe central du moyeu. Il arrivera un instant fatalement déductible où notre fictive entité cessera pratiquement de bouger, elle n'aura alors plus de mouvement perceptible et gagnera un état, dit d'inertie chronologique, en tout point comparable au temps présent sur lequel roule la roue. Alors que le temps dit existentiel ou conventionnel que symbolise la roue continuera, lui, de se dérouler invariablement.

Dès lors, et en vertu de sa position, notre entité sera en mesure de pénétrer la plage du temps fixe sur lequel nous déroulons notre existence, ce qui lui permettra de gagner à sa guise le passé ou le futur sur le rayon de roue de son choix. Mais elle devra hélas pour cela, réintégrer un âge existentiel fictif. Tu auras compris je l'espère, que le mouvement circulaire des rayons représente le déroulement de la vie et que le centre du moyeu, comme l'asphalte sur lequel se déplace la roue, représente l'immuable temps présent, inaccessible à nos qualités communes.

- Ahou... ç'est d'une logique surprenante... mais ça donne à réfléchir ! Ce que vous avancez bouscule mes propres références. Alors, si je tente de faire le point, Neb-Sekhem, notre temps solaire serait l'avatar d'un présent modulable ! Et si, en simplifiant je reprends vos références, la jante de la roue sur laquelle nous nous déplaçons, n'aurait donc pas de présent, mais seulement un passé et un avenir, le rayon du moyeu deviendrait un temps relatif, exploitable par des êtres doués de sciences particulières, dont vous semblez, vous Neb-Sekhem, pratiquer l'usage ?

- Oui, Maut, il n'y en effet rien de plus relatif que le temps ! Peux-tu me prouver que le temps présent existe... ma chère enfant !
- Hé bien...hum... effectivement, ce n'est pas si simple... Quand on y réfléchit, à l'instant ou je pense qu'il est présent, il est passé... ou si j'anticipe, il est futur, mais en aucun cas il est présent !
- Oui, la jante en marche sur le sol colle bien à un temps présent, mais celui-ci ne lui appartient pas. La jante en sa mobilité ne peut se prévaloir que d'un temps existentiel fictif, investi seulement d'un

passé et d'un futur.

Maut chercha une définition logique adaptée à une tentative de raisonnement. N'en trouvant pas, elle contourna la difficulté en posant elle-même une question :

- *Mais alors ! Si le temps présent est un continuum, comment peuvent coexister le passé et l'avenir, qu'en toute logique notre esprit nous incite à crédibiliser ?*

- *Les deux que tu cites ne s'inscrivent que dans le mouvement, lequel mouvement ne peut qu'être issu d'un temps absent, qui ne résulte que d'un présent illusoire, néanmoins rassurant à l'échelle humaine. Sans ce temps indicible favorisé par la lumière, qu'il nous faut voir comme l'emblématique adhérence de la roue, le passé et le futur que nous vivons ne pourraient dérouler leur temporalité.*
- *C'est trop complexe pour moi…Neb-Sekhem. Je crains de n'y rien comprendre…ne trouvez-vous pas que votre démonstration magistrale est un peu complexe pour une première entrevue ?*

Le devin s'avança près du châlit rudimentaire où Maut était allongée. Étirant alors ses bras, il appliqua ses mains nues au-dessus de cette jeune néophyte qui se disait dépassée par ses révélations.

- ***Ah…****Ah oui, s'écria-t-elle soudain, triomphante je pense avoir pleinement saisi la démonstration et cela m'apparait terrifiant : Si le présent n'existe pas à l'échelle humaine, cela offre la possibilité, non pas de gagner l'asphalte du présent, cela nous le savons, est impossible. Mais de gravir dans la lumière le rayon qui pénètre le présent symbolisé par le centre du moyeu. Le voyageur initié peut donc avoir accès à ces traces et en consulter les archives comme on ausculterait des graviers incrustés sur la gente. C'est cela Neb-Sekhem ?*
- *Oui, les trous noirs en astronomie ne sont pas autre chose !*
- *Mais dites-moi,* poursuivit Maut, sur un ton plus intime, *lorsque vous apposez vos mains sur ma tête, vous me rendez perspicace… C'est chouette, ce truc !*
- Le devin eut un grand rire spontané : *Non, mes talents ne s'étendent pas à l'infini, jeune fille. Lorsque je place mes mains au-*

dessus de ta tête, j'harmonise en toi les circuits neuronaux ! La plupart des êtres ne pensent pas juste, non qu'ils soient privés d'intelligence, mais parce qu'ils se montrent incapables, parmi la multitude d'informations compilées qu'ils perçoivent, de sélectionner les critères primordiaux de leur raisonnement. Pour certains d'entre eux, cette confusion gêne la fluidité de leur déduction. Le fait alors d'être assujettis au pouvoir apaisant des mains rétablit temporairement cette faculté.
- Les mains auraient-elles à ce point une influence sur l'équilibre psychique ?
- Oh... Oui ! Les mains ont beaucoup plus d'aptitudes qu'on ne le pense ! À force de travailler, de combattre, de prier, de soulager, de caresser, les mains ont gagné leurs lettres de noblesses. Elles ont fini par séduire les célestes principes d'équités, avec lesquelles elles sont en relation. Cette équité divine, dont la manifestation à notre échelle humaine est représentée par la lumière du cercle, a permis aux mains d'utiliser le nombre symbolique qui les harmonise à la matière. En d'autres termes, elles ont pouvoir sur les organes du corps... Nous portons toujours instinctivement nos mains sur l'endroit de notre mal.
- Vous m'intriguez... Puis-je savoir plus précisément à quoi vous faites allusion. Quel serait ce nombre en rapport avec les mains ?
- C'est le nombre « **360** », une grande constante universelle inhérente au cercle de lumière. Si tu places tes mains à plat, face à toi et que tu les diriges vers le Nord, en sa course journalière, le Soleil les parcourt d'est – ouest. En suivant cet exemple si tu inscris sur chacun de tes ongles, de droite à gauche les chiffres 0-1-2-3-4-5-6-7-8-9, et que tu places ensuite tes mains en prière de la façon dont le font les grands mystiques. Autrement dit en faisant coïncider chaque doigt d'une main avec ceux de l'autre, comme le fait le Dalaï-lama en ta civilisation. Tu obtiendras par juxtaposition des doigts, les nombres suivants : 90-81-72-63-54. Cela fait **360°,** le cercle aux divins degrés de 72 ans d'arc !
- Ah ça... c'est plutôt inattendu ! Ce qui inciterait à penser que le nombre et la géométrie, ainsi judicieusement utilisés, pourraient influer sur l'organisation de la matière. Cela irait jusque-là, vous croyez ?
- Certainement, les mains concrétisent la pensée. Ce n'est pas avec les yeux que l'on construit des pyramides. Des principes factoriels

sont à la base de la création, comme l'ennéade, la géométrie ou la lumière horienne qui en découle !
- *Vous évoquez l'ennéade ; doit-on voir là l'aspect mythologique de « pésédjet », les 9 dieux de la Genèse ?*
- *Précisément, ces 9 dieux, plus le 0, représentent les 10 doigts de nos mains. Le zéro, premier d'entre eux, est Atoum, Dieu des dieux, il est le créé et l'incréé. C'est pourquoi notre religion est un hénothéisme et non un polythéisme comme on te l'a sans doute enseigné.*
- *Pourquoi le zéro... pour Atoum, cela devrait être le « 1 » ?*
- *Eh bien, parce qu'il est le commencement et la fin, il compte sans compter, il existe sans exister, il est sans être ! À ce titre, il symbolise le vide et le créé, le sùnya des hindous, l'espace ou le sifr des arabes, le « 0 », c'est le cercle de lumière, si tu préfères !*
- *Ah, je comprends, c'est le Noun incréé par rapport au Nou de la création primordiale que nous livrent les anciens textes égyptiens ! Mais dites-moi, Neb-Sekhem, en cette époque lointaine, vous... les Égyptiens, n'êtes pas censés connaître le zéro... que je sache ?*
- *Oh ! Tu aurais dû alors me le signaler plus tôt, j'oubliais que j'avais à faire à une future archéologue ! Il est vrai, ma chère enfant, que pour les intellectuels inconditionnels de l'inamovible acquis prédominant à ton époque, nous ne sommes point censés connaître le zéro, pas plus d'ailleurs que le nombre Pi, le mètre, la roue, le nombre d'or, la rotondité des astres ou la précession des équinoxes. Je ne ferai pas de commentaire, mais il y a un vieil adage en Égypte qui dit ceci : « Lorsqu'un crétin parvient enfin à quelque chose, son premier acte est de confirmer sa crétinerie ».*
- *Vous ne ménagez pas les élites de ma civilisation !*
- *L'ayant longuement étudiée, j'ai, il est vrai, peu d'admiration pour cette société qui t'a enfantée. Elle a la suffisance infatuée des ignorants, qui s'emploient à ensemencer par orgueil et profit ce qu'ils pensent connaître, alors qu'il leur serait plus profitable, pour s'enrichir, de cueillir les fruits du ciel et ceux de la Terre.*
- *Sur ce point... vous ne pouvez pas nier l'efficacité d'une certaine technologie dont peut s'enorgueillir ma civilisation, Maître !*
- *Le génie d'un être peut s'avérer louable pour une découverte, mais celui de soixante mille personne pour la mise au point d'un petit module, m'apparait plus contestable. Mais revenons à notre création primordiale, si tu le veux bien ? Il ne nous faut pas méjuger*

le bienfondé de la Genèse. Selon nos Pairs, l'être suprême, « Atoum », a d'abord créé « 2 Principes ». Nous, Hiérarques, nous nous sommes ensuite ingéniés à généraliser ces Principes, en leur octroyant des formes spécifiques et en leur donnant des noms de dieux. Cela, afin de les rendre plus concrets, plus familiers aux yeux des populations non initiées. Nous ôtions ainsi aux Principes Primordiaux leurs caractères abstraits, tout en popularisant aux yeux de tous, leurs spécificités divines.
- Ces deux principes de base auxquels vous faites allusion sont Shou et Tefnout... masculin, féminin de la genèse égyptienne ?
- Oui... Maut ! Shou principe masculin représente le nombre, avec le chiffre « 1 », et Tefnout principe féminin représente la géométrie avec le chiffre « 2 », ce sont là les bases universelles que nous avons hérité de la Tradition Primordiale.
- Ils sont un peu nos grands-parents. Ensuite viennent leurs enfants, Geb la Terre et Nout le Ciel... C'est ça ?
- Je préfère pour Geb que tu dises la « matière terre » plutôt que la Terre Planète. Reprenons ; le 3 et le 4, ces deux derniers, eurent « 5 » enfants. Ce sont les cinq polyèdres réguliers 5-6-7-8-9. Ce qui constitue l'ennéade, les neuf dieux, neuf chiffres de la création capables de constituer tous les nombres.
- Les choses ne m'ont jamais été enseignées sous cet angle ! Et Horus, alors, quel rôle a-t-il, il n'est pas dans l'ennéade... lui ?
- Horus représente précisément le « 10 », premier nombre, il incarne l'intelligence humaine placée sous double influence, celle du créé avec le « 1 » de Shou, celle du divin avec le « 0 » d'Atoum. C'est pourquoi Horus est en combat permanent avec Seth, dieu incarnant, les forces provocantes, agressives, obtuses, résultant du seul intellect, lequel est dépourvu de cet auxiliaire intuitif que procure la conscience évolutive.
- À mon époque, nous pressentons Horus, comme étant un dieu solaire, fils d'Osiris et d'Isis !
- Ce n'est point faux, si nous tenons compte que l'intelligence est, à l'origine, dépendante de la lumière divine, laquelle est symbolisée par le disque solaire. Horus incarne l'étoile pentagonale (pointe en haut), Seth prétend à la même étoile mais la pointe est dirigée vers le bas, ce qui le rend maître du subtil dodécaèdre. Les frères et sœurs de ces deux dieux représentent, le tétraèdre avec Osiris et l'hexaèdre avec Isis. Haroéris, lui, incarne l'Icosaèdre et Nephtys l'Octaèdre.

Nous avons là, comme je te l'ai dit, les « 5 » polyèdres réguliers.

Avant que Maut ne fût amenée à questionner davantage ce bien étrange hermétiste sur les divers aspects de la mythologie, un léger frôlement se manifesta en direction de l'entrée. Deux femmes dont l'une était beaucoup plus âgée que l'autre se tenaient sur le seuil. Vêtues de robes longues d'un gris terne, elles avaient les mains croisées sur la poitrine et observaient un silence respectueux. Neb-Sekhem se tourna vers les deux arrivantes :

- Ces femmes sont les religieuses qui t'ont toilettée et se sont occupées de tes pansements. Sans doute tiennent-elles à parfaire leurs soins !

D'une voix accueillante, il les invita à s'approcher du châlit. Elles saluèrent Maut avec de grands sourires. À les voir ainsi s'activer, les blessures de ses pieds semblaient constituer l'essentiel de leur préoccupation ! L'une d'elle se munit d'une terrine d'onguents et ôta délicatement le voile de lin qui protégeait le contenu. L'autre s'employa aussitôt à dérouler les bandes de coton qu'elles avaient préalablement posé sur ses blessures.

- C'est parfait ! feint de s'émerveiller Neb-Sekhem devant le résultat obtenu. Dans deux jours, il n'en restera plus aucune trace. Ils étaient pourtant très abîmés, ces pieds !
- Oui ! Comment avez-vous fait pour obtenir ce résultat !
- Oh, des tours de passe-passe, comme on dirait à ton époque, joints à un peu de pommade de ma spécialité.

Les deux femmes étaient sur le point d'achever leur tâche, lorsque Minaou la plus âgée, s'approcha de Maut. Elle passa une main un peu rugueuse sur la joue de sa protégée :

- Te voilà bien, ma fille, tu étais dans un piteux état, après ton périple dans les marais ! Nous avons procédé à ta toilette et nous t'avons donné une potion pour dormir, tu étais très agitée.
- Merci à vous... mais je n'en ai aucun souvenir ! s'exclama Maut un peu émue. S'étant alors tournée vers Neb-Sekhem, elle ajouta dans sa langue maternelle : *Cette course poursuite pour parvenir*

jusqu'à vous a été dramatique et terriblement éprouvante. Je m'étonne, Maître, que vous ne m'ayez posé nulle question sur les tourments de ce parcours ? Ce périple vous est-il à ce point indifférent ?
- Non, bien évidemment, Maut ! Mais cela implique un développement d'ordre philosophique et je dirais même allégorique. Je m'en expliquerai et essayerai de répondre à tes légitimes atermoiements dans la demi-journée, après le midi. En cette occasion, tu pourras faire tes premiers pas dans le jardin où je te retrouverai. Lilou t'accompagnera dans les divers endroits où tu désirerais te rendre.
- Qui est Lilou ?
- C'est le petit infirme, qui sous la pluie, t'a guidé jusqu'à nous !

***

En ces lieux escarpés, quelque peu arides, éloignés de l'activité fourmillante des berges, la résurgence de certaines eaux souterraines se présentait comme un don généreux de la nature. Ces ruissellements rocheux alimentaient d'édéniques enclos aux ombres fraîches et fécondes. Le cœur enfin apaisé, Maut progressait à pas souffreteux parmi ces allées ombragées. Il y avait là un petit pont de pierre dont les eaux baignaient les branches un peu lasses des saules. En bordure de garrigue, une brise légère musardait tamaris et sycomores. Tout près d'elle, des bosquets d'acacias recelaient des mimosas aux épaisses senteurs. Les fleurs jaunes des perséas se mêlaient aux tons plus nuancés des figuiers et des grenadiers. Le sol était couvert de mauves, d'iris, de chrysanthèmes. Les tiges accueillantes des papyrus ombrageaient des bassins d'eau claire où siestaient de larges nénuphars, que chevauchaient çà et là des lotus aux couleurs de feu.

La nature en ces lieux était empreinte d'une harmonie profonde. Elle pactisait avec la sensibilité émotive de Maut, à un point qu'elle n'avait jusque-là jamais soupçonné en elle. Était-ce pour cette raison que deux grosses larmes balourdes occupaient le pourtour de ses yeux. Pourquoi se mirent-elles à rouler le long de ses joues au moment précis où elle ne souhaitait pas qu'elles le fissent ?

- Tu sembles apprécier la paisible eurythmie de ce jardin d'agrément, Maut... N'est-ce pas ?

Avant de se retourner, la jeune femme épongea d'un revers de main la manifestation de son émoi :

- Oui... Je suis sensible à cette sérénité... C'est mon côté romantique... Il est stupide... je sais !
- Cette sentimentalité n'est aucunement blâmable, elle est même louable à mes yeux !

Elle ne répondit pas, pour ne pas bêtement éclater en sanglots. Neb-Sekhem s'approcha. Il reprit sur un ton confidentiel :

- Une question importante est restée en suspens, tu vois à quoi je fais allusion... Veux-tu que nous l'abordions ?
- Si vous faites allusion à ce périple en enfer, oui, volontiers... j'ai besoin d'explications... pourquoi tant de mal !
- Il est vrai que tu as peiné pour t'acheminer jusqu'à nous, voyons, quel impératif ou mystérieux dessein justifiait cela ? Vois-tu, Maut, en Égypte nous procédons toujours en vertu des lois qui régissent la nature. Elles étaient au commencement, elles seront à la fin. L'homme irréfléchi de ton époque, violente cette nature, l'outrage et la méprise. Cependant viendra le jour où il devra lui rendre des comptes et en subir les conséquences.

- J'adhère à cette analyse, Neb-Sekhem, mais qu'a-t-elle à voir avec mon cheminement d'hier ? Vous parlez de mon époque violente croyez-vous que la vôtre est différent ? Après ce que j'ai vécu hier permettez-moi d'en douter !

- La symbolique, ma fille, est attachée à l'évolution spirituelle, elle s'insère en notre démarche existentielle et prélude à notre connaissance des choses. L'être humain ne peut envisager une élévation de son plan de conscience sans passer par de nécessaires épreuves. Pour grandir en conscience, nous devons, Maut, nous mériter nous-mêmes... Souviens-toi de cela !

- Voulez-vous dire, Maître, que vous avez fomenté toutes ces souffrances, ces tueries, ces odieux tourments, à seule fin que je

mérite le niveau de connaissance que vous êtes censé m'inculquer ?

- Mis à part l'horreur de telles présomptions, ce serait, chère enfant, me prêter des dons si exceptionnels, que le panthéon des dieux me les envierait ! Nous, Égyptiens de l'antiquité, avons remarqué depuis bien des Lunes que, lorsqu'un sujet est appelé à franchir une étape décisive en rapport avec son plan de conscience, celui-ci se trouve affligé par une recrudescence d'épreuves. C'est alors que l'existence le malmène, l'exhorte à agir plus qu'à réfléchir, l'incite à toutes les vengeances, le soumet à tous les maux, surtout ceux dont on sait, qu'il peut avoir faiblesse à les surmonter. Puis, selon sa réaction, les instances de l'épreuve se calment, reportent l'échéance ou lui ouvrent grandes les portes du seuil.

Maut eut un silence que respecta le devin maître. Ils firent quelques pas dans l'allée en direction du levant. Elle s'enquit alors d'une voix si douce, qu'elle aurait pu apparaitre soumise :

- Y a-t-il Maître, une explication rationnelle à ce drame ou une analyse conjecturale qui m'échapperait ? Si c'est le cas, je me montre soucieuse d'en être instruite !

Le devin se baissa pour cueillir une brindille de mandragore qui se trouvait là à portée de sa main. Il la maintint sous ses narines en un geste qui lui était sans doute familier. On eut dit que cette humble chose lui inspirait tout un cheminement de pensée :

- Ses racines passent pour avoir des propriétés magiques ! Tu as peut-être observé qu'elles ressemblent curieusement à la morphologie humaine !

Comme s'il avait eu obligation à rassembler ses idées en ce récréatif intermède, Neb-Sekhem poursuivit sur un ton neutre :

- Lorsque ce fut pour toi, Maut, le moment de naître, et d'abandonner le bateau-mère, tu fus propulsée comme un balluchon dans la barque voguant sur les eaux vives. Tu conviendras que transposer en un contexte allégorique, cela ressemble beaucoup à

une venue au monde... tourmentée ! Souviens-toi de ce que ta mère te disait sur ta naissance ?

- Alors ça... Comment êtes-vous au courant de cet aspect de mon existence, ne me dites pas que vous avez eu ces renseignements par téléphone ?

- Non, mais nous avons des moyens de communications tout aussi efficaces et moins générateurs de troubles, ma chère enfant !

- Admettons Neb-Sekhem, qu'il y ait une relation, cela n'explique pas les phases terribles des guerriers s'entretuant dans l'esquif !

- Je poursuis ! L'être qui vient au monde est généralement entouré d'entités qui cherchent à défendre sa vie, à l'instar des guerriers occupant ta barque. À partir de cet instant, l'ennemi, le Grand Ennemi est le temps, le Chronos des Grecs, souviens-toi. Le temps ne nous ménage guère, il nous laisse peu de repos, il nous contraint à des tâches précises. En ton périple personnel, ce sont les nubiens qui tiennent ce rôle, Maut ! Ayant alors quitté les eaux, tu émerges comme Horus parmi les faisceaux de papyrus. Visualisé sur un plan emblématique, l'enfance est protégée par la végétation inextricable des lois et des obligations, mais elle est aussi emplie des sournois dangers que doivent braver les forces qui nous assistent.

Une étape est franchie avec l'adolescence, elle se place à l'orée des marécages. Au-delà, c'est le désert de rocaille ou la vraie vie que nous devons affronter. Toujours talonnés par Chronos qui limite nos initiatives, nous sommes malgré tout protégés par les lois souches des sociétés dans lesquelles nous évoluons. Elles sont censées régenter le système des valeurs. Sans que nous en soyons toujours conscients, certains êtres nous escortent en notre existence. Parfois, ils vont jusqu'à se sacrifier pour que nous puissions poursuivre notre chemin au détriment du leur.

Maut commençait à comprendre que ce parcours avait d'étranges connotations avec son vécu personnel. Elle ressentit une émotion grandissante envahir son être. Aussi dut-elle faire un effort pour ne pas fondre en larmes. Neb-Sekhem qui n'avait, semble-t-il, rien remarqué de ce qu'il suscitait, poursuivit :

- Cette prise de conscience, lorsqu'elle elle existe, provoque en nous le légitime sentiment de rompre avec l'effet dévastateur du parcours. Le désir de concéder aux plaisirs relaxants devient irrésistible, en méditant sur le fait que cela comporte d'autres risques. Notre perturbation est grande, devons-nous alors envisager d'en finir, de mettre un terme à tout cela ou de persévérer ? Avec l'aide des autres, nous pouvons atténuer ce danger d'isolement procuré par l'implacable décompte du temps. Mais il ressurgit au détour de chaque épreuve, plus oppressant encore qu'il ne l'a été. C'est l'époque du vide, de la solitude en nous-mêmes où nous nous apercevons que, malgré l'assistance la plus étroite, nous sommes seuls dans l'existence. Nous nous sentons alors obligés d'avancer, de contourner, de bondir au-dessus des obstacles, d'ignorer les formules de prudence pour vivre notre destin ou atteindre un but, aussi illusoire soit-il.

Puis un jour, enfin, nous abordons le terrain de nos espérances, nous quittons la plaine où l'on a abondamment pataugé, pour amorcer un début de pente. Nous avons, certes, moins d'amis autour de nous pour nous soutenir, c'est peut-être que nous sommes devenus plus fort. Il nous semble en effet avoir triomphé des épreuves. Hélas, c'est compter sans la fatigue sournoise de l'âge qui nous rappelle à l'ordre. Le pire est de constater que le temps nous rattrape sur la fin du parcours. La lutte se fait longue, allons-nous sombrer dans le désespoir après tant d'épreuves ?

Il nous reste une dernière chance, affronter ce temps avec les principes que nous offre la connaissance acquise au cours d'une vie. C'est alors que l'ennemi, cet oppresseur de toujours, parait modérer sa hargne et, sans que nous l'ayons sollicité, nous recevons l'eau lustrale, le don spirituel. Le temps alors arrête de nous harceler. Notre entité intuitive aux contours onduleux nous guide sur le chemin du Temple intérieur. Parvenus sur le seuil, nous hésitons à le franchir, nous souhaiterions implicitement être accueillis, être pris en mains, être réconfortés et même loués pour les efforts méritoires que nous avons effectués.

Hélas, devant l'impassibilité ambiante, nous nous interrogeons, l'indifférence serait-elle au terme du parcours ? Nous avons simplement oublié que c'est pour nous dimensionner, pour nous mériter nous-mêmes, que nous avons survécu et ambitionné de triompher. Quelques pas encore et nous passons entre les deux piliers, comme au début de notre vie, nous sommes passés en souffrance, entre les jambes de la parturiente, notre mère. Mais cette fois, il s'agit d'une renaissance. C'est seulement après cet instant solennel, que nous pouvons espérer goûter à un peu de repos. Celui sans doute, que tu apprécies en cette heure où je te parle, Maut !

Depuis un moment déjà, Maut s'était arrêtée de marcher. Les lèvres entrouvertes, le regard étonné, elle dévisagea un instant ce devin que le destin lui avait désigné comme initiateur :

- Ce modèle existentiel étroitement mêlé à une morale de vie se trouve être le parcours physique que j'ai effectué pour venir jusqu'à vous, Maître. Est-ce un concours de circonstance ou... une leçon subtile de votre part !
- Oh... S'il s'agit de ton trajet pour venir jusqu'à moi, je te félicite, Maut ! Cela n'a pas dû être facile de vivre en raccourci de telles épreuves, normalement, elles sont étalées sur toute une vie... tu es encore bien jeune...

Le cynisme qui transparaissait dans cette réponse laissait clairement supposer qu'il se moquait d'elle ! Mais, à la réflexion, ça lui était égal, à Maut, de jouer les petites filles, devant le monument philosophique qu'était cette étrange entité. Elle se dit que, si elle avait bien suivi le déroulement de cette exégèse, elle venait de franchir une étape décisive, celle qui consistait à abandonner le monde parcellaire de la rationalité pour adhérer à celui plus raffiné d'une réflexion spirituelle détachée du contexte existentiel. Une question cependant restait en suspens : pourquoi cette hargne, cette souffrance, ces morts ! Alors qu'elle s'apprêtait à formuler sa question, Neb-Sekhem reprit sans concertation :

- Sans doute te demandes-tu pourquoi tant de souffrances ont accompagné ton périple jusqu'ici. Sache que ceux qui se trouvaient près de toi avaient, sans que tu le saches, terminé leur parcours existentiel. C'était là leurs ultimes épreuves, ils les ont toutes

admirablement passées et je puis t'assurer que, maintenant, ils se trouvent en paix et t'assistent de leurs présences. Les épreuves que nous vivons, Maut, découlent de ce qu'ont été nos vies antérieures. Nul n'échappe à son destin, car il dépend de cette antériorité.

Ils étaient parvenus aux abords du muret qui délimitait l'étendue du jardin d'agrément. Parmi les agglomérats rocheux visibles au-delà du périmètre inscrit, évoluaient des entités masculines, semblables à celles que Maut avait entraperçues lors de sa venue sur le site. Elles dissertaient par petits groupes ou s'activaient à des tâches journalières.

- *Neb-Sekhem... Quels sont ces hommes nus aux tatouages originaux ? Je les ai déjà entraperçus avant que ne se déclenche l'orage qui a précédé ma venue ?*
- *Ce sont des Sages Gymnosophistes, ils appartiennent à une communauté hindoue venue du pays de Pount. Ils ont choisi ce lieu pour bénéficier de la grâce des dieux, par les apports des sources, de la végétation et des intelligences qui y gravitent !*
- *Pourquoi sont-ils ainsi nus et couverts de cendres ?*
- *Nus, par raison. Tel Diogène le cynique au temps d'Alexandre, ils estiment que l'homme peut vivre de la seule nature et qu'il appartient à quelques-uns d'entre eux d'en faire la démonstration extrême à l'humanité dubitative. L'homme en ses excès s'emploie à parfaire cette nature alors que, selon eux, elle est emplie d'une sagesse native dont il faut d'abord avoir conscience avant de prétendre à d'autres conquêtes. Quant aux cendres répandues sur les corps, le thème est plus complexe, il correspond à une période précise de l'année.*
- *Une question anecdotique si vous permettez ; les femmes qui m'ont prodigué leurs soins, où vivent-elles, je n'en vois aucune ?*
- *Il s'agit d'une communauté entièrement féminine, composée de prêtresses et de leurs suivantes, des filles jeunes pour la plupart.*
- *Les deux communautés hommes-femmes, ne se rencontrent-elles jamais ?*
- *Si... quatre fois l'an, pour festoyer et faire des enfants. Le reste du temps l'une et l'autre portion de la communauté méprisent les*

passions qui asservissent et troublent le mental en conditionnant selon eux l'évolution personnelle.

- Que pensez-vous de cette philosophie appliquée ?

- Beaucoup de bien, dans la mesure où elle est circonscrite ! Il nous faut considérer cette manière d'être comme une étape sur le long chemin des réincarnations. Les philosophies sont des tentatives de déductions, Maut, elles ne sauraient prétendre à la panacée existentielle. Elles ont pourtant le mérite de donner à réfléchir et d'apporter soulagement à certaines interrogations.

Cette question passionnait Maut. Aussi entrouvrit-elle la bouche pour solliciter un complément d'information. Mais, devant la complexité des réponses et le risque d'un développement prolixe, elle se ravisa :

- Vous me donnez l'impression de connaître tant de choses, Neb-Sekhem, que ma propre histoire, je pense, ne peut pas vous être indifférente. Selon vous, qu'est-ce qui a fait que je sois propulsée ainsi, en cette ère lointaine de l'Égypte, sans que personnellement j'en ai formulé la demande ? Ne me dites pas que c'est le hasard ?

- De quel hasard parles-tu, Maut ? De cette loi totalement méconnue des hommes, dont certains se plaisent à évoquer les curieuses manifestations ? Le hasard dont tu parles a ses lois cachées et si elles jalonnent notre parcours existentiel d'événements imprévisibles, c'est que ces manifestations ont une raison d'être. Les conjonctures provoquées par ce que nous nommons des coïncidences ont pour objectif de stimuler notre réflexion. Elles nous aident à entrevoir des voies moins rationnelles, plus subtiles, plus intuitives. Souvent, hélas, nous n'y prêtons que peu d'intérêt, pour beaucoup d'entre nous ses manifestations suscitent à peine l'étonnement ! Ne confondrais-tu pas le hasard avec le destin, Maut ?

- Double raison, Maître, pour que vous m'expliquiez clairement ce que je fais ici ?

- Clairement dis-tu ! Là est peut-être la difficulté, mais je vais tout de même tenter de le faire. Tu te doutes, je présume, que je suis au courant de la teneur narrative des propos que tu as prononcés devant les Hiérarques, lors de ton émergence du sanctuaire osirien ?

- *Je m'en doute, en effet ! Il s'agissait pour moi de dépeindre au mieux ce que j'avais vécu, pour aider à la compréhension de ma mésaventure. Ces nobles vieillards, visiblement, ne demandaient qu'à m'aider. J'ajouterais, Neb-Sekhem, que je n'ai fait en ces instants que de tenter de restituer la vérité !*

- *Certes, Maut, certes ! Mais on peut mentir en toute bonne foi, par omission ou par ignorance. Et je sais que tu n'as pas menti par omission !*

- *Aurais-je menti par ignorance ? Les choses se seraient-elles passées autrement que je les ai contées. Dites-moi... Neb-Sekhem, je suis impatiente de savoir ?*

- *Oh... Tu n'as fait, à n'en point douter, que dire ce que tu pensais, personne ne pourrait te le reprocher, ma fille ! À un détail près cependant, mais... il a tellement d'importance qu'il conditionne le reste de l'histoire !*

- *Un détail... dites-vous ?*

- *Oui ! Lorsque tu as chuté dans l'entonnoir creusé par les archéologues, tu ne t'es pas simplement contusionnée, comme tu le penses. Tu t'es carrément assommée sur les dalles du bas.*

- *Non... non, pas du tout, Neb-Sekhem, je me suis immédiatement relevée. Dans un premier temps, d'ailleurs, je n'ai pensé qu'à gravir l'échelle qui était apposée à la paroi et... alors...*

- *Je ne mets pas en doute ta bonne foi, Maut. À ce moment précis, il ne s'agissait déjà plus de toi, mais de ton double, de ton Ka ou plus précisément... de ta demi-nature.*

- *Mon double... ma demi-nature... Que signifie ce langage sibyllin, Neb-Sekhem ? Je ne comprends rien de ce que vous tentez de m'expliquer.*

- *C'est pourtant clair. Le choc important que tu as reçu sur le crâne t'a instantanément provoqué un état comateux proche de la mort clinique. L'aspect corporel qui s'est alors éveillé en toi ne comportait pas l'intégrité de ta corporéité naturelle, mais seulement celle plus spécifique de ta féminité. C'est cette partie de toi-même qui chemina jusqu'au sépulcre sans que tu fusses en mesure de l'interpréter.*

Maut passa sa main autour de son cou, dans l'espoir inconscient de faire gravir la compréhension qui tardait à se manifester.

- *Comment cela, Neb-Sekhem... J'aurais deux entités en moi...c'est fou ce truc...*
- *Nous avons tous deux entités en nous, l'une féminine, l'autre masculine, l'une est carnée en l'existence, l'autre non. Selon le parfait organigramme, chaque être sexué a un parcours terrestre d'ordre moral à effectuer. En fonction des résultats de ce parcours, l'être sera réincarné dans le sexe qu'il n'a pas su assumer ou dans l'autre, s'il y a évolution de ses principes moraux. Cela ressemble à des marches d'escaliers vois-tu, le parcours est tantôt féminin, tantôt masculin. Je t'expliquerai cela plus tard.*
- *J'ai hâte d'en savoir d'avantage, Maître, cela m'aiderait à comprendre certaine aspirations de ma nature !*
- *Le sexe opposé à notre physiologie, bien qu'intimement présent est dissimulé en notre nature apparente. Néanmoins, il se révèle indispensable à notre équilibre psychique, car son rôle essentiel est de tempérer ou d'équilibrer nos penchants naturels. Comprendre la moitié de l'humanité, c'est évoluer au sein d'une société, sans atermoiements excessifs. S'il en allait différemment, nous aurions du mal à concevoir l'opposition et irions parfois jusqu'à l'affrontement.*
- *Si ce que vous dites est vrai, et je n'ai aucune raison d'en douter, une question alors s'impose : Si, en ce temps présent, je n'évolue qu'avec une partie de moi-même, qu'est devenue mon autre moitié, je veux parler de la partie masculine de mon entité ?*
- *Elle demeure au XXIème siècle de ton ère, allongée sur un lit d'hôpital, elle est léthargique et quasiment moribonde.*
- *Hein... mais c'est horrible ce que vous me dites, mais c'est quoi...c'est qui...c'est aussi moi, c'est aussi...enfin l'autre partie... !*
- *Ne t'affole pas ma petite fille, je vais t'expliquer. C'est pourquoi nous ne pouvons prolonger cette ubiquité particulière au-delà d'un délai de neuf jours, sans courir le risque d'un amoindrissement de tes capacités physiques et par voie de fait de tes facultés mentales.*
- *Ça alors ! Mais... mais si moi... je ne suis plus moi... si la moitié se trouve dans un hôpital, je ne sais où... quel est cet autre corps en*

lequel je me trouve ? Est-ce une réplique de l'autre, un double du double ? Je n'y comprends rien... vraiment rien... Neb-Sekhem !

Maut était de nouveau en proie à des tourments intérieurs qui provoquaient en elle un grand désarroi. Conscient de la conjoncture, Neb-Sékhem tenta d'édulcorer la situation :

- C'est une réflexion judicieuse, aussi est-il normal que tu te la poses ! Ce que je peux te dire c'est que ton esprit en errance, à la suite du choc que nous venons d'évoquer, avait nécessité urgente d'un support physique, que nous nous sommes employés à lui procurer.
- Qui, nous ?
- Nous... nous les Devins de ce royaume en relation avec les instances supérieurs. Nous, les quelques être aptes à traiter un tel événement, dans le contexte de ce lieu exceptionnel qu'est le sanctuaire dans lequel tu as effectué ta métamorphose... disons transcorporelle !
- Je ne pensais pas avoir mobilisé toutes les forces occultes du royaume d'Égypte et celles du panthéon. Je vous rappelle Neb-Sekhem que cela s'est fait à mon insu et que je n'étais pas franchement partie prenante en cette affaire qui me dépasse littéralement.
- Personne mieux que moi n'en est persuadé, Maut. Tu te plaçais cependant en tête de la sélection que nous avons effectué. Ton âme est d'une merveilleuse beauté et tu es en voie de désincarnation.

Sur le plan incarné, tu es jeune, tu n'es pas déplaisante à regarder, tu as une belle intelligence et une excellente mémoire. Tu as étudié les mathématiques et tu poursuis des études en archéologie, tout en étant farouchement contre cette mondialisation capitaliste et spéculative qui représente la plus grande lèpre à visage humain de tous les temps. Qui plus est, tu es française, un pays que nous, éternels voyageurs de l'espace-temps, estimons... Malgré ses gouvernants infantiles, ses cocoricos absurdes et ses honnêtes crapules.

- *Vous pensez vraiment que je suis tout ce que vous énumérez... J'ai des doutes ! Neb-Sekhem, vous n'avez pas répondu à ma question : si ce corps dans lequel je me trouve n'est pas le mien, à qui appartient-il, alors... ?*

- *À une blonde et charmante Princesse Celte, dont l'âme est presque aussi élevée que la tienne, elle a exactement le même âge et la ressemblance physique est plus que troublante !*

- *Croyez-vous sincèrement que ce soit le moment de plaisanter, Neb-Sekhem ? C'est de moi dont il s'agit, vous pourriez faire preuve de plus de courtoisie... eu égard à mon désarroi !*

- *Je suis peiné de savoir que mes propos sèment le doute en ton esprit, Maut. Ce que je viens d'énoncer est la stricte vérité : ce corps que tu occupes appartient à une Princesse Celto-Ligure, dont le père, Roi d'une importante province du littoral méditerranéen, est un fidèle ami du royaume d'Égypte.*

- *On est en plein délire ! Et lui... elle... l'esprit... enfin, la pensée qui habitait cette créature où se trouve-t-elle... pendant que moi j'occupe son corps... c'est d'un compliqué... c'est... !*

- *Nous nous en occupons ! Pour l'instant, cet esprit sommeille sagement en attendant que se déroule cette opération. Il sait que son corps est entre de bonnes mains, si je puis dire. Mis à part peut-être la série de frayeurs que tu nous as occasionné lors du périple qu'il te fut donné de vivre, pour t'acheminer jusqu'à nous !*

- *Ah, oui... je vois, quand j'ai failli tuer le nubien... ou être tuée par lui ?*

- *Non, il n'y a pas que ça ! Le plus important relèverait plutôt... comment appelles-tu ça... de la libido !*

- *De la... de ma... de la libido !*

- *Oui ! N'as-tu point manqué d'avoir une relation d'ordre sexuel avec un guerrier égyptien ?*

- *Avec... avec... un... oui, non, non nous n'avons pas... pas consommé... du tout, non, absolument pas... Neb-Sekhem !*

- *Tu vois, comme les anges messagers sont parfois de mauvaises langues, ils m'ont affirmé que...*

- *Oui... enfin oui... c'est vrai quand même un peu d'attirance... ça a failli... mais... ça ne s'est pas passé... pas du tout !*

- À la bonne heure ! Cette jeune fille est vierge et son père tient à ce qu'elle le demeure encore quelques temps, jusqu'à son mariage... C'est la tradition chez eux, cela m'aurait mis dans l'embarras.

- J'ignorais cela, Neb-Sekhem, sinon j'aurais eu un comportement plus... enfin moins, plus décent. À dire vrai... ce garçon m'a émue ! Oui, il m'a fait de la peine, il avait l'air tellement désabusé... désemparé que...

- Que ton côté maternel n'a pas tardé à se manifester !

- Oui... c'est ça, c'est le côté maternel, je crois ! Et puis, il avait une bonne bouille ce Mahou. Mettez-vous à ma place, Neb-Sekhem !

- Que les dieux m'en gardent ! N'en parlons plus, tu veux !

- Veille à l'avenir à respecter cette corporéité qui ne t'appartient pas. D'ailleurs, il est curieux que tu ne te sois pas aperçue de cette substitution, ce corps est certes ressemblant, mais il n'est pas identique au tien !

- Eh bien, pour ne rien vous cacher, dès le premier jour, mes hanches me sont apparues un peu plus larges, mais à peine ! Mes bras étaient plus potelés, ma poitrine un peu plus forte et plus rose la pointe de mes seins. Des cicatrices avaient disparu, d'autres au contraire marquaient mes jambes. Bien sûr que je me suis aperçue de ces différences, mais au regard de rétrograder de cinq millénaires d'un seul coup, cela m'est apparu franchement secondaire. Et puis, j'ai beau les tordre en tous les sens, je n'arrive pas à me voir convenablement en vos miroirs de cuivre poli ! N'oubliez pas que je ne suis là que depuis quatre jours, Neb-Sekhem !

- Les miroirs, Maut, c'est pour éviter le narcissisme ! Je désirais seulement que tu constates par toi-même la cohérence de mes explications. Si tu veux progresser, tu te dois d'être limpide de comportement. Comment pourrais-je te guider, sinon ?

- J'ai la faiblesse de penser que si je vous dissimulais quelque chose, vous le sauriez quand même. Maître, tout est tellement complexe pour moi !

- Si tu es parvenue jusqu'ici, il y a beaucoup de chances pour que le trajet inverse s'effectue normalement.

- Sinon ?

- *Sinon... nous te ferons cuire dans une grande marmite et nous te donnerons à manger aux gymnosophistes !*
- *Hum ! Ne m'avez-vous point dit... qu'ils étaient végétariens ?*

***

Pour se rendre de l'habitat de Neb-Sekhem à la piscine des femmes, il fallait traverser un jardin d'agrément, puis emprunter un sentier rocailleux bordé de romarins et d'oliviers séculaires. Après avoir atteint le plateau aux murets blancs qui délimitaient le domaine des prêtresses, Lilou s'arrêta. Il tendit un index impératif en direction du paysage bucolique qui s'étendait au-dessous d'eux.

- *Kam – ha – chen djet !*
- Maut s'astreignit à traduire en elle-même : *Après le jardin, derrière les acacias... Zet – neb – kebehou ! Les femmes nagent en l'eau fraîche ! Merci, Lilou... Tiens !*

Elle lui tendit une énorme grappe de raisin, qu'elle venait d'ôter de son panier. Le petit infirme remercia du regard et, le fruit serré contre sa poitrine, il entreprit de retourner sur ses pas.

Maut poursuivit seule en direction du domaine. Il lui était facile de suivre ce large sentier aux marches de pierres disjointes s'évadant parmi la végétation.

D'importantes questions animaient ses pensées : Si le retour prévu pour regagner le XXIème siècle ne pouvait se réaliser, allait-elle être contrainte de vivre ici parmi la population de cette époque ? Serait-ce véritablement une catastrophe ? Non, elle ne le pensait pas. Mais ce n'était pas la première interrogation qu'elle devait se poser, maintenant qu'elle était informée. Il y en avait d'autres beaucoup plus urgentes. Deux d'entre elles étaient cruciales, comment se comporterait son corps hospitalisé, privé d'une demi-intellection, abandonné en un autre temps ? Et surtout, ce cas de conscience : que deviendrait l'esprit de cette jeune fille celte, dépossédé de son corps physique ? Surgirait-il, pour hanter sa propre nature ou se contenterait-il d'être en errance parmi la mouvance des choses ? Si tel était le cas, Maut se dit qu'elle ne supporterait pas cette injustice. Cela constituerait un cas de conscience inacceptable. Avait-elle d'ailleurs d'autres ressources que la loyauté qu'elle plaçait en ces grands initiés égyptiens ? Ce Neb-Sekhem, qui était-il en fait ? Une entité à part, une sorte de devin, de mage, de thérapeute aux pouvoirs exceptionnels et aux notions spirituelles déroutantes.

Hier soir encore, ne l'avait-il pas instruite de mille choses bouleversantes et de grand intérêt. Il fallut qu'elle tombât de sommeil pour qu'il se décidât à la laisser se reposer.

« Deux heures de piscine demain matin, pour te détendre, avait-il énoncé d'une voix sans réplique, ensuite, nous irons visualiser le concept de Gizeh qui se trouve dans le sanctuaire ! »

Maut n'avait pas eu le courage de solliciter des explications supplémentaires, la journée avait été harassante et elle n'aspirait qu'à se reposer. Mais après cette excellente nuit et ce copieux petit déjeuner, elle se sentait en forme dans ce corps qui était plus ferme et plus musclé que le sien.

- *Maut… Maut… Viens te baigner Princesse… Viens !*

Elles étaient trois jeunes femmes nues comme Ève, accompagnées de quatre enfants. Leurs sourires, leurs grands gestes spontanés et amicaux, laissaient entrevoir que son nom circulait déjà en leur communauté.

Cerné par d'imposantes dalles de pierres, le bassin d'agrément étendait ses eaux claires, il recelait des plantes aquatiques qu'environnait un sable fin où jouaient des enfants. Ceux-ci avaient brusquement délaissé leurs jeux pour accourir au-devant d'elle. Deux d'entre eux accaparèrent aussitôt ses mains, alors qu'une petite fille, un bouton de lotus brandi à bout de bras, s'extasiait devant sa blondeur.

- *Tenez ! S'exclama Maut en leur confiant son panier de fruit : Ceci est pour vous !*

Comme les interrogations pleuvaient pour connaître quelles étaient les mœurs en sa lointaine Celtie, Maut avança que, pour une raison personnelle, elle avait fait promesse aux hiérarques de ne point parler de son pays pendant huit jours. Après quoi, toutes les questions sur le sujet pourraient lui être posées. Il y avait bien là une manière frondeuse de se tirer d'affaire, mais les jeunes filles ne tarissaient pas de curiosité sur le sujet. À leur tour, elles lui expliquèrent que les femmes de la communauté recevaient des hommes trois fois trois jours, dans l'année. Mais que les enfants, eux, pouvaient voir leurs parents comme ils l'entendaient.

À l'âge de sept ans, la sélection s'effectuait, les filles restaient parmi les femmes et, à neuf ans, les garçons rejoignaient la communauté des gymnosophistes où ils apprenaient les rudiments de leur discipline spirituelle. La sexualité ne posait pas de problème particulier, elle était dominée et régulée, toute déviation même légère, entraînait un bannissement courtois de la société.

Au-delà des interdits, certaines attirances se manifestaient parfois entre hommes et femmes. Ces liaisons étant proscrites, le couple nouvellement formé devait alors quitter la communauté et réorganiser sa vie sur les berges du fleuve, parmi la population des villages. À la question : Cette vie vous convient-elle ? *Oui !* Répondirent avec de grands rires et unanimement les femmes, puisqu'il s'agissait d'un choix exercé en toute liberté et non point d'une obligation contraignante.

Le temps passait le long de ces flots ondoyants et cette fille du Nord lointain, au teint de lait, était plaisamment sollicitée par les enfants.

- *Si tu veux les réjouir, Maut, raconte-leur une histoire des pays où il fait froid... Ils aimeront beaucoup !*

Maut se trouva fort embarrassée par cette proposition. Elle pensa à Barbe bleue, mais il était effroyable. Cendrillon, l'histoire nécessitait une interprétation et le Chat Botté au pays des sandales n'aurait guère de signification. Seule Blanche-Neige lui parut acceptable. Lorsqu'elle l'eut contée, un petit garçon aux yeux brillants s'approcha d'elle.

- *C'est une belle histoire, Maut ! lui dit-il en résumé. Mais, on la connaît déjà !*
- *Comment cela ? Vous connaissez Blanche-Neige et les sept nains… C'est impossible !*
- *Oui, Maut ! On peut te la raconter si tu veux ? Pour cela, il faut que nous égalisions le sable pour faire un tableau !*
- *Le garçon prit Maut par la main. Regarde ! dit-il en perforant la couche de sable de son doigt : Ça, c'est un nain, il est monté sur le toit de sa maison pour y accrocher sa lanterne. Il s'appelle Bételgeuse. Son rôle, c'est celui de veiller à ce que sa maison tourne convenablement dans le Ciel, en même temps que toutes les autres étoiles.*

Celui-là ! ajouta le garçon en perçant un trou dans le sable un peu plus bas et à droite du premier. C'est Bellatrix, il se tient en haut de la ligne représentée par le mur vertical et il veille au tracé.

- Maut était troublée ! *Et à quoi sert cette ligne ?*
- *Oh… je sais plus… au mur de la maison, je crois ! Et ça, c'est Rigel ; il est au bas de la même ligne avec une équerre, il mesure l'angle… droit… Et plus à gauche, là, c'est Saïph, le gardien de la porte, tu vois, il nettoie ses sandales avant d'entrer. À l'intérieur de la maison, il y a trois nains : Le chef de file, Al Nitak et ses deux serviteurs Al Nilam et Mintaka le grincheux.*
- *Mais dis donc toi… Tu es en train de me décrire les « 7 étoiles de la constellation d'Orion », que vous appelez « Sah » en Égypte ?*
- *C'est quoi… un con-tes-té-la-tion… ?*
- *Oh, c'est… c'est une maison… une maison d'étoiles !*
- *Ah, oui ! On la voit, celle que je t'ai dit, elle passe comme ça dans la nuit… len-te-ment… len-te-ment… !*
- *Dis-moi Tyou ; Ma Blanche-Neige à moi, où est-elle, dans tout ça ?*
- *Ta Blanche-Neige… Hé ben, elle est là, en bas à gauche ! On l'appelle Soped, c'est la plus brillante des étoiles du Ciel.*
- *Chez moi, on l'appelle Sirius ! Et qu'a-t-elle à voir avec les sept nains ?*
- *Et bien Soped la belle étoile, elle voudrait rentrer dans la maison des 7 nains, pour faire un peu le ménage et mesurer les pièces où ils dorment… et aussi, regarder un peu dans les tiroirs, pour voir s'il y*

a des secrets cachés !
- *C'est le plus important, je te crois volontiers, Tyou !*
- *Maut... Maut... Lilou t'appelle... Maut ! Tu as, paraît-il, rendez-vous avec le maître, ne le fais pas attendre et reviens-nous vite !*

Tout en gravissant d'un pas alerte ce sentier qui menait au domaine, Maut plongea en ses réflexions : Comment ne pas être abasourdie par les révélations de ces enfants ! Décidément, il ne se passait pas un instant dans cette Égypte considérée archaïque, sans qu'elle soit tentée d'analyser ce qu'elle voyait ou entendait. Elle essaya de se remémorer les données de cette anachronique demeure stellaire et l'allusion à l'angle de 90° ! N'y avait-il pas Blanche-Neige et aussi ces trois nains au centre ? N'incarnaient-ils pas les trois mages, les trois rois ou les trois étoiles du baudrier d'Orion ? Depuis la fin du siècle dernier, certains dont elle faisait partie, assimilaient ces étoiles aux trois pyramides de Gizeh ! Maut se souvenait très bien de cette hypothèse émise par Robert Bauval et aussi du scandale que cela avait suscité à l'époque dans les milieux universitaires ! Elle ne put s'empêcher de sourire, en pensant à la tête que feraient les égyptologues si, au cours d'un colloque, elle prétendait que Blanche-Neige était contée aux enfants, il y a plus de 4 500 ans, en Égypte.

- *Ah, ah... Je constate avec satisfaction que notre belle enfant a le sourire !*
- *Oh... Vous m'avez fait peur... Je ne vous avais pas vu, Neb-Sekhem !*
- *Oui... J'ai remarqué que l'on ne me voyait jamais arriver... Je suis pourtant identique à tout le monde, que je sache !*
- *Si vous le dites... Maître ! J'aurais une question importante à vous poser ! L'un des enfants avec lequel je jouais m'a évoqué une légende séculaire où il serait question d'une belle jeune femme et d'une demeure occupée par sept nains. Il m'est apparu évident d'effectuer un rapprochement entre ce conte et la conformation stellaire d'Orion ! Une histoire semblable m'était contée lorsque j'étais moi-même enfant. Elle s'intitule Blanche-neige et les sept nains !*
- *Je connais ce conte Maut, que souhaiterais-tu savoir ?*
- *J'ai cru comprendre, qu'il y avait un rapprochement à effectuer entre cette histoire, la constellation et les pyramides de Gizeh.*

- Oui ! Mais, cet enseignement te sera communiqué par l'Our'mâ, mieux que je ne saurais le faire, Maut !

Neb-Sekhem s'était arrêté de marcher. À l'aide de l'extrémité de son bâton, il pointa sur le sol les étoiles qu'il décrivait, afin que Maut en mémorise les emplacements.

Voilà, la constellation en question, tu devrais visualiser la même ordonnance à ton époque. Sache que, pour l'éloignement en années-lumière de ces étoiles, le total nous donne 5 236 années lumières. Cela nous a servi à établir la coudée avec laquelle sont construits tous les temples d'Égypte depuis la plus haute antiquité, 0,5236 mètres. La racine de cette coudée prise à 0,523598774 nous donne le périmètre d'une étoile à 6 branches qui se trouve dans le Soleil et multipliée par les 6 pointes cette coudée nous donne le nombre Pi.

- Quoi... mais c'est incroyable cette chose... comment... cela ce peut... oh là là... ! J'ai conscience maintenant que j'ai tout à réapprendre, Maître... tout...tout !
- Je te rassure, Maut, moi aussi... mais, moins que toi, peut-être !
- Vous croyez ! Dites-moi, Maître, Sirius ne fait pas partie de la constellation d'Orion, qu'a-t-elle à voir avec cette histoire ?
- Rien à priori effectivement puisqu'elle est impliquée dans la constellation du Grand Chien. Toutefois, si tu prolonges l'apothème de la Grande Pyramide, Sirius, la plus belle étoile du Ciel, détermine une nouvelle base. En d'autres termes, une pyramide virtuelle se dessine tout en conservant rigoureusement les mêmes angles. Blanche-Neige, notre **Isis**, rentre alors dans la maison des « 7 » nains... Tu comprends ? Et puis lorsqu'elle était dans les âges dans l'alignement horizontal d'Orion elle représentait le départ du demi-cycle pressionnel de 13000 ans.
- Ahou, c'est sacrément intéressant ! Mais, que je sache, Sirius, que vous appelez Sothis, a un temps propre par rapport aux étoiles fixes dont il est question, elle est plus proche de nous 8,6 années

lumières ? Comment peut-on lui donner un emplacement juste ?
- N'oublie pas, ma chère enfant, que cercle et cycle ont des valeurs moyennes déterminées par le temps. Cela est une règle d'or qui permet de comprendre l'ensemble des calculs hermétiques de la vieille Égypte.
- En gros, si je vous ai bien suivi, Neb-Sekhem ! La Grande Pyramide est une merveille architecturale, et son complexe structurel est le contretype de certains regroupements stellaires, dont Orion et Sirius ?
- C'est aussi simple que ça, Maut ! Principalement la constellation d'Orion. Avec elle, nous avons les mesures de la Terre, du Soleil, de la Lune, de toutes les planètes. Mais aussi les distances, les cycles importants qui gèrent notre existence, tels que la précession des équinoxes, l'inclinaison du globe sur son axe, la valeur des années et une pluralité d'autres données.
- Si ce que vous dites est vrai, l'univers lui-même ne répond plus aux lois du hasard. À commencer par la disposition des étoiles dans le Ciel !
- Oh, il nous a suffi de les déplacer un peu, ces étoiles, pour qu'elles coïncident avec nos mesures, Maut ! Ça n'a pas été un gros travail... Par une belle soirée d'été toute l'Égypte s'est réunie pour souffler dessus !
- Maut dévisagea le devin-maître avec une sorte de doute récurrent, puis elle éclata de rire : Attentive comme je l'étais à vos propos... j'étais à deux doigts de vous croire !

Tout en dissertant avec ardeur, ils étaient parvenus au pied du temple inscrit au cœur de la falaise. Seules les quatre colonnes de style hathorique s'exposaient en relief sur le devant de la paroi rocheuse. La végétation autour d'eux était clairsemée. Elle s'agrémentait de touches florales aux couleurs pastel. La brise animait une rangé de longs cyprès que leur mouvante langueur prédisposait à une complicité silencieuse.

- Ces révélations, Neb-Sekhem, me bouleversent ! Elles sont tellement éloignées des vérités prétendues absolues qui me furent inculquées que, si je réintègre ma civilisation, je me demande comment je vais pouvoir poursuivre mes études sans un sentiment de révolte permanent !

- Ce qui voudrait dire, Maut, que déjà tu mets en doute le génie conceptuel de ce roi, que vous appelez Khéops, lequel se serait fait ériger un mausolée, si ce n'est un tombeau, à grands renforts de coups de triques ?
- À dire vrai, Neb-Sekhem, lors de mes études, je n'ai eu que des réticences sur la crédibilité de ces allégations prétendues historiques. Je sais qu'elles ne résistent pas à l'analyse objective. Elles m'apparaissent autant déraisonnables que fallacieuses. Mais comment se rebeller lorsque l'on est étudiant, que l'on a des difficultés à se procurer des preuves concrètes, alors même que ceux qui vous enseignent passent pour des monuments inamovibles du savoir contemporain ? La moindre tentative formulée dans le sens du doute risque de compromettre définitivement une carrière potentielle. Qui peut se le permettre ? Et, ce qui est pire, Maître, c'est que ces étudiants, qui ont souffert d'une telle carence, deviennent un jour à leur tour ces Pairs obtus et inamovibles, véhiculeurs d'un acquis de tous les doutes, et dont ils se médaillent.
- Lorsqu'il te sera donné de connaître les lois d'Hermès, Maut, tu quitteras la suspicion pour une position plus affirmée. Car il ne s'agit pas seulement d'errance en la recherche de vérités, ce qui serait tolérable à l'échelle humaine, mais bien de la plus grande mystification de tous les siècles. Elle est entretenue par les privilèges et autres lobbyings que dissimule l'immense édredon de l'indifférence générale. Tu peux légitimement t'étonner de l'aigreur de mes propos par rapport à l'aspiration pacifique de la démarche spirituelle que je t'enseigne, et penser que ce n'est pas digne d'un sage ! Mais lorsque la discrétion est un aveuglement, la déférence devient une tare. Ce serait oublier que cette Grande Pyramide est le premier témoin de l'harmonie universelle et que, non seulement elle n'est pas perçue comme telle en ta civilisation, mais elle est abaissée au rang de tombeau, symbole de mort. Comme d'ailleurs beaucoup de concepts qui s'immiscent en vos technologies. Le futur, mon enfant, s'exerce dans le respect du passé ! Si vous dépréciez ou falsifiez le passé, votre présent inconséquent élaborera un futur à la mesure de vos incongruités.
- Je partage cette façon de voir les choses, Neb-Sekhem, mais comment expliquer que certaines dates de l'histoire coïncident avec leurs arguments ! Khufu, le Khéops Grec, a existé ! Hérodote a tenté des explications à travers les témoignages de son époque ! Des

analyses de matériaux ont été effectuées. Les IVème et Vème dynasties ont laissé çà et là des indices que l'on prétend concordants... Cela me trouble un peu tout de même !

- Faut-il te rappeler qu'Hérodote s'est fait l'écho de rumeurs populaires, sur un soi-disant tombeau, 2000 ans après l'époque de Khéops. Si nous avions le temps, je reprendrais un à un ces pseudo-arguments pour te démontrer leurs caractères fallacieux. Faisons simplement appel à la logique la plus primaire qui soit. Trouves-tu normal qu'un homme, fût-il roi, s'emploie à réaliser à sa gloire post mortem le plus grand monument au monde, signe évident d'une mégalomanie, et qu'il ne cherche nullement à y faire figurer son nom, signe évident de la plus grande humilité ? Il y a là un paradoxe que le simple bon sens refuse, mais cela ne semble pas avoir effleuré les spires cérébrales des croquemitaines de la science pyramidale. D'autant que quelques décennies avant lui et après lui, les rois égyptiens avaient des tombeaux profondément enfouis dans le sol et abondamment illustrés, cela jusqu'à l'ère romaine. L'Égypte, mon enfant, possède une tradition millénaire basée sur l'immuabilité d'une tradition qui ne saurait déroger aux caprices d'un souverain, dont la chambre sépulcrale tiendrait en toute indécence plus de 8000 fois dans le volume structurel de l'œuvre.

- Je suis d'accord... Neb-Sekhem, c'est pour le moins étrange. Mais peut-être que cet homme répondait à des critères spécifiques ?

- Spécifiques dis-tu ! Ceux, par exemple, de construire un aussi gigantesque tombeau et de se tromper trois ou quatre fois d'emplacement pour la chambre sépulcrale ? De surdimensionner des couloirs et d'en échafauder d'autres si exigus qu'il est impossible de tourner avec un sarcophage ? De percer une syringe de 90 mètres de long, sans qu'un homme puisse se tenir debout, puis de se rendre finalement compte de son erreur et de construire une galerie, cette fois, de 9 mètres de haut ? De construire des canaux d'aération de 70 mètres de long sertis dans la masse de pierres et d'oublier à quelques centimètres de les faire déboucher dans la chambre qu'ils étaient censés aérer ? D'être apte à orienter un édifice à quelques secondes du Nord juste, mais se montrer incapable d'aligner sur le terrain trois pyramides sur le même axe, de ce... de...

- Neb-Sekhem... Neb-Sekhem inutile de poursuivre, j'ai compris que ce n'est pas sérieux et que cela relève plus d'une bouffonnerie

préjudiciable que d'une étude scientifique objective.
- Ta civilisation, ma petite fille, est héritière d'un savoir cumulé dont la profession pour certains, consiste précisément à perpétuer ce qui est conventionnel. Voyons là un aspect confortable des choses. Qui plus est, l'arrogance scientiste de ces diplômés se présente comme un défi lancé au silence courtois de la vérité. Alors que, par définition, une science dite « expérimentale » est une science qui n'a de réalité qu'en fonction de l'évolution des techniques qu'elle exploite. Face aux tragiques erreurs amoncelées, s'imposera un jour l'heure du choix ! C'est précisément quelque temps avant cette échéance que tu te devras d'intervenir, ma petite fille !
- Intervenir... qui... quoi, moi... Maître... intervenir à l'échelle mondiale ? Vous n'y pensez pas... Ce n'est pas sérieux... Vous plaisantez encore sans doute ? Je ne suis qu'une jeune personne, qui plus est étudiante, sans pouvoirs, sans argent, sans moyens, avec un bagage limité et des connaissances qui le sont tout autant, face à un empire puissant, organisé, déterminé, implacable. Ce n'est pas sérieux, Neb-Sekhem, pas sérieux... du tout !
- Je serais assez d'accord avec cette analyse...
- Si ?
- Si les dieux ne m'avaient dit : « C'est elle... et personne d'autre ! »
- Mais... mais, qu'est-ce que je leur ai fait... à ceux-là !

L'esprit préoccupé par le sujet de leur discussion, tous deux étaient parvenus à proximité immédiate de l'entrée du temple. Un homme âgé sans arme, en gardait le seuil. Sans prononcer un mot, il s'inclina vers eux, les deux mains à plats posées sur la poitrine.

- Bonne journée à toi, Kasskalo ! La princesse et moi allons méditer sur l'immuable connaissance à l'intérieur du Khem Skhem. Veille à ce que nous ne soyons pas dérangés !

L'homme ne répondit pas, il s'inclina de nouveau. Maut était de moins en moins rassurée. Pour tenter de dissiper son anxiété, elle se pencha sur l'épaule de Neb-Sekhem :

- C'est le cerbère du... temple magique !
- Cet homme est un redoutable magicien, il est capable de changer

tout visiteur en babouin rose !
- *Maut choisit de persévérer sur le ton de la plaisanterie : La couleur me conviendrait assez, mais... pour le reste...*
- *Je comprends ton angoisse, Maut, mais vois-tu, il nous faut parfois livrer des combats Séthiens, en ce monde ! N'en as-tu pas eu un aperçu en venant ici ?*

Cette fois, Maut eut le pressentiment qu'elle n'échapperait plus à son destin. Tous deux marquèrent le pas devant le seuil avant d'entrer.

- *Ce que tu es appelée à connaître en ce temple devrait, selon la perception commune, friser l'irrationnel. Il est toutefois impératif que tu mémorises ces faits, pour tenter ensuite de les restituer de diverses façons aux populations de ton XXIème siècle.*
- *Pardonnez-moi d'insister, Neb-Sekhem, mais je vous l'ai dit : Je ne m'en sens pas capable ! Ce que vous me demandez est par trop conséquent, il m'est impossible de le réaliser !*
- *Très bien... Maut... Très bien... Je vais en informer dès à présent le panthéon où se tient le Grand Conseil des dieux. Je pourrais même leur dire, que pour la première fois dans l'histoire de l'humanité, pour la première fois, Maut, ils... les dieux, se sont trompés. Et que tu n'es pas du tout ce qu'ils croient... pas du tout !*
- *Il... y... a... il y a un conseil... un conseil... un...des dieux !*
- *Oui, tu ne penses pas que « je prends tout ça, sous mon bonnet », aussi phrygien soit-il, comme on dit... en français !*
- *Bon ! Attendez un peu, Neb-Sekhem. Il y a des décisions qui méritent le temps d'une réflexion, tout de même ! L'engagement n'en est que plus fort après... vous savez ?*
- *Ma chère enfant, lorsque tu sortiras de ce temple, tu seras convaincue du bien-fondé du rôle que tu as à tenir sur la scène mondiale.*
- *Vous m'effrayez de nouveau... C'est si important que ça ?*

Le devin-maître prit Maut par la main. Tous deux s'avancèrent entre les huit colonnes papyriformes de la salle hypostyle qu'ils longèrent à pas cérémonieux. Après une série d'incantations prononcées par Neb-Sekhem, ils se dirigèrent vers le portail de bronze ouvragé, afin de pénétrer en l'espace secret du naos. Une simple poussée fit se jouer les deux battants incrustés de motifs en reliefs, finement martelés à la feuille d'or.

Maut, qui s'attendait à découvrir les merveilles annoncées, fut grandement déçue. La pièce en question était large et haute, mais sombre et vide de tout ornement. Les murs lisses ne comportaient aucun motif, aucune représentation, si ce n'était cette immense figuration ailée de Maât, au sommet du portique. Au pied de l'une des faces, à même le sol, se trouvait une sorte de promontoire en forme de lit rectangulaire d'une coudée environ de hauteur. Sur celui-ci étaient posés côte à côte deux repose-têtes en bois sculpté.

- *Nous allons, Maut, nous allonger côte à côte sur ce lit de pierre. De là, nous assisterons à un spectacle dont cette pièce constitue l'avant-scène. La géométrie est une science déductive qui va te permettre de comprendre bien des choses. Dans un premier temps, ce sera comme des visions très nettes de ce qu'il te faut savoir en matière d'exploitation de notre schématique égyptienne. En un second temps, nous ferons un voyage purement cérébral pour que tu découvres ce qu'est réellement le plateau de Gizeh.*
- *Hou là là... Maître ! Je crains que ça ne soit trop compliqué pour moi. D'ailleurs, je ne vois pas comment cela pourrait se réaliser : il n'y a rien dans cette pièce !*
- *Allonge-toi là, je vais me placer à tes côtés et tu vas me donner la main. Laisse aller les muscles de ton corps et tente de faire le vide en ton esprit...*

Là... C'est bien ainsi ! Sois confiante, ma fille, nous allons effectuer un mini-voyage précurseur de celui que tu auras à faire lorsque tu retourneras chez toi. Il te faut donc t'acclimater sur un plan incorporel avec la teneur du spectacle que je viens d'évoquer !

Un silence monacal chargé de mystères s'insinua. Les effluves d'un parfum aux essences orientales dispensèrent leurs fragrances comme un prélude à l'extase. Ils paraissaient devoir aider l'esprit à se désolidariser des contingences existentielles et inviter celui-ci sur les voies éthérées d'une contemplation mystique. En sa pensée semi-consciente, Maut fit cause commune avec cet état second qui interpellait son être. Une sorte de déclic à effet cognitif lui électrisa le corps, au point de provoquer au niveau de son échine un léger soubresaut.

Sans ouvrir les paupières, elle réalisa qu'elle pouvait visualiser ce qui l'entourait. Aussi éprouva-t-elle le désir de faire se mouvoir son regard pour étendre son champ de vision. C'est là que se produisit le miracle. Au lieu que ce soit ses yeux qui coulissent en leurs orbites, ce fut son corps entier qui s'éleva dans un mouvement tournant d'un gracieux effet. Dans l'immédiat, Maut eut l'impression qu'il s'agissait de son corps charnel, mais dès l'instant qui suivit, elle vit que celui-ci se trouvait toujours en état de somnolence au côté de Neb-Sekhem. Il y avait là quelque chose de fascinant à s'ausculter soi-même hors de soi. Maut constata qu'elle n'avait aucune inquiétude, si ce n'était cette joie exaltante à pouvoir ainsi permuter d'un état à un autre, en conservant intactes ses facultés.

- *Maut... M'entends-tu ?*
- *Maut dirigea son regard en direction du corps gisant de Neb-Sekhem étendu près du sien. Oui... mais... Je ne comprends pas très bien ce qui se passe... Vous êtes où... vous ?*
- *Je suis là, Maut... La petite évanescence blanche sur ta gauche... c'est moi !*
- *La... petite... Oh... oui... je vois... ça alors !*
- *Oh, ne te glose pas de mon insignifiance, tu ne vaux guère mieux ! Cette ubiquité temporaire devrait suffire à nous faire évoluer dans l'espace et échanger des propos... Nous en aurons besoin dans un instant... Pour le moment nous allons longer les murs, histoire de se familiariser...es-tu prête ?*
- *Un instant, Neb-Sekhem ! Pouvez-vous m'expliquer comment ça marche, ce truc... enfin, comment fait-on pour avancer et changer de direction ?*
- *C'est très simple ! Tout mouvement s'effectue par la pensée. Mais il est indispensable de la moduler pour en restreindre les effets au seul désir du moment. Sinon... Je risque de te récupérer au centre de la galaxie, ce qui, à plus d'un titre, s'avérerait fâcheux.*
- *Mon dieu... si je me trompe, je vais me fracasser contre le mur !*
- *Aucun risque, Maut, tu passeras simplement au travers de la pierre en ressentant à peine sa densité. Il te suffit de penser avec une docile persistance, que tu désires te rendre vers moi et tout se passera bien, comme l'intention de tout être humain avant une*

démarche !
- Aaaaah... c'est merveilleux, ainsi, je peux aller où je veux !
- Oui, mais à l'intérieur de cette pièce, n'oublie pas que nous sommes conviés à un cours initiatique, il ne s'agit pas pour nous, d'aller folâtrer sur les sentiers galactiques.
- C'est tellement merveilleux ! Ne pourrions-nous pas faire un petit tour au-dessus du jardin, Maître, histoire de s'angéliser un peu les idées ?
- En un tel moment, voilà bien une pensée féminine ! Non, d'ailleurs, le gardien aurait tôt fait de se changer en chien volant dévoreur de conscience.
- Je serai à votre écoute, alors... c'est quand, le spectacle ?
- Immédiatement, si tu t'en tiens à tes intentions et non à des escapades bucoliques !
- Je suis votre spectatrice, Neb-Sekhem, je me sens calme comme l'eau de l'étang et plus légère que papillon !
- C'est bien ainsi ! Place-toi à mes côtés, nous allons commencer par de simples modèles, ils vont apparaître au centre de cette pièce, sous forme de graphiques ou de volumes.
- Ah oui, je discerne déjà une forme... C'est un coffre !
- C'est le symbolique sarcophage osirien. Alors que celui d'Isis son épouse est le triangle de côtés 3 – 4 – 5. Regardes, Maut, comme les choses se présentent pour Isis et Nephtys qui se retrouvent en quête des 14 morceaux d'Osiris. Voici, vue sous un autre angle, la symbolique de la mythologie que tu étudies.
- Oui je vois c'est le 3-4-5. Ce graphique répond à une logique en ce qui concerne les 5 enfants de Nout avec l'assemblage des coudées. C'est formidable d'harmonie, mais ça doit être plus subtil que cela, j'imagine !

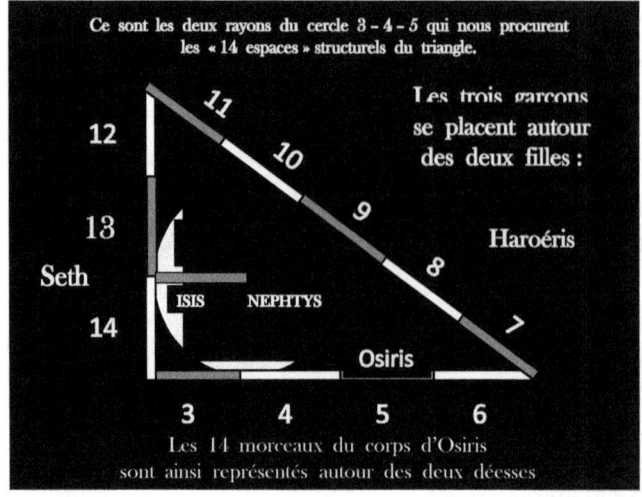

Oui, assurément. Les barrettes qui composent ce triangle 3-4-5 sont à la dimension exacte de la coudée sacrée de 0,523598774 mètre. Les deux déesses au centre du triangle nous indiquent un sublime message, apprête-toi à faire fonctionner tes capacités cérébrales, Maut. Car vois-tu, c'est beaucoup plus conséquent que l'on ne croit sur un plan strictement humain. Si tu considères le total que nous donne ces 14 coudées multipliés par vingt, tu auras la surprise de constater, qu'elles représentent la hauteur exacte de la Grande Pyramide sur son socle, soit146,60 m. Mais ce n'est pas tout, chaque côté nous indique une valeur des grands arcanes. Commençons par le flanc gauche celui de Seth : la coudée multipliée par 3, puis par 2, nous donne le nombre PI. Le côté occupé par Haroéris, la coudée multipliée par 5, fait que la racine carrée du résultat, nous donne le nombre d'OR. Quant au côté bas occupé par le troisième garçon Osiris, la coudée multipliée par 4 et le résultat multiplié par l'ennéade 1,23456789 puis par 10 000 cela nous donne en années le cycle précessionnel de 25 856,72935 ans. Et le total des trois côtés nous donne 102 le nombre numérique de Dieu en la Primosophie des nombres premiers. Qu'en dis-tu Maut ?

- Je ne sais quoi dire, Maître, le mot merveilleux me paraît médiocre par rapport à ces résultats. Oh, il apparait maintenant un carré, regardez, il y a une sphère bleue placée à l'intérieur.
- Le carré représente la Grande Pyramide vue du ciel, Maut, et

cette sphère, c'est la Terre, elle s'inscrit en proportion dans le carré-base. Observe attentivement cette composition ! Que vois-tu ?
- *Je vois une sphère beaucoup plus petite qui apparaît à l'intérieur de la première, elle est de couleur un peu terreuse !*
- *Si la grande sphère bleue représente la Terre, la petite sphère centrale, plus pâle, c'est la Lune ! Les mentions que tu vois figurer sont en ta langue maternelle, ceci pour te faciliter la compréhension. Regarde, fais bien attention ! Les quatre faces de la pyramide vont se rabattre sur le centre du carré, comme cela...qu'observes-tu !*
- *C'est incroyable, Nen-Sekhem ! Cela voudrait dire, que le diamètre de la Lune par rapport à la Terre est ici défini par les hauteurs des côtés de la Grande Pyramide lorsqu'ils sont rabattus sur le centre ?*
- *Oui, Maut, c'est aussi simple que ça... et le grand cercle circonscrit représente la Terre ! As-tu souvent entendu parler de cette merveille dans tes cours en faculté ?*
- *Hélas non, c'est... époustouflant ! L'harmonie est telle, qu'à ce stade des démonstrations, je pense que l'on ne peut pas dissocier ce type de concept théorique d'un Principe Créateur.*
- *Sur des milliers de références de la même importance, c'est une déduction logique. Mais as-tu réfléchi que cela placerait l'homme en dessous de Dieu, c'est gênant pour tes contemporains... Non ?*
- *Oui un peu... En ma civilisation de haute technologie, nous ignorons totalement ces agencements abracadabrantesques. Pour la majorité des scientifiques, tout a une explication rationnelle. Terre et Lune étaient à l'origine, des sortes de magmas galactiques, peut-être des fragments du Soleil, qui se seraient refroidis et placés en orbite gravitationnelle autour de sa masse. Imaginer une hypothèse ésotérique, ce serait faire preuve d'une indigence mentale, qui outrepasserait de loin la naïveté.*

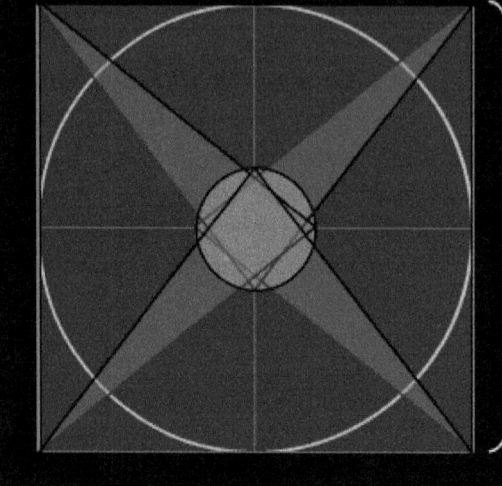

Ce simple graphique est peut-être l'une des choses les plus étonnantes qu'il nous a été donner d'observer, la Terre et la Lune figurées par les 4 faces de la pyramide.

La Terre est symbolisée par le grand cercle circonscrit dans le carré-base, les pointes au centre, composant le cercle Lune, sont figurées par les quatre faces couchées de la Grande Pyramide.

- *Dis-moi, Maut : pourrait-on, en ta civilisation, amasser fortune en diffusant ce que l'on vient de voir ?*
- *Je crains Neb-Sekhem ne pas avoir bien saisi le sens de votre question...*
- *Maut, cette interrogation que je formule est conforme à l'esprit de ton époque, tu le sais ! C'est celle que ne manqueraient pas de se poser tes contemporains. Et comme ils ne pourraient rien négocier de ce que tu vois là, une telle découverte n'aurait pour eux aucun intérêt. Aussi préféreraient-ils la vente de nougats à ton transcendantalisme. C'est pour tenter de modifier cette conception exacerbée d'un matérialisme destructeur, que tu es là parmi nous, ma petite fille !*
- *Je sais tout cela, mais qu'y puis-je, Neb-Sekhem ? En misant sur une pseudoscience dépourvue de philosophie, mes contemporains défient le ciel lui-même. Leur façon de gérer la planète, qui n'est autre qu'un grand foutoir, le prouve surabondamment.*
- *J'apprécie tes remarques, Maut, elles prouvent ton discernement. Un jour viendra où les gens de ton siècle, après s'être brisés sur l'écueil de leur inconséquence, se trouveront obligés de se plier à la volonté de réforme. Fasse qu'il ne soit pas trop tard.*

- *Pardonnez-moi de vous interrompre, Neb-Sekhem ! Nous avons une nouvelle image, elle a trait, semble-t-il, au site de Gizeh, en lequel, c'est osé, sont incorporées la Terre et la Lune... ?*
- *N'y-a-t-il aucun risque que l'on prenne ces révélations pour une suite de fabuleux hasards... et rien d'autre !*
- *Si tu appelles « hasard » ce que j'appelle, moi, « Atoum », alors il n'y a aucun risque, car si le hasard a ses probabilités, l'intelligence divine a ses raisons... !*
- *Ce n'était là qu'une petite interrogation, Maître ! Ne doutez pas que je sois bouleversée par ce que je vois. Pour moi, c'est la preuve absolue de la réalité divine !*

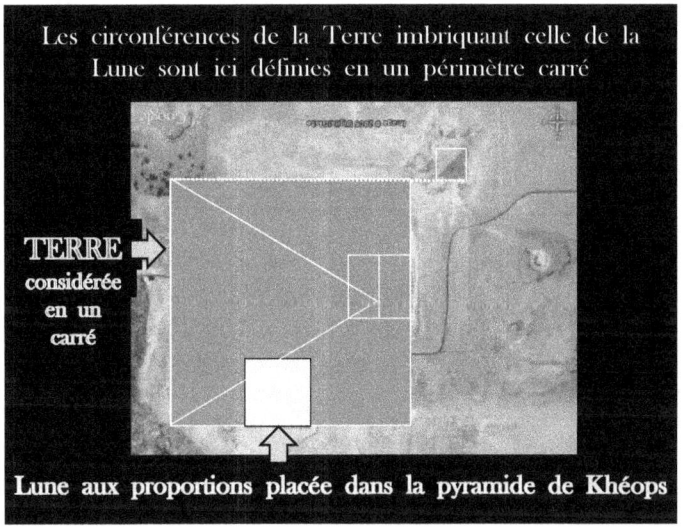

- *Tu n'as encore rien vu de ce qui est le plus troublant ! Vois, il se dessine maintenant la réponse à tes interrogations sur la constellation d'Orion en rapport avec la Grande Pyramide.*
- *Houlà ! Cela me semble complexe. Une explication est peut-être nécessaire, Maître ?*

- *Voyons Maut, c'est simple. Tu reconnais à gauche la configuration de la constellation d'Orion avec ses 4 étoiles cadre. Les nombres que tu vois figurés sont des degrés. Ce sont ceux des angles de la constellation, mais comme par hasard, ce sont aussi ceux de la Grande Pyramide.*

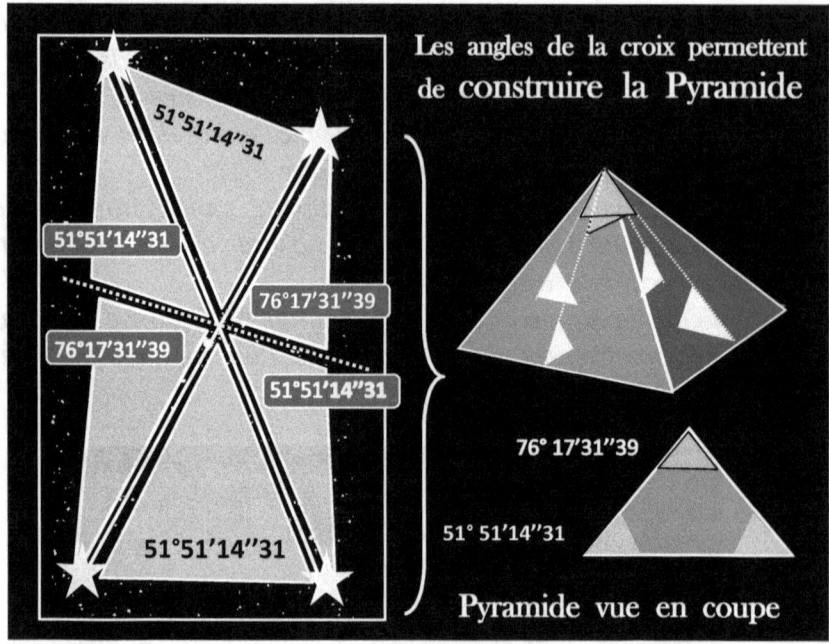

- Maître, mais c'est fou ! Les concepteurs de la Grande Pyramide auraient alors puisés ces données dans le Ciel ?
- La vérité, Maut, ne soulève aucune polémique. Par contre, elle dérange, elle incommode, elle déprime, elle remet tout en question. On la fuit, on la boude, on la récuse comme une déviation du savoir inculqué. L'homme répugne à corriger ses erreurs. Puis, subitement, avec le temps, cette vérité éclate au grand jour... et elle éclaire le monde.
- Et vous comptez sur moi pour cela, je crains Neb-Sekhem, que vous soyez déçus !
- Ma chère enfant, rien de ce qui existe ne triomphe sans lutte ! Je me permettrai de te rappeler que c'est toi qui as été chargée par les dieux de répandre ce message !
- Moi... moi toute seule ! Mais, Neb-Sekhem, c'est ça qui est fou ! Alors que Dieu, avec l'appui de ceux que j'imagine... les sages, les divinités, les immortels, les anges, les saints. Ceux-là possèdent l'efficacité requise ! Mais moi, pourquoi moi, Neb-Sekhem ? Pourquoi n'interviendraient-ils pas, « eux », directement, pour redresser cette civilisation en perdition ? Pourquoi faut-il que ce soit une petite bonne femme comme moi, insignifiante, chétive,

malhabile, timorée, sans le sou, qui satisfasse les sublimes desseins des nuées célestes ! Alors... Alors qu'il leur suffirait de dire... Hop... Et tout serait réglé !

Il y eut un silence, pendant lequel ils se sentirent l'un et l'autre dirigés par une force inconnue vers leurs corps ensommeillés. La voix grave de Neb-Sekhem vibra une fois encore aux oreilles de Maut !

- N'avais-tu pas promis de ne plus te rebeller, Maut ? Il te faut comprendre que le concept évolutif dans lequel le monde est versé ne peut d'aucune façon être modifié par une intervention directe du Principe Universel. Ce n'est pas possible, c'est une loi originelle de base, avec laquelle on ne peut transiger.

Si cette possibilité existait, cela équivaudrait à enrayer le mouvement évolutif des consciences. Alors que celui-ci ne doit exercer son office que dans le doute et l'incertitude d'une justice intemporelle. La seule transgression, que peuvent se permettre les instances divines, est de sélectionner un être susceptible d'éclairer la conscience de ses semblables. Et cela, dans la mesure où il apparaît que la civilisation en cause est mise en danger par des conduites et processus extrêmes. Il peut s'agir d'un déviationnisme oligarchique paupérisant les peuples, d'un hédonisme délétère et dégénératif, d'un empirisme religieux dogmatique, d'un rationalisme exacerbé, d'un pouvoir hégémonique ostracisant, que sais-je, les causes que l'on pourrait évoquer sont innombrables. Par leur dangerosité, toutes ces dérives, peuvent entraîner l'altération de l'évolution naturelle des espèces.

De telles déviances ont justifié au cours des âges la présence « d'intervenants » pour tenter de signifier aux hommes une voie différente de celles qu'ils avaient tendance à suivre. J'ai le regret de te dire, Maut, qu'en l'époque en laquelle tu vis, c'est l'ensemble de ces dépravations, que je viens de citer, qui se trouvent impliquées dans le comportement qu'ont tes contemporains à conduire les affaires de la Terre.

C'est pourquoi il n'a pas été retenu, comme ce fut le cas dans le passé, de confier cette mission à un personnage qui aurait été initié aux secrets de la prophétie. Le devoir d'un tel missionné consistait à conforter les gnostiques et à rendre espoir aux gens du peuple. Après lui et dans la plupart des cas, se mettait en place un prosélytisme religieux qui tentait d'infléchir le mouvement des choses dans le sens de ce message.

Aujourd'hui, l'enjeu est si important qu'il a été décidé qu'une personne simple à l'état de conscience vertueux aurait accès aux conjonctures mathématiques appliquées de toute éternité par Le Principe Créateur. Il a été ensuite décidé que cette personne désignée indiquerait où se trouvent les arcanes inhérents à la Tradition Primordiale. Avec l'espoir que cette source d'harmonie éveille la pensée de ce monde en déliquescence.

- Nous faut-il penser à un facteur innovant de la part des instances divine ?

- Dans les faits, Maut, les divulgations que tu seras appelée à diffuser seront redoutables pour les êtres humains !

- Redoutables…êtes-vous certain du terme ?

- Oui, je m'explique ! À partir d'une réflexion sur ces informations que tu te devras de dispenser, l'homme, la femme, le vieillard ou l'adolescent ne pourront plus prétendre que la vie est une coïncidence de la nature et que le rôle à tenir est avant tout celui qui leur importe. Certes, ils seront comme par le passé responsables de leur attitude existentielle, mais, à cette différence près, Maut, ils le seront en tout état de cause, en toute lucidité par rapport aux preuves que tu leur auras fournies. Ce sera l'heure du choix, ta civilisation aujourd'hui a besoin de preuves pour réagir, tu lui en donneras.

- En clair : si j'indique le chemin et que l'on s'obstine à en prendre un autre, le monde divin ne s'estimera plus responsable de la chute dans le ravin, puisqu'il aura, par ma voix, signalé concrètement le danger encouru !
- Ne perçois pas cela comme une décharge de responsabilité, Maut, mais plutôt comme une ultime tentative à l'adresse des facultés

humaines, face à l'aveuglement de la conscience collective.

C'étaient bien ses paupières que Maut faisait se mouvoir au-dessus de ses yeux. Son corps était lourd, pesant comme mille gueuses de plomb. La voix de Neb-Sekhem s'était tue, mais elle sentait encore sa main qui serrait la sienne. Le complexe architectural lumineux n'avait pas complètement disparu de son champ de vision. Sa brillance toutefois s'était considérablement amoindrie. Demeurait encore dans la pièce, cette fameuse sphère brillante et incolore qui englobait la Lune et la Terre.

Cette fois, Maut perçut pleinement la finalité de sa mission. Jamais plus elle ne douterait de la réalité spirituelle. Jamais plus elle ne se permettrait une réflexion désobligeante sur les décisions d'un monde parallèle qu'il ne lui était plus permis de contester. Jamais plus elle ne se révolterait contre la volonté de ce qui lui était supérieur. Elle le jurait solennellement sur la tête de... sur la tête de... de... sur qui au fait, pourrait-elle le jurer ? Sa mère était à New York et ne s'occupait plus d'elle depuis des années. Son père, elle ne l'avait jamais connu et son beau-père vivait au Canada. À la rigueur elle aurait bien juré sur la tête de Gontran qu'elle aimait plus que tout ; hélas, son petit chien s'était fait écraser par un bus quelques jours seulement avant son propre accident. Elle jurerait bien sur la tête de Neb-Sekhem, mais comment savoir s'il s'agissait d'un homme ou d'une toute autre chose ? Ah... Oui ! Elle savait maintenant, elle jurerait sur la tête d'Héri-tep ! Oui, ça lui plaisait bien de jurer sur la tête d'Héri-tep. Maut se concentra : *Je le jure sur la tête...* À l'instant même où elle s'apprêtait à prononcer intimement ce nom, l'ensemble structurel de la pièce réagit avec une telle luminescence que ses paupières s'abaissèrent sous l'intensité. La voix de Neb-Sekhem ne tarda pas à se faire entendre.

- *Qu'as-tu fait, Maut ?*
- *Moi, mais rien... Neb-Sekhem... ah si, j'ai juré sur la tête d'...*
- *Ô... c'est très bien... tu ne pouvais pas mieux choisir !*
- *Mais... vous ne m'avez pas laissez le temps de prononcer un nom !*
- *Pardonne-moi... j'avais cru comprendre... Héri-tep ! C'est une nouvelle naissance, Maut, sois fidèle à l'ennéade, ainsi tu seras fidèle à ton serment !*

Maut ne répondit pas immédiatement ; Elle essaya d'articuler ses membres ankylosés. Les dernières paroles prononcées par Neb-Sekhem l'interpellaient :

- Le serment... oui, mais pourquoi l'ennéade, Maître ?

- L'ennéade, parce que la nature des choses passe par les nombres et qu'ils seront ton support de preuves, Maut. Il y a un instant, tu as constaté que les 9 chiffres nous donnaient le Soleil. Regarde ! Par cette formule, ils nous donnent aussi la Terre et la Lune.

Sur le mur du fond, apparut un immense panneau écrit : Maut reconnue immédiatement les « 9 chiffres » composant tous les nombres.

- Miraculeuse équation, Neb-Sekhem, avec ces mystérieux 360° et leur diamètre. Pourrais-je revoir la formule du Soleil avec l'ennéade, je ne l'ai plus clairement en tête ?
- La voilà, Maut ! Ainsi, les 9 chiffres de base réunissent les 3 symboles alchimiques traditionnels. Tu vois, ils scintillent de toutes les couleurs de l'arc-en-ciel :

---

*1, **2.3.4.5.6.7.8.9** x 114, 591559 Ø diamètre de 360° =*

*141, 4710592 x par le **360** lui-même = **50 929, 58131**.*

Estimée en kilomètres, c'est la valeur de la circonférence moyenne du cercle d'union, constituée par la Terre et la Lune.

*50 929, 58131 km = Ø **16 211, 38923** km*

Terre *Ø = 12 734, 94192 km +*

Lune *Ø = 3 476, 44744 km.*

- En trois ou quatre lignes, vous me faites découvrir les valeurs de

la Terre, du Soleil et de la Lune avec pour simple base, les 9 chiffres et les 360 degrés du cercle. C'est... c'est génial... Neb-Sekhem... génial !
- Oui ! Si les êtres humains étaient suffisamment lucides, ces quelques lignes ainsi rédigées devraient bouleverser leur raison existentielle et, par conséquence, la situation du monde en lequel ils vivent. Car ces rapports numériques constituent la preuve manifeste d'une intelligence cosmique organisatrice. Hélas pour toi, ma chère enfant, l'opacité de la conscience populaire étant ce qu'elle est, très peu d'esprits éclairés vibreront à cette démonstration.
- Venant de vous, ce point de vue n'est pas fait pour m'encourager, Neb-Sekhem !
- Il te faudra de la ténacité ! Mais dans les cas les plus difficiles, nous pouvons envisager d'intervenir en une sorte d'assistance, d'ordre parapsychologique par exemple.
– D'ordre para... Je ne sais pas si ces paroles me rassurent, ça serait plutôt le contraire.
- Ce serait exceptionnel, Maut, car nous devons te laisser agir seule, tu auras la formation pour cela !

Depuis peu, Maut, qui avait pleinement réintégré son corps, sans trop savoir pourquoi, s'était mise à larmoyer. Était-ce le contrecoup de cette montée en spirale dans les sphères éthérées de la connaissance ? Esseulée et tremblante sur sa dalle de pierre, des pensées étonnamment réalistes vagabondaient dans son esprit. Elles lui communiquaient une rétrospective visuelle de son existence, sans qu'elle puisse en limiter le déferlement : Elle revoyait défiler avec une optique émotionnelle son enfance loin de toute affection familiale. Les sous pour le pain journalier, que l'on comptait et recomptait au porte-monnaie. Les petits plaisirs réprimés, les souffrances ravalées, les désirs cachés, l'isolement cafardeux des cités périphériques. La misère pudique de ce deux-pièces où elle vivait avec sa mère et face à cela, l'indifférence de la société des nantis à l'égard de cet environnement contristant et affabulateur de tous les maux. Alors qu'elle était absorbée par ses pensées, une figuration originale apparut sur le mur face à elle. Elle pensa, que c'était un petit coup d'œil de Neb-Sekhem pour lui rafraichir la mémoire. Mais elle n'en avait plus besoin, Maut maintenant, était définitivement convaincue du bien-fondé de sa mission, si elle avait été choisie, elle ne pouvait décevoir.

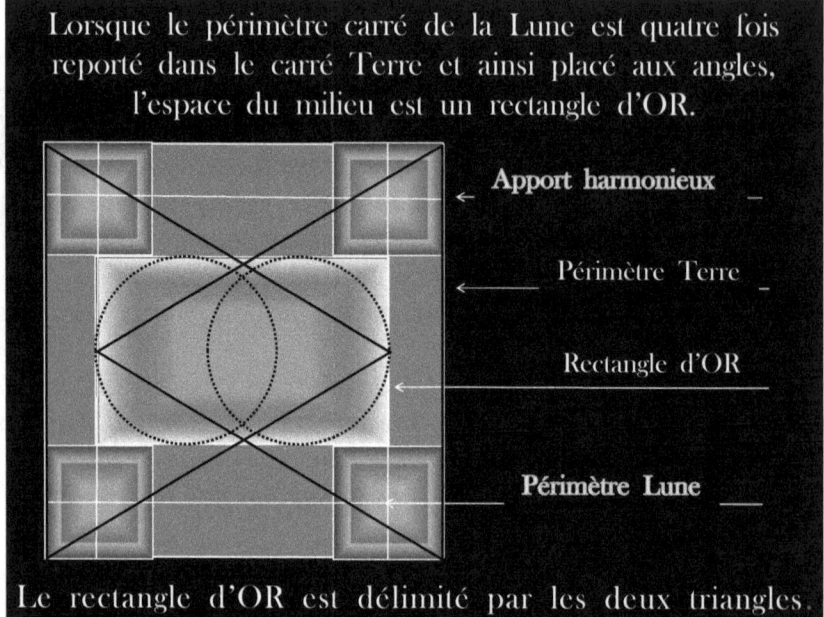

Chapitre XXI

Face à ce Soleil dévorant, immense et rouge, à ce Râ-ouben rayonnant qui au-delà du Nil émergeait de sa céleste chrysalide, Maut rêvait. Elle était assise sur un tabouret rocheux, le menton appuyé sur ses genoux, les paupières plissées en une extase intime sur la flambée ascensionnelle de l'astre. Là-bas, aux confins de cette félicité, de longs oiseaux aux corps d'ombre attisaient de leur vol lourd le rougeoiement du Ciel. Avec ses doigts de brumes que baguaient les nuances aurorales, la Terre semblait dissiper à regret ses voiles de ténèbres. Sur les miroirs marécageux du Nil, une braise dévorante déchiquetait de ses tisons pourpres les berges au relief tourmenté. Côtoyant les yeux myosotis de la jeune admiratrice de l'astre, les ombelles ensommeillées des papyrus s'éveillaient à une brise timide. Leurs lents balancements provoquaient les premiers bruissements de la vie. Ta neteru… la terre des dieux, murmura Maut, en ce premier matin du monde.

Un attouchement frais sur sa nuque la fit légèrement se retourner. Dispersés aux milieux des roches, figés en leur foi hiératique, les gymnosophistes dravidiens formaient un hémicycle silencieux à quelques pas derrière elle. La nouvelle Prêtresse, initiée depuis peu à la sagesse de Maât, prit conscience en cet instant du rôle qu'elle avait à tenir. Elle se leva, et avec la grâce d'une gestuelle étudiée, elle gravit à pas lents l'amas rocheux qui se trouvait à proximité du site. Flavescente en son aube de lumière, ceinte d'un Ankh pectoral en or, sa blonde chevelure caressant les mouvements de la brise, elle étendit ses ailes au disque rougeoyant.

Salut à toi, Atoum-Rê !
Salut à toi astre nouveau !
Que ta lumière embrase le monde !
Que nos esprits s'illuminent
À ton divin rayonnement.
Enfante-nous les nombres cachés de la vie !

Salut à toi Atoum-Rê... Salut à toi ! Répétèrent après elle une centaine de voix graves à l'intonation tragique ! Puis, la nature ayant absorbé le silence qui suivit, un friselis se fit entendre et les dravidiens se fondirent dans l'embrasement du jour. Avec une nonchalance qu'elle empruntait à ceux que le temps ne menace plus, la Prêtresse descendit de son éminence et se dirigea vers l'antre rocheux où se trouvait l'habitat de Neb-Sekhem. Avant qu'elle n'y parvienne, Lilou le petit infirme apparut sur le chemin des crêtes. Il la héla du plus loin qu'il put :

- Princesse Maut ! Les bateaux Sud des Helou-Nebouts viennent chercher ta prêtresse... pour l'emmener !
- D'où pouvons-nous les voir, Lilou ?
- Là... Princesse, là... Viens... sur le rocher du dessus de là-haut !

La démarche mécanisée de l'adolescent les amena tous deux au détour du sentier dominant la falaise :

- Regarde... loin... loin ! Leurs couteaux font grandes étincelles sur les berges de l'eau !

- Ce sont les pointes des lances en cuivre qui brillent comme cela au soleil, Lilou. Oh, là là... il y a là toute une flottille armée... semble-t-il !
- C'est pour que les mauvais nubiens, y recommencent pas à te donner le courir de la mort, Princesse ! Une voix se manifesta derrière elle qu'elle identifia aussitôt :
- Quel bel exemple, Maut, tu viens de nous donner ! Tu t'es levée tôt ce matin pour saluer Khépri montant... Les dravidiens m'ont fait part du charme que leur avait procuré ta prose liturgique !

Neb-Sekhem apparut derrière eux. Un large sourire illuminait sa face ascétique. Aussitôt, le petit infirme s'accroupit les doigts joints en une supplique qui devait lui être familière. D'un geste preste, le mage apposa ses mains sur la nuque de l'adolescent. Lilou se releva apparemment plus détendu qu'il ne l'était à l'ordinaire. Tout en faisant tourner à la volée ses deux bâtons de soutien, il s'éloigna, boitant et riant, en direction du regroupement des gymnosophistes.

- *Que lui avez-vous fait, Neb-Sekhem pour qu'il se trouve ravi de la sorte ?*
- *Peu de chose, Maut... De temps à autre, je soulage ainsi ses souffrances pendant quelques heures !*
- *Pardonnez-moi ! Mais si vous en avez les pouvoirs, pourquoi ne pas le guérir de manière définitive ?*
- *En d'autres vies, ce sympathique Lilou était un personnage détestable à l'esprit malfaisant. Ayant compris qu'il n'avait pas d'autre choix que de se mériter lui-même et afin de gommer ses improbités, il a opté pour cette existence difficile mais gratifiante. Depuis, et malgré son handicap, il se maintient en une droiture exemplaire. En vertu de cette option courageuse, Lilou rachète sa conscience... Il a toute mon estime.*

Un chemin bucolique empli de senteurs florales contournait le massif rocheux dominant le site. Ils s'y engagèrent sans cesser de converser. Maut étant impatiente de connaître plus de choses encore qu'elle n'en avait entendu. Elle savait que le temps qui lui restait à demeurer en ces lieux se limitait à quelques dizaines de minutes.

- *Dites-moi, Neb-Sekhem, quel genre d'homme êtes-vous ? Si tant est que l'on puisse vous attribuer ce qualificatif commun ! Êtes-vous un être omniscient, un chaman mystique un sorcier, un thérapeute philosophe, un ange... échappé de quelques célestes légions ou...*
- *Ou... quoi d'autre, Maut, que tu pourrais encore fantasmer ?*
- *Ou... êtes-vous parèdre d'une mythique entité à la morphologie anthropoïde qui au cours d'un voyage galactique vous aurait oublié sur Terre... si elle ne vous a pas missionnée ?*
- *Dieu quelle imagination ! La Grande Prêtresse que tu es désormais, Maut, devrait se garder d'échafauder à mon encontre d'aussi rocambolesques identités. Ce pourrait être perçu comme blasphématoire que de tenter ainsi de me qualifier !*
- *Alors, qui ou quoi Neb-Sekhem... puisque nous allons nous quitter, dites-moi, cela m'intrigue... qui êtes-vous ?*
- *Considère-moi, mon enfant... comme un initiateur délégué en mission ! La proposition te sied-t-elle ?*
- *Pas vraiment ou à grand-peine. Un délégué, cela ne signifie pas grand-chose, c'est aussi abstrait que votre image !*
- *Parlons plutôt de toi, de ce quatrième et dernier jour en notre*

présence. N'aurions-nous pas à faire le point ?

- Oui, je le pense et ne sais comment vous remercier, Neb-Sekhem ! Sincèrement, je doute avoir mérité tout ce que vous m'avez transmis !

- Détrompe-toi, ma chère, Maut ! À l'exemple opposé de Lilou, aux cours de tes multiples vies, tu l'ignores, mais tu as amplement mérité l'honneur qui t'es aujourd'hui rendu. Pour concrétiser les desseins du céleste concept, il était nécessaire que tu renaisses en une condition modeste et que les choses se déroulent ainsi qu'elles ont été prévues ! S'il en avait été autrement ta sensibilité n'aurait pas été affectée de la même manière à la perception des choses. Pour tout dire, tu te devais d'affronter un destin particulier.

- Cela laisserait supposer que je suis tributaire d'un programme organisé ! C'est angoissant ce que vous me dites là, Neb-Sekhem ! Si nous dépendons d'un clonage où se trouve la liberté de l'individu que vous prôniez il y a peu, comme un souverain principe ?

- Tant qu'il t'est permis de te révolter, Maut, c'est donc par déduction, que tu n'es en rien tributaire d'un quelconque assujettissement ! L'être humain, vois-tu, quel qu'il soit, a toujours le choix de ses pensées et de ses actes. Toute la puissance cumulée des dieux ne pourrait faire s'infléchir la moindre des décisions que prendrait un être en évolution temporelle. Par contre, les entités divines peuvent déployer sur son chemin existentiel les signes qui devraient lui permettre d'orienter son parcours.

- Comment cela ? Je crains l'ingérence, Neb-Sekhem !

- Absolument pas ! D'ailleurs, pour que ces signes se révèlent, il faut que l'être dont il est question, ait préalablement élevé son état de conscience à un rang supérieur. Ces signes ne peuvent être perçus par une personne d'une strate inférieure, qui ne les prendrait pas en considération ou les interpréterait différemment. D'où l'inutilité qu'ils se manifestent au regard d'une créature en évolution émergeant de l'animalité !

-

*- Si j'ai bien suivi les aspects philosophiques de vos développements précédents, nous approchons du Principe Créateur, non parce que nous satisfaisons à sa personne, par d'orthodoxes rituels ou de sibyllines convenances. Mais, nous allons à « **Lui** » en toute liberté de comportement. Animés par nos seules déductions personnelles, nos propres mérites, nos conduites tenues et nos*

épreuves surmontées. Viennent en supplément l'initiation reçue et l'amour du créé. C'est le résumé, Maître... ou est-ce que je me fourvoie passablement ?
- Tes développements m'interpellent, Maut, car par ces appréciations des faits, tu laisses entendre avoir franchi le cap des espoirs que je plaçais en toi. Si j'étais la céleste entité que tu supposes, je ne larmoierais pas stupidement sur le simple dénouement que tu viens de formuler ! Je demeurerais impassible envers cette conclusion ! Alors que je suis... ému, Maut, ému tu le vois... par le résultat obtenu !

Les yeux de Neb-Sekhem s'emplirent de pleurs hésitants qui semblaient chercher un chemin entre les rides austères de sa physionomie. Surprise par ce témoignage d'émotivité chez un personnage qui lui paraissait être à l'abri de tout excès affectif, Maut révisa ses préjugés. En un allant spontané, alla se blottir entre ses bras :

- Pardon, Maître... Pardon de vous avoir ainsi provoqué, je ne suis qu'une sotte !
- Tu vois, Maut, lorsque les anges se risquent dans la peau des hommes, le plus souvent... ils héritent de leurs faiblesses !
- Je trouve ça plutôt rassurant ! Dites-moi, Maître, puis-je vous demander ce que vous pensez d'Héri-tep, cet autre initiateur qu'il m'est donnée de connaître ?
- Héri-tep est l'un de ces êtres d'exception qui valorisent la race humaine. Un de ceux qui maintiennent au niveau de la Terre la cohérence des liaisons astrales, sans lesquelles la société des hommes ne pourrait avoir l'espérance que nous ont promis les dieux.
- En tant que femme, il m'apparaît... malgré tout être un homme, un vrai... enfin, je veux dire physiquement ! Toutefois, je reconnais qu'il possède de telles aptitudes que celles-ci ne peuvent être assimilables à une nature commune !
- Cela confirme son mérite, Maut, car l'existence n'a pas toujours été tendre pour lui. Il est né dans une famille de récoltants pauvres, cependant dignes et intègres. Sa mère était la petite fille d'un nomarque du septième nome. Aussi, avait-elle été élevée avec la culture et les principes de droiture qui honorent son rang. Il n'en est pas moins vrai que, par amour pour un jeune prêtre de son

entourage, très jeune encore, elle a décidé de quitter cette noble famille. Dès lors, ils ont dû tous deux travailler la terre et élever leur fils unique, Aouâ. Par ses qualités intellectuelles, ses exploits physiques et ses titres cumulés, celui-ci est devenu plus tard Héri-tep, aujourd'hui Our'mâ vénéré, omniscient Hiérarque de l'Égypte traditionnelle et secrète. Les êtres atteignant son niveau de connaissance sont très peu nombreux de par le monde. Héri-tep est un des liens qui relient le Ciel à la Terre. À telle enseigne qu'une Déesse, et pas des moindres, s'est éprise de lui !

- Quoi...une Déesse...amoureuse d'Héri-tep... ça alors ! Même si je n'ai aucun mal à la comprendre, est-ce qu'une telle chose est naturelle et même possible, Neb-Sekhem ?

- Eh bien, normalement... non ! Toutefois, Atoum, Dieu des dieux, en son immense mansuétude, n'a pas souhaité que les principes qui gèrent le « Nou », autrement dit, ceux de l'univers préhensible, soient figés en d'inamovibles critères. Ce qui fait que l'exception est toujours là, pour confirmer la règle. Afin peut-être, que nous puissions apprécier la souplesse des normes existentielles ?

- Mais, que peut-il se passer entre eux, Neb-Sekhem, si ce sont d'incompatibles entités ?

- L'amour physique, auquel sans doute tu fais allusion, ma chère enfant, n'est qu'un aspect des liens qui unissent les êtres. D'ailleurs, la Déesse en question semble avoir tourné habilement la difficulté. Elle s'incorpore sporadiquement en la personne d'une jeune femme, d'une grande finesse d'esprit et d'une beauté admirable, qui a pour nom Ouâti. Mais revenons à l'histoire originelle ! La Déesse s'est montrée désireuse de patronner Héri-tep, dans son projet, qui consiste à donner espoir à la population désabusée de ce XXIème siècle de ton ère. Ce temps lointain a été visualisé par l'Our'mâ au cours d'une initiation particulière en pays du Toit du Monde. Je crois savoir qu'il a été fort impressionné par les frasques iconoclastes de ta civilisation, et qu'il a pressenti qu'elle faisait courir un imminent danger à la biodiversité planétaire. Cette civilisation, ta civilisation, Maut, se trouve aujourd'hui en situation d'agression contre les espèces naturelles, garantes de la perpétuité de la vie. Pour être plus concret, il y a peu, la déesse que j'évoque, a fixé son choix sur une belle âme en fin de cycle, qu'elle désigna sous le nom de Maut Clairmonda. Je suppose que cette personne ne t'est pas inconnue, ma chère enfant ?

- *Moi... la dé..., je serais le choix d'une Déesse et qui plus est, une Déesse amoureuse d'Héri-tep !*

- *Oui, selon toute évidence, je te l'ai dit, ton entité répond aux critères souhaités par le divin panthéon. Les instances universelles sont peuplées de sublimes ordonnances qui servent parfois d'intermédiaires entre le temporel et l'intemporel. Ne faut-il pas tenter d'agir sans influer sur les consciences ?*

Ébranlée par ces soudaines et étranges révélations, Maut posa sa main sur l'avant-bras de Neb-Sekhem.

- *Ce qui laisse entendre, Maître, que d'autres tentatives auraient pu être tentées avant celle qui m'est confiée aujourd'hui ?*
- *Hum... à dire vrai, oui, Maut, nous te devons la vérité... toutes ont échoué !*
- *Toutes ont échoué... et moi, super meuf... je vais réussir ?*
- *Cette fois, Maut, nous aurons été aussi loin que nous puissions aller. Plus loin encore, équivaudrait à étaler de manière flagrante aux yeux de tous la réalité divine. Quel mérite auraient alors les hommes à parfaire leurs conduites, dès lors que la crainte permanente d'un châtiment divin habiterait leur esprit ! Ce ne serait plus une évolution, mais une soumission. L'incertitude spirituelle en laquelle s'éduque l'être humain au cours de son existence constitue le meilleur gage de sa liberté. Que les mentalités se révèlent vertueuses ou crapuleuses, que les esprits soient croyants ou mécréants, généreux ou égoïstes, ce choix appartient à chaque individu au cours de son évolution. Nous attendons simplement l'échéance des vies pour effectuer le bilan de chacun !*
- *Nous...attendons !*
- *J'ai dit « nous »... C'est un terme générique, Maut, facilitant la conversation, sans plus... Il y a une seule réalité « Dieu ». Les maîtres n'ont-ils pas des serviteurs à leurs soldes. Dieu, lui, selon les états d'évolution et afin de gérer l'étendue de son concept à des assistants de service ou parfois même des délégations de principes. Anges, archanges, c'est très compliqué à définir concrètement.*
- *Ces assistants de principes... sont-ils passés eux par une évolution humaine pour aller jusqu'à lui ?*
- *Bien évidemment ! Mais l'évolution de la conscience ne*

commence pas avec l'homme, Maut, ce serait une très grosse erreur que de le penser !
- *Selon ce que vous m'avez expliqué l'autre soir, Neb-Sekhem, la conscience serait née avec la matière elle-même, c'est cela ?*
- *Oui, Maut, cette transmigration ne doit pas te surprendre, tous les éléments composant la matière ont une conscience et par conséquent, une âme réceptive des qualités accumulées lors des multiples réincarnations.*
- *Selon ce raisonnement, il nous faudrait admettre que les infimes composants de l'atome, par exemple, ont une conscience ?*
- *Mais bien sûr, Maut, les particules primaires ont un niveau de conscience au même titre que la nôtre, mais fonctionnel, de beaucoup plus faible amplitude et plus focalisé sur une harmonie numérique ! J'évoque ici ce que vous désignez à ton époque sous les appellations de quarks, leptons, bosons et toutes particules qui relèvent de la théorie quantique. La conscience de ces éléments atomiques est considérée native, elle ne saurait être comparable à la conscience humaine, laquelle est infiniment plus complexe. Mais il ne nous faut pas oublier que cette conscience humaine est faite de milliards d'autres consciences qui sont celles que j'évoque. C'est ce qui explique l'aspect psychosomatique de notre condition corporelle.*
- *Cela voudrait dire que nous avons plusieurs consciences en une, j'ai du mal à saisir cela, Maître ?*
- *Voyons, réfléchis, mon enfant. Prenons un exemple concret : s'il en allait autrement, sur les plans moléculaires et cellulaires, il te faudrait tous les 7 ans, si ce n'est au jour le jour, que tu penses à refaire entièrement tes yeux, ton foie ou tes doigts de pieds. Crois-moi... ça ne serait pas une sinécure.*

- *Ah, ça y est, je crois comprendre. En tant qu'être humain, nous avons une conscience supérieure, grâce au concours d'une multitude d'autres consciences plus élémentaires. Elles jouent le rôle de vecteurs ou de supports pour la nôtre, afin que cette dernière soit plus évolutive, libre et éclectique ? Une sorte de contrat le temps d'une vie...c'est ça, Maître ?*

- *Oui, en fin presque ! Ces éléments embryonnaires interfèrent entre eux, évoluent, se complexifient pour devenir les supports engagés de notre nature pensante. Chaque conscience élémentaire participe par nécessité d'harmonie à des sélectivités, des affinités, des similitudes, des cohésions pour se parfaire en des états collectifs supérieurs. Si la réalité de ces particules n'avait pas de conscience commune, notre corps à peine créé se désagrégerait. C'est la conscience de toutes nos particules qui fait se perdurer notre structure physique et les organes qui la composent. Penses-tu chaque jour à faire battre ton cœur ou alimenter en cellules le bout de ton nez... Non. Chaque état de conscience agit pour toi, et c'est ce qui te permet de te libérer de ces tâches subalternes afin de désengager l'aspect global de ta personnalité !*

- D'après ce que vous enseignez, Maître, la conscience que vous attribuez aux organes suivrait un cursus d'inspiration collectif plus élevé, qui serait attaché à la fonction organique. Alors qu'à une autre échelle, la matière moins élaborée que celle de la conscience organique serait plus axée sur elle-même et davantage destinée à parfaire ses formes, ses dimensions et à ordonnancer ses nombres !
- Oui, mais pour autant, elle n'est pas désolidarisée d'une conscience individuelle. Pour schématiser, au début de l'évolution, cela ressemble moins à une aspiration évolutive qu'à une volonté de perfection numérique et géométrique. Les fleurs n'ont que faire d'une cérébralité, mais chacune d'elle peut avoir à cœur de réaliser aux mieux son programme atavique, moins pour le ravissement de nos yeux que pour l'accomplissement d'un devoir de forme. Les efforts perpétuels de la matière pour imposer sa réalité évolutive témoignent d'une détermination à adhérer à des états plus complexes, tout en devenant à l'évidence plus vulnérables. N'as-tu jamais constaté que ton gros orteil était plus fragile qu'un caillou ?
- J'en ai fait l'expérience il y a peu, en effet !
- Pour cette raison, et bien d'autres, la fission nucléaire est une véritable agression contre ces éléments atomiques en mutations. Par méconnaissance de ces aspects, les gouvernants de ton époque n'accordent que peu d'attention d'ordre didactique à ce problème que nous considérons vital. Si ce n'est l'intérêt pécuniaire attaché à la rareté des éléments concernés. Avec le facteur temps, et le plus souvent malgré eux, les physiciens atomistes de demain seront enclins à ne point négliger ce que nous prétendons. Cela est confirmé par des avancées en matière de théorie quantique, pour ces

scientifiques, la métaphysique sulfureuse d'hier ne les fait plus sourire de manière railleuse. C'est déjà une avancée, tu trouveras chez eux une oreille attentive, Maut.
- Je n'ai pas la science qui me permettrait d'en discourir aisément, mais je ressens vos paroles de façon intuitive comme étant l'écho d'une indéniable vérité, Maître ! Vous évoquez les micro-éléments, mais qu'y-a-t-il en fin d'analyse et dans quel milieu évoluent ces ondes-matière à l'origine de la vie ?
- Dans son infinité, la matière ne répond à aucune définition logique de réalité palpable. Il s'agit d'une multiplicité d'ondes énergétiques, comprenant des critères numériques et géométriques définis. Quant à son organisation matricielle, objet de ta question, sache que toute matière ou considérée telle, baigne dans un océan de synchronicité numérique, lequel rend propice les agencements micro-particulaires, bases de la substance ordonnancée. C'est là, que débute la rivalité bien-mal engendrant la sélectivité. Les nombres possèdent des forces attractives et répulsives qui influent sur les distances, les regroupements, les déploiements base de l'organisation. C'est à la fois complexe et merveilleux de logique appliquée.
- C'est ainsi Maître que je conçois l'amour, par le seul engouement que procure l'harmonie du créé !

Ils étaient parvenus aux limites de la barrière rocheuse qui dominait le site. En approchant du bord de la falaise, on pouvait constater, qu'à huit cents pieds de là, se trouvait une importante délégation de prêtres et de notables. Parmi eux se tenaient des personnages aux vêtures sombres dont les coiffes pouvaient passer pour extravagantes.

- Vois, Maut, l'homme qui est revêtu d'un casque aux cornes de bovidé, ainsi que d'un long manteau de couleur terne. Cet homme est le Roi Celtibère dont je t'ai parlé. C'est le père de Sarad, la jeune Princesse dont tu occupes momentanément le corps.
- Oh ! J'aimerais le connaître, pour me faire pardonner d'un aussi précieux emprunt. Je tiens à le remercier d'en avoir compris la nécessité et d'avoir eu le courage d'en accepter l'augure !
- Sans doute auras-tu l'occasion de t'entretenir avec lui ! L'heure de la séparation est venue, Maut. Je vais te laisser à ton destin, mon

enfant. Les délégations sacerdotales attendent ta venue et mon avant-dernier rôle d'initiateur est accompli !
- Neb-Sekhem...mon Maître, mon éducateur à tant de mystères, jamais je ne vous oublierai. Vous avez su raviver la flamme spirituelle en mon humble nature... Adieu et merci !

Neb-Sekhem ne répondit pas. Le corps droit, figé, le regard noyé par on ne sait quel sentiment impénétrable, il affichait une petite grimace au niveau des lèvres qu'il ne parvenait pas à modifier en sourire. Il leva alors ses deux mains qu'il croisa à la hauteur de sa poitrine :

- Va... mon enfant... Nous nous reverrons une dernière fois dans trois jours, pour le transfert des corporéités où j'aurai encore la responsabilité de te faire regagner l'époque qui est la tienne. Ce ne sera pas une mince affaire... mais, avec l'aide de Dieu !

Maut n'était plus à même d'appréhender de façon limpide les dernières paroles de Neb-Sekhem. Émue, en proie à une sorte de vertige intérieur qu'elle avait du mal à juguler, elle eut un dernier regard, un geste bref de la main, puis elle s'éloigna pour rejoindre le groupe de convoyeurs qui patientaient à distance. Selon l'enseignement qu'elle venait de recevoir, elle se devait dès à présent d'adopter un comportement de sérénité en rapport avec le titre de Prêtresse de Maât qui lui était décerné. Alors qu'elle était à mi-chemin du sentier qui menait au plateau, elle vit venir à elle une silhouette élancée, qu'elle identifia aussitôt. Nedjemer avait le sourire épanoui de ceux dont le cœur ne ment pas. Lorsqu'elles furent à quelques pas l'une de l'autre, la jeune prêtresse une main sur le cœur plia son corps pour marquer sa déférence. Maut s'approcha les bras tendus :

- Pourquoi ployer ainsi ton corps devant moi, Nedjemer, ne sommes-nous pas amies, je suis la même personne qu'hier, je vous rejoins en toute simplicité ?
- Il y a deux raisons Princesse, qui font se courber l'Égyptien ; le glaive de justice lorsqu'il est posé sur sa nuque ou la couronne de connaissance lorsqu'elle ceint la tête du sage. La première raison, parce qu'elle préside à la mort, la seconde parce qu'elle préside à

la vie. En Égypte, lorsque nos hiérarques honorent une personne, nous ne nous posons pas la question de savoir si elle est honorable, Princesse, elle l'est.
- Comme tu es généreuse, Nedjemer, en même temps que ton amitié tu me donnes une leçon de comportement et de civisme !

Maut se pencha vers son amie, qu'elle embrassa tendrement. Puis, le cœur lourd, elle se retourna pour lancer un dernier adieu à son mystérieux initiateur. Mais celui-ci n'apparaissait plus sur le haut de la colline. Seule une sorte de petite araignée brune agitait encore deux de ses pattes sur l'un des rochers éloignés. Émue aux larmes, la jeune femme leva ses bras vers le Ciel en un ultime adieu, puis elle prit amicalement la main de la Prêtresse qu'elle sera fortement.

- Avant de vivre cette extraordinaire initiation qui m'a permis de franchir le seuil d'une autre réalité, j'ai vécu de grands tourments avec cette fuite éperdue provoquée par l'arrivée des nubiens. Dis-moi, avez-vous retrouvé les corps des gens de mon escorte ?
- Oui, Princesse. Je suis satisfaite du comportement que tous ont eu à ton égard ! La jeune Meh-Ibâ était l'incarnation même du dévouement, je n'en attendais pas moins d'elle, son âme n'aura cessé de grandir de fidélité en noblesse jusqu'à sa mort !
- Nous n'avons rien pu faire, Nedjemer ! Mâhou et moi, nous nous sommes élancés, mais il était trop tard !
- Je sais ! Tout m'a été conté par un prisonnier nubien blessé, lequel nous a d'ailleurs précisé que tu lui avais épargné la vie.
- Il a aussi épargné la mienne. Sans doute y a-t-il un prix du sang à payer pour certaines entreprises humaines liées à des idéaux. Mais, malgré ma formation, je ne suis pas encore en mesure d'établir cette relation, sur le plan de la pure logique.
- Il est en effet plus facile, Princesse, de mourir pour un idéal auquel nous croyons, que de puiser chaque jour sa vie en une existence stérile et désabusée.
- Sans doute as-tu raison, Nedjemer ! Plus que toute attitude mentale, l'état de conscience explique beaucoup de choses. Pas tout, cependant. Je pense que le mystère reste intimement lié aux pulsions de la nature humaine !
- Comme la vertu, Princesse, que revêtent les robes mouvantes de l'interrogation. Je t'informe que sur les berges du fleuve, le Roi des

Celtes attend avec impatience de connaître l'esprit qui occupe le corps de sa fille.
- *Tu sais cela... je le pensais hautement secret ?*
- *L'Our'ma a tenu à ce que je sois informée, il m'a mis dans la confidence, pour que j'ai bienveillance et attention à ton égard. Aurais-tu l'obligeance de prendre place sur cette chaise à porteurs, Princesse !*
- *Je peux marcher, comme tout le monde... tu sais !*
- *Je n'en doute pas, après la course persévérante que tu fus capable d'effectuer ! Mais cette fois, il m'a été précisé que je devais prendre un soin particulier de ta personne.*
- *Je présume que tu as de bonnes raisons. Alors soit, je sacrifie au protocole, Nedjemer !*

Sur un geste de Nedjemer des porteurs se précipitèrent pour inviter la Prêtresse de Maât à monter dans un siège richement décoré de hiéroglyphes conjurateurs de sorts.

***

Maut, le corps bercé en sa hotte de jonc, se remémorait les difficultés du parcours qu'elle avait été contrainte d'affronter lors de ce dramatique marathon. Au gré des aspects du terrain, le paysage lui rappelait les phases tragiques de cette course éperdue. Elle reconnut le lieu où Meh-Ibâ et Mâhou avaient trouvé la mort. Cependant aucune trace des combats ne subsistait et il lui apparut que ce souvenir avait les accents douloureux d'un cauchemar. Comme par un effet d'osmose, en cet instant précis, la main rassurante de Nedjemer se posa sur la sienne. Elle remarqua qu'un sourire triste et silencieux accompagnait le geste de la jeune prêtresse.

- *Vous-mêmes, interrogea, Maut, le visage affecté, comment vous êtes-vous désengagés de l'emprise des nubiens ?*
- *Si ça n'avait été la violence de cet orage providentiel qui eut pour conséquence de réduire la visibilité et d'inonder les embarcations ennemies, nous n'aurions pu envisager de fuir sans une lutte à mort, et je ne serais pas là, Maut, pour t'assister. Ce fut ce qu'il est convenu d'appeler la grâce divine.*

***

Une brise fraîche fouettait les flots, ébouriffait les joncs, charroyait sur les berges les odeurs âpres des marécages. Les espiègles incursions du Soleil au travers du treillage des baies dessinaient sur la peau de Maut des motifs obombrés qui s'estompaient au gré des nuages.

Un instant plus tôt, Maut avait été présentée à ce Roi celtibère qu'accompagnait une délégation de Druides. Pour recevoir le géniteur de son corps d'emprunt, elle se vêtit d'une robe en lin, droite et simple. Un ankh en or promenait ses feux étincelants entre le bombé de ses seins, des bracelets en lapis-lazuli cerclaient ses chevilles et ses bras. Longuement, les jeunes suivantes avaient brossé sa chevelure et disposé autour de son front une couronne tressée de boutons de lotus à peine éclos.

Grand, musculeux, l'homme était dans la force de l'âge. Un torque d'argent cerclait son cou, sa barbe courte au ton poivré s'harmonisait avec une chevelure bohème que malmenait la brise. Il était vêtu d'une chasuble en tissu grossier qui scellait sa virilité. Ses yeux avaient l'éclat froid des lacs de montagne, mais son sourire à la saine denture, lui parut bienveillant. Dès son approche, et avant qu'elle n'eut placé un mot, le Roi se saisit des poignets de Maut.

- *Je suis troublé, jeune fille… je suis… vraiment troublé, je sais que tu n'es que, si je puis dire, l'incarnation temporaire de ma fille, aussi me faut-il faire effort, pour m'adresser seulement à l'esprit féminin qui habite ce corps. C'est un exercice troublant et difficile.*
- *Je comprends ce sentiment, Majesté ! J'espère que d'ici peu vous retrouverez son authentique nature.*
- *Très tôt Maut, j'ai été mis au courant de cette incroyable histoire, depuis le projet de transe-corporéité. J'ai donné mon accord, avec le plein assentiment de ma fille Sarad, qui désirait participer à ta généreuse et courageuse tentative de renflouage d'un peuple.*
- *Votre Honorable Majesté, vous parlez à la perfection l'égyptien, peut-être résidez-vous en Égypte ?*
- *C'est mon quatrième séjour ! Les Prêtres de ce pays, hauts en sciences, effectuent de fréquents voyages en mes terres du littoral*

dont ils apprécient la beauté. Les échanges aident beaucoup à la compréhension du langage.
- *On dit de vous, que vous régnez sur le monde Celte... Votre Majesté ?*
- *Non, ma fille... non ! Les Celtes vivent en un vaste pays regroupant de nombreuses tribus. Le destin a voulu que je sois souverain du territoire des Ségobes, une tribu parmi d'autres. Ma famille est issue pour moitié des Celtes d'Asie centrale et des Ibères Atlantidéens. Mes voisins immédiats sont les Ligures Saliens, des gens doux et pacifiques avec lesquels j'entretiens les meilleures relations.*
- *Vous vivez donc dans le Sud... près de la mer peut-être ?*
- *Oui, Maut, à deux pas de la vieille cité engloutie d'Hérakléa. En parle-t-on encore à ton époque ?*
- *Hélas non, Votre Majesté, quelques millénaires se sont écoulés. Mais je vois où se situe le lieu ; nous l'appelons aujourd'hui « Les Saintes-Maries-de-la-Mer » ! C'est le vieux port de Rha, que les anciens avaient jumelé avec Rhacotis, le futur port d'Alexandrie. Cet endroit est proche de l'embouchure d'un fleuve au débit impétueux que nous nommons le Rhône.*
- *Oui, Maut... oui... c'est Rôdanos, le fleuve de la rose !*
- *Au XXIe siècle de mon ère, nous l'appelons Rhône, mais je sais qu'il était appelé Rôdanus par les anciens ! J'habite une cité plus au Nord, où ce fleuve conflue avec un autre plus calme, la Saône.*
- *Ah oui, je connais ce lieu, il y stagne de fréquentes brumes, aussi est-il propice aux mystères. Au confluent que tu cites, se trouve le temple naturel de Lug et de la déesse Rosemerta, notre Isis, que protègent les cavaliers d'Epona. Tous les trois ans, se réunissent les Dru-wides des tribus Galliques. En cet endroit, les moustaches des hommes sont longues et les yeux des femmes ont la couleur de l'eau.*

Maut sourit et il y eut en cet instant un court silence entre le Roi des Ségobes et ce troublant esprit féminin qui habitait le corps de sa fille. Un lien sentimental subtil venait de s'établir au sein des deux sensibilités.

- *Ma chère Maut, tu es la manifestation incarnée de Karidwen. Sur un plan symbolique, la Vierge astrale ! Elle s'apprête à pourvoir la Terre d'un principe de réflexion universel. Celui-ci est apte à faire s'infléchir favorablement la dramatique trajectoire en laquelle ta civilisation est impliquée. Pour cela, ton esprit se devait de se nourrir aux valeurs primordiales de la vieille Égypte... notre Mère à tous.*

- Vous pensez, Votre Majesté, que l'apport fusionnel de ces deux civilisations, Celte et Égyptienne se doit d'être à la base de ce renouveau ?

- Nous avons là une consanguinité des origines, Maut... Ce sont seulement ceux qui s'élèvent qui sont aptes à corriger ! Il y a nécessité aujourd'hui à ce que les deux courants vecteurs de la culture occidentale s'unissent, de la façon dont ils le furent au cours d'un passé antédiluvien. L'aryen avec ses prolongements scythes, berbères, araméens ou indo-européens et, à l'opposé, avec les apports akkadiens, sémitiques, cananéens, sabbatéens. Il est impératif que ces peuples confrontent leurs connaissances mutuelles, afin de dissiper de regrettables distensions. Ne dressons pas des barrières fictives à la compréhension des mystères originels issus de « La Tradition Primordiale ».

- Si j'adhère à votre original syncrétisme, Majesté, il y aurait un fond de connaissances commun que nous aurions laissé déchoir, et que d'illusoires prétentions ethniques restreignent à faire ressurgir !

- Oui ! C'est un truisme que cela, Maut ! Je te donne un exemple parmi les dieux vénérés des celtes. Notre Taliesin est pourvu comme Osiris de toutes les connaissances. Il se transforme en lièvre, c'est le « sekhât-ounen » égyptien, puis en « rem » poisson, l'inverse du mot « mer » pyramide. Le poisson, tu le sais, avale le sexe reproducteur de connaissance d'Osiris ; il se transforme en aigle, alors qu'Osiris a un fils Horus à l'image du faucon. Taliesin lui-même est avalé par une sorcière sous la forme d'un grain de blé... le blé panifiable osirien. Il prétend alors, tout comme Osiris : « Je suis ancien, je suis nouveau, j'ai été mort, j'ai été vivant... ! » Il y a là, ne trouves-tu pas, beaucoup de similitudes ? La plupart de ces contes légendés se recoupent pour décrire une vérité consubstantielle. La vanité des peuples, se limite le plus souvent une suffisance individuelle, Maut.

- Je suis heureuse, Majesté, de savoir que Sarad, que j'incarne temporairement, a un père tel que vous ! Aux lumières de vos connaissances, je comprends mieux pourquoi vous avez consenti à cette effarante opération de sauvetage que les prêtres vous ont

proposé. Ce n'est pas sans danger cependant !
- Il y a tellement de dangers sans cause, que je préfère pour une fois que le danger en est une. L'esprit-conscience de ma fille Sarad patiente aux portes de « Gwenved ». Elle attend qu'une autre jeune fille Celte, originaire de ce lointain XXIème siècle, ait terminé son initiation en Ta-méri. Alors, dans trois jours, elle pourra, au-delà de cet intermède, poursuivre sa propre existence. L'Égypte, mon enfant, n'est-elle point la terre de lacétoine, le scarabée vert qui se nourrit de roses, sur la terre de transformation ? Nulle part ailleurs, Maut, cette prouesse de transfert psychique n'aurait pu s'effectuer. Car il me fut expliqué par Neb-Sekhem lui-même que le transbordement d'un corps physique à travers le déroulement du temps était quasi-impossible. Alors qu'il existe l'alternative de faire transiter la pensée sous certaines conditions, sachant que par définition cette émanation de la conscience est de nature immatérielle. La plus impérative de ces conditions était que le cognitivisme animant le corps de réception soit compatible. Et la seconde, que l'expérience ne dépasse pas en jours la grande ennéade.
- Votre Majesté, seriez-vous sensible au culte de la mère universelle et, par extension, à cette allégorie de pureté que nous offre la vertueuse symbolique de la vierge ?
- N'as-tu donc jamais entendu parler, Maut, de la présentation du Graal, par « une damoiselle toute de blanc vêtue » ? Ne symbolise-t-elle pas la pureté, la beauté, liée à l'esprit immuable de la Tradition ?
- Vous évoquez le Graal, Majesté ! Jamais, en référence à l'époque où vous vivez, je n'aurais osé un tel postulat, de crainte de commettre un sérieux anachronisme. Le Graal n'est-il pas de beaucoup postérieur à votre siècle ?
- Pas du tout, Maut, l'erreur serait de croire que le « Saint Vesel » a un âge ethnique. Il est pour le moins aussi vieux que La Grande Pyramide, puisque depuis les origines, c'est « elle » qui détient l'original en ses flancs et préserve sa référence.

Devant la tournure que prenait cet entretien, la Prêtresse de Maât se trouva brutalement confrontée à un dilemme intime. Était-elle autorisée à s'entretenir, fut-ce avec un Roi, de ce qu'il lui avait été donné de découvrir au cours de ses cénacles initiatiques ? La courte réflexion qu'elle s'imposa avait sans doute été suivie d'une attitude qui n'échappa pas à l'esprit éveillé du monarque :

- *Maut, je perçois ta réticence à t'engager plus avant en cette conversation, sache que nous avons là un échange d'initié à initié ! S'il en allait autrement, ne crois-tu pas que notre maître spirituel, Neb-Sekhem, n'aurait pas eu la présence d'esprit de te mettre en garde contre d'éventuelles révélations que tu pourrais avoir l'insouciance d'exposer ?*
- *Certainement, veuillez me pardonner, Votre Majesté ! Après la marque d'estime que vous m'avez témoignée, j'ai honte d'avoir eu cette légère hésitation, un manque d'accoutumance à ma nouvelle condition, sans doute !*
- *Sa Majesté eut un sourire entendu : N'avons-nous pas le même initiateur ! Pour pleinement te rassurer, Maut, je puis te dire que c'est lui qui m'a longuement expliqué comment, dans 2 500 ans, au début de ton ère, sera relancé le témoignage du Graal, par l'apport symbolique d'un calice. Comme tout va par « 3 » dans le monde aryen, les trois Miryam, qui l'apporteront en compagnie d'un dénommé Joseph d'Arimathie, accosteront dans le delta du Rhône ! En mon territoire actuel, Maut, dans le port de Rha que tu appelles Les Saintes-Maries-de-la-Mer.*
- *Je vous avoue, Majesté, que j'ai peu d'aisance à sauter ainsi d'un millénaire à l'autre et d'en transposer les critères. Mais il est vrai que ce que vous exprimez est époustouflant de cohérence, je suis subjuguée de vous entendre parler de ce personnage, que je connais pour être un acteur du drame christique.*
- *Je comprends ton désarroi, Maut ! D'autant, que d'après Neb-Sekhem, ce message spirituel, dispensé par le galiléen Jésus, sera soumis à toutes les distorsions. Pour, en fin de compte, apparaître à l'analyse des exégètes comme historiquement douteux, quelque peu puéril et sans un soupçon de science cachée. Alors même qu'il n'était que ça !*
- *Oui, ce message d'espérance aura davantage servi aux autorités de tutelles pour maintenir leur autorité par le conditionnement qu'aux gnostiques pour y puiser science. En mon ère de tous les dangers, cette révélation est toujours entretenue. Notre initiateur commun m'a même assurée qu'elle serait sur le point de remplir de nouveau son office !*

- C'est exact ! Les interprétations divergent, mais le message d'amour initial se retrouve indéfectible en toutes les civilisations. Un exemple, Maut ; de nos jours « le néant primordial », chez les Celtes se dit « Anoun », chez les Égyptiens « Noun », chez les Sumériens « Anounnaki ». Il en va ainsi pour l'ensemble des sciences cachées issues de la Grande Tradition.
- Votre appréciation, Majesté, me rassure ! Mais ce Graal dont il est question, engloberait-il à lui seul tous les critères de la science hermétique ?
- Comment le pourrait-il, mon enfant ? Le domaine est si vaste, si subtil, si riche. Le Graal, cependant, a l'indéniable vertu de contenir les données essentielles du témoignage divin. Surtout lorsqu'il a réputation de le simplifier au point qu'il peut être perçu par tout néophyte, comme la synthèse symbolique d'une harmonie à caractère universel.
- D'où nous vient ce mot... Graal... Savez-vous ?
- L'étymologie du mot est celte, son origine est confirmée par les racines « gar... garrigue égale pierre ». Gar–al, c'est la coupe de pierre et par extension « Graal », la coupe de la Grande Pyramide elle-même. Cela ne fait pour moi aucun doute, Maut !
- Seriez-vous disposé, Majesté, à me décrire succinctement le Graal en son aspect natif, pour que je sois conduite à établir des relations avec ce qu'il m'est donné de connaître ?
- Avec plaisir, Maut. Le Graal est virtuel en la structure de la Grande Pyramide, tu t'en doutes, mais il bien présent. Il se calcule, se géométrise et se métamorphose ! **Le Graal** possède trois éléments principaux ; son fermoir de 144° d'angle, son calice récepteur de 200 mètres de haut et son pied qui représente la hauteur du triangle équilatéral circonscrit dans le Soleil.
- Oh là là... Majesté ! Je crains de ne pouvoir vous suivre sur ce terrain jonché de formules. Convenez que le plus souvent celles-ci assombrissent une situation beaucoup plus qu'elles ne l'éclairent !
- Alors... je vais procéder autrement et te faire un petit dessin, Maut...

Le Roi alors se saisit d'un calame entreposé sur la table et d'une feuille de papyrus, laquelle était disposée sur une tablette de pierre plate savamment polie. Il esquissa le tracé du Graal, en soulignant l'importance qu'il fallait accorder aux quatre triangles équilatéraux générant le calice. Puis il traça la patène, dont la pointe sommitale de 144° rejoignait le haut de la Grande Pyramide, enfin, le pied aux dimensions solaires.

- *Oh oui, j'appréhende parfaitement l'architecture de l'ensemble, Votre Majesté. Dites-moi, ces quatre triangles équilatéraux composant le calice, doivent représenter une hauteur considérable au sein de la structure pyramidale ?*

Suivit de la part du roi une énumération complexe des données relatives à ce mystérieux calice issu de la nuit des âges.

- *Je m'étonne, Votre Majesté, comment faites-vous, pour connaître les agencements de ces nombres de mémoire ?*

- *Je vais te le murmurer, Maut, ils me sont aussi familiers que les adorables petites cicatrices disséminées çà et là sur le corps de mon épouse ! La passion du beau, ma chère enfant... éduque la mémoire.*
- *Maut éclata d'un rire spontané ; Voilà bien une originale transposition des faits, votre Majesté. Si j'accepte vos déductions en matière de nombre, il résulte de cela, que le Graal véhicule les données essentielles de La Tradition Primordiale.*
- *Indubitablement, Maut ! Le nombre Pi, les racines de « 2 » et de « 3 » la clé de la pyramide, celle de l'année précessionnelle, le mètre, la coudée, la symbolique du 100, le « cent » numérique et le « sang » mythique, associés à la croix christique, laquelle est alliée au 144°, angle fermoir du calice. Enfin et surtout, les circonférences moyennes du Soleil, de la Terre, de la Lune illustrées par l'Ostie. En résumé : tous les éléments de base, permettant à l'intelligence d'établir une relation de principe entre la matière et le divin manifesté.*
- *Ce qui m'intrigue, c'est comment définir les formes du Graal au sein même de la Grande Pyramide ?*
- *Le plus simplement du monde ! Observe bien cela ! Si je place la pointe de mon compas sur l'extrémité du sommet du toit de la chambre dite de la reine, je me trouve au centre d'un cercle qui juxtapose les « 3 » points du triangle pyramidal... Regarde !*

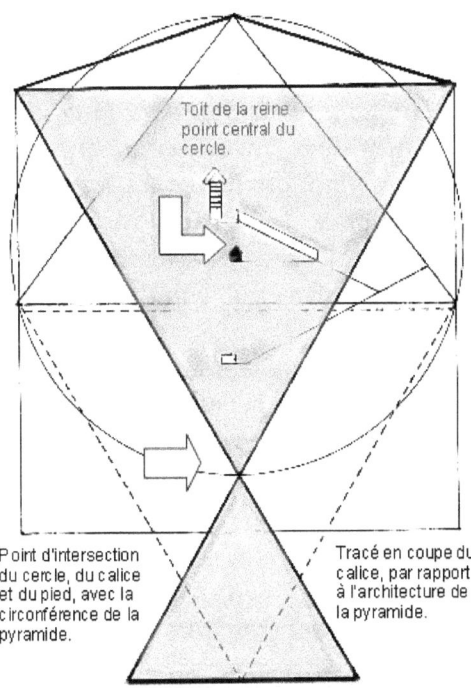

- Je vois, le cercle touche le sommet et les extrémités gauche droite de la base pyramide !

- Exact ! Mais pas seulement, il nous indique un point bas qui est celui qui sépare le calice Graal de son pied solaire. Celui-ci a le même indice numérique, que le triangle équilatéral inscrit dans le Soleil... n'est-ce pas merveilleux ?
- Oui c'est... c'est... c'est vraiment...
- Cela ne peut être dû au hasard, Maut, puisque le point forme un triangle équilatéral parfait et confirme ainsi la forme du calice.
- Le toit de la chambre de la reine où se tient votre flèche courbe, serait donc l'élément central déterminant à la fois la Grande Pyramide et la géométrie du Graal ?
- Tout à fait, et les deux segments qui figurent sur le cercle de part et d'autre du linteau, divisent la circonférence en dix parties. La Grande Tradition est un enchantement, Maut... un prodige même !
- Si j'ai bien assimilé les détails de votre narration, Majesté, le vase mythique décrit dans les poésies médiévales serait la miniaturisation

symbolique et cultuelle de tout un agencement architectonique inscrit dans l'édifice ?

- Oui, la pièce d'orfèvrerie n'en est que la synthèse approchante, ma petite fille ! Tu comprends pourquoi le calice Graal sera, pour nous Celtes, dans les âges à venir, ce qu'il fut pour vous dans les âges passés, un précieux auxiliaire de la pensée hermétique, un véhicule de connaissance. Les êtres humains, vois-tu, ont besoin de concrétiser leur foi autour d'une imagerie unificatrice : icônes, statues, objets ou monuments capables de synthétiser en eux l'abstraction du mythe.

- En cela, je suis parfaitement d'accord, Majesté !

- L'erreur de ta civilisation, vois-tu, est d'avoir balayé, sans la moindre réflexion au second degré, ce qu'elle appelle hâtivement « les tabous ». Ta civilisation s'évertue à vider les greniers de l'imaginaire humain. D'où l'errance des consciences esseulées qui recherchent en l'utopie matière leur raison même d'exister.

- Dites-moi, Majesté, à quelle civilisation au juste appartenez-vous ? Vous semblez mieux connaître la mienne que la plupart des gens qui y vivent ?

- Voyons Maut, c'est une simple question de déontologie. Tu ne penses pas que j'aurais donné mon approbation à l'utilisation du corps de ma fille et à la mise en sommeil de son esprit dans la simple hypothèse d'une application expérimentale, fut-elle égyptienne. Non, mon enfant, j'ai demandé à Neb-Sekhem d'être informé sur la nécessité d'un tel projet. Et je dois dire qu'il m'a amplement pourvu des témoignages visuels et auditifs dont j'avais besoin pour me faire une opinion. Ce que j'ai vu, Maut, m'a à ce point contrit sur la mise en péril de la Terre, que c'est avec émotion que je me suis employé à convaincre ma fille qu'il nous fallait tenter d'agir en conséquence.

- Vous avez toute ma gratitude, Majesté, c'est là une généreuse action ! Sauriez-vous me dire ce que devient le mien... de corps ? Il est, paraît-il, en souffrance de son complément pensant, sur un lit d'hôpital à Lyon, cette cité du dieu Lug que nous évoquions il y a un instant.

- Maut, ce qui permet à un individu de vivre, dans le sens le plus idéal du terme, ce n'est pas son corps, ce n'est pas son esprit, ce n'est même pas son âme. Puisque celle-ci, par crainte d'être souillée, se tient hors de la condition humaine. Ce qui permet à un individu de vivre, Maut, c'est avant tout « sa conscience » ! C'est

elle qui recueille ses actions au cours de sa vie, et à l'heure de sa mort, elle en fait don à l'âme, laquelle attend de nos vies une élévation des sentiments. Cette conscience dont je fais état, adhère à l'esprit et gère le comportement en relation avec l'intuitif, Maut.
- C'est une très belle évocation, Majesté, mais cela ne répond pas du tout à ma question : que devient cette autre partie de moi-même. Pouvez-vous m'éclairer sur le sujet ?
- En ce qui te concerne, cette conscience que je tentais de dépeindre il y a un instant, celle-ci se trouve en toi, Maut, elle s'applique à ton mental. Alors que l'esprit absent de ma fille est en un état latent, pour l'instant il n'a nul besoin de cette précieuse conscience. Il en est de même pour ton double sexuel probablement inerte dans l'expectative de sa partie manquante que tu représentes. Ta situation future après réincorporation devrait s'avérer sans dommage pour ton existence future, si ce n'est une bonne remise en forme !
- Je ne pourrais pas dépeindre cette situation intime de façon aussi simple que vous le faites, Majesté ! Je suis, moi aussi, convaincue que l'être humain doit s'édifier de réincarnation en réincarnation. Il doit se mériter lui-même ou retourner au néant. Neb-Sekhem m'a fait comprendre que nous devons aller vers Dieu par amour, animé de notre libre arbitre. Je pense que lorsque certaines philosophies religieuses préconisent une autre approche doctrinale axée sur l'hermétisme dogmatique, c'est une offense faite au Principe Créateur !
- Ma chère petite, oui ! Cela implique une démarche personnelle beaucoup plus évidente pour chacun d'entre nous, non point passive et attentiste comme le sont les moutons aux injonctions du berger, mais intrinsèquement responsable.

Maut laissa son regard errer sur le proche paysage dont les berges défilaient au rythme lent de l'embarcation. Au loin, disséminés à travers les champs cultivés, des travailleurs arrêtaient leur labeur pour saluer cette singulière flottille qui descendait vers le Nord.

- Nous sommes en début de Shemou, Votre Majesté. Je présume que ces gens arrachent le lin en fleur, pour en faire des parures ?
- Pas seulement des parures, Maut, des bandelettes à linceul, des oriflammes, des cordages, des filets de pêche, des médicaments, l'usage est extrêmement varié. Comme les celtes, les égyptiens

savent tirer le meilleur parti de la nature ! Elle a mis des millénaires à se faire et se parfaire, tout en elle est au service de l'homme.

- Je réalise que ces cyniques fossoyeurs de notre minuscule planète bleue sont en train d'éfaufiler des millénaires de patiente besogne, mais aussi d'anéantir cette longue complicité de l'homme avec la Terre, qu'honorait nos ancêtres. En fin de compte, cette tentative de redressement, que nous nous apprêtons à mettre en œuvre, n'est peut-être pas aussi évidente que ça à réaliser ! Quand pensez-vous, Majesté ?

- Il est vrai que les forces du mal sont puissantes, petite fille, je crains en effet qu'il nous faille être plus réaliste qu'optimiste !

- Mais alors, Majesté, pourquoi participez-vous à cette tentative si vous savez d'avance qu'elle a peu de chance d'aboutir ?

- Parce que notre devoir, Maut, est de tout tenter pour qu'il en soit autrement, ce choix se nomme la dignité humaine ! C'est dans la détresse que l'être humain se valorise et retrouve parfois sa véritable dimension. Si des êtres comme toi et moi, confrontés à cette situation délétère, ne réagissons pas avec courage et détermination, alors Odin détournera sa face de lumière du monde qu'il a créé. Et, vois-tu, petite fille, au sacrilège d'avoir détruit la Terre, nous ajouterons celui, d'avoir outragé son créateur.

Chapitre XXII

Les grandes colonnes hathoriques baignaient leurs échines burinées en l'embrasement vespéral de cette fin du jour. Il régnait sur la terre de Sokar, vers les hauts plateaux de Gizeh, une atmosphère mystique fréquentée par le poids des âges. Nedjemer, qui cheminait au côté de Maut, désigna d'un geste de la main, le regroupement de bâtisses autour desquelles des ustensiles en cuivre reflétaient l'ultime nitescence du crépuscule.

- C'est ici, Princesse, que tu es attendue par Les Grands Hiérarques. Moi, je dois rentrer au palais mais, s'il le faut, ta garde personnelle attendra jusqu'au matin que tu aies terminé ton entretien avec l'Our'ma !
- Merci, Nedjemer, il m'est pénible que tu m'honores ainsi de cette dénomination. J'aurais préféré plus de simplicité en notre amitié, ne te l'ai-je point déjà dit ?
- Ne crois pas que je suis insensible à l'affection que tu me portes, Maut. Cependant, il faut que tu saches que prédomine en Égypte une hiérarchie protocolaire. Elle revêt une option distincte des autres pays. Pour autant, elle ne saurait gommer la notion de sentiment, Maut. Il y a des civilisations qui se moqueraient de ce mode de déférence ; chez eux, ce ne sont pas les plus méritants qui triomphent, mais ceux qui ont le moins de scrupules. La communauté égyptienne perdure grâce à un esprit théocratique millénaire, respectueux de la dignité humaine. En honorant l'assise supérieure, nous suscitons en nous le désir de l'atteindre.

- Je comprends et partage ce raisonnement, néanmoins, je puis me poser la question, suis-je digne de ses déférences ?

- Oui !

Ce « oui » dépouillé, presque brutal en son affirmation, fit que Maut eut un brusque afflux de pleurs, on ne pouvait pas trahir un tel…

oui ! Elle conçut soudain que des êtres étaient appelés à s'investir en dignité, sur le seul postulat de l'estime qu'on leur allouait. En cet examen intérieur, sans doute leva-t-elle la tête trop haute vers les étoiles. Lorsqu'elle se retourna, la jeune prêtresse s'était effacée parmi les ombres mordorées des dunes.

Le capitaine des gardes devança ses pas pour frapper à l'entrée de l'une des bâtisses. Une clarté pleutre filtra dans l'entrebâillement de la porte, une forme blanchâtre apparut avant que la porte ne s'ouvre toute grande :

- *Maut, notre enfant égaré dans un siècle insane ! Viens, entre, Maut, nous t'attendions !* assura cette configuration fragile aux intonations chevrotantes.

À la venue de cette fille du futur qui éveillait leur curiosité, les quatre autres vieillards se mirent debout. Maut reconnut celui, il y a peu, qu'elle avait qualifié de poète érudit. Il s'avança vers elle avec le sourire enjoué d'un enfant devant un sapin de Noël :

- *L'Our'mâ, notre Pair Admirable, ne saurait tarder. Il nous a dit son impatience à te revoir, Maut ! Ton séjour parmi nous se passe-t-il en toute sérénité, ma chère enfant ?*

En un éclair, Maut eut la vision de la tuerie vécue et de sa fuite éperdue sur les berges du fleuve :

- *Sérénité, mes Pairs, n'est peut-être pas le terme adéquat, si l'on admet dans le contexte quelques tribulations... d'ordres allogènes !*
- *Oh, oui... Nous sommes au courant, c'est l'assujettissement à cette exceptionnelle condition de vie, qui est momentanément la tienne, Maut !*
- *Condition exceptionnelle ou pas, mes Pairs, j'ai failli y laisser ma vie, et mon âme aurait été navrée de ne plus vous distraire. Et puis, il y a ce temps qui décompte ses heures et m'oblige à emmagasiner plus de choses que mon pauvre cerveau ne peut en contenir. Mais ces détails mis à part, je suis pleinement heureuse d'effectuer ce séjour parmi vous !*
- *C'est bien, Maut. Chez nous aussi, l'humour préside à toutes les*

situations ! Prends place à cette table parmi nous.
- *Je pressens, mes Pairs, que vous allez me harceler de questions.*
- *Bien vu, Maut. Afin de nous informer sur ta présence en ce siècle et sur l'objet de ta mutation temporelle parmi nous, le Pair Respectable nous a permis de visualiser des images télépathiques. Il serait mieux de dire, télé-pathétiques de ta civilisation !*
- *Ah, oui...c'est incroyable cette chose, comment ça marche ?*
- *Oh, tu sais, nous sommes tous un peu médiums. Il suffit alors qu'on se place en formation d'égrégore et qu'on invoque l'esprit du temps pour que celui-ci se manifeste, lorsqu'il voit à qui il a à faire... bien sûr. Mais, parfois, c'est un peu brouillé, il y a comme des interférences ! L'Our'ma nous a dit que c'était peut-être l'intensité de vos réseaux d'ondes, par trop denses ?*
- *Oui, je comprends, avec ces millions de watts dispensés dans la ionosphère... c'est possible aussi que les infrasons vous créent des syndromes méningés. Ça secoue terriblement les neurones des poissons qui vont jusqu'à se suicider sur les plages !*
- *Hô, les neurones, en ce qui nous concerne, nous nous en servons moins que de l'intuition ! Quant aux mammifères marins, n'êtes-vous pas à la fin de l'Ère des Poissons, il y a une logique ? Mais dis-nous, Maut, cela vous sert à quoi, ces putains de réseaux d'ondes hertziennes électromagnétiques ?*

Maut resta un instant pétrifié par le substantif :

- *Putain... mais...mais d'où vous vient ce terme, mes Pairs ?*

- *C'est mal, Maut ? C'est portant un mot courant dans tous vos films, je pensais que cela servait à appuyer la réflexion, lorsqu'elle se voulait clairvoyante !*

- *Oui, enfin...oui passons sur la chose. Vous parliez je crois de l'électricité et bien cela sert à s'éclairer, mais aussi à faire du ski en été et à goûter aux plaisirs de la plage en hiver.*
- *Ha, c'est un inverseur de temps, alors, une machine à chaleur froide. En fin de compte, cela montre à Atoum qu'il n'est pas seul à faire la pluie et le beau temps.*
- *Le temps, les poissons... la fin des temps, oui, ça se tient... tout ça !*

- Maut, Nous te devons la vérité, nous avons été un petit peu surpris par ce qu'il nous a été donné de voir... à défaut de comprendre !
- Vous m'étonnez, mes Pairs, y aurait-il quelques aspects qui vous seraient apparus... choquants en ma civilisation ?
- Anormaux, en soulignant le « A » privatif grec serait plus juste. Autrement dit, rien ne nous est apparu normal... ou si peu !
- C'est euphorisant, comme remarque, mes Pairs ! On commence par quoi !
- C'est bien là le problème, Maut, c'est si riche que l'on ne sait pas par où commencer. Peut-être par les enfants qui ne saluent plus les vieillards, crachent sur leurs professeurs, les insultent quand ils ne les envoient pas à l'hôpital. Nous avons vu qu'ils fument, se droguent, s'alcoolisent et ont des panoplies sur la sexualité, si documentées qu'elles feraient rougir la plus débauchée de nos catins. Et leurs petites boites qu'ils tiennent tout le temps à l'oreille, comme les nôtres avec les coquillages. Cela leur sert, il parait, à savoir quel parfum ils préfèrent dans les glaces à sucer ?
- Oui, je reconnais qu'ils sont un peu en manque de civisme. Mais ils savent faire une guerre à la kalachnikov sur console électronique dès l'âge de trois ans, chercher des rapports sexuels sur internet à dix ans et à quatorze, supporter par jour 12 heures d'écoute en placage oreille sur un téléphone portable. Ce n'est pas à la portée de tout le monde, ça... mes Pairs. Il faut le dire on est loin de vos coquillages !
- C'est vrai, les nôtres, à leur âge, cherchent encore à comprendre comment la Terre se meut dans l'espace sans un Principe Créateur...
- Ho, alors, leur retard à l'éveil est important, chez nous, de telles questions apparaîtraient débiles, mes Pairs.
- C'est ainsi ! Mais ce qui nous a le plus amusé, Maut, c'est l'usage industriel que vous faites des animaux. C'est original, il fallait y penser, de mettre des petites barrières aux poules, pour qu'elles mangent d'un côté et pondent de l'autre. Cela ne nous serait pas venu à l'idée.
- Oui, nous leur évitons ainsi de se fatiguer, elles n'ont plus à marcher et chercher leur nourriture, on leur met tout en place, comme pour des reines !
- Ce sont des méthodes bienveillantes. Pour les vaches aussi, sans doute, nous avons vu qu'il y a quelques années, vous leurs faisiez

manger leurs congénères sous forme de farine et que vous ajoutiez une sauce d'agrément qui s'appelait boue d'épuration.
- Avec aussi de l'huile de vidange pour la digestion, oui. Mais elles se sont montrées capricieuses à absorber ces délicieux cocktails et ont préféré devenir folles...C'était leur choix ! Alors on en a brûlé quelques milliers pour chasser le mauvais œil.
- C'est dommage, vous aviez là une bonne méthode pour écouler vos déchets. En parlant de déchets, il paraît que pour ceux qui sont radioactifs, vous les avez immergés dans des milliers de containers au large de l'Espagne et de l'Irlande. Peut-être pour stimuler la réactivité des poissons ?
- Oui, c'est vrai, mais il y a déjà quelques années de ça et la radioactivité diminue avec les millions d'années !
- Autre chose, Maut, certains disent que 20% de tes contemporains consomment 80% des réserves naturelles de la planète. Ils ajoutent qu'il faudrait quatre planètes si tout le monde consommait autant que ces 20%. Ce n'est pas rien, comment ferez-vous pour en trouver trois autres... de planètes ?
- Il n'y a là aucune inquiétude à avoir, mes Pairs. Il nous est dit, par ailleurs, que le déferlement démographique va s'arrêter et que tout va rentrer dans l'ordre. Il n'y a absolument aucune crainte, aucune, tout est bien ainsi. La chose nous est certifiée par des scientifiques, des experts, des gens qui ne sauraient mentir, tant ils sont probes, intègres et payés pour cela.
- Dis-nous, Maut, pour évoluer un peu, sont-ce les mêmes principes dirigeants qui ne s'inquiètent nullement quand les abeilles meurent ou ne retrouvent plus leur ruche. Que de grands mammifères marins se suicident sur les plages, que les oiseaux et les insectes disparaissent des campagnes par millions. Que 27 000 espèces sont anéanties par an ? Sont-ce les mêmes, Maut, qui ne voient nulle préoccupation que le sperme humain a diminué de 85% en un siècle. Que le méthane séquestré dans la glace des pôles s'évapore, en même temps que fondent les glaces, et troue la couche protectrice. Sont-ce les mêmes instances dirigeantes, Maut, qui autorisent ces OGM dans le but de soutirer toujours plus de profit, tout en prétextant que c'est pour le bien de l'humanité. On dit même que ces céréales transgéniques ne peuvent pas servir au réensemencement sans l'engrais spécial que produisent des firmes spécialisées ?
- Oui, on pourrait craindre, à première vue, qu'il y ait quelque

fautif à l'esprit machiavélique, mes Pairs. Cependant, contrairement à l'image que vous vous faites de la situation, il n'y a pas de responsables. Ces empires nébuleux, qui influent sur toutes choses, existent bien, mais ils sont en marge de toutes juridictions. On ne saurait condamner des formations apatrides. Elles se modifient, se renouvellent, n'ont pas de pays, pas d'attache. Elles ne défendent ou ne condamnent aucune cause, aucun idéal, aucune religion. Ces multinationales ne sont nullement soumises à des contraintes politiques, elles n'ambitionnent aucune gloire populaire. Leurs convoitises se limitent aux rendements lucratifs et au secret pouvoir qu'elles produisent. Elles n'ont pas de passé, pas de futur. Elles n'ont qu'un présent rentable. Ce n'est pas leur pression qui s'exerce sur la société, c'est leur influence, celle-là s'applique indifféremment sur le peuple et sa candeur, sur les politiques et leurs partis, sur les religions et leurs dogmes. On les nomme lobbys, mafias, multinationales. Leurs intentions formelles ne sont aucunement de diriger le monde, mais d'en tirer le plus grand profit. C'est pourquoi ces maux qui frappent ma civilisation et que vous pointez du doigt, mes Pairs, ne dépendent pas d'instances dirigeantes soustraites aux lois ou travesties aux regards... Ces maux dépendent d'un état de fait légalisé, à caractère planétaire, ce qui tout-de-même, vous en conviendrez, est beaucoup moins répréhensible.

- Maut, tu nous contrains à redevenir sérieux ! La tolérance sans frein est le premier ennemi de la liberté ! Il est du devoir des responsables de protéger les enfants contre eux-mêmes et l'adulte contre sa propre ivresse passionnelle, pour que perdure la société en laquelle ils vivent ! Si on flatte chez l'homme sa nature primaire, il aspire sans réserve à des comportements immodérés. Cela est pire lorsque sa maturité est en décalage avec son aspect physique, et apparemment, ta civilisation fait tout pour qu'il en soit ainsi ! Il est vrai qu'il est plus facile de tondre un mouton, que de lisser les moustaches d'un tigre, mais pour le bien de l'humanité en général, le bon sens exigerait que des lois civiques comblent de manière drastique ce type de défaillances ontologiques... Non ?

- Oui... bien évidemment, ça serait souhaitable... mes Pairs !

- On prétend que les huit-dixièmes des gens qui vivent à ton époque, Maut, n'ont plus de réactions caractérielles. Il est dit qu'ils suivent en toute candeur les directives qui leur sont distribuées par ces boites d'ondes, que vous nommez télévisions. Toutes ces boites

seraient sous l'influence d'importantes coalitions d'intérêts. Et pour les journaux, ceux-là rassemblent parfois cent titres et plus. Ce manque d'objectivité générale, selon toi, c'est malsain ou c'est plus rassurant pour l'opinion ?
- Oh...il y a de petites différences tout de même ! Mais il est vrai que c'est plus rassurant de savoir que tout le monde tient le même langage, et que les discussions ne portent que sur les détails. Cela prouve aussi combien on est soucieux d'une parfaite entente, sans esprit de contradiction.
- Il apparaît aussi que des suppôts de charme, stipendiés par ceux que vous appelez « la pub », conditionnent habilement les gens du peuple. En incitant les plus versatiles d'entre eux à acheter, jouer de l'argent, boursicoter ou à s'investir dans des passions subversive pour « les sports de fauteuils ». Nous avons vu que leurs bénéfices, à ceux-là, émerveillent les smicards, plus qu'ils ne les scandalisent. Ces méthodes entretiennent la maniabilité des couches populaires ou cela sert-il uniquement à la logique existentielle des enfants ? Il y aurait des joueurs de football dont la rémunération est plus importante que le budget de certains états. Ce qui prouve combien les tiens ont perdu le sens de la mesure, et plus encore de la logique, Maut, ne crois-tu pas ?
- Ben... oui, un petit peu... quand même...oui !
- Quarante pour cent de la planète est en voie de désertification. À ce stade, vous n'aurez bientôt plus d'eau potable, plus de nourriture saine, plus d'air frais à respirer. Si elles résistent mieux que vous, les bactéries vont finir par vous dévorer. Il y a des centaines de millions de personnes affamées et, toutes nations réunies, vous dépensez par année en armement, plus de mille six cents milliards de dollars alors que seulement trois pour cent de cette somme suffirait à combler la faim dans le monde.
- Ça c'est sûr... C'est sûr... que c'est comme ça... Oui !
- On a vu aussi que, pour les plus lucides d'entre vous, qui ne parvenaient pas à supporter cette déchéance, on cultivait des champs d'herbe hallucinogène, pour annuler les effets de leur conscience ! Peut-être nous faut-il voir là un suicide collectif par mépris de la condition humaine ou simplement une petite dérive anodine ? Dis-nous, Maut ? De telles monstruosités sont exagérées ? Tu ne pourrais pas vivre dans un monde où 1% de fortunés possède la moitié du globe et 99% l'autre moitié. N'est-ce

pas... notre petite Maut... Hein ?

Maut ne sut ou ne put répondre à cette dernière interrogation. Depuis un moment déjà, elle ne répliquait que par monosyllabes et retenait quelques jarres de larmes, qu'elle avait du mal à contenir sous ses paupières gonflées.

- *Elle pleure !*
- *Elle ne pleure pas... non, la petite... oh... si... si... eh ben... si oui... elle pleure... Ohhhhh !*
- *Elle pleure... mais pourquoi... elle pleure... notre Maut ?*
- *C'est nous qui l'avons fait pleurer !*
- *Nous..., non... c'est nous, oh... Mon père Saou-Khâou, va quérir ta flûte qui joue un peu faux... Va quand même !*
- *Il nous faut faire quelque chose !*
- *Oui... Père... nous allons chanter. La dernière fois, souviens-toi, nous avons fait rire des veuves... on ne sait jamais !*

Maut, la tête plongée entre ses mains, sanglotait sans bruit, alors qu'un chorus improvisé entamait les premières strophes d'un hymne à boire ! Les consonances de ce chant étaient si éraillées qu'elles semblaient elles-mêmes chercher quelques échappatoires le long des murs de tourbe.

Si Rê est dans... est dans... dans la treille...
L'amour est dans... il est dans le jus...
Buvons le jus vermé... vermi...vermeil...
Dans le que... que cœur du fût...

Devant cette pléthore de sentiments lyriques, Maut sécha ses larmes. Déjà, son minois affichait l'attitude émoussée des esprits en goguette, lorsque la porte s'ouvrit, poussée par Shem'sou. Interloqué, le prêtre servant se retourna vers Héri-tep qui, à deux pas le suivait :

- *Ce sont les Révérends Hiérarques... Très Respectable Pair. Ils font la fête avec Maut ! Bien que dissonantes, je crois reconnaître les bribes d'une chanson à boire !*
- *À boire !*

- *Héri-tep... Enfin je vous retrouve ! s'écria Maut en s'élançant dans ses bras. J'étais un peu triste, alors... alors les Pairs que voici tentaient de me réconforter !*
- *Pour être plus littéral, Très Respectable Pair, nous avons involontairement suscité les pleurs de Maut, par quelques évocations maladroites sur sa civilisation !*
- *Tout cela est de ma faute, mes Pairs ! Oui, j'aurais dû davantage insister sur le fait que Maut ne possède plus, comme chacun d'entre nous, sa double entité compensatrice de tempérament. Ce complément masculin d'elle-même, vous le savez, demeure en un état apathique au XXIème siècle de son ère. Par voie de conséquence, elle ne conserve présentement en sa personne que son entité féminine dominante, manifestement plus émotive.*
- *Eh ben voilà... pourquoi chiale tout le temps... chuis trop faible... moi... trop... j'avais bien dit... alors...*
- *Ah, non, Maut ! Tu ne vas pas te laisser aller à chagriner, comme une fillette à qui on a tiré la natte, nous avons autre chose à faire ! Baisse la tête, ferme tes poings et renverse tes cheveux en avant !*
- *Ouais... C'est l'Ab-Ka de Thot. Neb-Sekhem m'a déjà fait le coup... C'est super bath ! Hum... Pardonnez, je vous prie, ce langage estudiantin, Respectable Pair. Je voulais dire que le devin maître, déjà, a favorisé d'une manière similaire mes facultés intellectuelles !*
- *Voilà qui tombe bien, Maut, je me suis moi-même activé les méninges pour apprendre le français, pendant le temps de ton séjour chez Neb-Sekhem !*
- *En six jours !*
- *Oui je sais, c'est plus qu'il n'en faut ! Mais, j'ai eu du mal à trouver un bon professeur !*
- *Ah, je crois connaître votre système de référence, Héri-tep ! Neb-Sekhem m'a expliqué que, par un phénomène télépathique, il suffisait de parcourir la mémoire passive de l'étranger en présence, pour s'imprégner de sa langue natale... C'est élémentaire !*

***

La nuit maintenant recouvrait le plateau de Sokar où cheminaient Héri-tep et Maut. Un Ciel immense, émouvant, intime, étendait au-dessus du couple ses feux scintillants. La jeune femme, la tête rejetée en arrière, le regard extasié, le minois en béatitude, se laissait porter avec délice par cette foule confuse de sentiments qui troublaient sa nature.

- *C'est... c'est... !* Maut fit un effort pour ne pas pleurer de nouveau.

Une nappe de lumière ! Mon dieu que c'est grand... que c'est beau ! En observant cette immensité luminescente, Héri-tep, je comprends l'engouement du peuple égyptien pour les options intemporelles ! Un Ciel tel que celui-là vous incite, vous force à l'admiration ! Mon dieu, pourquoi ne retrouve-t-on plus cette beauté naturelle à mon époque ? Dans les grandes cités, on discerne parfois quelques étoiles par temps considéré clair. En montagne même par nuit froide, il n'y a pas le tiers de celles que l'on distingue ici ! C'est comme...

- *Les fumées et les gaz rejetés dans l'atmosphère par ta civilisation contribuent dramatiquement à occulter les étoiles, Maut. Ces impuretés irritent vos voies digestives et respiratoires, mais ce que vous ne pouvez savoir, c'est qu'elles invalident vos sens réceptifs, et les tiennent à distance de l'inspiration transcendantale émise par les astres.*
- *Ce que vous me dites là, Héri-tep, ferait sourire d'un mépris à peine courtois des millions de mes contemporains ! Mais je sais que vous avez raison ! Kant écrivait :* « *Le ciel étoilé au-dessus de moi, et la loi morale en moi* ».

Ils étaient maintenant tous deux au pied de La Grande Pyramide. Sa colossale flèche d'ombre se découpait sur l'immensité stellaire, elle semblait en indiquer la voie comme étant la plus impérieuse des destinations. Autour d'eux, le silence était régulièrement troublé par de petits cris d'animaux invisibles, alors qu'une brise errante agitait mollement les feuilles des palmiers doums. Une sente serpentait parmi leurs troncs volumineux. L'esprit relaxé, Maut se laissait enivrer par la confusion de ses pensées intimes. Des mots, des noms lui venaient en tête au gré de son inspiration vagabonde :

- « *Mer* » *égale pyramide,* « *Mery* » *égale aimer,* « *Merout* » *égale amour, la relation étymologique est évidente, Héri-tep ?*

- *Elle l'est, Maut, mais le mot « mer » est aussi l'épithète de Seth et « meret » signifie maladie. Chaque élément possède son contraire, et la dualité est à la base de la genèse. C'est en visualisant le blanc que nous définissons le noir. C'est en craignant le mauvais que nous apprécions le bon. Tous les principes n'ont de valeur que sous la forme compensatrice de dualité - complémentarité. La vie et l'évolution n'échappent pas à cette règle. Ceux qui ont établi les médou-neter, autrement dit l'écriture, ne l'ignoraient pas. D'ailleurs, les mots « bien » et « mal » en Primosophie ne réalisent-ils pas l'un et l'autre le même nombre « 69 » ? Celui-ci étant graphiquement semblable au Yin et au Yang de la tradition !*
- *De quoi me parlez-vous, Héri-tep ? Primosophie... c'est quoi, ce terme ? Je crains, qu'une fois de plus, vous n'anticipiez sur mes capacités à comprendre !*
- *Nullement, Maut, c'est une question d'information ! Je te parle d'un code de sagesse primaire : La Primosophie consiste à trouver dans les mots que nous utilisons des nombre cachés. Autrement dit ; une interprétation cryptographique et numérique des termes de la langue française. N'est-ce point-là ta nationalité ?*
- *Oui c'est... mais c'est tout de même drôle qu'un Maître égyptien m'apprenne des subtilités cachées en ma langue maternelle. Jamais on n'a porté à ma connaissance un tel code. C'est quoi... ça repose sur quelle base, cette Primosophie dont vous me parlez, Héri-tep ?*
- *Cela repose exclusivement sur « Les nombres premiers » ! Vois-tu, si nous devions entrer en contact avec des entités venues d'un monde lointain, il est fort probable que dans l'échange linguistique, les nombres premiers joueraient un rôle. Ceux-ci se trouvent, avec quelques autres nombres, considérés par nous, Égyptiens, au fondement des connaissances universelles.*
- *Concrètement, que signifie ce langage mystérieux ?*
- *Ces nombres dont il est question sont issus des 100 premiers nombres premiers. Souviens-toi du 100 du Graal, inscrit en la Grande Pyramide, dont t'a parlé le Roi ! Si tu considères le « 1 » primordial et neutre, comme étant un nombre premier, tu trouveras « 26 nombres » de « 1 à 100 ». Il va de soi qu'ils correspondent aux « 26 lettres » de ton alphabet.*
- *Ahou oui ! Si je ne suis pas trop sotte, le 1 est en rapport avec le A, le 2 avec le B, le 3-C, le 5-D, le 7-E et ainsi de suite jusqu'à... jusqu'à... 97... c'est ça !*

- *Exact, Z-9. À l'image du « Z », dernière lettre avant le 100. Il nous suffit alors d'additionner le nombre se référant à chacune des lettres qui composent les mots, pour que se révèle « le Neter » dissimulé en eux ou, si tu préfères, « l'âme numérique des mots et des noms » !*
- *Mais pourquoi de 1 à 100 ? le code pourrait afficher d'autres rapports parmi l'infinité des nombres premiers.*
- *Ce serait gravement négliger l'aspect symbolique du nombre « 100 ». N'adopte-t-il pas la phonétique du « sang » génétique ? C'est la mouvance du corps, le contenu caché du Graal. Et ne m'évoque surtout pas l'option de la langue française, Maut, le choix d'une autre langue poserait la même et ridicule interrogation.*
- *Oui, après tout, cette langue n'était-elle pas la langue diplomatique par excellence ? Puisque nous sommes sur le sujet, Héri-tep, j'ai confiance en votre jugement. Ce n'est pas que je sois chauvine, non, mais j'aimerais savoir ce que vous pensez de mon pays. Il me semble qu'il est de par le monde, à la fois honni et aimé !*
- *Je te répondrais qu'il semblerait assez logique de penser, que ce sont les nations qui choisissent l'animal totémique représentatif de leur état ou si tu préfères, l'emblème allégorique. Eh bien, c'est exactement le contraire, c'est l'entité psychique de l'animal avec ses spécificités comportementales qui détermine le pays qui lui convient le mieux.*

- *Ah oui...nous... c'est le coq, notre animal fétiche...en France ? Il est beau et il a pour rôle d'éveiller, pas seulement la basse-cour, mais l'ensemble de son environnement ! C'est plutôt bien... non ?*
- *Oui, mais pour le reste, il pavane, passe son temps à courtiser les poules, à lisser ses plumes, il chante et ne pond pas, il ergote sur tous les terrains. La grandeur de ses ailes lui ont souvent fait croire qu'il pouvait imiter les aigles, mais chaque fois qu'il a essayé de voler au-dessus de son jardin, il s'est abîmé dans les salades. Et, en fin de parcours, ce sont ceux qu'il a éveillé de ses fracas qui le passent à la casserole.*
- *Ah, vous me faites mal, Héri-tep, mais c'est minable ce destin, et en plus, ça finit dramatiquement ! Le pays où je suis née est-il aussi pitoyable que vous le décrivez ?*
- *Si on y regarde de plus près, Maut, non... loin s'en faut ! Peu de pays peuvent revendiquer d'avoir de l'intérêt avant leur naissance,*

pendant leur vie et après leur mort !
- *Comment cela... Je ne comprends pas votre allusion ?*
- *Avant la naissance du coq, l'œuf matrice en lequel il évolue est d'une étonnante harmonie, il symbolise à lui seul l'esprit de la Grande Tradition. Au cours de la vie du coq, son chant d'éveil annonce la venue de la lumière, jamais des ténèbres. Lorsqu'on visualise la basse-cour, c'est sur lui que l'œil se pose. Ce sont ses plumes multicolores qui ont écrit les plus belles pages de l'histoire du monde. Enfin, avec l'ajout des vins de ton pays, même après sa mort, à ce qu'il paraît, il reste délectable.*
- *Vu sous cet angle, ça rétablit un peu la situation. Quoi qu'il en soit, je ne suis pas chauvine. Pour moi, le seul sol qui compte, c'est celui du vaisseau « Planète » sur lequel nous sommes tous embarqués.*
- *Les Hiérarques et moi-même, n'en attendons pas moins de toi, Maut, sans cela tu n'aurais pas l'agrément des entités suprêmes ! Lorsque nous venons au monde en tant qu'être humain, nous avons deux missions, en fonction desquelles il nous sera demandé le jour du grand passage de livrer nos comptes. La première mission concerne notre évolution personnelle, la seconde, l'implication que nous aurons eue au sein de la société, car la société est une entité en soi. Ce qui revient à dire que si l'on ne peut ambitionner de changer le monde, il est de notre devoir de ne pas contribuer à le détruire.*
- *Je suis de cet avis. Pouvons-nous, si vous le voulez bien, Héri-tep, revenir à votre code crypté que vous appelez Primosophie. Je suis désireuse d'en savoir davantage, je trouve ça tout à fait passionnant ! Le verbe « aimer », par exemple, que j'évoquais il y a un instant, révélerait quel nombre, selon votre explication ?*
- *Un des plus admirables, Maut, « Aimer » est égal à « 123 » ! Il précède naturellement les quatre éléments qui sont à la base de la vie : Élément Air - élément Eau - élément Terre - élément Feu, total, « 1234 ». Peux-tu espérer mieux, pour conceptualiser le monde secret qui nous entoure ?*
- *Certes non, je suis époustouflée. Je n'ose le formuler Héri-tep, mais, le premier mot que me dicte ma conscience est bien évidemment, le mot « Dieu » ! Qu'en est-il sur un plan numérique, vous savez ?*
- *Tu ne te montreras pas étonnée que ce soit à mes yeux, le plus beau de tous les nombres, puisqu'il réalise « **102** » ce qui, en*

*quintessence, nous donne « 3 », le premier impair. Ce sont les trois cercles de vie, le **I O W** des Celtes, la trinité des Chrétiens, les hypostases des Néo-platoniciens, mais aussi, la thèse, l'antithèse, la synthèse de Hegel, par exemple !*
- *Vous connaissez… Hegel ?*
- *Pas personnellement !*
- *Oh… Je suis sotte, Héri-tep ! Tout cela est tellement génial que je m'égare un peu dans mes propos, pardonnez-moi ! « 102 », mais, c'est prodigieux. Ce nombre implique la Genèse et même l'ennéade en votre mythologie égyptienne !*
- *Le rapprochement est judicieux ! Atoum, notre « créé-incréé », est égal au « 0 ». Il a créé deux principes, le « 1 – Shou », symbolisant le nombre et le « 2 – Tefnout », symbolisant la géométrie. Ces deux substrats étant à l'origine du monde, il est logique que le « 0 » forme, au centre le lien entre ses émanations innées, base du système universel.*
- *Il serait alors au centre, un peu comme la lumière irradiante !*
- *Tu ne penses pas si bien dire, Maut ! Le mot « Dieu - 102 », associé au mot « lumière - 231 », nous donne le nombre « 333 » ou la beauté même de cette lumière.*
- *C'est vrai, mais c'est incroyable ce truc, c'est une révélation… c'est… ! Et l'inverse alors, le sieur Lucifer, il donne quoi… lui ?*
- *Lucifer et le principe inverse à Dieu, il est donc normal qu'il se trouve en opposition dans l'ordonnance du nombre ! Un effet miroir si tu préfères.*
- *L'effet miroir, cela ferait « 201 » ou l'inverse de « 102 » !*
- *Tout juste, Maut, c'est « 201 » !*
- *C'est vrai… ce n'est pas du bluff… mais c'est incroyable !*
- *Oui, Maut, tu peux vérifier ! Mais nous ne sommes pas venus en ce lieu pour nous entretenir de la Primosophie, nous avons à parler des étoiles, du site de Gizeh et de la Grande Pyramide. Il est indispensable que tu connaisses les bases de cette Initiation Primordiale. D'ailleurs, si Dieu impose son nombre avec « 102 », le mot « Mer – pyramide en Égyptien », réalise « 103 ». Ce qui est, tu en conviendras, la juste continuité de l'œuvre divine ! D'autant que le total fait « 4 » chiffre-base de la structure pyramidale, le « pyramidion » coiffant la pyramide, entendons la pointe sommitale en plaqué or de l'édifice, réalise « 360 » ou la lumière révélée. Alors que 231, le nombre de la lumière, est aussi celui de la base pyramide*

évaluée en mètres.
- Houa ! Je suis abasourdie, Héri-tep ! Ce genre d'analogie numérale signifierait-il qu'il y a tout un environnement intemporel qui s'incorpore aux mots, aux idées, peut-être même à notre conscience et dont nous ignorons stupidement les inclinaisons et incidences par excès de rationalité ?
- Oui, la plupart des gens ne le subodorent même pas ! Pour eux, la notion de vivre prime sur « la raison de vivre ». Nous sommes quelques-uns tout de même à penser le contraire, surtout en Égypte !
- Voyons... « La raison de vivre » serait plus importante que « la notion de vivre », eh ben, oui... c'est également ma façon de penser, tout en déplorant que nous soyons si peu à en être convaincus.
- La majorité des hommes et des femmes de ton époque, Maut, n'ont nul besoin d'une « raison de vivre », ils vivent... c'est tout, c'est la logique des ovinés laineux ! Pour une majorité d'entre eux, le code civil occupe en leurs réflexes cérébraux la place que devrait tenir la conscience ! Lorsque le gendarme n'est pas à l'intérieur de soi, Maut, il n'est nulle part, si ce n'est dans les lois... que le jeu d'ailleurs consiste à contourner.
- Il est vrai que nos méthodes de rentabilité ont corrompu les consciences et ont ouvert toutes grandes les portes de l'amoralité. En mon pays des Droits de l'Homme (sic) où il est rarement question de devoir, on emprisonne parfois des êtres courageux qui font preuve de dignité humaine. À l'inverse, on relaxe des coquins aux faillites monstrueuses, lesquels profitent de la candeur citoyenne, dont les impôts de la société épongent les frasques.
- S'il en allait autrement, Maut, tu ne serais pas là pour réclamer justice et nous ne serions pas là pour t'initier aux Grands Mystères qui bouleverseront le monde de demain. Regarde, Maut, comme la constellation d'**Orion** se dessine bien sur le fond du Ciel. Vois Sirius, plus bas à gauche, elle est dans la constellation du grand chien, lequel suit le chasseur Orionis !
- Nous en avons longuement discouru avec le Maître Neb-Sekhem à qui vous m'aviez confiée, mais je ne saurais refuser des informations complémentaires sur le sujet, Héri-tep.
- Nous en parlerons en effet, Maut, mais avant cela, je voudrais t'entretenir d'une situation plus globale, celle du site de Gizeh. Que vous enseigne-t-on, dans vos écoles, sur ces trois pyramides qui ornementent le plateau ?

- *Qu'elles ont été construites sous l'autorité de trois rois de la IVème dynastie, afin de leur servir de sépulcres. Elles auraient été placées là au hasard de la topographie du site. Sans doute pour le coup d'œil vu de loin... Rien de plus, si ce n'est quelques détails sur leurs attributions.*
- *Je retiens, Maut, qu'elles ont été placées là au hasard. Sous-entendu, qu'aucune autre valeur d'ordre caché, ne saurait être prise en considération. Ce sont là les allégations de ces maîtres à penser qui revendiquent le titre de spécialistes.*
- *Oui, en termes de valeurs cachés, pour eux, les constructeurs de ces tombeaux n'en avaient ni l'idée, ni les capacités, ni la science. En fait ils ont fait au mieux pour élever ce tas de caillou.*
- *Eh bien, ma petite fille, je vais te prouver le contraire. Regarde ces petits murets que l'on devine, là, près de nous. Que représentent-ils selon toi ?*
- *Ce sont sans doute des puits avec leurs margelles apparentes ou autre chose... je ne sais pas !*
- *Eh bien, nous allons nous approcher et je vais demander à ces maîtres servants qui nous suivent à distance d'allumer les lanternes qui se trouvent en dessous.*

Le Maître et son élève se dirigèrent vers l'endroit désigné. Maut se pencha la première sur la margelle au moment même où l'édicule s'éclairait. Elle poussa un « Oh » admiratif. À une hauteur d'homme de son regard, apparaissait par transparence une imposante représentation du plateau de Gizeh. Les trois pyramides étaient ainsi vues du ciel et formaient trois carrés dessinés aux proportions rigoureuses.

- *C'est la représentation du site où nous sommes, Héri-tep, sans les arbres. Comme je l'ai toujours connu.*
- *Oui, et au centimètre près, le plan est semblable en effet à ce que l'on peut voir à ton époque. Ce relevé va nous permettre d'établir des superpositions aux particularités géométriques et numériques. Ceci Maut, pour que tu saisisses la juste disposition sur le terrain de ces édifices et de leur caractère ésotérique.*
- *Ésotérique, dans ma génération, ce mot est considéré comme diabolique. Il agite des craintes viscérales, assimilables à la sorcellerie. Maintes associations sont obnubilées par les sectes dont*

ils redoutent l'influence sur le plan mental.
- Cela prouve le conditionnement de cette génération, car le mot ésotérique signifie seulement, « choses cachées réservées aux initiés », et ce qui est diabolique, c'est précisément de le considérer comme tel. Vois, Maut, nous allons procéder à l'une de ces surimpressions diaboliques.
- Oh, oui, des cercles apparaissent autour des pyramides !
- Avant de te décrire ce qu'ils représentent, je te précise que j'ai choisi cette vue du site, pour que tu retrouves les paramètres auxquels tu es habituée, Maut. Maintenant commentons le graphique de ces cercles. Tu remarqueras que leurs circonférences passent sur les sommets des trois pyramides. Deux pointes du triangle équilatéral circonscrit, nous indiquent la base de Khephren (pyramide centrale) et le centre de Kheops (pyramide de droite).

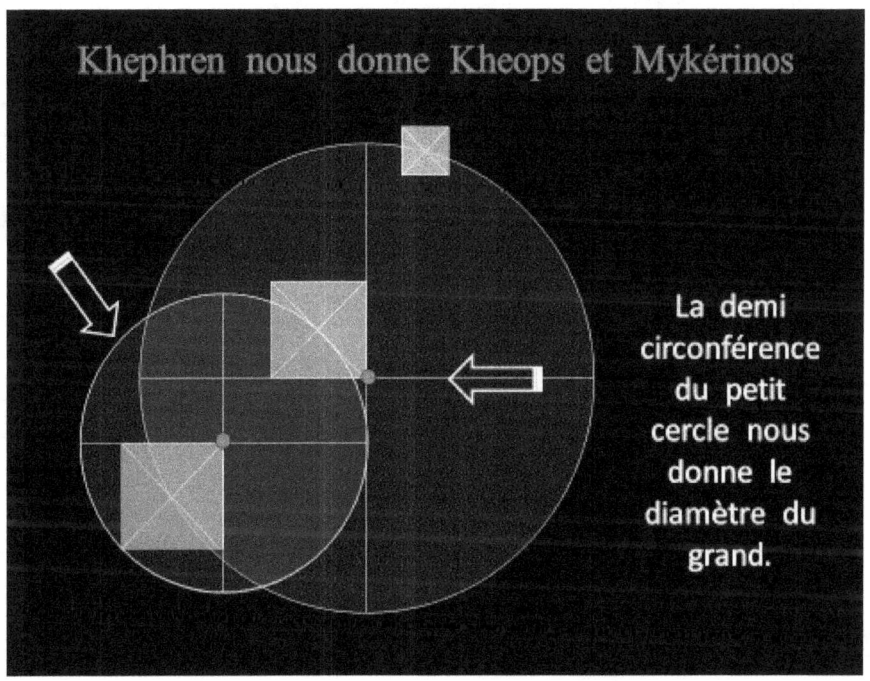

- Oui, je remarque que les cercles soulignent deux angles et deux centres.
- Oui ! Et par le fait même, le rayon du petit cercle, n'est autre que la diagonale de Kheops, et sa demi-circonférence est égale au diamètre du plus grand des deux.

- *Houa ! Héri-tep, ça c'est fait pour bousculer les méninges, c'est fantastique sur le plan de l'évocation... fantastique !*
- *Maintenant, nos sympathiques assistants vont enlever le second calque transparent pour en placer un autre sur le site. Pour ce qui est des projections, il s'agit d'un tissage que l'on imprègne d'une pâte végétale très fine. Le support étant sec on peut alors tracer des formes avec beaucoup de précision... tu vois ?*
- *C'est curieux une telle imagination à cette époque !*

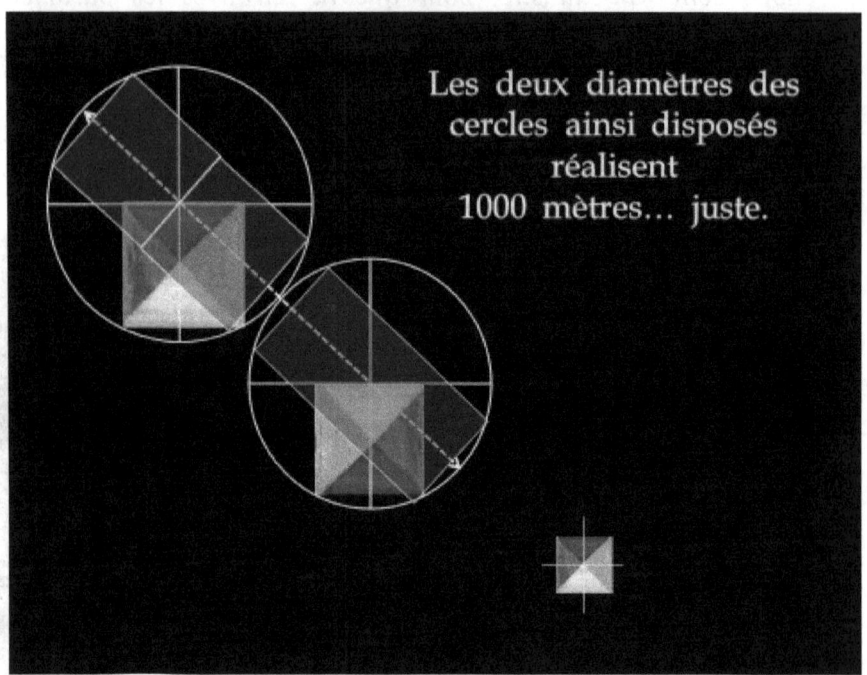

Les deux diamètres des cercles ainsi disposés réalisent 1000 mètres... juste.

Hum ! Soit attentive, Maut, j'ai choisi ce graphique pour te démontrer que les concepteurs de ces œuvres, non seulement, n'ignoraient pas le mètre, mais qu'ils l'utilisaient fréquemment dans leurs tracés à caractère ésotérique. Ces cercles se juxtaposant en leurs circonférences réalisent 1 000 mètres justes et les deux cercles nous donnent géométriquement le nombre d'or.

- *Oui, je vois, Neb-Sekhem m'a montré qu'alliée à la coudée, cette mesure était une grande constante de l'univers.*
- *C'est parfaitement exact. Eh bien, tu vas voir un graphique plus impressionnant encore, provenant d'une vue satellitaire de ton*

époque. Nous allons cette fois tracer un carré qui implique les trois pyramides, où nous trouvons la Terre et la Lune contenues dans la géométrie du site. En surimpression, vient ce triangle équilatéral, il nous donne, vois-tu, le milieu de la pyramide de Mykérinos.

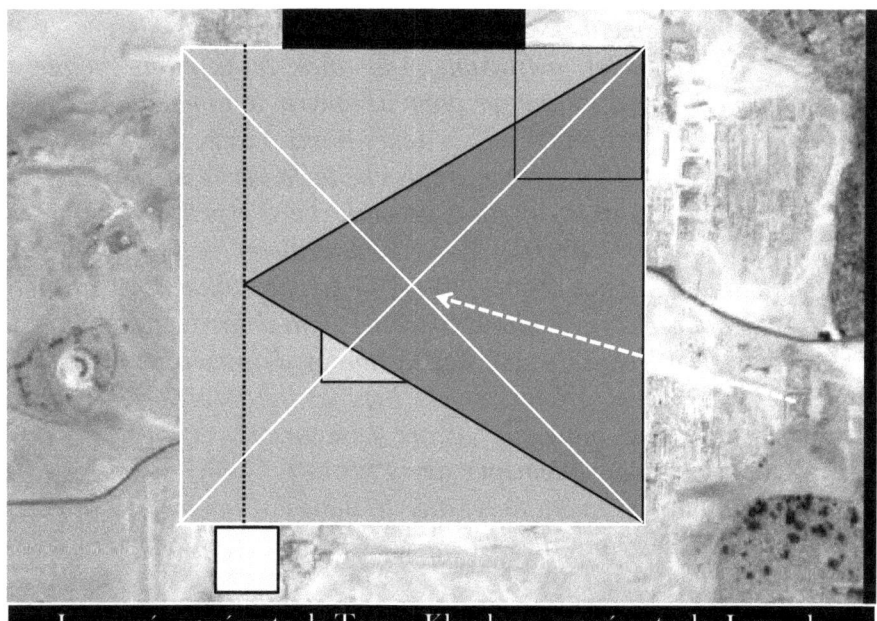

Le carré représente la Terre, Khephren représente la Lune, le triangle équilatéral représente la pyramide de Mykérinos.

Et pour corroborer le tout, la chaussée processionnaire qui part du temple de la vallée et se dirige vers le temple de Khephren se prolonge précisément jusqu'au point central de la Terre.

- Ah... oui... Neb-Sekhem m'a montré un graphique semblable, c'est... c'est inimaginable... c'est un véritable message... Ils nous adressent un message à travers le temps... à travers l'espace... un message galactique...Vous ne pensez pas, Héri-tep ?
- Aujourd'hui, ton étonnement et la confusion de tes propos me réjouissent, Maud. Mais il est vrai, que lorsque j'ai découvert cela, il y a bien longtemps, je ne te cache pas que j'ai versé des larmes.
- Eh bien voilà, vous y êtes arrivés, Héri-tep... je pleure moi aussi !
- Bon, et bien comme je ne veux pas être responsable de ton chagrin et que les graphiques qui suivent sur le plateau de Gizeh risquent de

t'émouvoir plus encore, nous allons passer à autre chose.
- Parce que vous en avez d'autres aussi bouleversants sur la rigueur de cet ensemble, dites-moi ?
- Ho, oui ! Des rapports avec le nombre d'or, le triangle 3-4-5, les racines de 2 de 3, les relations avec les étoiles du baudrier d'Orion et les emplacements exacts qui doivent leur être attribués.
- C'est vraiment incroyable ! Et dire qu'à mon époque, ils continuent à gratter autour pour découvrir le tombeau de Kheops, dans le seul dessein de laisser leurs noms à la postérité, alors que l'humanité attend d'eux une approche de la vérité !
- C'est une simple question de maturité d'esprit, ma petite fille. L'être humain initial, par comparaison aux intelligences galactiques, n'a pas encore émergé de sa chrysalide. Il est avant tout fasciné par l'or, les bijoux, lesquels, au-delà du fait d'être des éléments de richesse, sont des symboles de pouvoir implicitement énoncés. Vient se greffer sur ces lacunes, la découverte, facteur de curiosité, certes, mais plus encore de notoriété.
- Alors, le dévoilement de l'histoire, non supposée mais authentique. La quête de vérité, le devoir d'informer, l'apport de connaissances nouvelles, la mise à l'écart des conventions...tout cela...
- Tout cela passe au second plan, Maut. L'homme de lente évolution ne sait pas discerner l'essentiel en la vie, il cherche sa réalité au travers de ce qu'il lui est donné d'être. Et ne me dis surtout pas que sa technologie prouve le contraire, c'est pire lorsqu'il en est doté et qu'il est démuni d'une philosophie de pondération. Il s'émerveille de la puce électronique qu'il vient d'inventer en réunissant des micros éléments et il écrase négligemment la minuscule petite bête qui court sur sa main.
- Oui, parce que sa puce est le produit de lui-même. Ces évidences m'affectent, Héri-tep, parlons d'autre chose. Vous avez fait allusion, il y a peu, à la constellation d'Orion. Neb-Sekhem m'en a parlé, mais, comment s'inscrit-elle dans le monument ?
- Les omniscients concepteurs de la Grande Pyramide ont pris les normes de la constellation d'Orion pour établir un concept structurel de base. Ils avaient d'excellentes raisons pour cela !
- Oui, c'est ce que m'a schématisé Neb-Sekhem. La situation des « 7 étoiles » correspondrait à un plan architectonique ! C'est curieux, la disposition de ces astres ne prédisposent pas l'esprit à

une vision pyramidale !

Héri-tep s'arrêta de parler. Il fit un signe de la main au groupe de jeunes gens qui se tenait à distance. Quelques-uns comprirent immédiatement le sens de la demande. Ils s'approchèrent en maintenant de grands panneaux sur lesquels se trouvaient des graphiques avec mentions en langue française. Héri-tep en choisit rapidement un parmi d'autres.

- Je te montre ici un tracé de la Grande Pyramide vue en coupe, elle est, comme tu le vois, soulignée d'un gros trait noir. Nous la nommons pyramide réelle par rapport à la virtuelle, qui pourrait être le reflet dans l'eau de la première. Le carré-base, lui, représente cette même pyramide, mais vue en plan.

- Oui, je vois ! Le carré-base représente la pyramide vue en plan, alors que le trait central de ce même carré représente la base, mais vue en coupe ! Un peu à la façon dont vous représentez la perceptive de vos jardins.

- Bien vue, Maut, c'est ce que j'essaye de te démontrer ! Nous l'appelons « la pyramide céleste virtuelle », car elle n'a pas d'existence tangible, seulement un tracé symbolique. Sur le graphique plus bas, tu remarqueras que Cette ligne a une correspondance secrète avec l'étoile Sirius en bas à gauche.
- Je savais que la disposition des trois pyramides sur le sol de Gizeh, était le reflet sur Terre du Baudrier d'Orion. Mais vous me prouvez ici, par ce graphique, que la Constellation d'Orion elle-même est la base du tracé architectural de la Grande Pyramide.

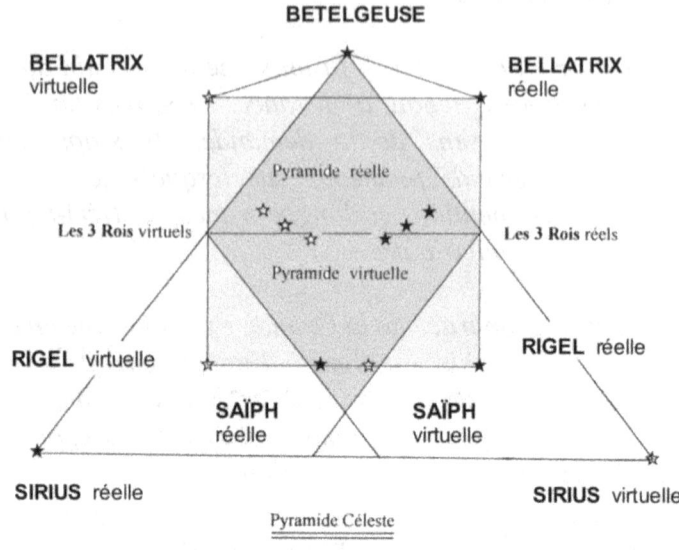

Pyramide Céleste

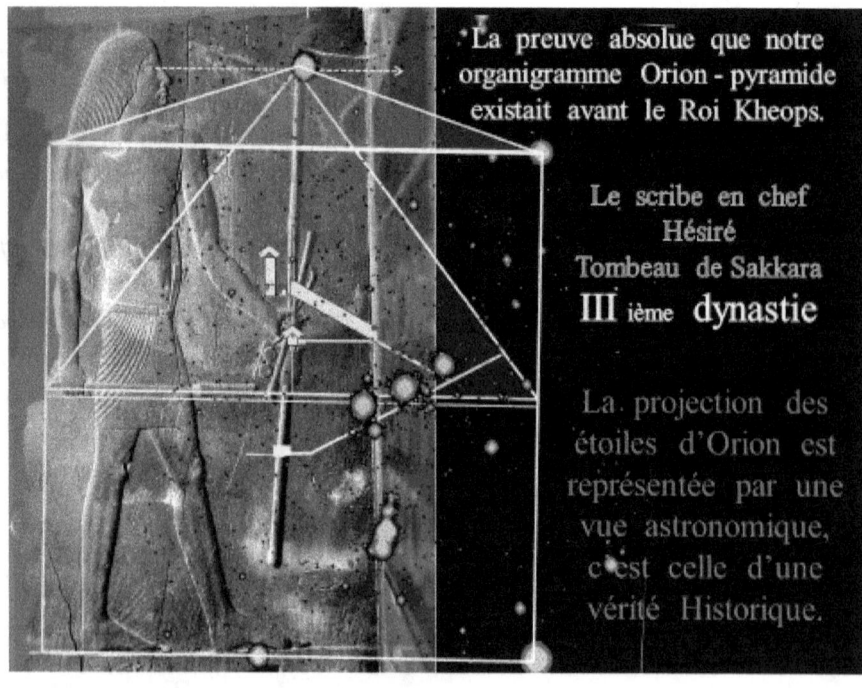

La preuve absolue que notre organigramme Orion - pyramide existait avant le Roi Khéops.

Le scribe en chef
Hésiré
Tombeau de Sakkara
III ième dynastie

La projection des étoiles d'Orion est représentée par une vue astronomique, c'est celle d'une vérité Historique.

- Je te place maintenant une authentique fresque égyptienne, elle retrace implicitement le schéma de la constellation. Implicitement,

car à mon époque, cette imagerie n'est visible que par les initiés. Mais à la tienne d'époque, tout doit être différent, il devient nécessaire que la population qui vibre au cognitivisme soit informée et qu'elle prenne distance avec celle obtuse qui est inféodé à la rationalité.

- D'autant, que cette fresque date d'avant la construction supposée de la Grande Pyramide. Si je reviens à mon époque, je ne manquerais pas d'étaler ces preuves, croyez-moi, Héri-tep, non par objection ... mais par défi.
- C'est une bonne détermination ! Regarde cette vue, Maut ! Voici la constellation avec son air penché telle qu'elle apparaissait dans le Ciel au début de son cycle, il y a environ 7 500 ans de l'ère où nous sommes. Les traits inscrits sur la droite correspondent à l'éloignement en années-lumière séparant chaque étoile de notre système solaire.
- Années-lumière ! Comment, à votre époque, vous n'étiez pas sensé connaitre... oh... pardonnez-moi, Héri-tep, je m'apprêtais encore à gaffer ce n'est pas aisé cette gymnastique intellectuelle sur le plan chronologique !
- Évoluer, Maut, c'est chercher à comprendre, mais c'est, avant cela, être réceptif à ce que l'on est appelé à recevoir ! Regarde, ce tracé qui relie les étoiles entre elles, la constellation est prise ici à sa plus basse altitude sur l'horizon de Gizeh. Ne ressemble-t-elle pas à un oiseau en train de se poser ?
- Oh... Oui, avec un peu d'imagination, on discerne bien le corps de l'oiseau ! Il ressemble à un héron cendré posant sa patte sur le tertre primordial ! Et la huitième étoile « Meïssa » qui n'est pas traditionnelle, pourrait former également une houppe... C'est drôle, ça !
- Si nous prenons soin d'additionner la distance d'éloignement des « 7 étoiles » nous obtenons **5 236 années-lumière**. Avec un zéro devant et une virgule, cette valeur n'est autre que la coudée égyptienne, elle est à la base de tous les édifices sacrés ! Multipliée par « 6 », cette coudée nous donne le nombre pi. $0{,}5236 \times 6 = 3{,}1416 (\pi)$. J'ajouterai, que ce n'est point par hasard que le mot « Sah - Orion » figure fréquemment dans les fresques murales que vous nommez « Les Textes des pyramides ».

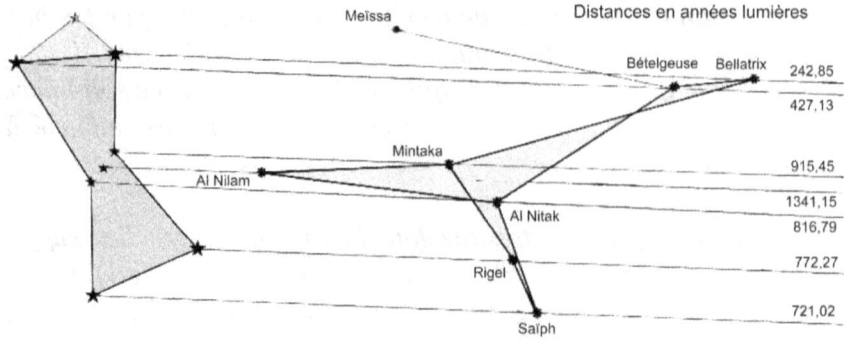

Le total de 5236,66 années-lumière est en fait de 5235,98774 années

- Incroyable ! Cela expliquerait pourquoi vos rois étaient enthousiasmés par ce regroupement d'étoiles, par ce signe divin dont ils désiraient rejoindre la formation stellaire après leur mort ?
- C'est une interprétation un peu simpliste… mais… acceptable, pour des gens non-initiés ! Vous êtes tellement loin de la vérité que votre vanité est un mur qui ne vous permet pas de vous en approcher.
- Cela n'a pas toujours été ainsi, les Incas avaient construit une route, qui allait de Quito jusqu'au milieu de Chili et elle s'étendait elle aussi sur 5 236 kilomètres. C'est bizarre cette coïncidence, tout de même !
- Oui, le hasard ! C'est ce que penseront 98% de tes semblables lorsqu'ils seront mis en présence de tels faits ! Parmi les 2% restants, les uns se gratteront la tête, ne sachant quoi en déduire et les derniers réaliseront que c'est bizarre. Il faudra largement entamer l'effectif des mille, pour découvrir une poignée d'individus susceptibles de vibrer à de telles révélations. En fait, seulement quelques dizaines sur des centaines de mille ressentiront là une exhortation spirituelle ou mystique, et moins encore seront animés par une recherche d'ordre intellectuel en relation avec ces déclencheurs psychologiques. La sélection humaine, en ce qui concerne le pouvoir de déduction et l'esprit d'analyse, n'est guère plus élevée, Maut !
- Vous ne me semblez pas avoir une très bonne opinion du genre humain, Héri-tep, cela dépasse le pessimisme pour frôler la misanthropie, je trouve !
- C'est là, Maut, le pourcentage que l'on attribue aux adeptes de

« la raison de vivre » par rapport à ceux qui se contentent de *« l'opportunité de vivre »*. Toutefois, je tiens à te rassurer sur mon opinion personnelle, nous sommes tous passés par là au cours de nos réincarnations. Pour que l'intelligence-conscience soit féconde et en état de veille, il faut qu'elle prenne des bains quotidiens dans l'intuitif, reflet de l'âme. Sinon, Maut, cette intelligence devient l'instrument du mental, elle ne satisfait alors qu'aux influences primaires, que vous nommez *« le bien-être »*. Celui-ci n'est pas condamnable, il est simplement peu digne de notre condition humaine.
- Hou là ! Je crois qu'il m'est nécessaire de réfléchir à cette formule à tête reposée, Héri-tep !

Après s'être assuré que Maut avait bien assimilé l'essentiel de ses explications, Héri-tep demanda que l'on face figurer l'illustration en coupe du rebord du socle, situé à la base de La Grande Pyramide. Celui-ci comprenait à l'extrémité de la base, un petit appendice de la valeur du diamètre solaire, lequel représentait 0,13925 m, communément appelé « fruit du socle ».

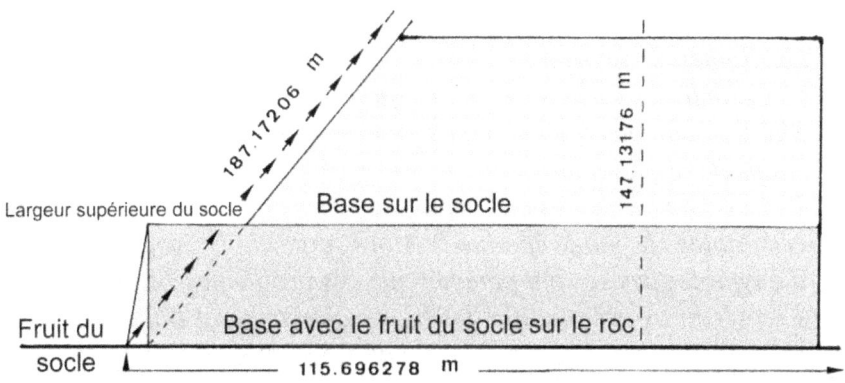

- *La Grande Pyramide, vois-tu, est construite sur un socle de pierres, dont le rebord, par ses dimensions, revêt une importance fondamentale. Tu peux t'apercevoir que ce socle comprend un petit débordement que l'on pourrait considérer à priori comme négligeable, c'est le « fruit du socle ». Ce serait mésestimer le moindre détail architectural de l'ouvrage, ce petit appendice a une signification hermétique d'une portée universelle. Un exemple parmi*

*d'autres, Maut, si nous élevons une diagonale à partir de l'extrémité de ce fruit du socle et que nous poursuivions notre ascension jusqu'au sommet, comme le montrent les flèches, nous obtenons, pente théorique + hauteur totale + demi-base, une valeur de 450 mètres juste. Tu conviendras qu'il nous faut alors la multiplier par les huit demi-faces structurelles que nous offre la Grande Pyramide ! Cela nous donne **3 600** mètres absolus.*

- *C'est ahurissant, Héri-tep, ahurissant ! Lorsque nous savons que ce nombre « 3600 » avec son poisson cunéiforme, est à la base de tous les calculs astronomiques que nous ont laissé les Sumériens. Neb-Sekhem m'a assuré qu'il s'agissait là d'une grande constante universelle. Elle s'échelonnerait avec les valeurs de 3,6 – 36 – 360 – 3600 ou 36 000 à l'infini... Alors même que le dieu qui est censé avoir apporté la connaissance aux sumériens serait un dieu ichtyoïde à tête humaine, « Oanesse l'amphibien », vous savez cela n'est-ce pas !*
- *Et beaucoup d'autres choses, Maut !*
- *Il a l'air de ne rien représenter, ce petit fruit du socle, je le prenais pour un repose-pied, en fait, les informations qu'il recèle sont absolument primordiales !*
- *Ce fruit du socle indique des quantités d'autres valeurs, en effet, Maut, notamment le diamètre solaire, mais nous n'avons pas le temps de les commenter !*
- *Ces connaissances dont vous me faites état, Héri-tep, sont encore vérifiables à mon époque ! Alors pourquoi, jusque-là, si peu d'égyptologues se sont penchés sur ces problèmes ! L'enseignement s'en serait trouvé modifié, les lignes directrices d'influences, autant politiques que religieuses auraient été contraintes de tenir compte d'une évolution divergente de l'intelligence humaine ! Des révélations comme celles-ci auraient peut-être contribué à refréner cette dissolution graduelle des consciences. Qu'en pensez-vous ?*
- *Hou là, ma chère enfant, si tu me permets le terme, c'est là un point de vue d'utopiste ! Une mutation éventuelle intervenant à ton époque est précisément ce que les instances dirigeantes redoutent le plus ! Les maîtres des empires financiers, auxquels tu fais allusion, ne tiennent pas à ce que les choses changent en ta société où ils prospèrent ! Les manifestations qu'ils dominent de leur influence*

reposent sur des conventions qualifiées par eux de « politiquement correctes ». Avec moult maniements d'intérêts, ils sont parvenus à ce que ces modalités soient tolérées ou acceptées par tous, comme immuables ! Aussi craignent-ils plus que tout, que soient révélés des indices d'une autre intellection, susceptibles d'ébranler le système en place où ils prospèrent ! Tout changement, tout remaniement, tout transfert comporte des risques qu'ils ne sauraient courir. Cette simple dialectique rendrait promptement subversives les révélations novatrices émanant d'un passé lointain, car elles seraient aptes à ébranler un dogme aux rouages bien huilés et rondement profitables, qui repose sur l'immuabilité du système en place.
- Oui, tout le laisse supposer, hélas, et ça ne facilitera guère ma tâche ! je sens que cela ne sera pas une partie de plaisir.
- Pour bien appréhender l'influence exercée à ton époque sur les populations scientifiques et, en ce qui nous concerne, sur les égyptologues, il te suffit d'effectuer la petite addition suivante : Études laborieuses, longues, exigeantes, coûteuses, pour décrocher un diplôme. Ensuite, crainte réelle d'une relégation de ses pairs pour dissidence à la nature de la convention professionnelle établie. Autrement dit, rigueur protocolaire absolue. Cet ostracisme corporatif est de nature à restreindre ou même dans certain cas d'annihiler un processus d'avancement. Moralité, carrière définitivement brisée, sans espoir de retour. Quel est l'étudiant qui aurait le courage de passer outre, dans le monde qu'est le tien ?
- Moi... puisque vous me le demandez, Héri-tep !
- Réfléchis, Maut, si tu t'insères de façon traditionnelle dans le moule établi, tu peux ambitionner honneurs, relations, réputation, poste important, fin de carrière honorable ! Tu réalises alors combien les étudiants en égyptologie sont tributaires du système existant ! Dans cette corporation, rares sont les chercheurs que l'on exhorte aux découvertes innovantes non programmées. Plus rares encore sont les francs-tireurs qui se risqueraient à faire avancer les choses. Il en est cependant quelques-uns, auxquels, nous, les hommes fossilisés, nous nous devons de rendre hommage, vu les difficultés de tous ordres que ceux-ci ne cessent de rencontrer sur le terrain et, plus encore, dans les couloirs savonneux de la critique !
- Hélas ! J'ai déjà eu l'occasion de vérifier l'exactitude de ce point de vue ! Neb-Sekhem affirme même que, lorsque sont découvertes des bribes des sciences dans le genre de celles que vous me dévoilez,

Héri-tep, elles sont scotomisées et passées sous silence pour incompatibilité avec les théories en vigueur.
- *C'est, hélas, parfaitement exact, Maut, des centaines d'exemples le prouvent. La masse cependant demeure indifférente, car pour elle il n'y a aucun intérêt à se positionner sur le sujet.*

Tous deux s'arrêtèrent au pied de l'une des faces de la Grande Pyramide. Le maître fit remarquer à Maut la forme bien visible du rebord du socle. Il fit courir son doigt le long de la pente, pour lui indiquer le décrochage du creusement des faces. Il lui rappela que cette apparente anomalie avait pour fonction, non seulement de drainer les eaux pluviales, mais bien de marquer les équinoxes et d'accroître extra-muros la somme des valeurs symboliques. De la pointe de son bâton placé sur le rebord du socle, Héri-tep lui fit remarquer que la hauteur de celui-ci réalisait une coudée pyramidale de 0,5236006 mètre. Il suffisait alors de multiplier cette hauteur par 280, pour trouver en mètres la hauteur de la pyramide sur le socle, soit 146, 608168 mètres. Il lui indiqua que cette hauteur, procurait la base sur le socle, si on prenait soin de la diviser par le diamètre de 4 et de la multiplier par deux, on obtenait 230, 291571 mètres.

- *Sache, Maut, qu'au cours de certains rituels osiriaques, des centaines de prêtres viennent s'asseoir sur le rebord de ce socle. Ils s'adossent à la pente et régénèrent ainsi leurs fonctions vitales !*
- *Il m'apparaît de plus en plus évident que le recensement des découvertes que mon époque définit comme étant la somme de ses investigations, ne révèle en fait que les limites restreintes de nos facultés de perception.*
- *Ce que tu avances est tout à fait pertinent ! Nous allons maintenant évoquer ce merveilleux globe sphérique qui nous véhicule dans le temps et l'espace, tel un vaisseau spatial, je veux parler de la Terre ! Regarde cette nouvelle illustration, Maut, et réfléchis un instant à ce concours de circonstances étonnant.*
- *J'ai remarqué que vous faites principalement allusion au soleil, à la Terre et à la Lune, Héri-tep et que ces trois astres sont aussi ceux que prônaient les alchimistes à cette période sensible que l'on nomme Renaissance.*
- *Oui, Maut, ils auront tenté de véhiculer nos mystères, pour les faire accepter par le plus grand nombre. Mais, comme d'autres, ils*

se sont heurtés à l'indifférence générale. Regarde ce panneau sur le point d'apparaitre, n'est-il pas évocateur des mystères représentés sur Terre par ce monument ? Je te rappelle que le diamètre de la Terre à l'équateur est de 12 756,337 94 km, aux pôles il est de 12 713,545 89 km, le diamètre moyen est donc de 12 734,941 92 km. Les trois réunis affichent 38 204,825 75 km, multipliés par « pi » pour trouver la circonférence de ces trois valeurs, cela nous donne **120 024** *ou la notion symbolique en heures, du jour et de la nuit. 12 et 24, que penses-tu de cela, Maut, c'est amusant... Non ?*

Maut demeura un instant bouche bée, comme s'il lui fallait prendre le temps d'une réflexion plus approfondie, puis dégageant d'un geste rapide une mèche de cheveux qui lui occultait l'œil, elle avança avec un sourire épanouie :

- *C'est « la grande horloge » de Voltaire à la recherche de l'horloger !*
- *Oui ! Alors que nous, pauvres Égyptiens, nous en sommes encore à la clepsydre ! Mais ne doute pas, Maut, qu'à force de réflexions, nous finirons bien, le temps aidant, par inventer un cadran quelconque.*
- *C'est là qu'est le paradoxe, Héri-tep ! Vous qui avez des connaissances supérieures, ne pouvez-vous pas anticiper sur l'évolution de votre propre civilisation ?*

Prenons la hauteur pyramide et trouvons lui une circonférence :
147, 1317686 x π = 462, 2280833
Plaçons cette valeur au carré : X^2 = 213 654, 801
÷ 10 000 = 21, 3654801 - Cette valeur est en autosimilarité mathématique avec les Ø des pôles et l'équateur de la Terre.

21, 3654801 + 12 734, 94192 = 12 756, 3074 Km moins deux fois la valeur, cela nous donne les pôles.
12 756, 3074 moins 42, 7309602 = 12 713, 5764 Km.

- L'évolution, estimerais-tu que nous ne soyons pas assez évolués, Maut ? À quoi cela nous servirait de l'être davantage, si l'ensemble de la population ne peut élever que très lentement son quotient intellectuel ? Atoum mis à part, qui de nous pourrait prétendre posséder le recul suffisant pour juger des incidences à effets cumulatifs du temps ? À l'instar du créateur, il faudrait posséder l'omniscience. En second, ma fonction ne me permet pas d'anticiper sur mon époque ! Enfin, si cela était en mon pouvoir, je ne le ferais pas, car il faut du temps pour que les hommes assimilent les choses sans risque de dégénérescence. La cadence à laquelle ta civilisation produit, innove, exhibe, rentabilise, aspire, croit vivre et ne fait qu'exister, elle ne peut pas maîtriser son expansion. Ces bravades impudentes, comparées aux efforts mesurés de la nature pour se parfaire, sont une offense, faite, non à l'intellect, mollement issu de l'animalité, mais à l'intelligence subtile, issue, elle, du ressenti séculaire ! Il faut un temps pour la réflexion, comme il faut un temps au blé pour que la graine soit panifiable ! Avec la fuite graduelle des valeurs morales, ta civilisation en fera un jour la cruelle expérience. Ne dit-on pas d'un bébé qui a tout à apprendre, mais qui possède des jambes d'adulte... que c'est un monstre ?

- Je n'ai rien à redire à cela, Héri-tep, mais, par curiosité, permettez-moi de revenir sur l'aspect espace-temps. Dites-moi, vous en avez beaucoup, comme le coup de l'horloge ?
- Oh... Le facteur temps est intimement lié à la lumière, Maut, laquelle, comme tu le sais, émane des nombres et de la géométrie. C'est pour cela que cette lumière est à la fois onde impalpable et poids atomique. En l'obscurité spatiale, elle se manifeste sur l'obstacle, comme l'esprit émergeant du néant est interpellé par l'épreuve.
- C'est compliqué ! Je résume : La lumière, le temps, l'esprit, les nombres et la géométrie forment la base de réflexion qui vous semble fiable pour franchir une dimension !
- Bien évidement Maut ! C'est pour cette raison que je tien à te parler de l'Arc-en-ciel, l'Arche dans les nues, mais aussi l'Arche d'alliance de Moïse, Grand Prêtre Égyptien, considéré par votre Ancien Testament, la bible !
- L'Arc-en-ciel, Moïse, l'Arche d'alliance, tout cela aurait une relation analogique avec quoi...la Grande Pyramide ?
- Sans l'ombre d'un doute, Maut ! Mais on pourrait y ajouter l'Arche d'Odin et celle de Noé qu'il ancrera sur le mont Ararat pour que se perpétuent les espèces de la planète. Ara, égale Soleil en sanskrit et chez les égyptiens Râ le disque de lumière, Roi des dieux.

Suis-moi bien : Avec ce « mont Ararat » sur lequel la lumière est double, il y a là un double message ou un Arc-en-ciel double. Cela signifie aussi « donner » dans les langues indo-européennes. Et en égyptien le hiéroglyphe du mot (rdy) « donner » n'est autre qu'un bras, dont la main présente une pyramide. Cette Arche d'alliance implique le verbe « mer en égyptien, pyramide » ou la voûte sous laquelle résident les mystères de la Grande Pyramide. Un demi-cercle observé, un demi-cercle caché, cela fait un cercle aux extrémités magnétiques. ◐◑ C'est le hiéroglyphe de Dieu chez les hittites. N'est-il point dit que l'arche réapparaîtra au seuil du nouvel âge ! Il se pourrait bien alors que tu sois, toi, Maut, sa lumière nouvelle !

- Cela me fiche une trouille bleu, j'espère que vous ne le pensez pas sérieusement, Héri-tep. D'ailleurs, c'est pour moi un peu confus,

pourriez-vous mieux m'expliquer pourquoi il y a une relation entre ce que vous évoquez et la Grande Pyramide ?
- Je vais tenter de le faire, Maut ! Lorsque le Soleil est placé derrière nous et qu'il a plu sur le paysage que nous contemplons, il se forme parfois un Arc-en-ciel. Pour que celui-ci se réalise, il faut que l'angle de réfraction sur la goutte d'eau soit, par rapport à l'observateur, exactement de 41°59'50" (angle idéal) que l'on généralise le plus souvent à 42°. T'étonnerais-je si je te disais que cet angle est exactement celui que forme l'arête de la Grande Pyramide avec son plan horizontal ?
- Ça... mais c'est suffocant, Héri-tep ! Cela expliquerait certains textes de l'exégèse ou passages sibyllins dans les textes sacrés des religions. Toutefois, je n'ai pas pleinement saisi l'allusion que vous faîtes au sujet de l'Arc-en-ciel double, s'agit-il d'une manifestation consécutive à l'apparition de l'Arc lui-même ?
- Regarde, Maut ! Je vais faire signe à mes suivants pour qu'ils exposent un petit dessin plus explicite que mes propos ! Il y a, vois-tu, un second angle, celui-ci correspond à l'angle des pentes naturelles de la Grande Pyramide, soit 51°51'14". Regarde au-dessus de la margelle, ce dessin est explicite : Un double Arc-en-ciel est inscrit, car parfois c'est ce qui se produit, j'ai personnellement, au cours de ma vie, eu l'occasion d'en voir plusieurs. Le premier Arc-en-ciel est plus petit que le second, lequel est moins lumineux, plus diffus, un peu comme le sont les secrets à l'ombre des temples. Pour le voir, il faut que le rayonnement du Soleil parvienne sur la goutte avec une certaine incidence par rapport à l'œil de l'observateur. Nous avons calculé que l'angle de ce second Arc-en-ciel doit réaliser pratiquement 52°, c'est à dire, l'angle parfait 51° 51' 14" des quatre pentes conçues à l'origine de la Grande Pyramide. Selon les normes scientifiques, le premier arc-en-ciel se situe dans l'ultraviolet à « l'entrée du spectre visible », et le second dans le vert osirien occupant « le milieu du spectre visible ».
- Je ne trouve pas de mot suffisamment évocateur, si ce n'est un signe évident placé là à notre intention de la part du Principe Créateur. Ô, une lecture me revient subitement en mémoire, puis-je à mon tour, tenter de vous épater, Héri-tep ?
- Je serais ravi que tu m'apprennes quelque chose que j'ignore, Maut... Ravi !
- Au XIXème siècle de ma civilisation, il est né un poète inspiré

ayant pour nom Arthur Rimbaud. Ce génie précoce a composé un jour un quatrain qu'il me paraît opportun de vous restituer. Il a trait au déluge, lequel, comme vous me l'enseignez, préfigurait la mise en œuvre de la Grande Pyramide. Rimbaud écrivait ceci :

« Aussitôt que l'idée du déluge se fut rassise, un lièvre s'arrêta dans les sainfoins et les clochettes mouvantes, et dit sa prière à l'arc-en-ciel, à travers la toile de l'araignée. »

- Oh, quelle belle... quelle merveilleuse pensée ! Il a concrétisé en trois lignes tous les éléments de notre quête. **Le déluge**, à la suite duquel on décida sans doute de l'édification de ce monument, messager des temps futurs. **Le lièvre**, animal souche du nom d'Osiris, à qui est dédiée la pyramide. Autrement dit, l'Ounen-nefer-oun est à l'effigie du lièvre et nefer est égal à parfait. Sans parler de la constellation du Lièvre qui se trouve sous la constellation d'Orion et que celui-ci rejoint par son terrier. Mieux que tout autre symbole, **la toile de l'araignée**, illustre les 360 degrés du cercle avec son irradiation à partir d'un point central. Enfin, **l'Arc-en-ciel** objet de ma démonstration et support de l'édifice de connaissance. C'est une merveilleuse synthèse, tu n'as pas tenté de m'épater... tu m'as épaté, Maut !

- Je savais que cela vous plairait, Héri-tep ! En plus, je vois là un signe d'alliance entre le divin et les hommes ! Cette « arche » serait, selon vous, la voie à partir de laquelle l'intelligence humaine pourrait rallier la tradition symbolique ?
- Permets-moi de rectifier, mon enfant ! Ce n'est pas entre « Dieu et les hommes », c'est entre « Le Concept Universel, créé par Dieu, et les capacités de déductions humaines ». Maintenant, Maut, tu es à même de constater que tout ce qui concerne la Grande Pyramide est en relation directe avec le divin !
- Pour un simple tombeau, à ce stade, je suis obligée de constater que ces fossoyeurs étaient des gens talentueux, oui, Héri-tep !
- Pour un tombeau... Ce serait même assez osé car, jusqu'à mon époque, aucun Roi d'Égypte n'aurait eu l'outrecuidance de défier les dieux pour satisfaire à un somptuaire caprice post-mortem. L'un

d'eux aurait-il été atteint par cette audacieuse obsession, que la prêtrise et le compagnonnage se seraient dressés pour lui faire barrage. Sans ces deux références, aucune édification de ce type n'aurait pu être envisageable ! Si ces initiés d'un autre temps ont construit la Grande Pyramide, ce ne fut certes pas pour satisfaire à un caprice princier, qui aurait consisté à surpasser les temples dédiés aux dieux, mais pour rendre un hommage suprême au Principe Divin. Voilà... la véritable destination !

- D'autant qu'en ces époques lointaines, je crois savoir, Héri-tep, que les Rois étaient initiés dès leur plus jeune âge. Ainsi partageaient-ils avec la haute prêtrise nombre des secrets de connaissance.

- Oui, ma chère enfant... leur vie durant ! Les Rois, vois-tu, emploient la presque totalité de leur temps à créer des sanctuaires pour satisfaire les dieux. Une fois morts, leurs dépouilles vont rejoindre la terre-mère. Un Roi sait pertinemment que, s'il tentait d'imposer sa volonté aux dieux, il serait précipité dans la matière la plus inerte. L'art, pour un Roi, consiste à cheminer côte à côte avec les dieux, dans le respect mutuel. Le qualificatif le plus courant que l'on attribue au Roi, s'inscrit « hem = le serviteur, hem-neter le serviteur de Dieu ». Comment un serviteur imposerait-il sa volonté temporelle à ses maîtres intemporels, dont il redoute l'ire en cas d'insoumission au système évolutif institué ? Et surtout, comment aurait-il pu se faire construire un édifice où sa chambre sépulcrale ne tiendrait pas moins de 8000 fois dans le volume pyramidal, alors que les temples consacrés aux dieux sont nettement plus modestes ?

- Mais alors, Héri-tep, que devons-nous penser des richesses découvertes dans certains tombeaux ? Selon vos critères... C'est plutôt la simplicité qui aurait dû s'imposer et ce n'est pas le cas.

- On n'éblouit pas les dieux avec des bracelets en or, mais par l'histoire de sa vie en fonction de la mission que l'on a reçue, car la seule richesse est celle de la conscience. N'oublie pas, Maut, que le Roi est l'incarnation sur Terre d'une période de temps. Par le fait même, il se trouve être le représentant de son peuple, en ce qui concerne les mœurs, le savoir-faire, la culture, l'art, la connaissance. Ce sont ces témoignages dont le Roi s'entoure dans l'au-delà, pour rappeler aux dieux qu'il a su favoriser leurs desseins originels. Les richesses entreposées témoignent d'un état de représentativité, de fidélité, de continuité. Il n'y a qu'une civilisation

cupide qui peut percevoir les choses autrement en lui attribuant une aura strictement personnelle, à l'image de l'opulence qu'affichent vos gens fortunés.
- Avec sa sobriété, la Grande Pyramide serait alors à l'opposé même de ses critères, puisqu'elle est dépouillée de toute représentativité ?
- Oui ! La Grande Pyramide ne raconte pas l'histoire personnelle d'un homme, elle affiche un tout autre langage qui ne demande qu'à être décrypté par l'intelligence, dont la définition se place entre l'intuitif et le discursif. Il faut parvenir à la dose de superficialité de ta civilisation pour n'entrevoir en cet édifice que la démesure d'un mégalomane. Il est vrai que le jugement que l'on porte sur les autres est toujours justifié par l'éducation que l'on reçoit. Un idiot, ne regarde-t-il pas le doigt lorsqu'on lui montre la Lune... et si celui-ci n'est pas bagué d'or, il s'en détourne.
- Ah ça... Vous ne nous faites pas de cadeaux, Héri-tep !
- Je parle de ta civilisation en général ! Toi, Maut, tu es à part... Toi... tu es... missionnée !
- À ce sujet, une telle proclamation, demande éclaircissement.
- C'est bien là le problème ! Je ne tenais pas à aborder cette phase de l'initiation avec toi ! Si elle n'est pas correctement perçue, il peut en résulter une confusion préjudiciable à la démarche que l'on souhaite entreprendre !
- Pas aborder...vous ne me feriez plus confiance, Héri-tep ?
- Hum... Je ne sais en fait, Maut ! Il émerge inconsciemment de ton raisonnement des réminiscences universitaires à tendance darwinienne ! Lesquelles chercheraient à rationaliser les bases de l'hermétisme traditionnel, alors que celui-ci, par essence, est rarement formulable !
- Eh bien voilà... Vous m'avez fait de la peine Héri-tep ! Je croyais être une bonne élève, pas contrariante pour un sou... attentive au moindre de vos propos... C'est gagné !
- Ne pleure pas, ma petite fille... Je voulais simplement tester ton surplus d'émotivité, pour aborder ce sujet délicat. Je puis t'assurer que tu n'as rien du vieux Descartes... Si ce n'est la moustache... Bien sûr !
- Oh, Héri-tep... cessez de plaisanter de la sorte avec moi, je vous estime tellement... que je prends tout au sérieux ! C'est terrible... D'ailleurs, j'oppose une objection à vos dires, ma vocation est

davantage newtonienne que cartésienne ou darwinienne, je cherche toujours à remonter aux sources. Vous savez, je suis époustouflée de constater combien tout s'épouse, se lie, s'imbrique pour l'affirmation d'une vérité que nous dédaignions obstinément, je serais encline à la nommer « Harmonie Universelle ». C'est hallucinant de se dire que l'on peut passer sa vie en crapahutant comme des forcenés pour arracher à l'existence quelques joies éphémères ! Alors que nous avons à notre portée la preuve mathématique de la réalité divine et que nous feignons de l'ignorer, jusqu'à notre mort.

- Oh, il est des individus qui chercheront à te prouver qu'avec les dimensions d'un urinoir public on peut parvenir aux mêmes résultats ! Car, vois-tu, ce qui épouvanterait leur système cérébral simplifié, ce serait l'incontournable preuve d'un principe divin. Cette seule suggestion perturberait à tel point leurs critères de références existentiels, que tous les paramètres qu'ils se sont employés à établir laborieusement durant leur vie, s'écrouleraient en un seul tenant. Cela les rendrait, ipso facto, inaptes à échafauder et prospérer dans un monde qu'ils pensaient jusque-là totalement maîtriser. Car pour toi, Maut, il y va de ton évolution personnelle, mais pour eux, il y va de leur équilibre mental. Tu te dois de ne jamais oublier cela, lorsque tu te trouveras en face de ce type de contradicteurs. Ils t'apparaîtront sûrs d'eux, mais, en fait, ils sont en proie à des dilemmes internes qu'ils ne parviennent pas à résoudre, par le manque de crédibilité qu'ils accordent aux autres !
- J'apprécie vos facilités de synthèse sur un sujet aussi complexe, Héri-tep, mais ce prurit d'opposition que développent ces gens-là ne m'intéresse pas !
- La restauration, que j'ai à charge de mener à bien, va être considérée dans les années à venir, par ta civilisation, comme étant « la construction de la pyramide » et, jusqu'à l'implosion de votre système économique, vous n'en démordrez pas !
- Je sais, Héri-tep, que c'est une simple convention académique, que l'on peut d'ailleurs comprendre de la part des égyptologues du dix-neuvième siècle. Ces grands personnages que j'estime parfaitement honnêtes, pensaient sans aucun doute qu'avec le temps et les découvertes à venir les choses évolueraient dans le sens de l'authenticité et que les rectifications interviendraient

naturellement. Ce fut exactement le contraire qui s'est produit.
- Eh oui, ma petite fille, la tranquillité d'esprit, le confort personnel et les intérêts divers prévalent sur l'authentique raison d'être. Pourquoi crois-tu que je suis si hostile à l'esprit de ta civilisation.
- Je veux bien, mais que fait-on d'Hérodote et de quelques-autres ? À mon époque, ce sont eux qui étayent, parfois de façon ubuesque cette hypothèse du tombeau, et les enseignants depuis des décennies s'en font des gorges chaudes auprès des étudiants.
- Je pensais, Maut, que nous avions une discussion sérieuse ! Ton Hérodote était vieux de 2000 ans lorsqu'il a fait son reportage.
- Héri-tep, alors comment se fait-il, qu'il a été relevé avec le carbone 14 toute une série de dates avoisinant 2 500 avant JC ! Je pense à des graminées, des pollens ou tout autre élément organique introduit dans les interstices des pierres ?
- Raisonnablement, Maut ! Penses-tu qu'avant d'entreprendre la restauration de cet édifice, nous allons, mes gens et moi-même, rechercher d'infimes poussières en cet amoncellement de blocs ? Pour ensuite, les ôter une à une, dans l'altruiste dessein de ne pas induire en erreur les générations futures en manque de discernement ?
- Peut-être voulez-vous me signifier par-là, Héri-tep, qu'il faudrait puiser au cœur même de l'édifice les références susceptibles de ne pas être contestables ! Mais comment ces pyramides ont-elles pu traverser les siècles sans subir plus de dommages qu'elles n'en ont ?
- Il y a plusieurs raisons à cela. Les revêtements qui les protégeaient n'ont pas toujours été les mêmes. Les derniers étaient constitués de matériaux agglomérés, souvent renouvelés. Ils ont protégé ces monuments des millénaires durant. Malgré leur exceptionnelle dureté, ce sont les séismes qui, chaque fois, ont eu raison de leur solidité. La plupart du temps, ces parements étaient composés de calcaire délité et de sable mêlé d'argile. On solidifiait le tout avec un pourcentage de chaux cendrée mélangée à du natron, que vous appelez carbonate de soude. Cela donnait une sorte de ciment épais qui protégeait durablement la pierre contre les phénomènes climatiques, pluviaux ou éoliens. Mais la restauration que j'envisage aura l'aspect que les concepteurs lui avaient donné aux origines. Je réaliserai un revêtement d'albâtre, avec d'énormes pierres aptes à affronter l'irrévérence des siècles.
- Je vous crois, soyez-en certain, Héri-tep ! Il n'empêche que ma

civilisation se refuse à admettre une telle ancienneté pour la construction ! Pour nous, enfin pour eux, ceux de mon époque, il est impensable que les bâtisseurs de ce concept pyramidal soient si éloignés dans le temps... impensable !
- *Ma chère Maut ! Ta civilisation semble admettre avec une banale évidence que certaines peintures rupestres relevées dans des grottes, notamment en ton pays, la France, voisinent en âge les 35 000 ans. Il en va de même pour une grande quantité d'objets d'art, retrouvés sous différentes latitudes. Mais, que des chercheurs prétendent que la Grande Pyramide affiche près de quatre fois moins, les offusquent, les exaspèrent, les insurgent devant de telles invraisemblances. Alors que, paradoxalement, ils admettent que des cités urbaines, tel que Göbekli Tepe en Turquie ont plus de 15 000 ans. Les pyramides de Chine et celles de Visoko en Europe sont là pour les contredire. Toutes ces obstinations vois-tu, ne sont motivées que par une seule raison : à aucun prix il ne faut remettre en cause la chronologie établie sur l'évolution. Trop de professions, trop d'enseignants, trop d'historiens, trop d'éditeurs sont concernés par cette convention collective qui les rend solidaires de la même utopie.*
- *Oui, je sais cela Héri-tep et déplore cette carence. Ils pourraient au moins admettre le fait que des civilisations parallèles ont eu un rythme de croissance différent ?*
- *Les maîtres à penser de ton époque acceptent volontiers que les membres de tribus aborigènes rognent encore quelques lézards gigotant, et que des bushs-mens organisent toujours des concerts de tibias, alors qu'à Saclay, centre d'études nucléaires, vous cherchez à comprendre des phénomènes insolubles au-delà du boson de Higgs. À contrario de cela, la seule hypothèse, au sortir du paléolithique, d'une collectivité omnisciente, venue on ne sait d'où, mais à l'évidence beaucoup plus évoluée que les manœuvriers autochtones, les fait hurler à l'anachronisme. Ce qui, objectivement, est très curieux... pour ne pas dire aberrant ! Seulement voilà, ils ont l'auréole officielle du savoir qui les absout de toute absurdité et les place en références auprès des populations non informées qui, paradoxalement, attendent d'eux... la vérité.*
- *Je reconnais que ma société est pleine d'incohérences de ce type et qu'elle s'avère déroutante par le côté récurrent de ses lacunes ! Mais ceux que vous désapprouver, Héri-tep, sont moins obtus qu'opportunistes. Le rôle qu'ils se sont implicitement fixé consiste à*

être les berceurs d'un système amorphe, mais ô combien confortable ! Ce qu'ils souhaitent avant tout, c'est que, se considérant bien peignés, il n'y ait aucun courant d'air qui ne vienne les décoiffer. L'illustre personnage qu'était le général De Gaule, disait « Ceux qui cherchent on les trouve, mais ceux qui trouvent... on les cherche ! »
- Cela souligne ce que je désapprouve, ma petite-fille ! C'est pour cela qu'il t'appartient de tenter de faire renaître un espoir au sein des consciences en déshérence. Cet espoir tient en la résurgence de certains principes issus de la Tradition Primordiale que nous nous employons à te faire connaitre.

- Les chemins sont peu sûrs à mon époque pour les chevaliers empanachés. Les brigands sont partout et je ne suis pas Jeanne d'Arc, moi !

- *Non, ta mission est beaucoup plus difficile !*
- Plus...plus...dif ! Oh, Héri-tep ! Vous ne comprenez donc pas mon désarroi. J'attends de vous les réponses que nul autre ne peut me donner ! Mes questions sont parfois maladroites, je le reconnais, mais elles tiennent au fait que je suis imprégnée depuis mon enfance d'un système de valeurs qui m'apparaît totalement erroné. Je suis à la recherche de la vérité...moi et il faut bien que je vous expose les points de vue de ma société !
- *Ce que nous, nous te demandons, ce n'est pas de changer le monde, Maut, nous savons bien que cela est impossible. Ce que nous te demandons, c'est de laisser des éléments de réflexions autres que ceux qui sont véhiculés de manière officielle et mensongère. Reprenons, si tu le veux bien le schéma du cercle Terre – Lune et plaçons-le de façon qu'il s'incorpore au carré pyramide de base. Maintenant tirons quelques lignes évocatrices de nos affirmations, juste pour motiver ton émerveillement !*
- J'en ai le vertige, Héri-tep ! La Lune au centre nous est donnée par les lignes de recoupement du carré avec le pentagone. Et je suppose que le grand cercle inscrit représente la Terre et que tout ainsi est proportionnel ?

- *C'est cela Maut ! Le pentagramme symbolise « l'homme » que les instances divines incitent à méditer sur sa raison d'être. Par ailleurs, il faut que tu saches que la Lune peut ainsi se définir de la même façon que ce diagramme par des pentagones, des triangles équilatéraux et les apothèmes de la Grande Pyramide. Je ne te montre pas ces éléments de preuves mais sache qu'ils existent.*

Il manquait une notion pensante à ces trois éléments Terre, Lune, Pyramide, elle nous est donnée ici par le pentagramme, forme symbolique de l'homme.

En alchimie le pentagramme exprime la puissance des forces complémentaires. Ses pointes en opposition attestent du principe de l'androgynat, masculin, féminin. Il passe pour être la clé des hautes sciences. Il était vénéré par Pythagore, Paracelse, chez les anciens égyptiens, il est à l'effigie d'Horus, le combattant vertueux qui fera un jour triompher l'intelligence en provoquant la méconnaissance tel un mépris à vivre.

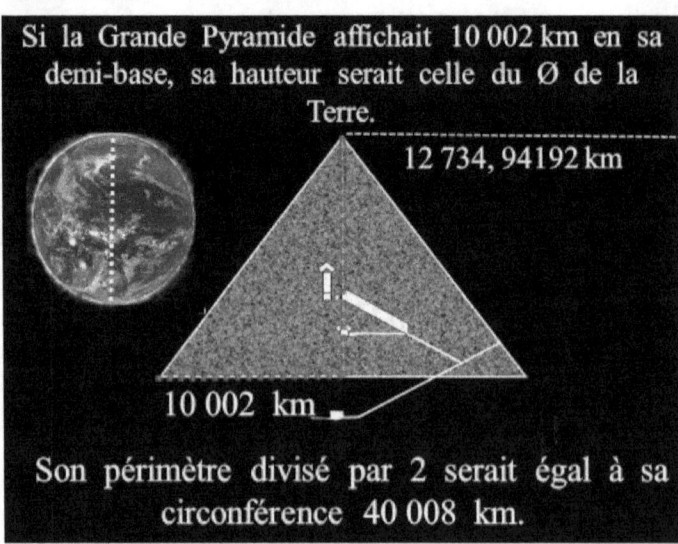

Si la Grande Pyramide affichait 10 002 km en sa demi-base, sa hauteur serait celle du Ø de la Terre.

12 734, 94192 km

10 002 km

Son périmètre divisé par 2 serait égal à sa circonférence 40 008 km.

Allons plus loin, si tu le veux bien, et considérons cette fois que la Grande Pyramide adopte une hauteur gigantesque, avec une demi-base qui ne ferait pas moins de 10 002 km. Tu conviendras que les angles de ses apothèmes n'ont pas changé d'un iota et pourtant sa hauteur est maintenant égale à celle du diamètre de la Terre 12 734 km.

- Ouah ! Et la demi-base affiche les numérique que l'on retrouve dans le mot Dieu en Primosophie. C'est une preuve émouvante, comparable à ce que je nommerais, l'ivresse spirituelle, les Grecs la prétendrait dionysiaque, elle est égyptienne, Héri-tep ?

- J'entends bien, Maut ! C'est pour cela que nous t'avons désignée comme ambassadrice d'une autre façon de vivre. Il te reste à prouver que nous avons fait le bon choix !

- Est-ce que vous vous rendez compte, Héri-tep, de la... de... de la responsabilité de ce... que vous me demandez de réaliser ?

- Tiou... tiou... Nous savons ce que nous faisons, Maut, tu rencontreras en temps voulu ceux qui auront le pouvoir de d'aider, et cesse de te lamenter sur ton sort, veux-tu... sinon, nous te gardons parmi-nous...

- Ah ça, si vous croyez que c'est une punition, vous vous trompez, Héri-tep.

- Tu ne m'as pas laissé finir ma phrase, ce serait évidemment pour te vendre aux nubiens, ils sont très friands des jeunes femmes blondes... nous dit-on.

- Cela, voyez-vous, ce n'est pas possible, Héri-tep, pour la raison suivante ! Ce corps que j'occupe ne m'appartient pas, c'est celui de Sarad, une princesse Celte. J'espère tout de même que vous êtes au courant de ce généreux transfert, dont m'a informé Neb-Sekhem ?

- À dire vrai, je ne suis pas vraiment à l'origine de tout cela, Maut. Si je l'avais été, les événements auraient eu un déroulement sensiblement différent de celui que nous avons connu.

- Tiens, y aurait-il des ingérences entre dignitaires des classes dirigeantes... en l'Égypte de toutes les vertus ?

- Nullement, la duplicité ne saurait affecter notre éthique. L'explication est plus simple ; j'avais donné ordre, lors de l'investissement de ce sanctuaire où se sont passés les événements que tu sais, de n'être dérangé sous aucun prétexte. À l'annonce de ton accident, Neb-Sekhem et le Roi Celte ont donc été dans l'obligation de prendre rapidement une décision, sans que je puisse

en être informé, tant il s'est passé de choses au fond de ce sanctuaire. Il s'agissait, tu l'as compris, Maut, de ta transcorporéité. Je fus seulement instruit de ces diverses péripéties lors de ton évanouissement, souviens-toi ! Mais la prise de contact étant engagée, il nous est apparu dangereux que d'autres intervenants s'immiscent avec des informations complémentaires qui auraient pu être pour toi traumatisantes. Il n'y avait aucune urgence à ce que tu sois informée de ces détails.
- Merci pour ces éclaircissements, Héri-tep. Mais pour moi, cette plage d'incohérences n'était pas un détail. Quand est-ce qu'il me faudra rendre ce corps à Sarad et comment cela devra se passer ?
- Dans moins de 24 heures, Maut, tu seras informée sous peu des détails de procédure. La réintégration s'effectuera au cours d'une cérémonie spécifique qui se déroulera dans la chambre haute de la Grande Pyramide.
- Si j'ai souvenance de ce que a tenté de m'expliquer Neb-Sekhem, mon esprit voyagera en l'espace-temps jusqu'à mon époque pour retrouver mon corps. Cette phase s'avérera délicate, qu'en pensez-vous Héri-tep ?
- N'aie aucune appréhension pour cela, Maut, Neb-Sekhem a l'aval des instances supérieur et je serai à tes côtés !
- J'espère bien, sinon je vais me retrouver parmi les dinosaures.
- Aucun risque de ce type, ton esprit se comportera comme les missiles à détecteurs infrarouges de ton époque. C'est l'autre moitié de ton corps qui te guidera, telle une cible.
- Et Sarad, alors, retrouvera-t-elle son corps naturellement ?
- Continue à en prendre soin jusqu'à cette échéance, Maut, oui, elle le retrouvera bien évidemment, nous ferons tout pour cela !
- Si les choses ne se déroulaient pas comme prévu et que nous soyons l'une et l'autre dans l'impossibilité de récupérer nos entités physiques réciproques, que se passerait-il ?
- Vous effaceriez l'une et l'autre vos vies de cette temporalité, Maut ! Mais je te rassure, il y a beaucoup de chance pour que tout cela fonctionne normalement.
- Beaucoup dites-vous... ! C'est drôle, mais cette déclaration me fiche la trouille, elle ne me semble pas très affirmative !
- Vie et mort, Maut, se résument à un passage. Si c'est le cas, vos corps retourneront à la Terre et vos consciences guidées par Anubis rejoindront vos âmes. Rien de dramatique voyons !

- Ah... De ce point de vue ...oui, c'est... simple, finalement !

Tout en devisant, Héri-tep et Maut avaient effectué un grand cercle autour des trois pyramides. La nuit dispensait la fraîcheur d'un petit matin et la jeune femme se blottissait prudemment dans sa gandoura de coton que lui avaient procurée les Hiérarques. Au fil des heures, les ombres gigantesques des trois édifices, étaient devenues de familières entités vers lesquelles ils puisaient l'essentiel de leurs inspirations. Un silence respectueux tissé de sentiments confus accompagnait les phonations chuchotées de ce couple sans âge. Les yeux de Maut brillaient d'éclats irréels. Son cœur chahuté était étreint de lourds secrets, dont sa logique citadine ne cessait de s'étonner. Tous deux gravirent une dunette pour dégager leur vue de cette allée arborescente aux mille senteurs. La jeune femme se retourna, pour s'imprégner une fois encore du paysage parcouru :

- Héri-tep, nous avons abordé beaucoup de choses. Y aurait-il un sujet dont vous auriez oublié de m'entretenir et qui me serait utile de connaitre ?

- Oui, il en est un dont je voulais te parler en dernier pour que tu ne l'oublies pas. Te souviens-tu de la valeur de la coudée ?

- Oui, bien sûr, pour la Grande Pyramide, c'est 0,5236006 m et pour la coudée ésotérique, c'est 0,523598774 m. Mais, pourquoi la coudée revêt-elle une aussi grande importance ?

- Lorsque Neb-Sekhem au cours de ton transfert, te demandera si tu connais « le nombre de l'étoile de lumière » tu lui diras : 7 236 012. Si c'est le nombre qu'il souhaite entendre, il t'ouvrira la porte d'OR du Soleil. Il te montrera la gloire d'Atoum-Ré sans laquelle tu n'aurais pas assez de force pour regagner ton époque et effectuer la mission que l'on t'a confiée.

- Ah ça Héri-tep, c'est encore un truc pas possible. Pourquoi ce nombre à 7 chiffres, cette coudée, le Soleil, la porte d'OR. Mais c'est quoi tout ça ?

- Ce nombre est l'extrait de racine de la coudée ésotérique, laquelle

a construit tous les temples secrets de l'Égypte, elle représente également, tu as pu le constater, les 7 étoiles d'Orion en années lumières. Son nombre est 0, 7236012, il y a donc une relation entre la coudée et la valeur du Soleil, ton propulseur dans l'autre monde.

- Tu pleures... Maut. Je connais la raison de ces épanchements émotifs, ils sont fonction de la trilogie esprit, conscience, corps ! Le dernier critère ainsi que la moitié du second te faisant défaut, tes réactions s'en trouvent modifiées.
- Pour le corps, c'est certain, ce n'est pas le mien. Mais ma conscience est encore avec mon esprit, comment peut-il en être autrement ?
- Ta conscience est seulement demi-présente, Maut ! C'est l'autre moitié qui va te permettre demain de regagner par transmutation ton corps à la suite de la cérémonie de métensomatose que nous célébrerons !
- Pour moitié seulement... Eh bien, si avec une seule moitié je vous aime autant... Héri-tep... si j'avais les deux... ce serait de la folie.
- Comprends, Maut, que notre vie est constituée de trois principes d'actions. Le corps réactif et instinctif. La cérébralité imaginale et déductive, enfin la conscience intuitive, garante de notre de notre véritable identité. Lorsque nous jetons notre dévolu sur un être, nous ne devons pas procéder dans le sens de cette énumération, mais exactement de la manière inverse. Il nous faut ressentir intuitivement sa présence, analyser moralement notre ressenti et enfin, s'il y a lieu, laisser agir l'instinct biologique, que certain nomment parfois... impulsion corporelle.
- Pardonnez-moi, Héri-tep, je croirais entendre s'exprimer Freud, déguisé en Hermès Trismégiste. Avez-vous toujours procédé ainsi au cours de votre vie intime, dites-moi franchement ?
- Hum... non, jamais... enfin... rarement ! Mais, pour mon salut éternel, je le regrette amèrement, Maut... amèrement !
- Ah, ça alors ! J'en déduis que ce n'est donc pas par vertu que vous cherchez à m'inculquer votre morale, mais par regret de n'avoir été ! Je plaisante Héri-tep... regardez c'est là où je suis tombée... enfin, je veux dire, le sanctuaire d'où je suis sortie, l'entonnoir !
- Oui ! Il y aura neuf jours demain, que tu en émergeais comme un diable. Loin de ton confort technologique de pointe, le temps a dû te paraître long, Maut, sans Smartphone, sans télévision, sans

internet ?
- Vous voulez me faire pleurer de nouveau... c'est ça... Héri-tep ! Si je n'étais pas moralement contrainte de rendre ce corps à Sarad, si je ne me sentais pas missionnée et si ma conscience résiduelle ne m'interpellait pas aussi fort, hé bien... Hé bien... je choisirais de demeurer ici, parmi vous, en cette vielle Égypte que j'aime tant ! Tout ici s'harmonise avec ma nature intime : l'immense connaissance dont vous êtes les héritiers, le respect dont vous faites preuve vis-à-vis des êtres que vous côtoyez, la justice flexible pour les humbles et sévère pour les nantis, la symbiose spirituelle en l'organisation de la vie, le devoir partout présent et le droit facultatif. Enfin, la beauté sauvage de la nature, que ma civilisation artificielle n'a de cesse de bafouer.
- Hélas, Maut ! Soyons réaliste, l'Égypte elle-même dégénérera, pour dans quelques siècles, s'engager dans le début de sa fin... Il en va ainsi de toutes civilisations.
- Je sais cela, mais pour l'instant, votre spiritualité me place sur la voie qu'il me convient de suivre.
- C'est bien, car la spiritualité est le support de l'état de conscience, c'est en vertu des nobles sentiments qu'elle véhicule que tu fus choisie, Maut, parmi la multitude. Mes voyages à travers le monde m'ont beaucoup appris. En Indus notamment, j'ai découvert que nous sommes entrés en l'âge du Kali Yuga. Cela signifie que les temps à venir seront féroces, accablants et que l'humanité devra se prévenir d'une pluralité de dangers.
- J'en suis convaincue, Héri-tep. Mais, comment peut-on éviter les calamités, les diaboliques engeances qu'incarnent les forces opposées à nos idéaux !
- L'homme est comme l'eau, Maut, il a énormément de mal à s'élever, et lorsqu'on lui offre une pente, il s'y précipite !
- Regardez, Héri-tep, la bâtisse, nous sommes arrivés !
- Oui, Nedjemer doit nous attendre à l'intérieur pour te conduire au palais ! Demain, au milieu du jour, il faudra te préparer à ce voyage de retour. Avec l'aide des dieux, débutera alors la mission spécifique que nous t'avons confiée. Fassent ces dieux que tu la mènes à bien. Fais en sorte, Maut, de demeurer fidèle aux principes qui t'ont été enseignés et n'oublie pas le nombre divin. Quel est-il ?
- 7 236 012. Il est extrait de la racine de la coudée ésotérique.
- C'est cela même ! Et souviens-toi que notre petite planète bleue sur

laquelle nous vivons est insignifiante en l'univers, Maut, elle vit cependant et souffre en silence de l'inconséquence humaine. Elle attend de nous, fruit de ses mutations, que nous ayons la dignité immanente de nos facultés pour être en synthèse évolutive. Le rôle qui t'est dévolu est celui de l'éveil, il ne peut être séparé de la lumière et la lumière de l'espérance.

Chapitre XXIII

Maut, l'esprit harassé, semblait se complaire dans un sommeil réparateur, aussi Nedjemer eut quelques difficultés à éveiller sa jeune amie. Enfin debout, la démarche hésitante, elle se dirigea vers le bassin d'ablutions où l'onde fraîche revigora sa nature endormie. Elle eut ensuite droit à un déjeuner frugal composé de fruits. À peine l'eut-elle consommé, que des caméristes de charme se regroupèrent autour de sa personne. Elles lavèrent ses cheveux à la graisse de cendres parfumées, pour ensuite les sécher longuement par petites touffes éparses sur de chaudes tubulures de cuivre.

Comme chaque matin, les artisans joailliers vinrent présenter leurs œuvres et conseiller la symbolique du jour. Mais Nedjemer n'autorisa qu'un seul bijou, une fibule en forme de trèfle, dont les feuilles étaient constituées de trois magnifiques émeraudes. La facture celtique de cette pièce d'orfèvrerie était indéniable. Ce choix, sans doute inspiré par la restitution du corps de Sarad, apparut à Maut comme l'expression d'une délicate intention.

Un essaim de maquilleuses s'employa à ourler ses mèches, peindre le pourtour de ses yeux et lisser son teint d'un éclat d'aurore. Elle glissa alors sur ses formes juvéniles une robe de lin blanc, en ceignant sa taille d'une ceinture de fils d'or aux motifs écarlates. Une couronne de feuilles d'olivier confectionnée par les jeunes vestales fut alors symboliquement ajustée sur son front.

Le corps ainsi paré, l'esprit nanti des secrets primordiaux attachés à la nuit des temps, la Prêtresse de Maât accompagnée d'une corolle de jeunes vestales se dirigea à pas cérémonieux vers la délégation sacerdotale qui devait la conduire à l'embarcadère.

Cette étrange cérémonie, régentée par la prélature protocolaire, déploya son fastueux décorum le long des quais d'accostage.

La magnificence de l'apparat attira sur les berges une population curieuse, à la fois enthousiaste et méditative.

Lorsque, à la proue de l'esquif des cérémonies, apparut cette mystérieuse princesse à la chevelure flavescente que l'on disait native des légendes du Nord, il y eut une ovation sourde, suivie d'un mouvement de houle bourdonnant.

En signe de sympathie, des centaines de riverains placèrent leurs mains en croix sur leur poitrine, alors que de nombreux enfants au regard de jais se mirent à faire tourniquer leurs crécelles d'accueil. Des femmes, les bras chargés de breloques, tendaient vers cette insolite créature leurs paumes de mains entrouvertes, pour recueillir l'excédent de son charisme. Pathétique en son austère pâleur, le visage clos par mille émotions, Maut pinça cette robe immaculée qui lui plaquait au corps, afin de parcourir la faible distance qui la séparait du baldaquin placé en tête du cortège.

Le lion Hory ouvrait la marche. Suivaient à distance quatorze thuriféraires qui répandaient aux allants fugaces de la brise leurs baumes odoriférants. Au rythme lent des tambours, la procession se dirigea vers l'entrée nord de la Grande Pyramide. Édifice que l'on disait dédié à Osiris, Roi mort et éternellement vivant, dieu verdoyant du renouveau, mais aussi des principes cycliques animant l'harmonie du monde.

***

À quinze heures précises de l'après milieu du jour, la cérémonie débuta. Elle se tenait intra-muros dans « la chambre de l'Astre » que la civilisation de Maut appelait, à défaut d'une logique plus évidente, « la chambre du Roi ». C'est en cette pièce sanctuaire qu'avaient lieu la plupart des cérémonies du « Ka » ou transfert des consciences identitaires liées à des phénomènes de désincarnation.

Les vapeurs lourdes des résines de térébinthe surchargeaient l'atmosphère. Les douze Hiérarques s'alignèrent le long de ces parois de pierres sans âges. Chacun d'eux tenait aux creux des mains un petit vase d'albâtre à l'intérieur duquel brillait la flamme d'une lampe aux huiles odorantes. Leurs suaves clartés auguraient un message adressé à l'âme. Alors qu'aux quatre angles de la chambre, d'étranges flambeaux enchatonnés d'une matière transparente auréolaient, telles des lampes électriques, cette inexprimable atmosphère.

Le port altier, la physionomie diaphane, le regard égaré en un néant mystique, Maut se tint au pied du sarcophage de pierre. Sa morbide béance de granite luisant semblait attendre un sacrifice propitiatoire dont elle se savait le support désigné. Elle percevait maintenant comme une obligation contraignante ces bourdonnantes incantations à l'endroit de sa personne. Depuis un moment déjà, la crainte que ces liturgies mystiques ne satellisent à jamais son âme en les espaces éthérés ne quittait plus son esprit.

Héri-tep était placé à l'une des extrémités du coffre, en lieu et place où, la veille, elle avait visualisé la position de l'étoile Saïph, parmi les reports en plan des étoiles d'Orion. Sans doute incarnait-il Osiris, maître des lieux et puissant principe de transmigration. Quant au Roi des Ségobes, père de Sarad, il se tenait à l'entrée de la pièce, incarnant Seth, le farouche gardien des secrets de connaissance. Maut était placée au centre de la chambre, elle se savait conduite par Haroéris, le faucon antique père des traditions, l'Hor-Our sixième élément de l'ennéade héliopolitainne et précepteur d'Horus, l'intelligence humaine. Quatre jeunes vestales, aux sourires effacés et aux doigts fébriles, entouraient sa personne.

Plus de vingt minutes d'intronisation orale s'écoulèrent. Maut pressentait que chaque seconde passé lui faisait perdre cette belle assurance dont elle avait témoigné jusque-là. Une question devenait obsédante : aspirait-elle vraiment à regagner son époque corrompue, exterminatrice de la biodiversité sur Terre ? À l'opposé de cette interrogation, elle avait conscience de l'engagement exprimé auprès de ses initiateurs. Et puis, n'avait-elle pas le devoir impérieux de restituer son corps à la jeune princesse. Cette jeune fille, ne lui avait-elle pas donné une preuve d'amour désintéressée de caractère universel, en se prêtant généreusement à cette expérience à hauts risques !

Maintenant, la froidure gagnait ses membres, figés d'immobilisme, elle sentait monter en elle une irrésistible envie de pleurer. Seule la présence d'Héri-tep, maître de ces obscures officines, la rassérénait.

Les chants gutturaux soudains se turent, un silence surchargé d'appréhension glaça l'atmosphère. Le Très Respectable Pair avait sans doute pressenti l'angoisse de Maut. D'un pas décidé, il s'avança jusqu'à elle et appliqua l'une de ses mains brûlantes sur sa joue :

- Maut, ma petite fille tendrement aimée, qu'en si peu de jours j'ai découverte. Tu as été choisie par les instances divines, il te faut donc croire en leur assistance et en leur totale osmose avec l'esprit créateur. Maut, mon enfant, j'estimerai légitimes tes craintes si ton entité était confiée à une technologie issue d'un savoir expérimental. Mais les connaissances ici programmées relèvent de processus millénaires ! Sache, ma petite fille, que ces mêmes instances espèrent en tes dons de persuasion pour aider l'humanité de ton époque à plus de lucidité. Ces instances divines ne révèlent leur présence qu'à travers nos propres manifestations d'espérances. En ce jour, Maut, ces célestes entités ne t'abandonnent pas, et je serai constamment là pour leur rappeler leur devoir de protection, pour solliciter leurs engagements à tes côtés dans le monde que tu réintègres. Maât t'assistera, Maut, et moi, je demeurerai en esprit, près de toi !

Les quatre vestales ici présentes vont t'aider à t'allonger en ce sarcophage, symbole du passage d'un univers à l'autre. Des compagnons vont placer au-dessus de ton corps le couvercle au hiéroglyphe de Khépri, éternel témoin de la transformation. Je te demande d'avoir le courage nécessaire pour affronter cette épreuve, laquelle se révélera courte et sans conséquences néfastes. Sois persuadée, Maut, qu'en d'autres temps, moi aussi, j'ai vécu cette transmutation ! Mon aimée, ma douce petite fille, je vais devoir te quitter, mais ce ne sera qu'en apparence ! Sans que tu le saches, je serai souvent auprès de toi et je baliserai ta route de petits signes complices, que seuls toi et moi seront à mêmes d'interpréter ! Et puis, un jour en ton siècle, tu me retrouveras à tes côtés sous une identité autre, mais avec une fidélité intacte. Adieu, Maut !

Maut tenta de maintenir son échine haute et digne, mais son visage était inondé de larmes. Sur un signe de l'Our'ma au regard brouillé, six gaillards, revêtus des tabliers de peaux du parfait-devoir, firent leur apparition. Ils étaient porteurs d'une épaisse dalle de pierre sculptée à l'effigie d'un Khépri ailé aux couleurs vives, magnifié en l'aube de Rê la divine lumière.

Encouragée par les sentiments d'Héri-tep et les sourires complices de ses amis les hiérarques, Maut, toute chancelante entre les mains des vestales, allongea son corps sur les coussins blanc. Elle eut un regard anxieux en direction du Roi, dont le visage lui apparut figé en un stoïcisme illusoire. Puis, l'ombre redoutable du couvercle glissa paresseusement au-dessus de son corps immobile. *Non !* murmura-t-elle entre ses dents serrées. *Non... Héri-tep... J'ai trop peur !* Seules les jeunes vestales, le visage révulsé par l'instant, perçurent la voix étouffée de ses dernières paroles, puis... ce fut le silence.

Dans l'obscurité soudaine de ce froid sépulcre, Maut tenta en un ultime réflexe de redresser son corps, son front alors heurta la paroi en rejetant violemment sa tête en arrière. Elle allait crier, hurler de toutes ses forces, pour bien faire valoir l'abomination dans laquelle ces tortionnaires en aubes blanches la conditionnaient. Mais, pour appliquer cette décision, l'énergie même lui fit soudain défaut.

Un apaisement inattendu se produisit. Une lucidité surprenante l'envahit, son esprit s'illumina d'une analyse froide et limpide de sa situation. Elle se souvint clairement des diverses phases de son initiation, du titre de prêtresse dont on l'avait honorée. Sa mission lui apparut comme un devoir impérieux, ainsi que la restitution de ce corps que Sarad attendait pour poursuivre sa propre existence. Tous ces engagements, jusque-là sans réelle détermination, se révélèrent plus essentiels que sa vie. Il y eut de nouveau une légère sensation d'étouffement, son être cessa de vitupérer et une langueur inconnue pénétra sa nature assoupie.

Son esprit, déjà, errait en une dimension autre où la crainte était absente, où les sentiments étaient euphorisés par on ne sait quelle présence invisible. Son entité demeurait pensante, mais son corps devenait fluidique à l'instar d'une perception sans consistance réelle. En un geste machinal, ses mains testèrent sur le relief de pierre ce qui demeurait d'elle-même. Elle fut surprise de pénétrer la matière dense aussi naturellement qu'elle l'avait fait, au cours de sa conjointe expérience avec Neb-Sekhem.

En un instant, Maut eut la sensation de flotter en cet espace restreint, puis, elle se détacha sans efforts de son conditionnement, sans que personne ne fût à même de remarquer sa présence. Un cours instant, elle virevolta, légère et nue, autour du site cérémoniel, avant qu'elle ne se sente attirée par le plafond de la pièce, juste au-dessus des personnages qui poursuivaient la cérémonie dont elle était l'objet. Elle observa que sa vision des choses, ainsi que sa gestuelle, était en tout point semblable à son corps physique, à ceci près que sa nature était légère et diaphane. La matérialité lui était différemment préhensile, mais tous ses sens fonctionnaient à merveille et une sorte d'allégresse animait ses réflexes conscients.

Elle sursauta, en constatant la présence à ses côtés d'une entité à sa nature semblable, dont elle ne pouvait percevoir que le galbe évanescent. Cette forme affichait une féminité parfaite, Maut ne put se retenir d'émettre son sentiment :

- Dieu, que vous êtes admirable de beauté. Qui êtes-vous donc ?
- Mon nom est Nadjelda, je suis le double féminin d'Héri-tep.
- Le double féminin... mais je croyais qu'il était impossible de se dédoubler... en état d'incarnation ?
- C'est en effet un privilège rarement accordé, Maut ! Il nous fut naguère concédé pour notre propension à prêcher aux hommes l'éthique des dieux. Nous pouvons aussi dialoguer. Il n'en demeure pas moins que mes capacités d'indépendance, durant cette vie, se limitent, vois-tu, à quelques vagabondages autour de mon complément.
- Personnellement... il me semble... que je m'en contenterais !
- Je sais, Maut, combien tu es éprise de lui ! Mais, vois-tu, les quelques femmes qui agrémentèrent sa vie ont toutes eu à souffrir de son assujettissement au principe divin.
- Cela me semble être la meilleure des choses, et en tant que double, Nadjelda, il est sans doute de votre devoir d'y participer ?
- J'ai surtout à charge d'édulcorer ses humeurs. Si je l'avais laissé agir seul, il y a un instant, lorsqu'il te guidait vers le sarcophage, et

s'il n'avait été assisté par ma personne, il t'aurait brutalement dit : « Allez Maut ! Allonge-toi là et ne fais pas de caprice, ces pleurnicheries ont assez duré... ! »
- Il aurait dit ça... croyez-vous, Nadjelda... C'est horrible...
- Bien sûr que non, je plaisante, ma petite fille... Ce n'est heureusement pas dans sa nature. Mais d'une manière générale, l'homme, en son raisonnement viril, a tendance à négliger un peu l'affectif. Il est donc de mon devoir de le rappeler à Héri-tep dans certaines circonstances !
- D'autant Nadjelda, que mon propre comportement n'a pas dû être toujours à la hauteur de la situation ! Aussi, suis-je convaincue que vous m'avez été d'une aide précieuse ?
- En tant que traductrice, oui, Maut ! Mais, à l'instant, c'est Héri-tep qui m'a prié d'aller vers toi, pour te rassurer et guider tes sentiments en cette situation transitoire où tu te trouves !
- Je suis touchée par cette sollicitude affectueuse ! Êtes-vous à même de me dire ce que je dois faire, Nadjelda ? Jusque-là, rien ne m'a été suggéré, si ce n'est que je dois rejoindre mon double masculin dans un lieu hospitalier où il se trouve en état semi-létal à 4 250 ans dans le futur ! Vous voyez le problème, et comment le rejoindre... Hé bien... Je ne sais pas !
- Maut, ne t'inquiète aucunement, il te faut attendre la venue désincarnée de Neb-Sekhem ! C'est lui l'accompagnateur de la conscience mentale de Sarad. Pour l'instant, la jeune Princesse se trouve en état de somnolence à l'intérieur de ce que l'on appelle, en ton ère, la chambre de la Reine.
- Oui... je sais ! Héri-tep nomme cette pièce la chambre du baudrier, elle est présidée par Geb, dieu de la Terre. J'ai appris qu'en ce lieu, le grain peut germer de nouveau des millénaires après avoir été entreposé, il y a là une très haute symbolique !
- Oui, Maut ! Tu découvres les mystères de l'Égypte. Aussi est-il normal qu'ils t'apparaissent parfois plus épais que les brouillards de ton pays. Mais l'Égypte doit peu à elle-même, si ce n'est le fait qu'elle a su et sait encore se montrer digne dans la continuité de l'héritage qui est le sien ! Elle est un peu le musée de l'univers.
- J'ai appris cela, Nadjelda, au cours de mes longues conversations avec Neb-Sekhem et avec l'Our'ma, ton double masculin... dont... je suis éprise... Je l'avoue.
- Je peux te dire qu'il n'est pas insensible à ta vivacité d'esprit, à ta

spontanéité et à ta sincérité. Cependant, le plus important pour ton état de conscience, Maut, c'est que tu sois en mesure d'offrir à l'humanité du futur la flamme de la Tradition Primordiale ! Nous augurons que beaucoup d'êtres humains tendront vers toi leur lampe éteinte... Ne les déçois pas.

Alors que Nadjelda et Maut étaient en conversation, leur attention fut attirée par la venue furtive de Neb-Sekhem et de la jeune Sarad. Le couple s'infiltra à travers les cloisons pierreuses sans emprunter les couloirs d'accès. Cette biloculation, indécelable à la vision commune, ne perturba aucunement le cérémonial de transmigration qui se perpétuait selon le rituel consacré.

Neb-Sekhem visualisa immédiatement la présence de Maut et de Nadjelda. Tous deux s'élevèrent alors au-dessus de l'assemblée des Hiérarques pour rejoindre la vision spectrale des deux jeunes femmes. Maut remarqua que les mots que les lèvres prononçaient ne parvenaient pas en termes de son à ses oreilles, ceux-ci se convertissaient en une interprétation purement cérébrale. C'est ainsi que Neb-Sekhem s'exprima en les rejoignant :

- Maut, je te présente la Princesse Sarad, dont le courage et la ferveur idéologique ont permis la réussite de cette opération !

En une attitude instinctive, Maut s'élança pour embrasser la jeune Princesse, mais avant qu'elle ne touche celle-ci, Neb-Sekhem s'interposa de la main tout en commentant son attitude :

- Inutile de chercher un contact humain, vous vous trouvez toutes deux dans un état intermédiaire de principe évolutif, vous ne parviendriez qu'à passer au travers de vos corps apparents sans autre résultat.

Bien que déconcertante, cette explication déclencha leurs rires. Maut réagit aussitôt :

- Sarad ! Comment ne pas me montrer reconnaissante envers toi ! J'admire ta bravoure pour une affaire qui concerne les siècles futurs et dont tu n'aurais dû en rien te préoccuper !

- Maut, non, je ne pouvais pas ! Les devins m'ont dépeint le mal sournois qui frappe tes contemporains et qui les infecte d'un poison dont ils se montrent incapables de sonder l'ampleur.
- Je te suis énormément reconnaissante, Sarad, il m'est possible, grâce à toi, de tenter une réactivité salutaire parmi les êtres les plus lucides de mon époque !
- Les peuples de ton époque, Maut, valident l'ensemble des maux qui les accablent sous le vocable de mondialisation, comme s'il s'agissait de la panacée universelle ! C'est ainsi que ce qui aurait pu devenir la meilleure des choses s'est transformée en la plus perverse des forfaitures. J'ai appris que, sous cette dénomination fallacieuse de démocratie, les pires injustices étaient commises par une pléiade d'individus introduits aux postes les plus élevés de vos sociétés, finance, industrie, commerce, magistrature, sport et même religion.
- Je sais, Sarad, tout est corrompu par l'argent qui a pris la première place de nos critères de valeurs, bien avant la spiritualité, la morale, la dignité, la décence et la lucidité qui nous différencient de l'animalité. Mais c'est ici, en Égypte, que j'ai vraiment pris conscience de l'importance du phénomène qui nous menace.
- Le drame, Maut, c'est qu'il ne semble pas possible à ton peuple de revendiquer un autre système de justice sociale, celui-ci lui apparaissant par une définition simpliste, le plus normal qui soit ! Ainsi phagocytés à tous les échelons de la société, l'immense majorité de tes contemporains, accablés, épuisés dans leur logique même, se trouvent démunis de tous sursauts réactionnels et tu ne l'ignores point, votre monde drainé par le profit va inexorablement à sa perte.
- Tu auras participé à cette ultime tentative de redressement, Sarad, je t'en suis immensément reconnaissante.
- Je ne pouvais pas rester insensible, Maut, face à ce naufrage du genre humain associé à celui de la biodiversité de notre planète ! Lorsque que j'ai su qu'une jeune fille de mon âge était prête à relever le défi, face aux immenses dragons qui se trouvaient en face d'elle, j'ai demandé parmi la congrégation des devins, comment il me serait possible de l'aider. Lorsque, au terme de la dernière lunaison, Neb-Sekhem fit part de son projet à mon père, j'acceptais aussitôt ! Sans même chercher à en évaluer les conséquences pour ma personne, tant la mission me semblait noble.

- Mon héroïque amie !
- Non, Maut, ne pense pas que ce fut une épreuve terrible. Je me suis simplement réfugiée en une douce torpeur, tout près de mon âme, avec symphonie, tiédeur, parfum et un sentiment d'amour infini m'a comblée de sérénité.

Maut se montra bouleversée par de si tendres épanchements. Ces propos témoignaient d'une grandeur d'âme qu'elle n'aurait pu imaginer chez une jeune fille de la noblesse. Sa condition actuelle ne lui permettant plus de soulager ses émotions par des pleurs, elle eut à gérer cette oppression sentimentale et fit un effort pour réagir :

- Sarad, ma généreuse amie, la haute initiation que j'ai reçue m'a appris que le temps solaire n'est qu'un avatar en l'universalité et que nous étions des agglomérats quantiques soumis aux multiples agencements de la matière. Cette physiologie, cependant, constitue l'indispensable support à l'élévation de nos états de conscientisés ! Notre amitié demeurera en l'absolue création, je ne pourrais t'oublier, Sarad, tu seras à jamais... mon exemple de probité !

Neb-Sekhem intervint alors avec prévenance. Les deux jeunes femmes se montrèrent attentives à cette indispensable référence dont elles avaient le privilège de l'écoute :

- La forme pyramidale au sein de laquelle nous nous trouvons, rend ce lieu « Ibou » ou, si vous préférez, protégé ! Le puissant égrégore que nous formons empêche le « Khat » de Sarad d'être tourmenté par des âmes en souffrance. Mais, par principe, nous ne devons pas défier la loi divine. Il nous faut abréger cette rencontre pour permettre à la Princesse de regagner son corps le plus rapidement possible et ce risque évoqué disparaitra !
- Je ne peux qu'adhérer à cette analyse, mon Maître ! Va, Noble Princesse, regagne ton corps que j'ai laissé en ce sarcophage. si tout va bien, lorsque tu reprendras vie, je te demande de placer ta main droite sur ton cœur, cela me rassurera ! Oh, une dernière chose, peut-être... Mon effroi était tel que je t'ai fait une bosselure au front en essayant bêtement de soulever le couvercle ! Tu ne m'en voudras pas, j'espère ?
- Mon corps a souffert de bien d'autres tourments, Maut. Cette

ecchymose sera pour moi la plus honorifique de toutes mes cicatrices ! Soit attentive à ton engagement, Prêtresse de Maât ! Nous nous reverrons un jour en l'autre monde, j'en suis convaincue... Adieu, Maut !

Déjà, Neb-Sekhem attirait Sarad en son sillage. Maut se doutait bien que, privé de son « Ab » et ainsi placé en léthargie un corps tend à épuiser rapidement ses ressources vitales ! Aussi suivit-elle avec anxiété l'évolution du couple jusqu'au pied du sarcophage où la Princesse celtique parut immiscer son galbe plasmique, celui-ci traversa le couvercle de pierre et se diffusa bientôt aux regards. Émue par les phases de cette cérémonie, Nadjelda intervint d'une voix télépathique aux suaves intonations :

- Il est maintenant de mon devoir d'informer Héri-tep que la phase finale de l'opération est amorcée et qu'il peut procéder au second cycle du rituel. Nous nous reverrons, Maut, mais d'une manière distincte, lorsque tu auras terminé les épreuves de ta vie. Je te souhaite la meilleure réussite qui soit en tes combats contre l'adversité ... Adieu, ma chérie !

Passablement désorientée par la teneur empressée de ce tourbillon affectif, Maut aurait souhaité transmettre à cette entité géminée d'Héri-tep sa ferveur et ses sentiments émotionnels ! Mais, Nadjelda, déjà, s'était intégrée en la corporéité de l'Our'ma sans laisser apparaître de sa présence la moindre évanescence.

À hauteur des dalles de pierres, positionné près du catafalque, Neb-Sekhem s'activait en une gestuelle impénétrable, faite de cercles et de rapides mouvements de mains qui revêtaient aux yeux de Maut une thaumaturgie fascinante empreinte de tous les mystères. Soudain, sans qu'un élément nouveau ne se manifeste, les chants cessèrent pour laisser place à un silence exaspérant d'anxiété. Les six hommes de devoir qui s'étaient éloignés de la cérémonie firent de nouveau leur apparition. Aussitôt, ils placèrent des griffes de bronze sous l'épaisseur de la dalle qu'ils firent ensuite glisser dans le sens de la longueur. Le corps inerte de Sarad apparut comme opalescent en sa rigidité sépulcrale. Bientôt, les cils de la Princesse s'animèrent en un mouvement délicat et sa main légèrement indécise se porta sous son sein gauche. Cela signifiait non seulement qu'elle venait de recouvrer ses facultés, mais qu'elle se souvenait de l'entretien que toutes deux avaient eu en ce monde intermédiaire. Ce simple geste constituait un véritable clin d'œil à son amie du XXIème siècle. Maut exulta, étant à la fois rassurée et ravie.

Souriantes au succès de l'opération, avec des gestes lents, les jeunes vestales aidèrent la Princesse à redresser son corps et à s'extraire du coffrage. Lorsque sa fille se jeta dans ses bras, le bonheur éprouvé par le Roi fut sans égal. C'est alors qu'en une courbe gracieuse, Neb-Sekhem rejoignit Maut, dont la nature affective avait visiblement du mal à supporter ce surplus d'émotions.

- *Un rouleau de papyrus est scellé, Maut, un autre est prêt à se dérouler. Observe l'inquiétude qui habite le visage de l'Our'mâ, il semble chercher en l'air ambiant quelque nature, que sa condition d'être carné ne lui permet pas de percevoir ! Peut-être s'agit-il... de toi ?*

Fortement interpellée par la pertinence de cette remarque, Maut ne se le fit pas dire deux fois : elle plongea si rapidement en direction du sol qu'elle faillit s'enfouir sous les dalles. Héri-tep ne put déceler sa présence, mais cette proximité sembla le rassurer. C'est alors qu'avec une voix étrange, il murmura une courte phrase en la langue maternelle de la jeune femme.

- « *Va, ma petite fille ! Porte loin de notre temps la sagesse de la vieille Égypte et soit garante de l'ultime sentiment des dieux envers les hommes !* »

En un réflexe que seul pouvait justifier son amour démesuré pour le personnage, Maut s'élança dans ses bras. Cet allant immodéré lui fit traverser le corps de l'Our'ma. Mais elle eut le temps de ressentir une sorte d'onde, qui ressemblait fort à un orgasme sensoriel. Aussi s'apprêtait-elle innocemment à en renouveler ce plaisir, lorsque Neb-Sekhem l'en dissuada d'un réflexe radical :

- *Maud, il n'est plus question de te rappeler ici les impératifs de ta mission : Tu vas maintenant gagner la roue solaire du temps, au-*

delà de laquelle tu devras poursuivre seule ton voyage. Parvenue en cet endroit, tu seras naturellement prise en charge par un phénomène d'aspiration, à tel point impétueux, que tu risques de perdre conscience de la réalité. Tu seras alors instantanément dirigée vers le temps futur qui t'est propre, pour rejoindre ta demi-entité ! C'est ton complément masculin qui pilotera à son insu les forces propulsives de ton retour ! Un peu comme un aimant attire sa polarité. Tu n'as donc aucun souci à te faire quant à la destination. Avant cela, nous allons subir quatre sas de rapides métamorphoses dans les chambres du dessus, que ta civilisation qualifie du terme impropre de décharges. Elles auront pour fonction, à chaque stade, de nous introduire au plus infime de la matière. Ai-je été suffisamment clair, Maut ?

- Humm... vououi... mon maître Neb... Ouuui ! Jusque-là, j'étais seulement remplie d'appréhension mais maintenant ce cap est passé... J'ai franchement la trouille !
- Maut ! Sache que tout dieu, tout ange, tout initié, tout homme a ses limites. Au-delà se trouve l'univers inviolable d'Atoum Dieu et de son assistanat... C'est bien ainsi !
- Ououi ! Cela doit signifier en clair que c'est à la grâce de Dieu ! Puisque nous allons définitivement nous séparer Neb-Sekhem... Pouvez-vous enfin me répondre ... Qui êtes-vous ?
- Oh, un simple chauffeur de taxi... souviens t'en tout de même. À dire vrai, je ne suis pas autorisé à révéler ma mission en ce monde, Maut ! Cependant, il ne serait point absurde que tu te représentes la chose comme une contribution semi-céleste ! Une assistance métaphysique issue d'un conseil divin, dont je ne serais que le modeste agent... de service !
- Tout ce déploiement, cette mise en scène pour ma petite personne, Neb-Sekhem... Je suis à la fois atterrée et confuse !
- Non... garde toi de ces sentiments, c'est également pour Héri-tep, à qui nous ne pouvons rien refuser ! Maintenant, je t'en ai assez dit sur l'affermissement de ce que tu te dois de réaliser ! Mais avant toute chose, il te faut me restituer le nombre reconverti de la coudée sacrée que l'Our'ma a du te confier. Ce nombre est un propulseur psychique de détachement de la gravité matière. Il faut que tu l'ais à l'esprit, peux-tu me le citer, Maut !
- Oui ! Mais je ne sais pas à quoi il correspond, il est je crois la

racine de la coudée ésotérique, c'est le nombre 7 236 012.
- Ce nombre est composé d'interactions électromagnétiques de substance photonique, Maut. Je vais t'en donner un aperçu pour que tu en saisisses concrètement l'aspect subliminal. Il s'agit, vois-tu, du périmètre des deux triangles de l'étoile pourvoyant la lumière du Soleil. Les 72 ans, les 360° et les 12 signes zodiacaux sont les nombres associés du cycle de 25 920 ans que tu vas partiellement parcourir pour retrouver ton époque. Pour se faire, tu vas devoir passer par la porte du rectangle d'OR. Vois, elle s'ajuste parfaitement a la forme de l'astre. Regarde son effigie sur le plafond de cette chambre, cette imagerie est la symbolique de ta télé transportation. Maintenant tu vas l'intégrer et la cohabiter, pour qu'elle et toi, ne soyez plus qu'une manifestation télé magnétique du processus de transfert :

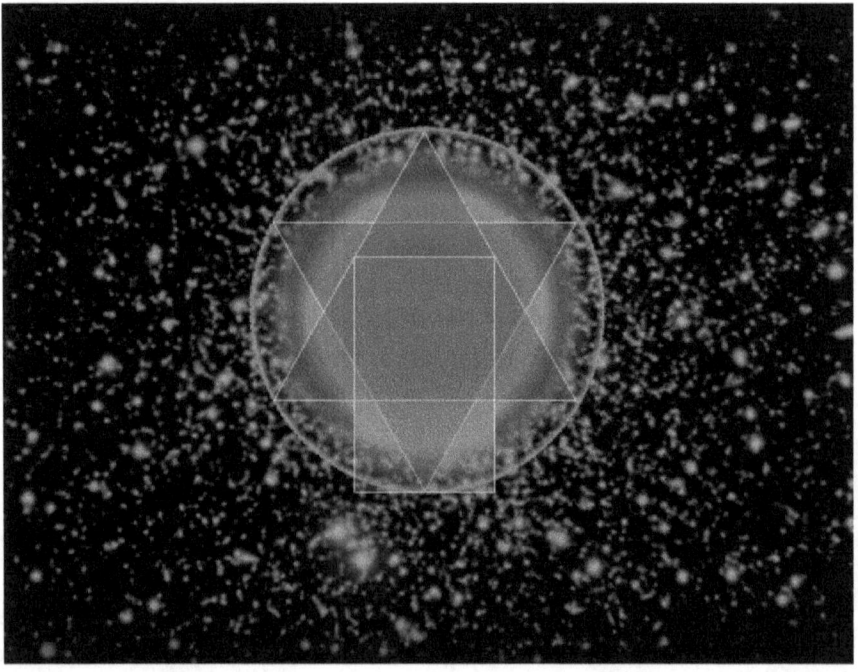

Ce fanal luminescent constitué d'intensités fluentes, subjuguait son être au point de lui faire perdre toute observance. Maut s'apprêtait à faire part à son initiateur de ce bouleversant ressenti, lorsqu'elle eut une fulgurante perception d'éblouissement, elle pirouetta telle une énorme torche aux mains d'un bateleur et dans un maelström irrépressible, ses facultés furent absorbées par cette énigmatique icône.

Les étoiles se transformèrent en de petits bâtonnets flamboyants, témoins d'une fuite insondable. Puis tout sombra en l'antre béant de l'espace-temps où s'engloutit en un éclair toutes les particularités de son existence.

***

Ce bruit métallique d'objet tintant que son ouïe enregistra lui était familier. Ce devait être quelque chose comme une paire de ciseaux chutant dans un récipient ou tout autre ustensile de nature semblable. Maut fit un effort extrême pour ouvrir ses paupières, mais la lumière vive lui gifla le regard comme l'aurait fait un jet de vapeur. Elle poussa un petit cri aigu, alors que sa rétine conservait la rémanence d'un instrument à la géométrie brillante.

Sa réaction provoqua une dégringolade sonore, suivie d'une sorte d'*Ahahâââ...* prolongé. Il ne faisait aucun doute que cette sonorité émanait d'une gorge féminine en proie à une émotion soudaine. Maut, cette fois, ouvrit franchement les yeux. C'était bien le rectangle fluorescent d'un plafonnier qui agressait sa vision.

- *Vous... ça y est vous... vous vous êtes évei...vei réveillée ! Le 18... le 18, il est... Elle est réveillée... Madame... Madame... le 18 est réveillé !*
- *Vous entendez...le 18 est réveillé !*
- *Y parait que le 18 est réveillé !*
- *Ah, ça alors... c'est qui... le 18 est réveillé... y parait !*

L'information se répandit comme un écho à travers les différents services de la clinique. La blouse en bataille, un jeune médecin, qu'accompagnait une cohorte virevoltante d'infirmières, poussa avec une curiosité à peine contenue les deux battants de la chambre numéro 18.

- *Eh bien, mademoiselle... ça y est...comment allez-vous !*

- Bi... eien biensse dooquéteur... et vousse !

Mâchouilla Maut, dans l'espace laissé par deux petits conduits d'oxygène qui lui immobilisaient la luette.

- Ah ça par exemple... elle ne manque pas d'aplomb, notre journaliste ! Elle reste neuf jours dans le coma et ses premiers mots sont pour s'inquiéter de ma santé... Vous l'avez entendue ?

Le personnel se regroupa autour du praticien.

- Voyons belle enfant, essayez de suivre mon doigt, comme ceci... lllâââ...iiiààà Bien... C'est parfait ! Essayez maintenant, Mademoiselle, d'énoncer les voyelles... les voyelles...Vous savez... Allez, je vous écoute ?
- Azz, Euzz, Izz, Ozz, Uzz, Izzz... Grec !
- Bon ! Et bien à part cet accent prononcé du Tadjikistan oriental, c'est impeccable ! Nous allons la remettre debout, notre belle blonde ! Vérifiez tout de suite la tension et le rythme cardiaque, Madame Julio ! Sandrine, prévenez le docteur Hystache, afin qu'il me remplace pour les consultations.

À entendre ce personnel hospitalier s'exprimer, à les voir ainsi s'agiter autour de sa personne pour conforter son retour à la vie, Maut n'eut plus aucun doute : elle venait de réintégrer son corps et l'aventure égyptienne, authentique ou non, était terminé. Avec l'assurance d'une réappropriation de ses facultés corporelles, elle se dit qu'il serait légitime qu'elle s'en réjouisse, qu'elle manifeste sa joie ! Mais non... Ses pensées avaient des difficultés à quitter l'Égypte des Hiérarques, l'Égypte des beautés naturelles liées à la nature de son âme ! Ses pensées demeuraient là-bas, comme envoûtées par cette civilisation privilégiée, détentrice de fabuleuses connaissances.

Soudain, Maut fut prise d'un doute. À la réflexion, qu'en était-il vraiment de ce voyage à travers le temps ! S'agissait-il d'un songe, en lequel seraient venus s'immiscer des phénomènes de caractères mystiques ! Se pourrait-il qu'elle ait été victime d'un délire du subconscient dû à son état ou de quelques réminiscences ataviques puisées en ses chromosomes mémoire. À moins qu'il ne se soit agi là d'un phénomène psychopathologique à tendance métapsychique ? En toute état de cause, comment concevoir cette abolition du temps, cette métensomatose de son élément corporel, et ce choix à priori arbitraire pour l'une des époques les plus reculées et les plus énigmatiques de l'humanité ? Maut n'avait pas de réponse !

Elle s'efforça de passer en revue les personnages qu'elle se souvenait avoir côtoyé en cet étrange voyage. Ils lui paraissaient bien réels : Neb-Sekhem, les Hiérarques, le Roi Celte, Nedjemer, Sarad, Mâhou, Meh-Ibâ, Tep-Nefer, Lilou le petit infirme. Mais il y avait, avant tout, celui pour lequel son cœur battait à la simple évocation de son nom, Héri-tep. Était-il possible d'imaginer une telle sélection de sentiments combinés, soumis à la cohérence d'un déroulement du temps ?

- *Ne prenez pas peur, mademoiselle ! Cette machinerie n'est pas faite pour vous torturer, mais pour tester vos réactions... Ce type d'intervention est parfaitement indolore !*

Indolore ! Après ce qu'elle avait vécu, le mot avait l'apparence d'un plaisant euphémisme. Elle se dit qu'il ne fallait surtout pas qu'elle s'affole, mais qu'au contraire elle procède par petites étapes de compréhension. Elle aurait tout le temps de remettre ensuite ses idées en place ! Ne lui fallait-il pas commencer par dessiner des graphiques pour fixer les paramètres qui lui étaient encore présents à l'esprit ? Plus que toutes autres formes de réminiscences, c'étaient les nombres et la géométrie qui lui prouveraient, ou non, l'authenticité de ce voyage qu'elle qualifiait déjà d'initiatique !

Voilà, elle en était sûre maintenant, c'était comme cela qu'il lui fallait procéder ! Dès qu'elle pourrait s'exprimer, ça serait pour demander un bloc-notes et un crayon ! Après, mais seulement après, elle pourrait tenter de faire le point avec elle-même et, surtout, pensa-t-elle, n'en parler à personne, de crainte que l'on n'interprète ses dires comme étant des fantasmes dommageables à son équilibre !

- *Hé bien, c'est parfait tout ça... Vous allez bientôt être sur pieds mademoiselle... Vous revenez de loin, vous savez !*

Oh oui, elle le savait, Maut, même de beaucoup plus loin que pouvait l'imaginer l'infirmier.

***

L'adjoint du chef de service, qui s'occupait des conditionnements à l'exportation, était en retard. Aussi, gravit-il les marches du parvis d'un pas précipité. Il traversa le hall à vive allure et s'engouffra dans l'un des ascenseurs pour gagner le 27ème étage tenu par la société import-export UTIL. Il ne fut pas étonné de voir Charles Legageur, son responsable direct, travailler sur son clavier d'ordinateur. N'avait-il pas pour habitude d'utiliser celui-ci en son absence ?

- *Désolé, Charles... Je suis en retard !*
- *Ce n'est pas grave. Tout tourne au ralenti aujourd'hui, le super Big-Boss est dans nos murs, et si tu tends l'oreille, tu entends digérer la hiérarchie !*
- *Ah, bon c'est pour ça... Je me disais que l'atmosphère était bizarre, aujourd'hui ! Là tout de suite, j'ai été arrêté par un sbire à la veste déformée, tu vois ce que je veux dire ? Il m'a dit avec un accent des Balkans « Votre badge, il en est être mal visible... mettez sur col, s'il vous plaît ! »*
- *Ah, tu parles, y en a plein les couloirs ! T'as vu les limousines dans l'arrière-cour ! Ils sont arrivés à six Mercedes, une quinzaine de types en fringues sombres en sont descendus. Le genre, recrutés parmi les chœurs du Vatican, tu vois ! Tous penchaient du même côté, déformés par le port des gros cierges, les chérubins ! C'était du Sergio Léone, version retouchée !*
- *Dis donc ! Comment c'est déjà son nom... au boss, je n'arrive pas à le retenir ?*
- *Nicolas-Désiré Maléchristé !*
- *Holà, ça sonne bizarrement... C'est un nom à dégueuler...*
- *Ouais ! Ben, crie-le pas sur les toits, si tu ne veux pas que tes testicules servent de guirlandes à leurs antennes satellites.*
- *Quand je pense que ce type ne connaît même pas sa fortune !*
- *Impossible, mon vieux ! Elle fluctue tous les jours d'une centaine de millions. Tu sais combien t'as de pièces jaunes dans ton porte-monnaie, toi ? Ben, lui, ce sont des millions, mais c'est pareil... y*

sait pas !

Marie-Yvonne salua ces messieurs d'un petit mouvement rapide de ses doigts potelés puis, son dossier toujours pressé contre son opulente poitrine, elle entra sans frapper dans le bureau de la comptabilité courante.

- *Alors... tu l'as vu ? interrogea une assistante, l'air enjoué.*
- *Ouais ! Y'a pas de quoi se chatouiller la motte, hein ! Beau mec, mais le regard froid avec une petite moue de dédain au coin des lèvres. Tu sens que pour lui, t'es de la... tu vois !*
- *J'ai vu Clarette, la fille des télécoms, elle finissait son service ! Elle m'a dit que depuis qu'il était là, c'était New-York, Hambourg, Tokyo, Sydney, la Chine, Shanghai, tu te rends compte ? Ça n'arrête pas... tout le temps, tout le temps !*
- *Elle a dû être édifiée sur les plus-values de... certains marchés ?*
- *Que dalle ! Tout est codé, y paraît ! T'entends comme un piaillement, bzzzi... bzzzit... c'est tout... Il est madré, le boss... Il a dû décider de brouiller les petites oreilles indiscrètes !*

On frappa à la porte. Celle-ci s'ouvrit avant que la réponse ne soit formulée. Un homme la face rubescente en uniforme vert-sombre apparut dans l'encadrement.

- *Tout va bien chez-vous, Mesdames ? Signalez-moi le moindre incident ... c'est d'accord ?*

L'homme rejoignit ses deux collègues en attente devant la porte.

- *Il est à peu près certain que Monsieur Le Président Directeur Général ne déjeunera pas à la Tour d'Argent, comme prévu. Son repas sera servi dans le bureau de Monsieur Champlain ! Je vous demande d'être attentifs à la moindre de ses sollicitations, que nous n'ayons pas de reproches... D'accord ?*

L'officier de gardiennage fit de nouveau quelques pas pour frapper à la porte d'un autre bureau, mais cette fois il attendit prudemment une réponse !

- *Mademoiselle, Camille...c'est le gardiennage... est-ce que tout va bien ?*
- *Oui, oui, Monsieur Ramirez... tout va bien, oui ! Si quelque chose n'allait pas, je vous le ferais savoir !*
- *Merci... Mademoiselle, merci !*
- *Ah, celui-là... toujours aussi obséquieux !*
- *C'est son boulot, ma chère, et aujourd'hui, il doit être dans ses petits souliers.*
- *J'en connais un autre ! Notre directeur, Champlain, il attend debout depuis dix heures ce matin que le président Maléchristé ait fini de communiquer.*
- *Ce n'est pas possible... à son âge... Le Président ne l'a même pas invité à s'asseoir ?*
- *La courtoisie ne m'apparaît pas être la première de ses vertus... s'il en a... des vertus ! Tout à l'heure, lorsque j'ai porté le dossier qu'il m'avait demandé, Maléchristé était effondré dans le fauteuil directorial. Il avait ses deux pieds en l'air croisés sur le bureau, je te le jure... comme ça droit en face... ding, Champlain... était blême !*
- *Hé oui... Tout autoritarisme se paye... si ce n'est dans la responsabilité, c'est dans l'humiliation, ma chère !*
- *Je me suis laissé dire que des sociétés comme la nôtre, il en avait des dizaines de par le monde, notre cher Boss. La plupart, paraît-il, sous des noms d'emprunts... comme par hasard !*
- *Tu sais, Larichon, le Sous-directeur des relations publiques, il m'a dit qu'il était venu dans notre société d'import-export, parce qu'il était simplement de passage à Paris et qu'il se trouvait dans le quartier... c'est inouï, non !*
- *Tu parles... C'est évident qu'il n'a jamais mis les pieds dans la plupart d'ses tôles ! Si ça s'trouve... UTIL, ça ne lui disait rien avant de monter ici !*
- *Il est marié ce mec... tu sais ?*
- *Ouais... Avec toutes les cover-girls de Manhattan !*
- *Ah, bon... C'est un chaud ?*
- *Boff... Un tiède à ce qui paraît, les affaires, les affaires, les affaires ! Par contre... là... il donne... mais ce n'est pas ça qui nous fera rigoler les hormones !*

La porte s'ouvrit de nouveau pour laisser entrer une femme, la cinquantaine à l'allure joviale.

- *Mesdames ou mesdemoiselles… s'il en reste… Bonjour !*
- *Mesdemoiselles aurait suffi, nous sommes toutes à marier !*
- *Ça tombe bien, je vous ai trouvé un parti désigné en la personne du président Maléchristé. J'ai appris que le pauvre homme est en manque cruel d'épouse capable de lui dilapider sa fortune, y'a des candidates ?*
- *On en parlait à l'instant même ! Comme nous sommes toutes prétendantes, à défaut d'un beau parti, ça pourrait être une belle partie !*
- *Les parties honteuses du président mises à part, mesdemoiselles, il paraît qu'il est d'ascendance très cosmopolite, notre boss. Vous connaissez Sawaski, le contrôleur, il parle le russe ! Il s'est entretenu avec l'un de ses gardes du corps. Selon ce sbire, Maléchristé serait né d'un père anglais et d'une mère australienne, mais son grand-père maternel était ukrainien et sa grand-mère égyptienne. Lui a fait une partie de ses études en France, il est de nationalité américaine, avec un passeport pour ses multinationales. C'est t'y pas de la pure race… ça, Madame ?*
- *C'est ce que l'on appelle ma chère… un cocktail génétique…*

La voix aux intonations courtoises du directeur Champlain résonna dans les minuscules woofers du bureau de direction, rabaissant brutalement la hauteur des conversations :

- *Mademoiselle Shoëller, auriez-vous l'amabilité de me faire parvenir le dossier 140 sur l'affaire du Sri Lanka, merci !*
- *Sri Lanka 140… Bien, Monsieur !*
- *Quel privilège, ma chère, de pouvoir, ne serait-ce qu'un instant, humer l'atmosphère présidentielle !*
- *Personnellement, je préférerais celui des jardins de l'Alhambra !*
- *En philosophie, pour apprécier le second, il nous faut endurer le premier ! Épictète l'a dit, juste avant moi !*

Lorsque mademoiselle Shoëller pénétra en cet espace réservé, elle constata que Monsieur Le Président Directeur Général Maléchristé avait légèrement modifié sa posture. Ses deux pieds étaient toujours croisés sur le bureau de Monsieur Champlain, mais ils étaient résolument dirigés sur le côté. Cela attestait d'un ostensible maintien par rapport à la vision plus commune de deux semelles rayonnantes à la griffe appuyée. Une prothèse téléphonique liait sa mâchoire à son épaule, qui lui conférait un regard torve à la brillance inquisitrice. Il feuilletait d'un doigt obscène aux impulsions rageuses, les pages d'un dossier dont la jaquette n'appartenait pas au répertoire du bureau. Mademoiselle Shoëler déposa le dossier requis entre les mains balourdes de Monsieur Champlain, qu'elle écima du regard avec un air réprobateur. Puis l'allure hautaine et le talon sonnant, elle reprit la direction de son bureau.

- Oui, oui Browton, mais ça c'est votre affaire, mon vieux ! Balancez de l'appât et tachez de mouiller certains représentants des conseils régionaux... Ils sont tous à vendre... question tarif ! Après, nous aurons ces prête-noms dans la poche, c'est un vieux truc, mais ça marche toujours. Mais oui... mais bien sûr ! Ce genre de politicards s'achètent comme n'importe quelle marchandise ! L'enjeu est gros, alors question de mise, c'est tout ! Et en ce qui concerne la volaille en passage Ouest, combien à l'unité ce mois ? Ah, c'est pas terrible, hein ! Bon allez, je n'ai pas le temps maintenant... c'est bon, tu fais comme on a dit !
- Monsieur Bladza sur la ligne, Monsieur !
- Los Bladza, salut, je traitais sur une autre ligne. Alors on en est où avec ces boites de peluches ? Oui, et bien il faut faire diversion... Sur le plan finance, je vous couvre, jusqu'à concurrence de la somme avancée, d'accord ? Quinze heures par jour... et vous croyez que je ne bosse pas quinze heures par jour, moi ? Si j'inclus les déjeuners d'affaires, c'est quinze heures et plus. Ramenez à douze heures... vous avez calculé le manque à gagner ? Mais non, ne vous laissez pas... ne... vous... laissez pas attendrir mon vieux. Ce sont toutes des filles de paysans, dures comme la terre, quinze heures d'affilée, ça les fait jouir. Oui... bon ! Un quart d'heure pour la bouffe... d'accord, mais pas plus, vous allez vous faire entuber, je sens ça ! Pensez à la chance inouïe qu'ont ces gens-là, qui sautent la dalle à longueur d'année ! On leur procure du travail, non ?... Non ?... Bon ! Allez réveillez-vous et rappelez-moi... Salut !
- Sur la six, Monsieur, Indonésie, Djakarta, je n'ai pas saisi le nom !
- Oui, Pïo-sing, j'ai reçu ton mail, qu'est-ce que c'est que cette

histoire d'eau polluée ! Mais on n'en a rien à foutre, y'a des mecs qui crèvent tous les jours de partout ! T'es pas malin... L'eau est pourrie, eh bien monte un débit de boissons gazeuses en face, y-z-ont soif, y payent ! Ah, la misère... la misère, elle est de partout, la misère ! Me fait pas chier avec tes histoires à la con ! Y'a ceux qui bouffent et ceux qui sont bouffés... point ! Allez tchao !
- Bogota sur la « 2 », Monsieur !
- C'est Bolaz ? Non c'est Amiérez ! Bon, vous avez fini par leur fermer la gueule ! Ouais... Ah, c'était le meilleur moyen ! Ah, ben mon vieux, y'a pas d'omelette... Hein ! Et les champs de pavots, y z'ont souffert ? Oui, mais je l'ai dit à Bolaz, fifty-fifty, et moi je me charge d'écouler. Ouais, aucun risque, filière normale en toute légalité ! Ah, t'emmerdes pas avec ça... C'est du petit trafic à la con ! Bon, à plus, j'ai un ponte de la communauté urbaine sur l'autre ligne, salut et encore... bravo !
- Monsieur Van Descur, pardonnez-moi, cher Président, de vous avoir fait patienter ! Le rythme imposé par les affaires est impitoyable, et je constate avec effroi que les gens se damneraient pour le moindre profit. Oui, C'est cela, Monsieur le président... J'en suis comme vous convaincu, je passe une partie de mon temps à tancer mes collaborateurs, en leur rappelant les probités les plus élémentaires en matière commerciale ! Oui... C'est l'évidence même, président ! Face aux enjeux économiques, je ne cesse d'inciter la classe dirigeante à plus de justice sociale, mais vu l'état d'esprit délétère que l'on constate, cela s'avère particulièrement difficile.

Je vous suis redevable pour cet agrément de licence, que j'ai enfin obtenu ! Loin d'être équitable, cette loi ne faisait qu'entraver la libre circulation du trafic maritime. Elle était préjudiciable à la grande distribution et, en fin de compte, c'est l'honnête consommateur qui, par les plus-values, en faisait les frais. Cette disparité m'était insupportable, il y a une éthique de base qu'il est de notre devoir de faire respecter. Un philanthrope, non, Monsieur le président, mais quand faire se peut, je m'emploie à redorer le blason de cette moralité aujourd'hui malmenée. Merci cher ami, à très bientôt, je vous ferai signe... C'est promis !

- Sur la « 2 », Monsieur, Séoul ! Un Monsieur Nesacho ou Na

Sako !
- *Alors, Na Sako, qu'est-ce que c'est que ce bordel ? Vous vous êtes fait avoir comme des bleus, là ! Eh oui... Eh oui... Je vous l'avais bien dit, il faut graisser la patte des administrateurs. Que croyez-vous qu'ils font, les autres ? Tiens, pardi ! C'est simple : ou vous ramenez 60 pour cent à la prochaine livraison ou je romps le contrat. Vous savez ce que ça veut dire en clair, bon ? Alors démerdez-vous, je n'ai pas le temps d'enfiler des perles avec des abrutis... 60 ou rien...*
- *Madame votre mère est en attente sur la 4, Monsieur !*
- *Non absolument pas... mais non, mère, absolument pas, ne vous émotionnez pas ainsi, je ne suis pas plus difficile à joindre qu'un président d'état. Ne m'avez-vous pas éduqué dans le respect des conventions et la mise en application des déontologies ! Eh bien, aujourd'hui, mère, dussiez-vous en souffrir, ces voies là occupent la majorité de mon temps.*

Cette fois... C'était plus qu'il ne pouvait physiquement en ouïr ! Champlain passa la porte du bureau directorial en titubant, pour aller vomir dans les lavabos. Il en ressortit la mèche interrogative et les joues en pâte à claque. D'un pas canonique, il s'approcha de l'hôtesse qui déambulait ses formes graciles autour des parterres floraux.

- *Je suis victime d'un léger... malaise... mademoiselle ! Seriez-vous assez aimable de prévenir le service infirmier !*

***

Judith prit dans ses bras la petite Marina qui depuis le début du couloir tourniquait maladroitement entre ses jambes. Elle s'arrêta devant la chambre N°18 et plaqua le nez de l'enfant à hauteur du regard de porte.

- *C'est qui ça... dans la chambre... tu reconnais ? C'est Maut... chérie, qui était partie en vacances, Maut, l'amie de maman !*

La jeune femme déposa Marina sur le sol et poussa précautionneusement la porte de la chambre. Le visage affecté par une perplexité mal contenue, elle s'approcha du lit où Maut, un sourire épinglé aux lèvres, tendait les bras à l'enfant. Un flot de larmes spontanées emplit alors les yeux de Judith.

- *Chérie, tu m'as fait peur, tu sais... Holala... Que tu m'as fait peur !*

La patiente reçut dans ses bras la petite Marina, qu'un allant affectif avait fait s'y précipiter.

- *Tu lui as coupé les cheveux ?*

Judith fit signe que « oui » puis elle s'approcha à son tour pour serrer contre elle cette copine sympa, avec laquelle depuis deux ans elle partageait son petit appart.

- *Ça va comment... la tête ? Tu te souviens de tout... Tout ?*
- *Oui ! Oui, apparemment comme avant... sans problème !*
- *Toi alors... Après neuf jours dans le black, tu te souviens de tout ! Mal nulle part... rien... pas un petit flop... impec... comme si de rien, quoi ?*
- *Non, Judith... ça va ! Le crâne encore un peu sonné, mais il paraît que je n'ai pas de fracture. J'ai roulé sur la dalle, et c'est le choc qui m'a fait perdre connaissance.*
- *Je voulais venir plus tôt, Maut, mais on m'a dit que les visites étaient interdites. Attends, faut pas charrier, hein... Je prenais quand même de tes nouvelles... par téléphone ! Aho... Quand y m'ont dit que t'étais sortie du coltar... la joie... Ça fait combien de jours que t'as rouvert tes mirettes ?*
- *Cela fait cinq jours maintenant. Mais, ils n'arrêtent pas de me faire subir des tests, des examens, des auditions, de la rééducation musculaire, le grand jeu ! J'ai parfois l'impression qu'ils regrettent que je n'aie pas quelques séquelles, tu vois !*
- *Non ! Marina ne touche pas à ça ! Oui ! Ta mère est venue des États-Unis pour te voir. Elle m'a dit être restée deux heures à côté de toi sans que t'aies eu la moindre réaction. Les médecins lui ont dit que tu pouvais reprendre connaissance dans une heure, dix ans ou jamais. Elle est repartie en pleurant, mais elle t'a laissé une lettre... au cas où ! Je crois qu'y a un chèque dedans !*

Maut s'empara de la lettre qui lui était tendue et aussitôt en porta le cachet à ses lèvres, pour tenter peut-être d'en humer le parfum. Puis, regrettant sans doute d'avoir eu cette réaction intime, d'un geste indécis, elle la glissa sous l'oreiller.

- J'espère que la somme sera suffisante pour que je puisse te rembourser l'arriéré du loyer... Avec cette histoire, je n'ai plus une tune.

- Marina... mais tu es infernale ! Ne t'en fais pas pour ça, Maut ! J'ai trouvé un mec sympa qui m'aide un peu, maintenant ! Ce n'est pas le grand, grand amour, mais la petite l'aime bien !
- Ah bon... Tu as laissé tomber Yves ?
- Ouais ! Il est rentré saoul un soir, on s'est engueulés, il m'a tiré une baffe ! Ou là là, j'ai tout viré, l'homme et les fringues, depuis plus rien ! Tu arrêtes, Marina, ça va mal aller, tu sais ! Tu n'aurais pas un crayon et une feuille de papier, Maut, pour occuper le monstre ?
- Si, bien sûr ! Tiens, Marina, fais-moi un beau dessin, comme ceux que j'ai de toi à la maison ! D'accord ?
- Attend... Qu'est-ce que c'est que ces trucs égyptiens ! C'est toi qu'as dessiné ça ? C'est chouette, dis donc, mais qu'est-ce que ça veut dire tous ces chiffres ?
- Ces dessins... oh, ce sont... ce sont des trucs que j'ai rêvé !
- Que t'as rêvé... quand t'étais dans le potage ?
- Oui ! J'avais le souvenir de certaines choses entrevues, alors, je les ai croquées... comme ça... pour voir !
- Pour voir... Ah ça... Mais je croyais que quand on était dans le coma, c'était le pot au noir, le cerveau plouc... plus que dalle ?
- Normalement, oui ! Mais tu sais bien que moi, je n'ai jamais rien fait comme tout le monde !
- Ah ça... Tu peux le dire, ma petite ! Enfumer l'appart pour faire un gâteau au barbecue ! Ramener un chien galeux qui pissait sur le tapis ! Des bouquins de partout, même à la place des casseroles !
- Je m'excuse pour les désagréments que j'ai pu t'occasionner !
- Je plaisante, grosse bête ! Et ton article pour la revue, tu ne l'as jamais écrit, du coup ?
- Non. Il faut que je téléphone au directeur pour savoir comment il s'est tiré d'affaire, ça n'a pas dû être facile pour lui non plus !

- *Fais voir ton dessin, Marina ? Ouah, c'est une œuvre ça ! Eh ben, donne-lui, à Maut, si tu l'as fait pour elle !*
- *Hou... c'est un beau, très beau dessin, Marina ! Avec un Soleil dans les arbres et même un petit chien ou petit chat, on ne sait pas trop ?*
- *C'est... un chien !*
- *Va pour le chien, avec plein de petits gribouillons ou des lettres oui... ce sont bien des lettres...ça ?*
- *Ah t'étonne pas. Depuis qu'elle a repris l'école elle en met de partout ! Des P, des E, des I, des O ! Y'en a plein les placards de la cuisine... Je passe mon temps à effacer.*
- *C'est bien, ma chérie... Oh, attends un peu, Marina, fais-moi voir ce que tu as écrit, là... dans le Soleil ?*
- *Ze sais pas moa... si le lettre... je l'i écrivent...*
- *Mais... Marina, tu as voulu écrire quelque chose ? N'as-tu pas écrit « éri » dans le Soleil... dis-moi ?*
- *Ben... moa ze sais pas !*
- *Comment veux-tu qu'elle te dise, elle ne sait pas lire !*
- *Et là, le cien... le cien, comment l'as-tu appelé le chien ? Tep le chien s'appelle « tep »,.. Tu as bien inscrit « tep », Marina ? Eri en rond dans le Soleil et « tep » sous les pattes du chien ! C'est celu, tep et éri, tu as écrit « Héri-tep » ?*

Marina recula épouvantée par la portée stratégique que l'on attribuait à son dessin. Elle remonta ses petites lèvres vers son nez et deux grosses larmes firent de l'équilibre sur le bord de ses cils.

- *Mais qu'est-ce qui te prends Maut... Ça va pas la tête... de la faire pleurer comme ça ! Qu'est-ce que t'en as faire de ce qu'elle a écrit... tu veux me dire ? Elle comprend rien de ce qu'elle écrit, je te dis...Rien !*
- *Mais Judith, elle a écrit un nom qui m'est cher, là dans son dessin ! C'est impossible que ce soit une coïncidence... Impossible !*
- *Oh, dit donc ça va bien, toi ? À mon avis, t'es pas encore bien remise de ton coltar, hein ! Tiens, elle pleure la petite maintenant ! Je vais appeler une infirmière, t'as besoin de calmants, toi !*
- *Non ! Non, Judith je t'en prie, je t'en prie ! Ça risque de faire tout un pataquès. Je m'excuse, je vais bien, Marina ma chérie, je t'achèterai une boite de chocolat pour cette histoire de lettres...*

D'accord !
- Bon... C'est pt-être les nerfs qui flanchent un peu. Allez, oublie, on va te laisser refaire surface. Dans le sac plastique y'a les sous-vêtements que t'avais demandés. Je tuberai pour prendre de tes nouvelles. OK ? Ben...pleure pas ma grosse bête, je t'en veux pas ! Tu vas me faire chialer aussi, on va être trois à renâcler, après !

Toutes deux finirent par en rire et Marina ne tarda pas à les imiter. Quelques instants plus tard, de nouveau seul, Maut ressentit le besoin de mieux se pénétrer de cette insolite et mystérieuse télé-correspondance. L'esquisse de Marina en main, elle s'avança au plus près de la baie afin de visualiser le moindre détail de ce sibyllin message. Compte tenu de ce qu'elle avait vécu, il ne faisait aucun doute que ces caractères avaient été tracés sous l'influence d'une entité supranaturelle, dont elle n'avait aucun mal à percer l'anonymat.

La symbolique attachée à ce dessin était d'ailleurs flagrante, rien ne pouvait mieux représenter la lumière que le Soleil. Quant au chien, il était évident qu'il incarnait en symbolique la fidélité. En résumé, cela devait vouloir dire « reste fidèle à la lumière reçue » lumière pour connaissance ou quelque chose de semblable !

- Toc... toc... coucou la belle au bois !

Maut se retourna, agressée par cette irruption qu'elle jugeait inopportune. Mais son visage s'illumina en reconnaissant le reporter-photographe avec lequel elle avait fait équipe lors de son ultime et scabreuse aventure égyptienne.

- Pathos ! Ça c'est sympa... Comment tu as su que j'étais sortie du blues ?
- C'est Judith, je l'ai eue au tube ! Elle m'a dit : ça y est, elle a émergé du bouillon !
- Elle sort de là, tu aurais pu la croiser !
- J'ai peu de temps, Maut, dans exactement 3h 47, je décolle pour la Palestine. Quatre jours de reportage avec un pote journaliste à Associates Press. Alors, dis-moi ? J'arrive à la bourre, comme toujours ?

- *Comment ça… tu arrives en retard ?*
- *Ben, oui ! Selon la légende tu devais m'attendre ! Toi, tu étais là, allongée sur ton plumard, et moi avec mon chapeau à plumes, je venais m'agenouiller à tes pieds en te baisant l'extrémité des doigts. Et hop ! Tu ouvrais les yeux… émerveillée !*
- *Maut éclata de rire. Oui, alors, permets que je poursuive le conte ! Je te regarde… et pouf, je retombe dans le cirage ! Et là, pour un bon bout de temps !*
- *Non, non, tu dépoétises tout ! Je t'aurais emmenée ensuite à dos de bourrin dans le château de mon père et je t'aurais réchauffée les panards auprès du feu !*
- *Je t'arrête tout de suite : la dernière fois que je t'ai vu sur l'échine d'un cheval, la vision m'est apparue à ce point disgraciée, que je me demande aujourd'hui encore lequel portait l'autre !*
- *Ah ! C'est le jour où le cheval m'avait demandé d'inverser les rôles, pour voir. Tu me connais, je ne sais rien refuser !*
- *Oui ! C'est ton esprit chevaleresque ! Si nous parlions un peu sérieux Pathos ! Puisque tu es là, j'aimerais savoir comment, selon toi, les choses se sont passées, lors de mon accident ?*
- *Ahou… ahou… La galère, ma vieille… la galère ! Moi je ne savais pas que t'avais gaufré dans le trou. Je me ramenais peinard, avec mes bouteilles de flotte ! Tout d'un coup, je vois les mecs qui se précipitent, appareils à bout de bras, flashs, micros, le bordel ordinaire quoi. Là, je me suis dit : « Pathos, mon pote t'es en train de te gaffer un scoop » » !*
- *Oui, je pense que ça devait être au moment où Jérisson le collaborateur de Hader est sorti du tombeau pour venir prendre l'air.*
- *Possible ! Mais moi je ne pouvais pas me rencarder. Même pas glisser une guitare dans la mêlée. Le turbin, j'le connais, si t'as pas la planque dès le début du sit-in, t'es cramé ! Pendant un putain de moment, j'ai essayé la faufile en larguant mes bouteilles, à force de jouer du coude, j'étais plus qu'à deux doigts d'la marmite, quand j'ai vu arriver une tringlante avec croissant rouge qu'essayait de forcer le passage ! Si en plus j'avais su que cette caisse c'était pour ta pomme… ha… la scoumoune, je reprenais l'aéroplane aussi sec… juré, craché !*
- *Tu as pu réaliser des photos, tout de même ?*
- *Que dalle…y m'ont jeté dans le troupeau ! Heureusement qu'un*

peu après, v'là que je me cogne le pif à un reporter d'agence avec qui j'avais partagé ma piaule en Bosnie. Je lui explique le coup ! Y me dit « stresse pas mon pote, calme, je fais double en numérique, je te passe une juteuse » ah dis-donc...le hamac ! Après, je te dis pas ! Quand j'ai su que c'était toi qu'avais gaufré dans le beurk et qu'ils t'emmenaient au neu-neu, l'angoisse ! Et attends... je réalise d'un seul coup qu'y'avait plus personne pour assurer l'écrit... tu vois l'enflure !

- À la limite, cela ne relevait pas de ta responsabilité...
- Ha, la belle... tu me connais ! j'ai la conscience pro... On met pas la tronche dans la gadoue des mecs qui te font bosser, c'est pas clean !
- Alors, c'est toi qui as trouvé quelqu'un susceptible de couvrir l'écrit ?
- Ben ouais ! J'ai cherché sans chercher, tu vois ! En rôdant autour du trou, je suis tombé sur un pigiste qu'avait vu l'accident ! On a discuté, y travaillait pour une revue bidon pour ados, « Archélogie... j'sais plus quoi... » ! Moi je repère facile les journaleux à peau neuve, la cervelle leur agite les oreilles. Alors, je lui ai raconté l'histoire de mon Eurydice aux enfers, et puis je me suis rencardé si ça l'intéressait de faire une pige.
- Et dis-moi, mon cher Orphée, il a accepté sans même discuter sur la prestation ?
- Ben, ouais, sympa le mec ! Après, j'ai lu ce qu'il avait écrit. Sup... mais c'est du genre littéraire, tu vois... « je suis votre obligé, Madame... » Mais bon, faut que tout le monde y vive, hein ! Il a nos berges, ce mec... Si ça te dit, je te note son numéro de tube ! Son nom c'est, Loïc Lavermeil, il crèche en Provence, j'crois ?
- Lamerveille... tu dis ?
- Non, la merveille, c'est moi... Lui, c'est Lavermeil !
- Dis donc, Pathos, je suppose que c'est pour moi, ces roses que tu agites en tous les sens depuis un quart d'heure ?
- Ah, ben oui la belle, que c'est pour toi ! Ah dis donc, pas grippe-sou le gazier, j'allais me les refourguer dans l'aéroplane ! J'en voulais six, la bonne femme des fleurs qui crèche en bas de l'hosto, elle me dit, « Non sept, c'est comme les sept étoiles... »
- Elle... t'a... dit ça ?
- Ouais craché juré, ma tête sur le rail. Mais bon, comme c'était râpé pour jouer le prince. Je me suis dit qui restait peut-être une

chance en jouant... la rosière !
- *Pathos, c'est super gentil... Oh, mais, tu as vu la raison sociale... Tu as vu ça... Orion Floral... Ah, ça !*
- *Ah, bon, c'est géant ! Tu fais la collec des étiquettes de pot de fleurs, maintenant ?*
- *Non, mais je trouve super troublant que tu m'offres sept roses qui correspondent aux sept étoiles de la constellation d'Orion, tu comprends ?*
- *Non, mais ce que je pige, Maut, c'est que tu donnes encore dans les étoiles ! Remarque bien, c'est normal, t'en a vu 36, t'en récupère 7, y t'en manque que 29 !*
- *Ah, oui... Bien sûr... mais tu as raison, 36 étoiles... C'est super, ça aussi !*
- *Hou, là là... Bon ! Je vois que t'es encore grave dans un smok, abracadabrantesque, je me tire sur la pointe des grôles !*
- *Oh, mais un moment, Monsieur Pathos, je ne suis pas devenue brelotte, comme tu as l'air de l'insinuer ! Tu veux que je te récite la table logarithmique de Briggs, que l'on traite de la trigonométrie sphérique d'Al Battani ou, si tu préfères, que l'on ouvre le débat sur les calculs de probabilité de Pacioli... au choix ?*
- *Va, va, la tronche ! Je sais que t'as gaufré dans la marmite à neurones quand t'étais môme et que maintenant t'as évolué vers les entonnoirs ! Mais parfois, les gros encéphales comme toi... ça a des trous, c'est comme les presse-purées... Disons que t'as pas de bol avec la vaisselle... c'est tout !*
- *Fiche le camp ! Tire-toi... Je ne veux plus te voir, allez ouste !*
- *Maut, attends, attends ! Si je me tire avec un trop gros lourd chagrin, le fly ne pourra pas décoller et tu seras responsable d'une catastrophe ! Allez, à plus... Fais-moi la bise ! La prochaine fois, promis, je t'apporterai des marguerites ! Nous aurons, vous et moi, ma blanche colombe, le plaisir de les effeuiller ensemble, vous verrez, c'est un jeu étonnamment coquin !*
- *Tire-toi... avant que je fasse un malheur, Pathos !*
- *Bon, bon, je demeure un éternel incompris... Même avec des fleurs, je me fais jeter... y a pas de bon dieu !*

Maut, un sourire figé aux lèvres, verrouilla la porte que le truculent reporter, en son délire verbal, avait omis de refermer. Un instant, elle demeura songeuse, le regard perdu sur les monts au loin, qu'une brume baignait de ses tons bleutés. Puis d'un geste vif, elle plongea la main en son sac pour en retirer son Smartphone ! Ayant récupéré la page du carnet de Pathos, elle composa rapidement un numéro sur son cadran.

- *Allo ! Pourrais-je parler à Monsieur Loïc Lavermeil, je vous prie !*
- *Oui, lui-même, oui... Place la carte sous la languette... Non, pas là, sous la languette !*
- *Monsieur Lavermeil, je suis Maut Clairmonda, la personne qui devait précédemment rédiger l'article « d'Archéos » sur le sanctuaire osirien ou le cénotaphe... si vous préférez !*
- *Non, non, la sélection sur la trois, autrement tu risques le court-circuit et, après seulement, tu glisses la carte !*
- *Monsieur Lavermeil, je crains qu'il y ait une interférence sur la ligne ! Peut-être ne m'avez-vous pas bien comprise !*
- *Si, Madame, si ! Mais nous avons un problème informatique que je suis tenu de résoudre rapidement ! Et maintenant tu peux virer le condensateur vas-y !*
- *Je vous dérange probablement, le moment est inopportun ! Je rappellerai, peut-être ?*
- *Voilà... maintenant l'interface... Allo... Pardonnez-moi, vous êtes qui... m'avez-vous dit ?*
- *Monsieur Lavermeil, puisque vous n'avez pas eu l'élémentaire courtoisie de m'écouter, je n'aurai pas celle de vous rappeler ! Il n'est pas de mon éducation de converser avec des goujats ! Clic !*

***

Événement rarissime, au douzième étage d'un immeuble commercial du canton de Zurich, le bureau réservé au Président Directeur Général de la firme était occupé. Les deux mains plongées dans les poches, Nicolas Désiré Maléchristé parcourait en des allers-retours énergiques la planisphère de son living. Un appareillage téléphonique miniaturisé autour du cou, il lançait, au hasard des luxueux objets que rencontrait son regard, des phrases rêches comme des dessous de table.

- *Oh, là là, mon vieux ! Si vous prenez comme critères de*

raisonnement la dette des collectivités territoriales... Patientez... oui, ou attendez qu'intervienne le plan monétaire de coopération internationale ! C'est évident ! Après, nous aurons les mains libres pour agir ! Oui, n'est-il pas fait pour ça... À nous d'en tirer parti. Bon, je vous rappelle s'il y a du nouveau, Brocéli... Oui, oui, bien sûr... Évitez les fausses manœuvres, attendez que la situation se décante. À plus tard... Oui, je vous rappelle !

Mademoiselle, passez-moi le cours des devises à termes, liste « B », seuil de divergence ! Non, pas les bons d'achats spécifiques, le recentrage c'est tout ! C'est bon, je prends ! Victor Script, alors, qu'affichent les terminaux de payement ? Exercice précédent, combien ? C'était prévisible, vous êtes analyste financier ou non ! C'est un maquis, mon vieux, un maquis... Hé oui ! En technologie de pointe exclusivement ! Ensuite, marge d'exploitation et vous me rendrez compte !

Mademoiselle, indice CAC 40 aujourd'hui ! Je vous ai dit en livres sterling exclusivement et on récupère en dollars ! Ne sommes-nous pas leader mondial... Alors, où est le problème ? Voyez, ingénierie de réseaux... OK !

Ce verbiage chantait agréablement aux oreilles exercées de l'ex-professeur Shatzbèrgue, reconverti depuis peu dans le monde occulte de la haute finance. Son nouveau poste de co-directeur de la banque d'escompte et réescompte faisait de lui désormais un collaborateur direct de ce personnage redouté des sphères politiciennes qu'était le président Maléchristé. Aussi tenta-t-il de rectifier l'apparence lorsque celui-ci, après avoir ôté comme à regret son appareillage téléphonique, dénia laisser planer un regard appauvri sur sa personne.

- Alors, Shatzbèrgue ! Satisfait de votre nomination en cette spirale prometteuse de nos quotas universalisés ?
- Monsieur, ce poste de principal et la confiance que vous m'accordez, sont pour moi un très grand honneur !
- Il va de soi, Shatzbèrgue, que j'attends de vous une discrétion et un dévouement à toute épreuve ! En compensation, si vous êtes respectueux des engagements que nous sollicitons, nous nous

chargerons non seulement de vous promouvoir, mais de satisfaire à votre environnement et qualité de vie... peut-être même à des penchants humainement admissibles. Vous voyez ce que je veux dire... N'est-ce pas ?
- *Je crains... que non, Monsieur le Président...*
- *Voyons, mon cher ! J'évoque ici les inclinaisons plus ou moins cachées, les tendances inavouées, les petites convoitises non exaucées qui provoquent autant de refoulement que d'autocensures mal vécues ! Vous voyez maintenant de quoi je veux parler ! Sans pour cela qu'il soit question de tomber dans les excès d'une luxure débridée et certes, condamnable !*

Étant moi-même un soupçon libertin, vous supposerez la facilité que j'ai à fermer les yeux sur telle ou telle tendance de mes collaborateurs. N'oubliez pas, mon cher Shatzbèrgue, que vous êtes entré depuis peu, dans une grande famille et que celle-ci se trouve en mesure de satisfaire certaines aspirations. Inutile de vous préciser que ce mode relationnel dépêche les liens des services d'instigations et favorise les dialogues d'affaire.

- *Si vous le permettez, Monsieur, ma vie intime, est tout à fait ce qu'il y a de plus commune. Et même, pardonnez-moi cette appréciation sur ma personne, j'oserais la distinguer parmi les plus rangées, je n'ai aucune aspiration... d'un autre ordre !*

Sans crier garde, le Président s'approcha si près du visage stigmatisé de Shatzbèrgue, que le souffle capiteux de sa respiration contraignit celui-ci à un réflexe suspicieux !

- *Pas à moi, Shatzbèrgue ! On a tous nos petits travers, les uns c'est les femmes, l'homosexualité, d'autres la drogue, le jeu, la passion pour les épidermes d'adolescents ou toute autre convoitise bien légitime.*

Le Président se redressa. Shatzbèrgue tenta de nouveau de puiser en sa conception morale passablement ébrouée :

- *Quelle horreur, Monsieur ! Je suis moi-même père de famille, fidèle à mon épouse et, de surcroît, Monsieur, sur le plan des*

mœurs... je me permettrai le terme... d'irrépréhensible !
- Bien, Shatzbèrgue ! Je ne chercherai donc pas à infléchir dans le sens de la souplesse votre ligne de conduite, mais sachez que je serai toujours là pour faciliter vos appétences ! Si d'aventure vous veniez à changer d'avis, faites-le moi savoir ! Quelques joyeuses et jeunes amies autour d'une bouteille de champagne n'ont jamais effarouché un quelconque évêque. Ne croyez-vous pas ?
- Je n'ai jamais été évêque, Monsieur le Président !
- À défaut de passion, auriez-vous de l'humour, Shatzbèrgue ?
- On n'a jamais que l'humour que l'on vous prête, Monsieur le Président !
- C'est tout à fait exact, tout à fait exact, mon cher ! Je vous raccompagne. Félicitations et à bientôt... mon cher !

Maléchristé plaça une main légère sur l'épaulette un peu trop ferme à son goût de Shatzbèrgue, qu'il reconduisit sans autre formule à la porte de son bureau. Avant que celle-ci ne se referme, une attachée de direction se présenta :

- *Monsieur, un certain Salvatore Ramirez avait rendez-vous à quinze heures, que dois-je lui dire, Monsieur ?*
- *Ramirez... Qu'il entre, ce vieux coquin !*

Un homme opulent, le teint basané et le regard coulissant, un sourire de connivence suspendu aux bords de la lèvre supérieure, fit son entrée comme loutre en tanière.

- *Salvatore... ça fait un bail, dis donc ?*
- *Deux ans... on s'était vus pour les vœux du parrain... à Miami !*
- *Oui, oui, le champagne en fontaine... y fallait le faire !*
- *Dis donc c'est l'un de tes pécules qui sortait de là ? Il avait l'air de quitter une chambre froide de la morgue.*
- *Un nouveau directeur de l'une de mes banques, compétent mais coincé de l'entrejambe. Tu me connais, j'aime bien les cuisiner sur leurs travers ! Quand ils ambitionnent un peu de la braguette, je mets ça sur plaquettes numériques pour faire des albums. C'est un moyen efficace de museler les bavards avant d'envisager d'autres méthodes...*
- *Plus radicales... Oh, dis donc... ton truc, là, ça me fait penser au*

coup que t'avais fait à un péquin que tu voulais larguer ! Le coup de la girafe, ça te rappelle rien ?
- *La girafe... ah non... rien !*
- *Si, le gazier en question, après que tu lui aies confié ton penchant et que tu payais cash tes fantaisies, il avait été trouvé le directeur d'un zoo, en disant : « Monsieur, j'ai un client fortuné dont les mœurs sont un peu dissolues, son plus grand désir serait de séduire l'une de vos girafes » ! L'autre, outré, l'avait foutu dehors à coup de pieds au cul... t'en souviens ?*
- *Ah, oui, oui je me souviens... je me souviens... Oh... là... là...oui... quel bidonnage !*
- *Y parait que le péquin continuait à gueuler dans les escaliers : Mais y vous payera bien, il est plein à craquer, il a seulement besoin d'un escabeau !*
- *Oui... oh là... On a ri de bons coups, tout de même ! Maintenant, mon vieux, il faut être à la barre, sinon t'es plumé par les mecs même que tu rencardes sur des coups... c'est un comble !*
- *Eh oui, faut dire qu'on leur a donné l'exemple, y'a maintenant que les peignes-culs à tondre. Les autres sont devenus de vrais truands !*
- *Des fêlés de la mitraille, tu veux dire...*
- *C'est vrai...Avant on causait tranquille devant un bock, maintenant c'est devant une kalachnikov. C'est pas chrétien de traiter des affaires avec cette ferraille sous le pif !*
- *Ah, Salvator tu ne changeras pas, toi, t'es toujours aussi folklo !*
- *Dis-moi, Nicolas, j'ai besoin de liquide pour affréter ! Tu peux harponner 60% et plus sur un an, c'est mieux que la caisse d'Épargne !*
- *Les armes, toujours ! Tu sais qu'en théorie je ne touche pas cette merde, moi !*
- *Sauf, quand ça te rapporte ! Et là... y'a à glaner, crois moi !*
- *Quels sont les risques ?*
- *Rien... y en a pas... nuls ! Y a des politiques dans le coup, le réseau est rodé, les filières existent, les planques changent tout le temps ! Non, je t'embarquerais pas dans une galère ! Si y'avait des risques, j'irais voir Tiko ou Riri la Moule, mais là, non, c'est du gâteau à l'oseille... sans prunes !*
- *Géographie ?*
- *L'Amérique du Sud, toujours ! Centrale aussi, un peu ! Quand ils*

n'ont plus qu'un croûton pour bouffer, ils l'échangent contre un flingue, ces cons.
- Et y te payent... comment ?
- Un quart en dollars au cash, trois quarts en came ! On n'est pas perdants, ça fait du réseau, mais au manchot... ça double.
- C'est pourquoi le liquide... pour affréter ?
- Oui ! Pour affréter, pour arroser le gosier des poulets, pour fermer les mirettes quand les jupes sont ras-minets, raviver les réseaux, tu vois, le train-train. Mais pour toi, liquide anonyme dans les paradigmes, cinq ou six banques, c'est bon ! Après, je connais des alchimistes qui te changent le purin en deniers du culte... Y'a pas photo !

***

Ce n'est qu'après le péage de Cavaillon, sur la route rectiligne de Saint-Rémy de Provence à l'approche même de sa destination, que Maut se remémora l'objectif de son voyage. Tout d'abord ce rappel téléphonique de Loïc Lavermeil auquel elle ne s'attendait pas. Puis, les excuses de celui-ci, formulées il faut le dire en des termes choisis qui avaient su toucher sa sensibilité. Ce garçon était courtois, un rien gavroche, comme elle les aimait après tout ! Nonobstant, ce n'était pas ce genre de détail qui l'avait décidé à voyager à sa rencontre, non... tout de même ! Ce qui l'avait décidée... c'était quoi, au fait ? Ah oui, ce fut lorsqu'il lui fit part de l'objet de ses recherches archéologiques. Apparemment, il n'était pas très éloigné de ses propres déductions. Il lui précisa qu'il avait vibré aux études de Schwaller de Lubicz, à la lucidité d'Alexandre Varille, mais aussi à des contemporains tels que Robert Bauval pour Orion ou la fabuleuse hypothèse de Graham Hancock. Lui aussi s'interrogeait sur ces raisons officielles qui ne cadraient pas avec une logique de base. Faire d'une hypothèse une vérité l'excédait ! Selon lui, il fallait reconsidérer la destination de ces œuvres gigantesques et admettre que les raisons jusque-là évoquées comportaient des visions erronées et démunies de fondements objectifs !

Mais pour elle, Maut, bien évidemment, la question ne se posait plus en ces termes, depuis son périple métapsychique en Égypte antique.

Ses propres interpellations ne souffraient plus de scepticisme.

Elles s'étayaient maintenant d'affirmations formelles, péremptoires. Cela dépassait les controverses auxquelles pouvaient se livrer en toute bonne foi ce Monsieur Lavermeil. Loïc… Un beau prénom. Par contre, comment allait-elle lui faire admettre cette prodigieuse aventure, sans passer pour une hallucinée ou, au mieux, une mythomane ! Là résidait la difficulté ! Mais après tout, elle n'était tenue à aucune révélation, plutôt fallait-il qu'elle se montre prudente sur la question… et même peut-être très prudente.

Elle respira à fond.

Cette campagne était belle. C'était l'ancien territoire du père de Sarad, le Roi des Ségobes. Sans doute jouissaient-ils déjà à leur époque de ces blanches collines, de ces rangées d'oliviers et de ce Ciel immensément bleu ? Cette région parlait à son cœur ! Après tout, si le personnage en question décevait ses aspirations, ce voyage en Provence resterait une excellente idée. Elle ne rentrerait d'ailleurs que demain ! Si elle reprenait la route ce soir, elle serait obligée de rouler de nuit, avec la fatigue de la journée, cela ne l'enchantait guère. Lavermeil habitait la région, il lui dénicherait bien un petit hôtel convenable. Voilà, c'était ça la solution !

Un instant, Maut regretta de ne pas avoir demandé à Pathos comment il était physiquement ! Mais aussitôt, elle chassa cette idée comme indigne de la Prêtresse qu'elle était désormais. Cela étant, elle ne gardait aucunement souvenance que ses initiateurs lui aient dicté le comportement qu'elle était tenue d'avoir avec la gent masculine ! Fallait-il ignorer l'aspect sentimental, s'y livrer le plus naturellement du monde ou le tenir pour optionnel, ce qui incluait une introspection difficile à gérer ? Elle décida de confier cette éventualité à son ressenti du moment. Pour l'instant, rien ne motivait la moindre prescription et la seule pensée de cette liberté relative la réjouit intérieurement.

Le fait d'évoquer ce titre de Prêtresse de Maât, lui remit en mémoire les conseils on ne peut plus protocolaires de Neb-Sekhem :

« Désormais, Maut, il s'érige en toi le pouvoir de provoquer les consciences en les dégageant momentanément des pressions trop influentes de l'intellect. Mais ce pouvoir ne devra s'exercer que ponctuellement, à une échelle restreinte, et pour des causes à caractères altruistes. Si tu étais tentée d'en faire un usage différent, avec l'intention d'améliorer ton sort personnel, ce don alors te serait retiré. Nous t'estimerions relaps à la cause pour laquelle tu t'es engagée auprès de nous ».

Aurait-elle un jour l'occasion d'exercer ce pouvoir informel, et quel était-il en fait… Elle ne savait pas, pour l'instant, elle ne ressentait rien en elle qui pouvait laisser supposer son existence. Elle était même un peu dubitative sur le postulat qu'une jeune personne comme elle puisse aider à changer quoi que ce soit. Mais ses sentiments étaient intacts, toujours aussi nobles. Elle avait promis à Maât, et quoi qu'il arrive, elle resterait fidèle à cette promesse jusqu'à la mort.

Saint-Rémy. Maut jeta un coup d'œil sur sa montre de bord. Elle était en avance de 25 minutes. « C'est parfait, se dit-elle, cela me permettra d'effectuer un petit tour dans la vieille ville et d'acheter des gâteaux sec. » Elle gara sa Clio sur le parking de la place, repéra le café des Arts et s'engouffra dans le dédale des petites ruelles qui desservaient l'antique cité. Au cours de ses pérégrinations, elle tomba sur le buste de Michel de Nostre Dame, le fameux Nostradamus. Une plaque indiquait aux passants que le mage était né en cette cité. Mais l'heure passait. Maut décida de se rendre au rendez-vous du café des Arts, sur le boulevard périphérique.

En poussant la porte de l'établissement, elle fit se retourner quelques têtes gouailleuses attablées à proximité du bar. Plus loin était un couple et, à l'opposé, un vieux monsieur le regard noyé dans l'horizon vineux d'un tout relatif. Aucun jeune homme de son âge ne retint son attention, elle avisa une table près de la fenêtre où elle s'installa. Elle sourit, malgré elle, à cette pensée idiote qui lui venait en mémoire. Depuis son premier rendez-vous avec un garçon à la cafétéria du collège, elle s'était juré de ne plus jamais être en avance à un rendez-vous ! Mais après tout, était-elle en avance ou était-ce ce Monsieur Lavermeil qui était en retard ?

- *Qu'est-ce qu'on va lui servir à la jolie demoiselle ?*
- *Maut sursauta à l'intonation de cette voix rocailleuse. Oh, je ne sais trop... un jus de fruit peut-être ou peu importe, ce qui vous tombera sous la main !*
- *Et si c'est du champagne... qui me tombe sous la main ?*
- *Eh bien, le destin en aura décidé ainsi, Monsieur ! Mais, mes finances étant ce qu'elles sont, je risque de faire trois jours la vaisselle pour m'acquitter de votre inadvertance, ce serait injuste... Vous ne trouvez pas ?*
- *Vous êtes si belle et si fine de la pensée, que je ne peux pas être méchant avec vous. Alors, va pour un jus de fruit... va !*

Maut avait oublié qu'elle se trouvait dans le Midi et que le commun se montrait volontiers plus causant que l'austère Monsieur Brun de Marcel Pagnol. Un homme, la trentaine, poussa la porte. Il alla s'ancrer à une petite table, le front plombé sur le journal des courses. Et si c'était Loïc pensa-t-elle un instant, serait-il possible que son attitude soit ainsi détachée du contexte, sans même un regard sur sa personne. Puis elle se remémora sans trop savoir pourquoi ce premier rendez-vous avec le beau Stéphane, le coq du collège. Ce jour-là, elle avait vingt minutes d'avance et lui vingt minutes de retard. Son cœur avait tellement battu pendant ces quarante minutes, qu'elle s'était promis de ne jamais plus être en avance sur un rendez-vous de garçon ! Puis elle réalisa que le contexte n'avait rien à voir, et qu'elle était en train de faire un rapprochement stupide, farfelu, infantile et sans aucune corrélation avec la situation présente.

La porte s'ouvrit de nouveau. Un jeune homme à l'allure élancée, l'attitude légèrement désinvolte, fit son entrée. Son regard étonné balaya rapidement l'assistance sans s'attarder sur aucun consommateur. Le visage était fin, l'allure plutôt sportive, mais il n'avait rien d'un intellectuel type, et Maut détourna résolument la tête vers le paysage on ne peut plus banal de la ruelle. Certains regards trop appuyés lui avaient valu par le passé quelques désagréments notoires.

- *Pardonnez-moi, Mademoiselle. J'ai rendez-vous avec une jeune femme dont j'ignore la physionomie ! Ne seriez-vous pas... Maut Clairmonda ?*

- Surprise alors qu'elle n'attendait que lui, Maut eut comme une hésitation à se prononcer : *Oui !* répondit-elle, quelque peu décontenancée : *Vous êtes Loïc ?*
- *Ah, ça... Pardonnez-moi, je m'attendais à tout, les nattes, la veste de treillis, les galoches, mais assurément pas à la présence d'une seyante... cover-girl !*
- *Confidence pour confidence, Monsieur, je ne m'attendais pas moi non plus, à converser avec une effigie mouvante de... Praxitèle !*
- *Hou là... lettrée et sens de la répartie... de surcroît !*
- *Hou là... misogyne... en supplément !*
- *Non ! Vous vous trompez mademoiselle, je ne le suis plus, depuis exactement... depuis exactement... une minute !*
- *Ne pensez-vous pas, Monsieur Lavermeil, que nous avons l'un et l'autre passé l'âge de ces prolégomènes de collégiens ?*
- *J'étais parti du seuil par délicatesse, mais puisque que vous me tenez la porte de l'ascenseur ! Je me présente à vous, comme n'étant rien de plus modeste... que Loïc Lavermeil !*
- *Oui... J'avais deviné !*
- *Vous êtes impitoyable en vos réparties, Mademoiselle Maut ! Seriez-vous cruelle au point de vous divertir de mon embarras ?*
- *Ce « mademoiselle Maut » m'apparaît équivoque à souhait, je vous suggère de le réduire à mon prénom, si ça ne vous apparaît point trop familier !*
- *Ok... Maut ! Monsieur, s'il vous plait, un petit mâconnais sec ! J'ai besoin de me rehausser... disons... l'appréciation !*
- *C'est votre cerveau que vous appelez comme ça ?*
- *Oui ! Je le différencie de mon état d'âme... Ai-je tort ?*
- *Nullement... Le mien, je le nomme... intellection !*
- *Eh bien voilà ce que je cherchais, Maut ! L'appréciation épouse l'intellection pour faire naître... le ressenti !*
- *Nous en sommes déjà là, croyez-vous ?*
- *Laissez-moi rêver, Maut ! C'est du rêve qu'ont émergé les plus grandes destinées.*
- *Ce donjuanisme, Monsieur, pourrait m'exaspérer !*
- *Vous avez dit... pourrait... c'est là toute la nuance !*

***

La sonnerie était si forte que Maut, en s'éveillant, crut à un tremblement de terre. Une lumière filtrait au travers des persiennes, insuffisantes cependant pour qu'elle puisse localiser l'emplacement de ce fichu réveil. Elle tapa à gauche, à droite, plus loin, l'engin éructa plusieurs crachouillis d'insatisfaction avant de se figer en un plouf ding ding définitif.

Maut suça son pouce endolori, tout en cherchant l'interrupteur de la lampe de chevet. D'un regard encore somnolent, elle parcourut les murs bleu lavande de cette petite chambre campagnarde. Face à elle était un poster de Django Reinhardt à côté duquel était accrochée une guitare à la physionomie éprouvée. Sur une table, la maquette d'un galion anglais avoisinait deux trophées en argent et une photo de tennisman où elle crut reconnaître Loïc adolescent. Des monceaux de livres étaient empilés au hasard des recoins, là était un harmonica, ailleurs une statuette égyptienne de la déesse Séchât.

« Le souk… une chambre de garçon, quoi » ! se dit Maut, en faisant un effort chancelant pour se mettre debout et gagner la porte de la salle de bain. À peine l'eut-elle poussée qu'elle recula d'appréhension. Les livres en ce lieu occupaient à peu près la totalité de l'espace vital. Elle s'apprêtait à déplacer une pile ou deux pour accéder à la douche, quand elle comprit que c'était plus facile de les enjamber. Elle maugréa sous la première giclée d'eau froide, ce qui eut pour effet de faire jaillir du pommeau une eau chaude suppliciante. Quelques minutes plus tard, le corps ragaillardi et l'œil espiègle, Maut gagna à pas de louve la petite cuisine du mas où la maîtresse de maison, institutrice à la retraite, était affairée.

- *Madame Lavermeil, bonjour… avez-vous bien dormi ?*
- *Oh ! Vous m'avez fait peur, Maut !* sursauta la mère de Loïc qui achevait d'éplucher une pomme de terre. *Installez-vous sur la terrasse, ma fille, je vais vous apporter votre petit déjeuner !*
- *Oh, je suis une grande fille… je puis vous aider !*
- *Vous êtes l'invitée de Loïc, mon enfant, admirez plutôt le beau paysage de nos Alpilles et respirez un grand coup les parfums de lavande !*
- *C'est un mini paradis ici !*
- *Un mini… C'est un paradis tout court, Maut ! Que voulez-vous qu'il y ait de plus au paradis ? On a la lumière, le ciel bleu, les*

cigales, les olives, les galettes à l'anis et le vin rosé !
- Et j'ajouterais, la précieuse bonne humeur ! À quelle heure Loïc sera-t-il là ?
- Il ne va pas tarder, la ville de Salon est à deux bouffées de pipes d'ici. Thé ou café, Maut ?
- Chicorée, si vous avez, Madame. Sinon thé... sans problème...
- J'ai cela, oui ! Puis-je vous demander, Maut, à quelle heure vous vous êtes séparée de ce garnement pour aller dormir ?
- À deux heures du matin, je crois. Nous n'avons pas cessé de discuter sous les étoiles, avec le chant des cigales...C'était bien !
- Tenez, le voilà ! Regardez, la poussière sur la piste, c'est lui ! Il emprunte les chemins de traverse pour couper court.

Bringuebalante, la 2CV Citroën s'arrêta au pied de deux platanes épanouis, dont les troncs énormes marquaient la limite de la propriété. Un Loïc endiablé en descendit, le sourire triomphant :

- Maut, je vous emmène visiter l'abbaye de Montmajour, nous reviendrons par les ruines romaines, le moulin de Daudet, la chapelle saint Sixte et si nous avons le temps, nous...
- Attends... tends... tends un peu mon gars ! Qu'est-ce que c'est que ce dénombrement de besognes à l'usage des pénitenciers, Loïc ? Laisse-la finir de déjeuner cette petite, veux-tu ! Ah, mais... c'est la charge de la cavalerie légère, les délicatesses à la hussarde, date de l'empire, mon cher Murat !
- Oh, oui... Je suis confus, Maut ! Terminez, c'est évident, d'autant que c'est cool... nous avons le temps... Il fait beau !

Maut pouffa de rire et elle dut faire un effort pour ne pas s'étrangler avec son croissant.

- Vous m'accordez... un petit quart d'heure tout de même ? Je vais me changer et je vous rejoins !
- Prenez votre temps, Maut, je vais compléter mon niveau d'huile au garage. Ne m'en veuillez pas... C'est le fait de votre présence qui me trouble, à moins... à moins que ce ne soit ce début d'été. En tous les cas, c'est quelque chose comme ça... peut-être les deux, d'ailleurs !
- Ah ben, ça y est, il est devenu fada ! On dit que les garçons, quand

on leur pince le cœur, c'est le comportement qui dit aïe !
- *Maut éclata de rire. Il agit de la sorte avec toutes les filles ?*
- *Non, jamais ! Il est plutôt macho, vous voyez ! C'est moi la statue, toi tu tiens la plaque en bas, pour que tout le monde me voit. Je le connais comme si je l'avais fait. Il semblerait qu'avec vous il ait trouvé, je dirais... comme une relation d'équilibre, vous voyez ! Le paradoxe, c'est que ça le déstabilise, le pauvre chéri ! Ma grand-mère disait que pour comprendre les hommes, y faut naître avec une zigounette entre les jambes ! Si ce n'est pas le cas, il n'y a plus qu'à se faire une raison. Quand ils veulent bien nous l'accorder... la raison !*

***

L'aqueduc romain se prolongeait jusqu'à un passage creusé à même la roche, il débouchait ensuite sur une série de structures en espaliers ombragés par la végétation. Loïc et Maut s'y engagèrent et parvinrent rapidement au sommet de la falaise, d'où ils pouvaient admirer le paysage provençal. Il faisait chaud, Maut avec des gestes rapides, noua ses cheveux sur l'arrière de sa nuque.

- *Eux aussi, les romains, semblaient se jouer du tonnage en matière d'extraction.*
- *Ils avaient la main-d'œuvre ! Regardez, Maut, le ciment, là... Il est plus dur que la pierre elle-même, laquelle d'ailleurs commence à s'effriter ! Vous vous souvenez de ce que Pline écrivait sur le malte, ce bitume asphaltique glutineux dont se servaient les romains ?*
- *Non, il a tellement écrit... c'était l'Aristote de son temps !*
- *Il prétendait que les mortiers et enduits étaient fait avec de la chaux en mottes que l'on éteignait dans de la lie de vin. Selon lui, on triturait le tout avec de la graisse de porc, des figues et juste avant de l'appliquer, on enduisait les murs de deux couches d'huile. Certains auteurs prétendaient même que l'on y ajoutait des rognons de porcs broyés !*
- *Humm... avec des olives peut-être, ne confondez-vous pas la chose avec une recette culinaire provençale Loïc ?*
- *Je ne pense pas ! Par contre, je connais un petit troquet sympa avec un petit coup de « pastaga » pour faire glisser les olives*

régionales. Ceci étant, si vous y tenez, Maut, aucun problème, on s'attaque au mortier ?
- *Non merci, je craindrais de prendre du poids... optons pour le troquet...mais il est tôt encore.*
- *Vous savez, Maut, ce n'est pas facile à dire, mais j'ai passé en votre compagnie, hier soir, les meilleurs instants de toute ma vie !*
- *Ce fut aussi très agréable pour moi, Loïc ! Je vous rappelle toutefois, que je ne suis qu'une voyageuse de passage... et je tiens à le rester !*
- *Ne vous montrez point aussi impitoyable, Madame, envers l'âme en errance qu'est la mienne ! Ce fut, vous dis-je, une soirée à la fois étrange et merveilleuse, votre présence, les sujets abordés, les délices de l'environnement et puis... le ciel... un ciel étoilé formant diadème autour de votre gracieuse silhouette ! Ajouté à cela, le chant exquis des cigales que magnifiait, Madame, l'intime complicité de la nuit.*
- *Ce serait ma présence, Loïc, qui vous inspire un lyrisme aussi débridé ?*
- *C'est vous, Madame, ou votre nature ! Voyez combien vous émouvez le vulnérable et par trop sensible pastoureau que je suis !*
- *Si c'est un jeu, Loïc, je n'apprécie pas vraiment ! Peut-être cherchez-vous à me faire rire, vous ne réussissez qu'à me troubler. Lors de mon enfance, j'ai embarqué dans le dernier esquif du romantisme et je ne tiens pas à cultiver de manière gratuite ce genre de sentiment, je me relève à peine d'un choc émotionnel foudroyant et...*
- *Pardonnez-moi, Maut, ce n'était de ma part qu'un mimétisme candide de troubadour, dont je perçois soudain l'ambiguïté ! Quelques réminiscences collégiales, je jouais volontiers le ménestrel dans les petits théâtres de village, lorsque j'étais ado... C'était mon évasion, mais je reconnais... !*
- *Ok, ok cher baladin, évitons les cours d'amour, aussi courtoises soient-elles...hein ! Je préférerais que vous me disiez ce que vous comptez faire des esquisses que je vous ai confiées hier soir. Je suis anxieuse de connaître votre point de vue sur le sujet ?*
- *Ah ça, Maut, mais dès demain, je vous le promets, je m'emploierai à rentrer les données sur mon ordinateur. Vos arguments m'ont convaincu... N'en doutez pas ! Maintenant, croyez-moi, je suis aussi impatient que vous pouvez l'être de savoir si ces nombres ont une*

corrélation avec l'architecture générale et si l'application ne souffre de contestations.

- Peut-être trouverez-vous que cela relève de l'obsession, Loïc, mais j'ai un impératif d'ordre personnel à être rassurée sur le sujet ! Enfin sur la fiabilité...vous comprenez !

- Ce que, d'ores et déjà, je puis vous dire, Maut, c'est qu'aucune relation numérique, parmi celles que vous m'avez citées, ne me sont apparues aberrantes. En ce qui concerne le site de Gizeh, notamment, le volume placé en « 3-D » laissera peu de doute sur la faisabilité ou non des hypothèses émises... Pour le reste, nous verrons...

- Vous m'appellerez, Loïc, lorsque vous aurez les premiers résultats... N'est-ce pas ?

- Vous m'amusez, Maut ! On dirait que vous attendez les conclusions d'une consultation obstétrique délicate et que je suis moi, Loïc, le gynécologue en qui vous placez tous vos espoirs !

- C'est mon enfant, Loïc ! Non seulement je désire le mettre au monde, mais je veux qu'il devienne un héros et que sa morale conquière la planète... c'est ambitieux, mais réaliste !

- Je vois... un héros antique ! Eh bien, si c'est le cas, je puis déjà envisager de faire allégeance à votre « baby principe ».

- C'est d'accord, je vous place en premier sur ma liste d'adoubement ! Néanmoins, Loïc, je souhaiterais que nous demeurions lucides et les pieds sur Terre, car la bataille risque d'être chaude. Je suis prévenue que, malgré l'évidence et la pertinence du raisonnement, certains fossoyeurs de notre société ne se laisseront pas facilement convaincre. Ils ont devant la préhension, les dents de la post animalité.

- Nous aurons pour nous la détermination des justes, Maut !

- Avez-vous déjà essayé de tirer un petit animal apeuré d'une situation dangereuse, Loïc ? Il montre crocs et griffes envers la main qui tend à le secourir ? Toute situation nouvelle effraie les esprits grégaires, qui plus est lorsqu'ils ont longtemps mitonné en tant qu'ingrédients dans le potage démocratique ! Selon moi, le plus détestable que l'humanité n'ait jamais produit.

- Le plus détestable... vous ne reculez pas devant les termes ? Pourquoi en vouloir autant à la démocratie, Maut ? Il y a des idéologies beaucoup plus dangereuses, qu'il est inutile, je pense, de vous dépeindre.

- *Plus dangereuses que la démocratie mondialisée actuelle, je n'en vois pas, Loïc ! Cette démocratie comporte deux faces extrêmes, celle du pauvre bougre grugé et celle du profiteur avisé ! Si un voyou en casquette et batte de base-ball se trouve au coin de la rue et vous fait votre portefeuille, vous allez, certes, être choqué dans tous les sens du terme. Mais, sans être moralement acceptable, l'agression s'interprétera par une vision de la vie communautaire, restreinte à l'attitude de certain spécimen peu évolué, dont le profit n'est pas dissociable de l'instinct animalier.*

Par contre, si le voyou en question est l'ecclésiastique qui officie au sanctuaire en chantant des cantiques sur la rédemption des âmes. Vous allez relativiser votre préjudice, pour ne méditer que sur la déchéance des valeurs que vous prêtiez à votre agresseur. Il y a, Loïc, dans les archétypes humains des notions qu'il ne nous faut pas avilir, sous peine d'engendrer un déséquilibre moral. Transférez cette métaphore sur un plan planétaire et vous percevrez pourquoi les individus les plus avisés doutent de ses fondamentaux que l'on prétend plus que jamais démocratiques.

- *La figure est évocatrice, j'en conviens, Maut. Mais reconnaissez que ces propos pourraient passer pour subversifs. Seraient-ils les échos rectifiés des maximes newlooks et autres millénaristes ?*
- *Seraient-elles par ce constat critiquable ? Les hommes ont besoin d'idées, d'évolutions, de références, et que découvrent-ils, que ceux qui les gouvernent sont tristement leurs semblables, et que ces décideurs s'emploient simplement à occuper le pouvoir ? Ce qu'il faut au peuple pour sa gouvernance, c'est la reconnaissance, implicite ou non, d'une autorité morale supérieure à ses propres ambitions.*
- *En quel éden irez-vous cueillir ces prodiges, Maut ?*
- *Loïc, ces références que je propose sont certes peu nombreuses, mais elles existent de par le monde. Parmi les milliards d'individus existants, un faible pourcentage d'hommes et de femmes bénéficient d'un état de conscience supérieur. La population a plus que jamais besoin de ce type de références pour évoluer dans la dignité. La multitude est aujourd'hui disséquée en des couches sociales explosives, mentalement inégales, trop éloignées du seuil de tolérance pour qu'elle puisse espérer une adaptation salutaire.*

- *Maut, oseriez-vous prétendre niveler les inégalités humaines... C'est une tâche titanesque, si elle n'est pas franchement déraisonnable ?*
- *Me penseriez-vous aussi stupide, Loïc ? Il faudrait que j'affiche une prétention délirante et l'idée même véhiculerait son propre échec. Mon intention n'est pas de gommer les inégalités, je laisse ça à l'utopie communiste, si tant est qu'elle existe encore ! Mon engagement est axé sur la dangerosité de cette politique mondialiste et financière, qui accentue par ses manœuvres spécieuses un déséquilibre grandissant.*

Face à ces non-sens cumulés, à cette prolifération nataliste apocalyptique, à ce désenchantement populaire, à cette disparité riches, pauvres, nous avons, nous êtres humains, nécessité à changer d'optique sociétale et prendre notre destin en main.

- *Sur ce point spécifique, Maut, je vous rejoins ! Je pense que cette masse, sans cesse croissante, d'êtres humains démunis de toutes aspirations, reléguées hors des courants vitaux et culturels, représente un véritable danger migratoire.*
- *C'est plus que ça, Loïc... C'est une gageure explosive et personne ne le proclame sans risques ! En l'état de paupérisme chronique où une grande partie de la population est tenue de vivre, elle n'a même plus le courage de la dissidence. Cela face à un occident repu, sénile, alangui, qui s'enrichit moins des fruits de son labeur que de sa spéculation boursière.*
- *Je sais, Maut, je suis conscient d'une telle calamité. J'ai même entendu dire que certains pensent, sans état d'âme, que le moment venu, il y aura toujours la possibilité d'une extinction de ces populations par des moyens cataclysmiques qu'ils envisagent chimiques, nucléaires, bactériologiques ou je ne sais quelles autres abominations.*
- *La sottise n'a pas de borne, Loïc ! Mais le moment venu, les bombes nucléaires ne régleront rien ! Pour l'excellente raison que la dispersion et les retombées radioactives n'épargneraient pas les donneurs d'ordres. Les particules résiduelles ne se limiteraient pas à un territoire quel qu'il soit, elles mettraient toutes vies sur Terre en danger. Il en va de même pour les bactéries, les miasmes ainsi générés, n'auraient pas plus de frontières que de sélectivités*

génétiques. Quant aux solutions chimiques, ces millions de cadavres engendreraient des épidémies à grande échelle, dont on ne peut pas préjuger des limites. Toutes ces mesures autant empiriques que criminelles ne sont pas des solutions, elles ne peuvent qu'émerger de cervelles de céphalopodes à prétention humaine.
- Si je suis votre raisonnement, Maut, nous, les nantis, j'emploie ce terme à dessein eu égard à ce que nous décrivons, nous n'aurions à notre disposition que des méthodes conventionnelles pardonnez-moi le terme, pour faire face aux hordes d'un futur surpeuplé ?
- Dans un conflit que vous qualifiez de conventionnel, Loïc, la masse finit toujours par triompher, précisément parce qu'elle est la masse, le nombre ! Le drame, Loïc, c'est que si l'on donne à cette masse la possibilité d'évoluer... ce sera pire !
- Pire... qu'entendez-vous par là ... qu'il nous faut laisser faire ?
- Réalisez que nous, les 20%, possesseurs des techniques et des industries, profitons à 80% des richesses de la planète. Si demain, et en toute logique des choses, les pays considérés émergents venaient à bousculer les indices et qu'ils deviennent eux aussi, pollueurs consommateurs à égalité de notre soi-disant opulence, il nous faudrait alors deux à trois planètes supplémentaires pour satisfaire à cette demande de consommation et aux nuisances inhérentes quelle engendre. Ou les prendrions-nous... Loïc... ces deux Terres ?
- Bravo, pour ce pragmatisme analytique, Maut, j'admets la valeur synthétique du raisonnement, mais alors, avez-vous une solution qui demeure humaine ? Préconisez-vous une formule pour sortir de ce dilemme cornélien ?
- La formule réside d'abord et avant tout dans une prise de conscience, et nous en sommes loin. Il nous faut envisager une réforme en profondeur des structures. Établir à l'échelle planétaire une synarchie d'un autre niveau de conscience, qui se soucierait d'intérêts généraux plus que d'intérêts individuels. Ces gens-là existent, ils ont les compétences requises, il nous faut les trouver et les mettre à la place des carriéristes litigieux. Plus nous tarderons à admettre cette évidence, moins nous aurons de chance d'y recourir. En d'autres termes, sans l'arrachage du pansement, sans l'amputation de notre mode de vie actuel, la gangrène nous sera fatale... si elle ne l'est déjà avec la moitié du monde propriété des 1% !
- La suggestion est osée, Maut, je dois reconnaître qu'elle ne

manque pas de réalisme et peut-être d'objectivité. Il me faudrait y réfléchir plus profondément.
- *Peut-être d'objectivité, dites-vous ! Je suis en deçà de la vérité, Loïc ! En Europe de l'ouest, plus de 85% de nos produits de consommation courante viennent d'Asie, et notamment de Chine, le coût de la main d'œuvre étant, comme vous le savez, moins élevé que chez nous. Raisonnablement, que croyez-vous qu'il se passera dans les années à venir ?*
- *Il est exact que leur niveau de vie s'élèvera, ce qui est légitime, et par effet de réciprocité le nôtre baissera. Ce sont eux qui rachèteront aux files des ans nos industries, nos œuvres d'arts, nos commerces dans lesquelles ils placeront leur personnel. C'est déjà le ca, laisse-t'on entendre !*
- *Exactement ! Nous serons contraint de vendre nos propriétés, nos usines, nos trésors culturels un à un et cela dans le seul but de nous maintenir à niveau le plus longtemps possible avant... l'hallali ! Entendez-vous beaucoup d'émissions sur cet important problème dû à cette histoire de vases communicants ? Non, et pour cause, la finance veille, il faut entretenir le moral du consommateur pour puiser en sa bourse jusqu'à la lie ! Face à cela, les rues sont pleines d'ouvriers revendiquant pour que soit maintenu leur statut social. Combien de fois ai-je eu envie de hurler « Pauvres gens, ouvrez les yeux, vous vous trompez de cible ! Le problème n'est pas celui de votre usine en perdition, demain ce sera une autre, puis une autre, le problème est à l'échelle de la planète. Vous tentez de secouer votre paillasson, considérant à juste titre que vos employeurs l'ont éclaboussé. Mais un tsunami se pointe à l'horizon, il ne sera bientôt plus question de paillasson souillé, mais de tenter de repérer, après la catastrophe, l'emplacement de votre demeure » !*
- *Maut ! Peut-on reprocher à ces gens versés dans le désarroi de tenter de pallier aux réalités du moment ? Et puis, sommes-nous suffisamment informés des tractations, contrats secrets et privilèges qui influent sur les pouvoirs de décisions !*
- *Même si nous en ignorons les mécanismes, ce sont ces comportements crapuleux qui sont à l'origine de ces situations délétères. La vision de maîtrise que nous inspirent les financiers ne sont que mesures dilatoires et à court terme. Il est plus facile de pérorer en des discours lénifiants que de dénouer les fallacieux écheveaux en lequel nous évoluons.*

- Maut, raisonnablement, quelle force au monde pourriez-vous invoquer pour prétendre à un pouvoir d'injonction. Nul n'en aurait la puissance et l'efficacité... Vous ne pouvez l'ignorez ?
- Internet... Le robot tuera un jour le roboticien, n'en n'avons-nous pas avec les drones la preuve concrète ?
- Miseriez-vous sur la possibilité que nous offre le cyberespace, ce monde est sélectif, puissant, mais il est lui aussi partiellement corrompu, Maut !
- C'est un colosse aux pieds d'argile, Loïc ! Une poignée de hackers moralement bien intentionnés peuvent à eux seul changer le monde de demain, donc... tout peut arriver.
- Je vois que vous maîtrisez vos projets avec une belle aptitude et un certain déterminisme, mais le voile que vous manipulé est miné, Maut.
- Le démineur est généralement beaucoup plus compétant que le poseur de mines, Loïc ! Je tiens à vous préciser que seulement deux facteurs peuvent enrayer le processus de désagrégation en lequel les matérialistes nous précipitent.
- Seulement deux ! Une telle assurance tient de la divination, Maut... Je vous écoute !
- La première est une conjecture peu souhaitable et elle ne dépend pas de la volonté humaine : Ce pourrait être une catastrophe planétaire, genre impact de surface, occasionnée par des volées d'astéroïdes ou l'impact d'un géocroiseur. Il détruirait les deux tiers de la vie sur Terre et obligerait la population épargnée à retourner aux cavernes avec une reconversion du système évolutif. C'est déjà arrivé plusieurs fois à la Terre dans la nuit des temps, ces preuves existent encore, mais elles ne sont pas divulguées.
- Cette éventualité, Maut, est sans doute la plus terrifiante ! La seconde... serait-elle plus soft à vos yeux ?
- La seconde solution n'a rien de dramatique, Loïc, c'est celle pour laquelle je milite et elle n'est pas une vue de l'esprit. Elle est subordonnée à la résurgence dans l'esprit de nos contemporains d'un « Principe Créateur ». La légitimation scientifique d'une telle remise en question pourrait être facilement démontrée et corroborée par des preuves scientifiques irréfutables, mathématiques, incontournables. Elles émaneraient en partie du plus vieux monument du monde, qui est le pactole de l'humanité. Ce type de révélation devrait changer l'état d'esprit de notre planète de la façon

la plus radicale, la plus logique et la plus pacifique qui soit !
- *Houlà, un retour à un messianisme culturel, alors, ou à un mysticisme ?*
- *Oui, peut-être, mais sans fanatisme religieux, dans la pure tradition humaniste ! Se perpétueraient alors, sans altérations, les témoignages respectueux des prophètes qui ont tracé à travers les siècles les voies de la spiritualité. Il n'est nullement question de détruire les bases, il est au contraire question de les étayer d'une réalité nouvelle et de puiser en elles les assises d'un syncrétisme spirituel.*
- *Maut, vous me semblez augurer sur un engouement, sur une prise de conscience collective qui modifierait les comportements... Soit. Mais ceux-ci sont enracinés depuis des lustres, dans des réseaux inextricables... Avez-vous suffisamment réfléchi à cela ?*
- *Rien ne vous oblige à adhérer à ce projet, Loïc ! Il y a un vieux proverbe chinois qui dit ceci : « Dans un fleuve en crue, lorsqu'un homme se noie, il se raccroche aux serpents ». Ce que je propose en toute humilité, c'est qu'avant que ne vienne ce déluge et à la place des serpents, de mettre à disposition toute une flottille de preuves et des bouées de sauvetages à l'image de la Grande Pyramide émergeant des eaux.*
- *Beaucoup pourraient imaginer que la Grande Pyramide est un lest très lourd à positionner. Vous, Maut, vous en faites un ballon sonde !*
- *La pyramide procède de ces deux fonctions, en effet, Loïc, cela dépend de la culture de l'individu et du regard qu'il porte sur la nature des choses.*
- *Maut ! En faisant abstraction de l'aspect religieux, toujours délicat, on peut admettre en effet une adhésion de principe de la part d'une fraction de la population et peut-être de quelques intellectuels courageux. Mais comment imaginer que ceux qui détiennent les rênes des exploitations commerciales, dont seule la mort défait la frénésie du gain, sacrifient leurs prérogatives pour une idéologie qui les desservirait. Vous savez comme moi que l'emprise qu'ils exploitent est un parangon si puissant qu'il exerce une fixation psychotique sur l'évolution des sociétés.*
- *Je vous l'ai dit, Loïc, à l'heure d'Internet, tout évènement peut du jour au lendemain prendre une connotation différente et inattendue. Ceux qui, aujourd'hui, manipulent les ficelles du théâtre de*

marionnettes que nous sommes, peuvent très bien opter pour une attitude plus aventureuse. J'ose même penser qu'ils l'attendent... car il n'y a plus de solutions cohérentes. On leur en prête, certes, mais ils n'en ont pas davantage que l'homme de la rue.
- Il me semble, Maud, qu'au-delà des formules vous avez un plan d'action !
- Oui vous devez le discerner à travers mes évocations, Loïc. Croyez-vous, que ces gens fortunés que l'on évoquait il y a un instant, ne se rendent pas compte du danger démographique et de la déliquescence morale de la société actuelle ? Croyez-vous qu'ils soient certains d'échapper aux conséquences que cette situation engendre et engendrera au centuple ?
- C'est possible, mais ils s'en tireront toujours mieux que les autres avec leur argent !
- Non ! Les risques qu'ils encourent vont au-delà de leur système protecteur, et je pense que certains d'entre eux commencent à être réceptifs à cette menace. Ensuite, Loïc, il nous faudra séduire les intellectuels les moins asservis par le système en place, ils devront voir en ce manifeste une issue possible pour une planète en perdition. Si seulement quelques-uns parmi eux ont le courage d'adhérer à cette reconversion par le haut, le reste de la société, je l'espère, saisira cette opportunité.
- Je vois que vous m'avez inclus d'office en votre entreprise ! Si je vous résume, Maut, vous pensez qu'à la suite de ces « révélations » notre civilisation aura un état d'esprit plus cohérent, qu'elle sera à même de rehausser en partie sa moralité défaillante et d'exercer une refonte de ses lois et procédés. Mais c'est miser sur une ouverture d'esprit que l'on ne peut soupçonner aujourd'hui en elle ?
- En mettant le doigt sur le mal et en l'enfonçant dans la plaie, nous devrions provoquer une sensibilisation médiatique ! Vous n'ignorez pas, Loïc, que les médias ont désormais une influence déterminante sur les choix qu'effectuent les populations.

Si ces médias ont jusque-là été capables d'entretenir un assujettissement chronique des populations, c'est la preuve qu'ils sont capables du contraire. Or, comme le yin et le yang, le bien est intimement lié au mal. Aujourd'hui, les entreprises qui ont pour dessein de servir des intérêts particuliers peuvent, demain, sur le bord du gouffre, servir la communauté en général, ce n'est qu'une question de prise de conscience. La léthargie en laquelle nous sombrons comporte ceci d'originale, c'est qu'elle ne nous offre plus que deux finalités au choix : La mort par inaction chronique ou la vie par réflexe !

- Je ne peux qu'être d'accord avec vous, Maut, sur les maux dont souffre l'humanité et sur l'urgence qu'il y a à tenter de les traiter. Mais, je ne vous cache pas que les méthodes que vous exposez m'apparaissent encore problématiques, incertaines, confuses par rapport à l'importance de l'enjeu !
- C'est vrai, Loïc ! Il nous faudra de la conviction, de la volonté. « Lorsque la prudence est partout, le courage n'est nulle part », disait le cardinal Macier !
- Bon, admettons... Quelle serait alors votre stratégie dans l'immédiat ?
- Il nous faut parvenir à convaincre ces femmes et ces hommes encore en état de penser et d'espérer que le monde peut être sauvé grâce à un renouveau spirituel. Espérons-le, un tel témoignage extrait de la nuit des temps entraînera un programme adapté aux aspirations d'équité d'une très large population. Nous devons alors axer notre système de valeur sur « une raison de vivre », plutôt que sur « la nécessité de vivre ».
- Belle formule...le tout est qu'elle ne demeure pas une formule.
- Cela constitue une gageure, j'en suis consciente ! Mais il n'y a plus d'autre choix, Loïc... plus... d'autre...choix ! Dans quelques années, il sera trop tard... s'il n'est pas déjà implicitement trop tard !
- Le côté chimérique d'une adhésion collective et spontanée mis à part, Maut, vous admettrez qu'un tel programme est en partie conditionné par la véracité des révélations dont vous m'avez confié l'étude ! Or, celles-ci peuvent être confirmées ou infirmées par les calculs de probabilités ! Si ces calculs que nous nous apprêtons à effectuer se révèlent tangents, nos adversaires ne manqueront pas de souligner le caractère grotesque, voire irrationnel de ces coïncidences ! Ils prétendront que ceux qui les promulguent sont atteints de déprédation mentale et ils crieront aussitôt à l'arbitraire, si ce n'est à l'imposture !
- Un pas de plus, Loïc, et vous me classez parmi les innombrables mythomanes qui explorent de leurs fantasmes les faiblesses de la condition humaine !

- *Ne vous indignez pas, Maut ! Préféreriez-vous avoir comme collaborateur quelqu'un qui gobe le moindre de vos propos sans en mesurer le bien-fondé ! Celui-là ne mériterait pas votre considération, mais seulement votre indulgence et cela ne résoudrait aucun problème.*
- *Vous voulez mon avis, Loïc ? Je pense que, malgré cette assistance divine, je suis bien seule et bien fragile pour entreprendre pareille aventure. Par contre, si je descends en l'intimité de ma conscience, je ressens en moi une force capable de bousculer les montagnes !*
- *Si cette reconversion à laquelle vous aspirez ne pouvait, pour mille raisons, atteindre son but, pensez-vous que dans les années à venir, nous connaîtrions... un point de non-retour ?*
- *Nous l'avons peut-être déjà atteint, Loïc. La situation est préoccupante, nous sommes entrés de plein pied dans cette phase d'urgence ! Elle n'apparaît pas dans ce ronron quotidien chargé d'ébaudir le peuple. Aujourd'hui l'arsenal thermonucléaire, les armes à plasma, les bombes à fission, à neutrons, les propulseurs M-H-D, Les drones programmés, les gaz ou acides, les ondes bases-fréquence, la fusion froide, les canons magnétiques, l'usage inconsidéré des nanotechnologies, les sur-unitaires et la recherche en application des particules d'antimatière par triage électromagnétique constituent une véritable épée de Damoclès. Sans compter les triturations virales ou bactériennes qui peuvent nous mener à une impasse thérapeutique.*
- *Maut, permettez-moi cette parenthèse, je suis décontenancé par le non-conformisme de vos propos ! Vous êtes apparemment si fragile, si douce, si féminine... et soudain, vous vous métamorphosez en passionaria ; Vous fustigez les uns, encensez les autres, vous vous érigez en un tourbillon ascendant de connaissances, puis brusquement, presque sans transition, vous redevenez la petite fille qui s'étouffe de rire en mangeant sa tartine. Comment faites-vous pour être à la fois cette devineresse émergeant, impromptue, de l'univers glauque de nos sociétés, pour brandir le spectre de la déchéance et, un instant après, incarner cette jeune femme belle, spirituelle et parfaitement incorporée, avec laquelle on aimerait vivre ? Pardonnez-moi ce panégyrique, mais vous êtes, Maut, la personne la plus fascinante que j'aie jamais rencontrée.*
- *Je... vous... me troublez, Loïc, je ne suis... pas... je...vous*

assure…
- *Voyez… votre soudain désarroi confirme mes dires. Lors de ce reportage en Égypte, que nous avons effectué l'un et l'autre, sans nous connaître, vous fûtes victime d'un stupide accident dont je n'ai pas été témoin visuel. Par contre, quelques minutes plus tard, j'assistai à votre sauvetage par une équipe de secouristes. Sans doute allez-vous rire de la chose, mais, à ce moment précis, j'ai eu l'étrange sentiment que l'on remontait de la fosse des âges une entité infiniment précieuse que la Terre venait de libérer. J'ai aussitôt chassé ce sentiment absurde en le mettant sur le compte de l'émotion et du contexte dans lequel il se déroulait. Maintenant, Maut, je sais qu'il était fondé et que le hasard devait nous réunir au-delà du temps et des distances.*

Maut ne répondit pas. Elle pivota sur elle-même d'un quart de cercle et parcourut d'un regard luisant les reliefs pâles de ces roches tourmentées, au pied desquelles s'esquissaient la violine zébrure des lavandes.

- *Un jour proche, Loïc, je vous raconterai une histoire étrange, la plus étrange que vous n'ayez jamais entendue ! Elle vous plongera en un univers de doute où seul l'amour constitue le chemin de l'espoir.*
- *Vous m'effrayez, Maut ! Qui êtes-vous donc… une incarnation divine ?*
- *Non ! Mais j'ai été en relation intime avec des entités qui leur sont proches ! Maintenant, il se fait tard, Loïc, et je dois regagner Lyon avant la nuit. Nous aurons d'autres occasions, je l'espère, de poursuivre cette conversation.*

***

Cette demeure renaissance était située en Lucanie au centre d'un vaste domaine, sur la côte italienne du golfe de Tarente. Nicolas Désiré Maléchristé s'apprêtait à donner en ces lieux un conseil de presse privé à une échelle européenne. Comme chaque année, il avait convoqué, ses patrons de quotidiens, de magazines, de chaînes télévisées et ses pondeurs de pub aux œufs d'or, comme lui-même les appelait. D'autres, parmi ses commensaux, étaient tenus d'organiser des divertissements, pour maintenir le peuple dans cet apaisant bien-être que procure le devoir de consommation. Ceux qui étaient aguerris à certaines pratiques nommaient cet exercice périodique « le plumage », ce qui faisait penser aux pigeons. Au nombre d'une quarantaine, les convives étaient répartis au hasard des sièges situés dans la salle des doges. D'imposantes tapisseries murales donnaient une note culturelle, que n'aurait pas désavouée en son temps le sieur Machiavel.

Une humble estrade à la rusticité provocatrice attendait d'accueillir la voix jupitérienne de l'un des ténors des perspectives futuristes, cloné aux techniques de pointes du politiquement correct. Le costume sombre à fines rayure blanche, la cravate foudroyante, Nicolas le Boss, comme l'appelaient familièrement ses ouailles, gravit d'un pas véloce l'unique marche du podium, pour venir statufier son look de PDG dynamique, devant la flèche sycophante de l'amplificateur de voies :

- *Salut à vous, mes chers complices. Vous avez su vous affranchir des frontières pour savoir comment intensifier la profitabilité de nos affaires, je vous en félicite. À l'exemple des années précédentes, je n'emprunterai pas les gants de velours du protocole hiérarchique pour ausculter nos activités que certains prétendent inavouables. Vous savez que ce sont les mêmes qui, tout en honorant nos intérêts, désirent garder un hymen de probité.*

Il y eut sur la droite un rire d'approbation !

Étant entre nous, il va de nos intérêts d'aborder les problèmes, sans minauder dans la dentelle. Vous n'ignorez pas que c'est en tranchant les difficultés, plutôt que de cultiver les rondeurs du langage, que nous ferons décoller nos trafics et flotter nos marchandises. Si notre négoce prospère, nous le devons à une stratégie commune, directe, fraternelle et solidaire. N'oubliez pas que vos cols blancs de subordonnés, directeurs de radios, télés, journaux et revues, se doivent d'appliquer la politique qui est la nôtre et non pas la leur, comme ils auraient parfois tendance à l'imaginer !

En résumé...c'est nous le pognon... donc...c'est nous l'autorité.

Cette politique, je tiens à ce que nous la définissons ensemble et le plus fermement possible. Il n'est pas question que j'entende : « Oui, mais dans tel pays les tendances vont vers ceci ou cela... » Non... La politique, c'est nous et nous seuls qui l'influençons de manière directe ou indirecte. Pour être efficace, nos déterminations doivent être communes, mêmes si nos stratégies sont différentes, selon les genres que nous exploitons. C'est la manière la plus sûre pour influer sur les courants officiels qui pourrait s'aviser de contrarier nos projets.

Tout cela, vous le savez. Mais il est bon de le rappeler au passage. Passons aux questions maintenant : Polo, tu lèves la main, ce n'est pas pour aller pisser... j'espère...

- Tu devrais savoir, Nicolas, que depuis que l'on me surnomme « le clébard », pour aller pisser, je ne lève plus la main, mais la patte !

La réponse engendra de large sourires et quelques rires de complicité.

- Oui, je connais ta réputation. Alors, qu'elle est ta question ?
- Souvent interpellés, mes directeurs me disent qu'il y a des réclamations de lecteurs au sujet par exemple des problèmes écolos... Tu vois... dans le genre : « Vous consacrez quatre colonnes à la une, pour la victoire du Réal et sept lignes en page quatre pour dire que la moitié des massifs coralliens ont disparu en deux ans ! » J'aimerais avoir ton point de vue là-dessus... par rapport à l'attitude à adopter !
- Mon point de vue, Polo, c'est qu'il exagère ton directeur de gazette, sept lignes... Il aurait dû en consacrer dix pour les coraux et insérer l'article en page trois... pas en page sept. Soyons sérieux, Polo, les seuls Verts Écolo que nous nous devons de considérer s'énumèrent facilement ; il y a le cannabis, le chiendent et le chanvre indien, à nous d'apprendre à distinguer les plantes pour faire « le joint »...avec les lecteurs !

Cette phrase amphigourique déclencha les rires unanimes !

- *Ce n'est pas une réponse, boss... Qu'est-ce que je dois leur dire, à mes pingouins ?*
- *Dis-leur qu'il faut minimiser tout ce qui est dégâts écologiques... Pourquoi... eh bien, ça va de soi ! Si on veut que la consommation augmente sans créer de problèmes, il ne faut pas jeter l'huile sur feu, pour voir comment ça fait. Rendez compte, pour que l'on ne puisse pas nous reprocher notre indifférence, mais quelques lignes... c'est tout. Notre boulot, ce n'est pas de recoudre la couche d'ozone, c'est de vendre des tranquillisants... intellectuels.*

En cette fin de phrase, il y eut seulement quelques petits ricanements étouffés, avant que le boss ne poursuive.

Écolos, anti-nucléaires, anti OGM... c'est la chienlit... Ben oui, mes chers auxiliaires, mais faut faire avec... C'est à nous de tempérer leurs débordements. La seule parade, si on ne veut pas les voir défiler avec leurs pancartes, c'est de ne pas donner grand crédit à leurs manifestations. Exemples : s'ils arrachent un champ d'OGM... dix lignes, ça ne mérite pas plus, pour signaler la chose, c'est tout. Par contre, s'ils cassent un rayon dans un grand magasin, alors là... trois pages. Évoquez les Droits de l'Homme, la liberté pour chacun d'exercer un commerce, le libre-échange, l'indignation populaire, les méthodes terroristes face à la libre entreprise ! Enfin bon, vous connaissez la musique ! En ce qui concerne les OGM, parlez-en tout de même...autrement la clique au José nous tomberait dessus en criant à la dissimulation ! Mais parlez-en sans parti pris, juste ce qu'il faut, information réduite, très localisée et surtout sans ramifications hasardeuses, dans le genre :« Cela nous rappelle une fâcheuse affaire... na na na ! Ou encore : « Nous savons que les céréales ainsi traitées interdisent le réensemencement et profitent aux firmes exploitantes... Non, foutre du Diable ! » On ne va pas se tirer une balle dans le pied pour voir si ça saigne. Les gouvernants sont pourris, le mazout fait la guerre, les usines partent en couilles... Ya plus de boulot, ben oui, le pouvoir est aux mains des marioles... et alors... la démocratie...c'est capitalisme...non !

Il se fit entendre quelques rires mitigés sur la gauche, l'un deux persévéra innocemment jusqu'à la reprise de parole.

Quant au nucléaire, ne fouillons pas dans cette gadoue, laissons ces sucettes aux routards de la politique ! Que, de temps en temps, une fraction de chez nous les aide à transporter leurs poubelles pour les enfouir en Afrique ou les couler au large des côtes... c'est d'accord. Mais, il leur faut savoir renvoyer la balle de service, on ne fait pas dans pas le gratuit ! Par contre, il est vrai qu'à force de jouer aux cons, avec le nucléaire, y peuvent très bien faire péter la marmite... mais pour nous motus. Discrétion, on n'informe pas... d'ailleurs, on ne sait pas, puisque on ne nous dit rien...

- Ouais Boss...mais ça sent déjà le bouc par endroits et ça freine la confiance, cette saloperie de nucléaire, les gens commencent à avoir des doutes sur la fiabilité... Regarde le Japon et la Corée du nord !
- Il n'y a pas que le nucléaire comme saloperie, crois-moi... Bon, passons à autre chose ! L'autre problème, c'est la place réservée aux sports ! L'empereur Julien disait : « Donnez-leur du pain et des jeux ! » Il avait tout compris, celui-là.

Un ricanement de complicité se manifesta dans le fond de la salle !

Eh bien, oui, les jeux... le football, par exemple ! Savez-vous comment cela a commencé ?

Un jour, y'a de ça un million d'années, un homo-erectus, pour se faire mater par quelques gonzesses en relief, a shooté dans un testicule de mammouth... comme ça pour flamber et celui-là est passé entre deux défenses ! Le coup les a tellement fait rire, qu'ils ont remis ça des millénaires durant, cela n'a jamais cessé jusqu'à aujourd'hui. Pour nous un tel héritage est rentable, les enfants qui cousent les peaux autour des ballons, la pub, les transferts de joueurs, la vente aux chaînes télés, les gadgets, la frénésie générale, les jeux d'argents. De quoi se plaint-on, mes chers compères ? On a beau surpayer les joueurs, les changer au point qu'il y en ait plus un qui appartienne à sa nationalité d'origine, ils continuent à brandir le drapeau du pays, et même pour ça, à se foutre sur la gueule... jusqu'à s'entre-tuer ! Qu'est-ce que vous voulez que je vous dise ? On ne va tout de même pas bouffer la poule... parce qu'elle pond trop d'œufs...hein !

Il y eut un rire général, qui sembla approuver cette description pittoresque. L'orateur poursuivit :

Alors, moralité je vous le dis : Pour les sports de masse, vous donnez à fond la caisse ! Pendant qu'ils discutent des heures entières sur l'avant-centre qui s'est démis la clavicule, ils ne pensent pas à leur planète qui se pourrit, au ministre qui missile ses tartines, aux noirs qui manquent de flotte ou toute autre chose, qui pourrait faire réfléchir. Pour les radios, en plus du foot et de la Pub parlez abondement du tennis, encensez la fibre patriotique, même s'ils non jamais gagné un tournoi, ça fait espérer. Faites des rétrospectives en rallonge dans le domaine morphologique, en meublant ainsi le temps, ça laisse supposer que le monde va bien, si non, la probité journalistique s'attarderait sur des phénomènes de société plus inquiétants et ce n'est pas le cas. Par ailleurs, n'allez pas vous triturer la cervelle sur l'impécuniosité du Tiers-Monde ! À titre d'exemple, il y a un siècle, les nègres avaient six dollars pour vivre une année durant. Maintenant, ils ont 28 dollars et plus, parfois 30, leur pouvoir d'achat a quintuplé et y continuent à plaindre misère. Même aux États-Unis le pouvoir d'achat n'a pas quintuplé, y faut être logique, tout de même ! J'ajouterai que, bien souvent, ce sont nos entreprises privées qui, par commisération, par miséricorde allons leur proposer des petits boulots. On a été jusqu'à amener l'eau à des endroits où il n'y avait pas assez de puits pour faire boire leurs bestioles, c'est vrai qu'ils nous les refourguaient pour faire du pâté aux chiens. Mais il y a toujours quelques intraitables pour critiquer : Eh bien, moi, messieurs, j'affirme que nous sommes des mécènes, des altruistes, des philanthropes, des bienfaiteurs de l'humanité ! Avec nos multinationales, nous osons aller chercher la main d'œuvre... là... où personne ne va !

Cette harangue éminemment provocatrice déclencha de chaleureux applaudissements ! Puis il y eut une sorte de brouhaha rigolard et démystificateur !

Un peu d'attention, s'il-vous-plait. Ceci me fait penser qu'il vous faut sans cesse rappeler à vos téléspectateurs ou autres lecteurs que nous sommes en démocratie ! Ne critiquez pas ouvertement les tendances extrême gauche et extrême droite, ou alors par petites touches. La catastrophe pour nous serait de laisser la place vide, on ne sait jamais quel autre guignol pourrait s'y asseoir. Dites et redites le pouvoir du peuple, le peuple est souverain, les politiques ont été élus au suffrage universel, c'est la volonté du peuple, insistez sur la volonté... Le peuple, son choix, dites : Nous sommes l'expression de la détermination populaire, ça sonne bien...non ! Si vous traitez de la politique, des finances et surtout des affaires, utilisez abondamment les mots justice sociale, transparence, souvent transparence, égalité, droits pour tous ! Mettez le mot « croissance » à toutes les sauces, ce terme doit s'insérer tel un leitmotiv dans vos articles et émissions. C'est parfois difficile, mais ça fait diversion, ça désoriente, ça déstabilise, ça affaiblit les attaques... C'est beau la croissance, même si elle est de 0,1 pour cent, c'est beau ! Ça, c'est votre boulot ! Pourquoi ? Eh bien, le lecteur qui, en grattant bien, trouverait matière à critiquer, devant une telle avalanche d'impartialité, de droiture, de bon sens, de liberté d'expression, en un mot de démocratie... Y prend peur, le lecteur ! Dans le monde que vous aurez purifié et idéalisé, y se dit que c'est lui qui ne va pas bien, c'est lui l'anormalité, l'anomalie, la singularité, c'est lui ! Alors qu'est-ce qui fait le lecteur, il ne critique plus, il s'étouffe... et oui... il s'étouffe, le lecteur ! Même si, plus tard, il va rejoindre les 70% qui ne votent pas, pour nous ce n'est pas grave, au contraire, c'est son choix... de citoyen ! Quand ils sont seulement un petit nombre de votants, on peut mieux les driver vers la bonne parole ! Être élu avec dix voix ou cent mille, on s'en fout, le principal, c'est d'être aux manettes. C'est ça, la démocratie... offrir le choix, en conseillant... en toute liberté...

Des applaudissements clairsemés, mais brefs, se firent entendre sur la droite, puis il y eu un intervenant :

- *Et la culture, Nicolas, tu peux nous en dire deux mots ?*
- *Celle du pavot ou celle de Périclès ?*
- *Celle du Grec... ça sera plus folklo !*

Une multitude de plaisanteries persistèrent jusqu'à la reprise de parole.

- *La culture avec un grand « C », ça n'existe pas. Il y a deux formes* de culture, messieurs ! La planète est meublée de barjos. Certains, si tu leur demandes le résultat que produit 1 + 2, tu les tues par liquéfaction instantanée de la masse cérébrale. Les mêmes, placés devant une paire de fesses, trouvent la solution plus vite que les machines électroniques. Moralité : par simple déontologie, vous ne devez pas brimer la facilité d'assimilation culturelle d'une partie importante de la population ! D'ailleurs, la première syllabe du mot « culture » vous donne la note. La complexité, en ce qui concerne la diversité, c'est qu'ils sont seulement 98% à penser en fonction de la paire de fesses. Efforcez-vous alors de réaliser 2% de culture diversifiée, ce qui donnera satisfaction à tout le monde !

Il y eut des rires cauteleux… certains gras, et un petit ricanement persistant venant d'on ne sait d'où !

- *Et pour la politique internationale, Boss… Vue la conjoncture, tu conseilles quelle attitude ?*
- *Considérée de notre estrade, la politique, est en tout point comparable à un éléphant dans un magasin de porcelaine. Je m'explique : la porcelaine, c'est tout ce qui nous entoure, ce sont les coupes à saisir avec délicatesse ou les plats à tartes à éviter avec souplesse. Nous, nous ne sommes pas l'animal entier, non, nous laissons aux politiques les défenses, par exemple ! Nous nous octroyons la trompe pour appréhender les choses au mieux, les oreilles pour écouter, les bruits de couloirs. Nous abandonnons le reste du corps aux théoriciens de tous poils. Pourquoi ? Eh bien, parce qu'avec la trompe nous donnons des friandises, nous grattons les dos, nous retournons les vestes. Avec les oreilles, nous écoutons, cachons les yeux et nous ventilons les cervelles, quand y fait trop chaud. Avec la queue, nous écrivons ou nous effaçons, selon les opportunités ! Ça explique pourquoi les éléphants qui ont le poil à gauche, comme ceux qui ont le poil à droite, sont toujours peignés par « le milieu » de la même façon.*

En fin de propos, le Boss décela quelques attitudes interrogatives, mais il y prêta peu d'attention avant qu'une voix ne s'élève !

- *Et le sexe, patron, il est à qui… celui-là ?*

La brutalité de la question et son côté grivois suscita un rire général, mais le Boss ne sembla nullement déstabilisé !

- Ah...il n'est pas à nous, cher confrère ! Nous, nous avons seulement le caleçon qui contient le sexe ! Nous avons la marque Tapin, qui ne fabrique que les tailles X. Tous nos caleçons se boutonnent par-devant, avec nos modèles baptisés : Boites de nuit - Came - Jeux - Racket ! Nos couleurs préférées, c'est argent ou pavot - mais notre choix se porte en général sur la blanche ! Pour ce qui est des motifs ; nos préférences vont vers les ronds que les clients échangent parfois contre des petits rectangles verts chers à leurs cœurs. Mais jamais nous ne donnons dans la rayure... C'est comme ça... par superstition !

À défaut d'applaudissements, de petits rires graveleux se firent entendre, dont un ou deux demeurèrent étonnement persistants !

- Ah, t'es plein d'humour, notre Boss ! Mais ça ne nous dit pas comment nous devons agir... selon les circonstances ?
- Ça, mes chers hominiens, c'est de la haute stratégie que doivent suivre des gens comme vous ! Si l'éléphant en question va à gauche, vous dites qu'il va à gauche ! Si l'éléphant va à droite, vous dites qu'il va à droite ! Mais si l'éléphant va au centre, dites qu'il va un peu à gauche ou un peu à droite, ça intrigue, ça provoque sur le plan de l'information et surtout... çà fidélise !
- Et pourquoi tu insistes sur le milieu... Président ?
- Parce-que nous sommes des gens du milieu...nous, il ne faut pas se voiler la face ! Il nous faut utiliser la stratégie de la lance et du bouclier. Quand on dérouille sur la gauche, nous mettons notre bouclier à gauche et nous avisons, si nous dérouillons sur la droite, nous mettons notre bouclier à droite et nous évaluons ! Mais si nous dérouillons sur la gauche et sur la droite, il nous faut deux boucliers et si nous avons deux boucliers nous n'avons plus d'arme. Moralité, ne jamais s'engager dans un défilé où ça cogne des deux côtés.

Il y eut un silence profondément méditatif... quelques grattements de tête, histoire peut-être de dégager la réflexion qu'il convenait d'avoir.

- Allons… Ne soyez pas moroses, chers complices, vous allez me faire douter de ma philosophie ! Un buffet pachydermique nous attend…et en tant qu'éléphants, faites attention à la vaisselle !

Les rires, cette fois, furent collectifs ainsi que les applaudissements, alors que succédait déjà un brouhaha persistant en direction du buffet.

Chapitre XXIV

- *Allô... Maut... C'est Loïc ! Il est 10 heures et je suis sur la place que tu m'avais décrite, devant la statue équestre... comme nous en avions convenu !*
- *Loïc, pouvez-vous vérifier si le cavalier est démuni d'étriers ?*
- *Démuni... mu... ni... ah, ouais... il n'a pas d'étriers... curieux !*
- *Comme les empereurs romains, mon cher ! Bon, j'en déduis que vous êtes bien à côté de la statue de Louis XIV au centre de la place Bellecour. Je suis à deux pas d'ici... J'arrive !*

Le sourire aux lèvres, Loïc quitta du regard la statue de Lemo, pour se tourner vers cette colline qui dominait le site. La basilique avec ses quatre tours ressemblait à un énorme éléphant s'ébrouant les quatre pattes en l'air.

- *Là-haut, c'est le XIXème siècle, triomphant ?*

Loïc effectua une rapide volte-face. Maut, des cahiers de cours sous le bras, un petit tulle vert pomme autour du cou, était là, le minois en fête. Tous deux s'enlacèrent tendrement, Loïc retint un instant sa respiration pour conserver un moment encore ce parfum floral qui émanait de la blonde chevelure.

- *Où êtes-vous garé, Loïc ?*
- *Basique... Comme vous me l'avez indiqué, dans le parking souterrain... Là, en dessous !*
- *Bien, on ira chercher votre voiture tout à l'heure ! Pour le moment, je vous propose de vous faire connaître le Vieux Lyon, vous verrez, ça ne manque pas d'intérêt.*
- *Connaître... Connaître... Maut, je ne fais que cela depuis que nous nous sommes rencontrés. Vous êtes déjà mon guide spirituel et vous prétendez l'être pour les choses du passé...c'est royal ?*
- *Rassurez-vous, je limitais cette ambition aux vieux quartiers, Loïc, mais, connaître n'est-ce pas nous connaître, les relations ne*

seraient-elles pas compatibles ?

Les deux amis passèrent devant la cathédrale Saint Jean où Maut fit admirer à Loïc les motifs alchimiques qui ornementaient la façade. Elle prit soin d'expliquer qu'en ces lieux en l'année de grâce 1600, Henry IV avait épousé Marie de Médicis.

Puis le couple emprunta la rue Tramassaque, ils gravirent le chemin neuf jusqu'à l'esplanade de Fourvière, pour gagner le forum-vétuste des romains, ainsi que l'affirmait Maut. La ville s'étendit alors devant eux, confondante en ces horizons successifs que dévoraient les brumes violacées de la pollution urbaine.

- Quelle est la définition que vous donnez à Lugdunum ? Ce nom antique de la ville de Lyon, a-t-il une étymologie celtique ou romaine, Maut ?
- Les deux, je pense. Celte, aux origines, vraisemblablement à travers les légendes de la vieille Irlande, gardienne des valeurs aryennes, le dieu Lug était considéré comme le dieu de la lumière. Ce fut le roi légendaire de l'île Bretagne. À l'origine, Lludd Dé Danann ou en langage clair, Lug de la tribu de la déesse Dana, cette appellation aurait été traduite par les romains en Lugdunum. Mais il y a d'autres versions moins romantiques ! Aux néolithique, tout laisse supposer qu'à l'endroit où nous sommes, il y avait une situation mégalithique, un lieu de culte du monde Celte. Une légende dit que Lug occupa le trône royal pendant 13 jours pour prouver aux yeux de son peuple ses capacités.
- Treize dites-vous, nombre comparable aux 13 morceaux d'Osiris, retrouvés par Isis, base de la Tradition Primordiale ! Il y peut-être une relation à faire avec la vierge noire dont vous m'avez parlé ?
- Cette remarque est judicieuse, Loïc ! Ici sur le dôme, chaque année le premier Août, se rassemblaient les chefs de toutes les tribus celtiques. Cela donnait lieu à une fête que l'on appelait les Lugnasad. Le dieu Lug avait pour parèdre la déesse Rosmerta. Son sanctuaire se trouvait là, vous voyez, à la place de l'ancien temple de Cybèle, la redoutable romaine.
- On imagine fort bien que la rencontre de ces deux fleuves, cernés par les brumes des marais, devait fasciner ces personnages antiques et favoriser peut-être le développement de cultes particuliers !

- *Tout à fait ! Savez-vous, Loïc, qu'aujourd'hui encore, Lyon demeure avec Prague l'une des villes les plus mystérieuses au monde. Regardez à gauche, à la place du parc actuel, c'est le quartier des Brotteaux. En ces lieux s'étendaient de vastes marais où couvaient des brumes stagnantes. On peut imaginer que les pêcheurs munis de longues perches, debout sur leurs esquifs, avaient des allures de spectres émanant d'un autre monde. Et là-bas, à droite, vous voyez la tour de la part dieu et son sommet pyramidal...*
- *Oh, la part de Dieu et le sommet pyramide ! Voilà pourquoi vous résidez ici, Maut... l'étymologie vous berce de ses références !*
- *Bien vu, Loïc ! D'autant qu'il s'agit de l'un nos sanctuaire moderne, c'est une banque où il s'effectue beaucoup de sacrifices et de dévotions...*
- *Ah oui, dommage, c'est moins onirique.*
- *Et là où nous sommes, sous vos pieds mêmes, Loïc, était le palais qui a vu naître deux empereurs romains, Claude et Caracalla !*
- *Sous mes pieds, je suis comblé d'honneur ! Laissez-moi vous dire mon admiration pour l'intérêt que vous portez à votre région !*
- *Je n'ai aucun mérite, la vie des peuples et leurs origines m'a toujours passionné. Appréhender l'histoire, c'est percevoir dans l'évolution ce que nous sommes. Maintenant Loïc, nous allons descendre dans la crypte de la basilique, je vais vous montrer la vierge noire que vous évoquiez !*
- *Une Isis, alors ?*
- *Oui... une Isis... à moins que ce ne soit une évocation de Marie-Madeleine travestie par la crédulité populaire ? Ce n'est qu'une copie, mais vous avez raison, à l'origine, la vénération nous vient d'Égypte. Si vous vous montrez sage et éveillé, Loïc, je vous raconterai comment le culte isiaque a lentement remonté la vallée du Rhône. Un peu comme les ceps de vigne importés de Grèce passant par Massalia, votre ville phocéenne, que vous chérissez tant !*

Maut conduisit un Loïc subjugué jusqu'à un petit restaurant situé sur les pentes de la Croix-Rousse, juste à flanc de colline. En ces lieux, on servait des tabliers de sapeurs et de la cervelle de canut. L'originalité de ces appellations plongea le Provençal qu'il était dans une certaine perplexité. Aussi fallut-il une explication détaillée de Maut sur l'art culinaire de la vieille cité pour amadouer ses pensées soupçonneuses.

Son hôtesse lui expliqua qu'à deux pas de là, Blandine la chrétienne avait été dévorée par des lions, et que Potin, un des tous premiers évêques y avait prêché. Cette ville, prétendait Maut, était chargée de mystères. Selon elle, les êtres intuitif ne pouvaient y résider sans subir des influences magico-telluriques émanant de son lourd passé ! Ainsi, selon les cas, une dichotomie se produisait : certaines consciences se complaisaient dans la matière la plus commune ou émergeaient vers des horizons plus éthérés.

- *Maut, lors de votre prochaine visite en Provence, je vous ferai subir le martyre, avec une description historique qui ira des cités phocéennes à la fondation de Massalia avec les Ségobriges, la fille de Nann et Euxène, en passant par les Cimbres et les Teutons, les conquêtes de Gaius Marius, de César et... et...*
- *Oh, oui, oui, oui... Loïc, c'est sympa... Vous feriez ça ?*
- *Ah non, vous êtes désarmante, Maut ! Je pensais vous décourager... Vous en rajoutez. Comment se fait-il, Maut, que vous ayez synthétisé autant de connaissances, vous n'avez rien d'une vielle érudite, pourtant ?*
- *C'est un gros défaut, selon vous... la curiosité ?*
- *Vous avez raison... c'est la toute première des qualités humaines. Si on parlait du but de mon voyage, Maut, vos connaissances serviraient à éclairer ma lanterne ?*
- *Ben ouais, mon pote, mais si je te mets chaque fois une tronche comme une pastèque... Tu vas me jeter !*

Devant cette altération inattendue du langage, Loïc demeura un instant interdit, les mots n'arrivaient plus à s'extraire de sa pensée ! Puis, réalisant le pittoresque caricatural de la situation, il éclata d'un rire spontané, suivi de concert par celui de Maut.

- *Vous avez le chic pour littéralement me décontenancer, Maut ! Vous passez avec une aisance de ton, d'un vocabulaire châtié à un jargon trivial, comme ça, sans transition ! J'ai parfois l'impression que vous jouez avec moi comme le chat avec la souris.*
- *Selon les critères classiques de la sexologie, c'est moi la souris et vous le gros chat ! Tenez, voilà votre cervelle de canut !*

- *Beurk... Vous êtes sûre qu'il s'agit bien de fromage ?*
- *Oui Loïc, les Lyonnais sont maintenant civilisés ! Les derniers anthropophages recensés vivent aujourd'hui en Provence dans la région des Alpilles ! Personnellement, j'en connais un qui hésite devant son plat de cervelle, c'est signe qu'ils évoluent !*
- *Maut ! Mais vous êtes une va-t-en guerre ! Parlons sérieux ! Il y a deux jours, j'ai été insulté, presque agressé physiquement par quatre types et une fille à la sortie de ma boîte !*
- *Hein... Quoi ? Qu'est-ce que vous dites ? C'est sérieux, Loïc ... mais pour quelle raison ?*
- *Je l'ignore, ou plutôt, je crois savoir, mais sans réelles certitudes !*
- *Que vous ont-ils fait ?*
- *Oh, rien de méchant, mais des insultes tout de même, dans le genre : « salaud... exploiteur du peuple, clique de merde... à bas les sectes pourries... etc. »*
- *À bas les sectes ! Mais vous n'êtes rien de cela... j'espère !*
- *Non... je vous rassure, Maut ! Il s'agit d'une méprise, vraisemblablement !*
- *Méprise sur la personne... vous pensez ?*
- *Non, sur mes activités récentes... les vôtres... enfin, les nôtres !*
- *Quoi... quoi ! Alors là, je ne comprends rien de ce que vous tentez de m'expliquer, Loïc... rien ! C'est sérieux ce truc expliquez-vous.*
- *Je vous ai dit où je travaille, dans une petite entreprise à Salon de Provence. Celle-là s'occupe de créer des logiciels adaptés au fonctionnement d'entreprises spécialisées. Il y a environ un an, à la demande de scientifiques provenant de diverses universités, ma direction a créé un secteur de traitement informatique. Il a pour fonction d'effectuer le recensement détaillé de certaines fouilles archéologiques. À l'époque, je désirais demeurer dans la région, mon niveau et ma formation les intéressaient. J'ai obtenu le poste de responsable du département en question, il regroupe deux ou trois techniciens !*
- *Et avec eux, vous avez monté une secte ?*
- *Maut... Je vous en prie, c'est une histoire qui m'affecte ! Il y a trois semaines, vous m'avez confié vos esquisses et vos données chiffrées, pour que je les traite en 3D. Cela, pour estimer avec l'aide d'ordinateurs performants la fiabilité du concept que vous m'avez dévoilé... d'accord ?*
- *Vous avez effectué cette recherche, Loïc, en dehors de vos heures*

de travail, j'espère ?
- Évidemment, Maut, et avec le consentement de mes supérieurs ! Ce n'est pas écrit sur mon front, mais, au risque de vous étonner, j'ai une conscience ! Je ne vous cache pas que vos découvertes m'ont immédiatement passionné et peut-être un peu troublé. À la suite de cela, j'ai dû commettre une imprudence en oubliant de verrouiller mon travail sur ordinateur, comme je le fais d'habitude.
- Eh voilà... Vos patrons sont tombés dessus ?
- Oh cela n'aurait eu aucune incidence... J'avais leur accord et nos relations sont amicales. Le danger est venu d'un électronicien étranger à l'entreprise, avec lequel nous avons un contrat de vérification périodique du matériel. Il a donc eu accès à vos croquis et je pense aux mots que vous aviez placés en exergue, dans le genre, « Cela prouve une présence métaphysique ! L'esprit créateur a ici ordonnancé les étoiles ou encore, Atoum-Dieu se révèle en Osiris ! » Avec l'apport annexe des dessins où l'on voit le dieu emprisonné dans son sarcophage, des étoiles un peu partout, des références à la justice de Maât. Notre homme un peu simpliste qui, par ailleurs, doit appartenir à l'un de ces organismes émancipateurs des dérives humaines, justicier d'une pensée radicale, face aux endémiques fumets de l'obscurantisme. Notre homme en aura déduit que j'appartenais à une secte. Que je me livrais à des messes noires ou je ne sais à quels occultes arcanes issus de la magie égyptienne !
- Maut éclata de rire : Mon pauvre Loïc, je me sens responsable de tous vos malheurs... mais ce type est fou !
- Fou ou pas, ils m'ont attendu sur le muret d'un parking où j'allais faire mes courses pour m'insulter !
- Bon ! Si vous le voulez bien, Loïc, nous reparlerons de tout cela à tête reposée. Au fait, il n'est pas question que vous alliez à l'hôtel ce soir, vous coucherez... dans mon lit !
- Dans... dans votre lit...Maut ?
- Oui...mais sans moi, j'ai seulement dit... dans mon lit, Loïc... parce qu'il est grand... Moi je dormirai au salon... dans les bras de don Juan !
- Dans les bras... de... de qui ?
- C'est le canapé que l'on nomme ainsi ! Mais vous ne serez pas seul, Loïc, je vous laisserai mon gros polochon ! Vous verrez, il est cool... comme un petit Panda !

***

Dans l'appartement de la banlieue lyonnaise que Maut partageait avec Judith, absente pour le week-end, au matin du deuxième jour, Loïc dormait encore à poings fermés.

- *Hello... Loïc... Loïc !*
- *Humm... hum... C'est quoi ce... Hein ?*
- *C'est quoi ce... Il faut vous lever... Il est 10 heures !*
- *Hein... 10 heures... Où... Quand ?*
- *Non, il est 8 heures ! Mais c'est bien assez de sommeil pour un garçon jeune, athlétique, beau, éduqué, intelligent, doué, courageux et dynamique !*
- *Oui ; Maut, je sais tout cela... mais dynamique... vous croyez ?*
- *Nous devons cet après-midi nous rendre impérativement chez ce vieux monsieur dont vous m'avez parlé. J'ai regardé sur la carte, c'est pour le moins à une heure trente d'ici ! Nous disposons de la matinée pour revoir tous les dessins et décider de ce que nous allons lui montrer. Par la même occasion, si cela ne vous ennuie pas, j'aimerais bien que nous repassions en revue l'ensemble de nos travaux... Ok ?*
- *Bon, ben oui, je n'ai plus tellement le choix, je vais me lever... je crois !*
- *Je crois... Il faut que vous en soyez sûr, Loïc ! J'ai mis des serviettes propres dans la salle de bain !*

La jeune femme achevait d'apprécier son café au lait lorsque Loïc, en peignoir rouge vif, fit son apparition. Maut, ayant alors tendu sa cuillère en un geste menaçant, s'exclama :

- *Olé... Torero !*
- *Ooooh ! Je ne suis qu'un piètre toréador, quelques passes de beurre sur une tartine... peut-être...*
- *Vous me réserverez la queue de votre petite cuillère, Loïc !*
- *Si... Signorina, on n'offre, hélas, que les queues que l'on mérite !*

Quelques minutes plus tard, Maut débarrassait la table et Loïc étalait profusément ses planches graphiques issues de son imprimante.

- *Regardez ça, Maut ! C'est le pyramidion placé au sommet de La Grande Pyramide. Il est ici représenté en volume 3D avec les références que vous m'avez communiquées ! Je vous le dis comme je le pense... C'est absolument génial !*
- *Oh oui, quelle merveille ! Ce que je ne vous ai pas dit, Loïc, c'est que le mot « pyramidion » en Primosophie vaut 360 à l'image des degrés du cercle.*
- *Ha oui, les 26 nombres premiers dont vous m'avez parlé ?*
- *Quant à l'émeraude placée au sommet, elle recelait la lumière verte osiriaque ! Celle-ci avait pour fonction de capter le rayonnement de Rê puis de le permuter en un influx subtil. Il était alors utilisé dans les sanctuaires de Maât ou les Osireions aux circuits hydrauliques, pour les initiations « maâkherou » !*

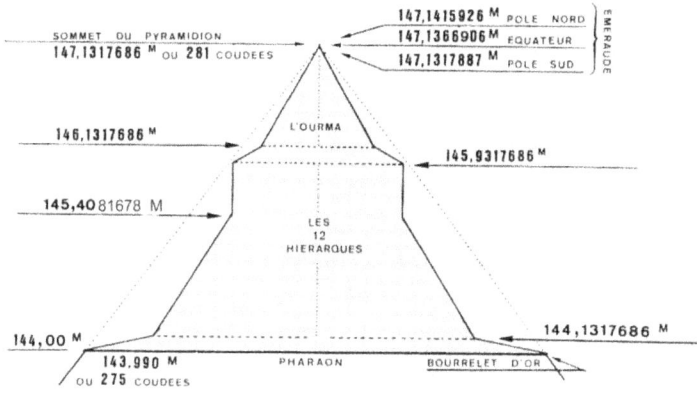

- *À ce stade, je ne sais plus si je dois me mettre à genoux devant vos affirmations, téléphoner aux services d'urgence ou prendre rendez-vous avec un psy. Est-il normal que j'hésite à ce point sur ces options, dites-moi, Maut ?*
- *Rien ne vous empêche de commencer par vous mettre à genoux, Loïc ! Mais vous allez avoir le nez à hauteur de la table et vous aurez des difficultés pour visualiser les graphiques ! De surcroît, lorsque les services d'urgences arriveront, vous voyant ainsi l'air benêt, ils vous conduiront aussitôt entre les mains d'un psy ! Vous aurez ainsi la solution des trois.*
- *Maut, vous ne voulez rien me dire, je sais ! Mais bon sang, d'où vous viennent ces choses ? J'ai vérifié, ce ne sont ni des fantasmes,*

ni des rêveries... Tout se tient à la perfection ! L'ordinateur a d'ailleurs réalisé ces graphiques avec une facilité stupéfiante, comme s'il lui était donné de parcourir les chemins d'école de son enfance !
- C'est tout à fait logique, Loïc ! Votre ordinateur a reconnu l'écriture de son vieux précepteur au corps de pierre, mais à l'âme tendre, qu'est la Grande Pyramide !
- Vous plaisantez... Que voulez-vous dire... je ne pressens pas l'allusion, Maut ?
- La Grande Pyramide, Loïc, est un authentique ordinateur de pierre. Elle a été construite pour franchir un demi-cycle précessionnel, d'exactement 12 926,474 53 années. Hélas, sa structure générale est considérablement dégradée, alors que sa chronologie inscrite n'atteindra son altitude maximale que dans 490 années de nos jours. Si vous regardez la pyramide de loin, son aspect est toujours aussi imposant. Cependant, vue de près, on peut constater qu'elle n'a plus de gnomon, plus de flèche sommitale, plus de revêtement protecteur, plus de prolongement de socle, plus de chaussée processionnaire et que toutes ses assises sont disjointes... Aussi est-elle comparable à notre civilisation...Il nous faut prendre un sérieux recul pour la voir belle !
- Bien qu'osée, cette comparaison me semble judicieuse ! Croyez-vous, sans rire, que La Grande Pyramide irait jusqu'à nous donner l'apparence de ce que nous sommes ?
- Pendant des millénaires, des peuples miséreux l'ont entretenue à force de courage et de conviction. Aujourd'hui, des peuples aisés la délaissent, parce qu'ils jugent qu'elle suffit en l'état à leur source de profit ! Notre ignorance et notre inculture est telle que nous croyons avoir affaire à un banal tombeau de mégalomane extraverti, alors qu'il ne s'agit rien moins que d'un pactole de l'humanité, une œuvre culturelle maîtresse que notre ignorance récuse.
- Cette science de l'histoire me fait malheureusement défaut, Maut, mais je vous le dis tout net, mon ressenti me pousse à adhérer pleinement à ce que vous exposez !
- Nous comblerons un jour cette lacune que vous qualifiez de défaut de connaissances ! Dites-moi, Loïc, l'architecture générale en application avec les étoiles d'Orion, vous a-t-elle donné les mêmes résultats ?
- D'après l'étude que j'ai réalisé, il est indéniable que la

constellation d'Orion a été prise pour référence par les édificateurs. Je vais vous montrer quelque chose qui devrait vous épater, Maut... Regardez !

Loïc sortit de son sac à dos une photocopie d'un logiciel astronomique. Sur celui-ci, un tracé ordinateur schématisait la constellation d'Orion en surimpression du schéma pyramide. Il étala le document devant le regard empressé de Maut.

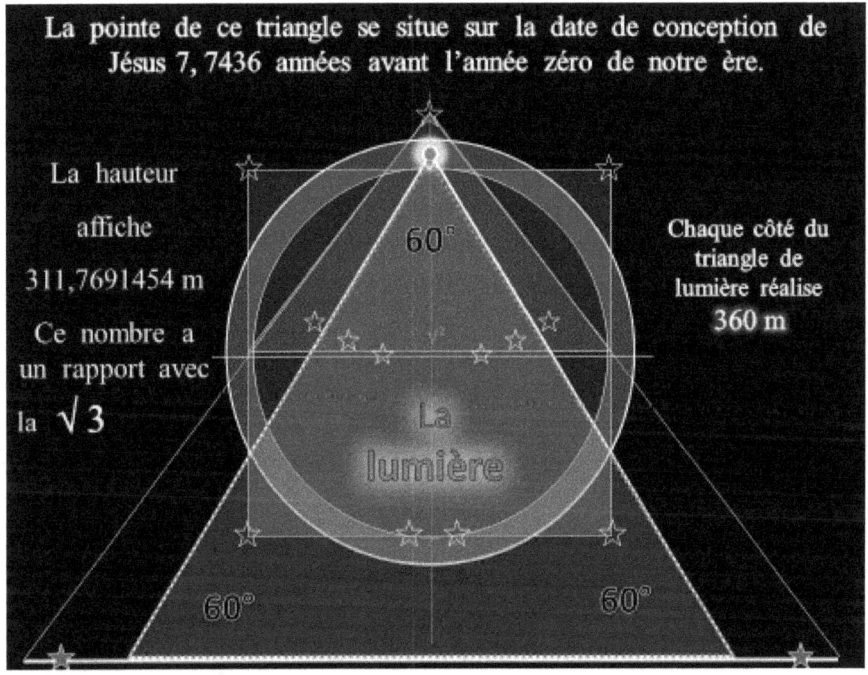

- *Regardez, Maut, à l'époque du Christ, c'est une preuve concrète. Il en est de même pour divers agencements de la constellation, à la fin du cycle ou à l'époque de Khéops, que vous appelez restauration.*
- *Ah...le triangle équilatéral est dans le schéma défini par Orion... Quelle merveille ! Merci, Loïc, il indique la naissance du Christ. C'est la première preuve que j'ai dans notre monde contemporain... et c'est vous qui me la donnez... Merci, je vous embrasse !*
- *Voyez, Maut, nous constatons que la non inclinaison de la constellation, précisément à cette date, est en rapport avec les côtés de la grande Pyramide... Elle nous donne ainsi les angles avec précision... C'est fabuleux !*

- *C'est évident, la chose est d'une telle cohérence qu'elle ne peut être envisageable sans l'intervention, je le dis... d'un Principe Créateur... Tout le prouve... Loïc !*
- *Oui Maut...à moins qu'il ne s'agisse que d'un pur hasard !*
- *Une fois que je vous aurai découpé en petit morceaux, Loïc, j'ai en plus une moulinette à légumes qui ne demande qu'à reprendre du service.*
- *C'est bon, Maut, j'effacerai le mot de mon vocabulaire à condition que vous m'embrassiez chaque fois que j'abonderai dans votre sens, c'est d'accord ? Hormis cela, les vérifications qu'il reste à faire sont nombreuses.*
- *Et encore... Il ne s'agit là que d'un débroussaillage, Loïc. Plus tard, viendront les fondations, puis l'édification, je vous y aiderai ! Et en tout dernier, je vous inviterai à l'inauguration... Promis !*
- *Non, vous ne m'inviterez pas, Maut, car je compte bien faire partie avec vous du comité de réception ! Promettez-moi cependant une chose, lorsque vous jugerez le moment venu, de me dévoiler la source de vos informations ! Non que je veuille vous la ravir avec l'intention de la refourguer aux antisectes moyennant finance. Mais ce serait plutôt afin d'en partager les agréments avec vous !*
- *Dans trois semaines environ, j'irai de nouveau vous rendre visite en Provence. Il se peut alors que je décide de vous révéler bien des choses. La tâche que j'aie à entreprendre nécessite l'aide de gens ayant vos qualités professionnelles mais, de surcroît, votre enthousiasme, votre attitude morale, Loïc ! À partir de cet instant, vous et moi serons liés par une alliance à laquelle vous devrez consentir de votre plein gré !*
- *Une alliance avec vous... Où dois-je signer, Maut ?*

***

Cette petite route qui serpentait en bordure du Beaujolais semblait jouer avec la topographie de l'endroit. Loïc conduisait prudemment ce véhicule emprunté trois jours plutôt à Madame sa mère. Maut, assise à ses côtés, laissait errer son regard sur le paysage environnant. Brusquement un désir de précision, l'incita à reprendre la conversation interrompue un instant plus tôt :

- *Loïc, rappelez-moi ce qu'est pour vous, ce personnage chez*

lequel nous nous rendons ?
- *Il se nomme Stéphane Lamdow. C'était l'un de mes professeurs en archéologie, un type bien... vraiment ! Il est à la retraite depuis trois ou quatre ans, maintenant.*
- *Et vous avez des raisons de penser qu'il pourrait trouver un intérêt quelconque à nos travaux ?*
- *Un intérêt... Je ne peux pas préjuger de sa position. Ce dont je me souviens, c'est qu'il était passionné par ce que représentaient les pyramides, notamment celles de Gizeh. Combien de fois nous a-t-il dit en aparté qu'il ne croyait pas à cette histoire de tombeau. Il pensait à des édifices cultuels, réservés à des degrés élevés de l'initiation osirienne. Mais par crainte d'être mis à l'index pour non-conformité au consensus et à l'omnipotence académique, il enseignait comme tout un chacun les idées en vogue, sans émettre de commentaires.*
- *Encore un, dont « la chaire » aura scotomisé l'esprit !*
- *Je ne comprends pas le jeu de mots... s'il en est un ?*
- *Chaire avec un « E », Loïc !*
- *Houa... Très subtil... C'est exactement ça !*
- *Où habite-t-il... dans un village ou en pleine campagne ?*
- *En pleine campagne, au nord-est de Thizy. Il vit seul, divorcé je crois ! Il loge dans une petite chapelle désaffectée, m'a-t-il dit, sans télévision, ni téléphone portable... en ascète !*
- *Un sage... quoi !*
- *Ne dit-on pas que « la sagesse est le vice des vieillards ! »*
- *Convenez que si tous les vices du monde se limitaient à cette appréciation, ce serait un moindre mal !*
- *Je crois que cet homme est sincère, mais cela fait des années que nous ne nous sommes vus.*

Le véhicule effectua un virage à gauche avant le petit pont. Après quoi, la voiture s'engagea dans une courte ligne droite.

- *Selon le GPS, ce serait la première à gauche ! Regardez cette pancarte, lieu-dit... lieu-dit... Labouré... C'est là !*

Après avoir gravi un petit chemin tortueux, Loïc gara sa voiture sur l'étroit terre-plein qui juxtaposait la haie de clôture. La porte de la petite chapelle désaffectée n'était pas fermée à clé, mais la maisonnée était vide ! Seul un gros chat tigré se glissa sous l'unique armoire en un réflexe craintif.

- *S'il n'est pas là, il m'a dit qu'il y ait des chances qu'il soit en ballade sur le petit chemin qui grimpe à gauche de la maison.*
- *Loïc, regardez ! C'est peut-être lui, ce vieux monsieur avec un bâton... là, à deux pas, nous ne l'avions pas vu ?*
- *Monsieur Lamdow... Je suis Loïc Lavermeil...*
- *Ah... Ah ! Monsieur Lavermeil, vous êtes de ceux que la mémoire n'oublie pas !*
- *Comment dois-je le prendre, Monsieur ?*
- *Oh, avec contentement, Monsieur. Vous venez tester vos connaissances à l'aune d'une sérénité édénique.*
- *Y aurait-il encore un éden caché en ce monde, Monsieur ?*
- *Oui, celui de la voie intérieure, Monsieur Lavermeil. Mais les préceptes de bonheur pour le bien de la multitude restent encore... à être explorés !*
- *Serions-nous convaincus que nous ne pouvons puiser cet espoir qu'en nous-mêmes ?*
- *Nous le sommes, Lavermeil ? À moins que ce ne soit dans les yeux myosotis éperdument bleus de cette jeune fille ! Son regard me semble contenir toute l'espérance du monde...*
- *C'est le cas, Monsieur... Maut, une étudiante en archéologie, qui m'honore de son amitié !*
- *Maut... Mout... Mut, seriez-vous, belle enfant, une incarnation de la déesse mère universelle ?*
- *Il serait plus raisonnable de penser que je m'inspire de sa personne, plutôt qu'elle ne se trouve incarnée en la mienne, Monsieur.*
- *Dieu... Quel est votre nom caché... Je veux parler de votre nom chiffré... Quel est-il ?*
- *Vous... Vous me troublez, Monsieur ! Puis-je me permettre de vous demander ce qui vous incite à formuler cette question ?*
- *Mais, précisément le plaisir de vous troubler, ma belle enfant ! Vous êtes encore plus belle, lorsque vous êtes troublée ! Trêve de plaisanteries, mes jeunes amis, donnez-vous la peine d'entrer, c'est là mon modeste logis !*

Une bonne heure s'écoula. De nombreux documents relatifs à

l'ancienne Égypte s'étalaient sur la table de chêne placée au centre de la pièce. Loïc déploya un immense graphique qui donnait un meilleur aperçu de la démonstration chiffrée émise par son ordinateur.

À l'aide de plusieurs documents, le professeur Lamdow s'appliquait à comparer les nombres figurant sur le tracé à ceux que lui avaient livré ses propres recherches au cours de sa longue carrière.

- Regardez ! Pour la structure pyramidale, les différences sont négligeables ! Pour l'angle de base, certains documents donnent 51°50', d'autres 51°51', vous, vous donnez 51°51'14"c'est pi. En ce qui concerne la hauteur, si on accorde un crédit aux géomètres et à leurs mesures laser, les dernières en date, nous donnent 146,60 m, vous vous donnez 146,6081 m sur le socle, on ne peut être plus précis ! Et si nous comparons la base nord, la plus fiable, estimée à 230, 25 m sur le socle, votre mesure est de 230,29 m. Elle se situe donc à 40 millimètres des normes supposées, ce qui est insignifiant sur plus de 230 mètres. Il n'est d'ailleurs pas dit que les normes considérées officielles soient exactes au centimètre près. Les experts le reconnaissent ouvertement !
- Quelles conclusions pouvons-nous en déduire en matière de crédibilité, Monsieur ?
- Pour tirer des conclusions acceptables, il faudrait que je me penche pendant quelques jours sur votre travail et que je le soumette à un examen plus approfondi. Mais d'ores et déjà, ce que je puis vous dire, c'est que non seulement, cela me parait plausible, mais j'ajouterais, vraisemblable. D'après ce que vous avancez, vos recherches sont axées sur la géométrie et les nombres à caractères hermétiques. Or, il va de soi, que les anciens égyptiens n'ont pas attendu nos équations euclidiennes, pour édifier leurs monuments ! Ils les ont conceptualisé sur la base de valeurs considérées par eux sacrées, en étroit rapport avec l'enseignement mystique alors dispensé. Le bon sens pousse à conclure, que ce sont les paramètres qui se rapprochent le plus de cette vision des choses qui ont des chances d'être exacts.

Maut afficha un imperceptible sourire que vint aussitôt conforter le clin d'œil complice de Loïc. C'est à ce moment précis que le gros chat entraperçu lors de leur arrivée sauta sur la table avec l'intention toute féline d'imposer sa présence jusque-là discrète !

- Shem'sou... Descends de là... Quel est le sans-usage qui t'a éduqué de la sorte... Dis-moi ?
- Maut écarquilla de grands yeux : Vous avez dit « Shem'sou » ?
- Oui, l'escorteur en égyptien... Le suivant... Il me suit de partout !
- Mais... mais... c'est... Oh, pardonnez-moi, un vieux souvenir de cours... ridicule !

Loïc intervint avec l'intention de soulager Maut d'un sentiment que lui-même avait du mal à appréhender :

- Vous pensiez peut-être, Maut, aux Chemsou-Hor... les suivants d'Horus ?
- Oui... C'est sans importance !
- Il demeure que vous ne m'avez pas dit lequel d'entre vous est le découvreur de ce concept... Maut... Loïc... Lequel ?
- Pour aller au plus court, je crois, Monsieur, bénéficier d'une sorte de don, de prescience, qui facilite ce type de recherches ! Celles-ci sont alors infirmées ou confirmées par Loïc à l'aide des techniques actuelles qu'il maîtrise parfaitement. C'est donc un travail en commun.
- Félicitations, Maut, le Ciel vous comble de ses grâces ! Je voulais vous dire l'étonnement qu'a été le mien lorsque vous avez étalé le graphique de la Grande Pyramide que balisaient les étoiles d'Orion. Tenez... celui-ci... là !
- Auriez-vous remarqué sur ce schéma quelques indices particuliers qui auraient attiré votre attention ?
- Oui ! Le fait que vous le présentiez en incluant deux perspectives. La pyramide est ici vue en coupe et vue en plan. Or, les anciens égyptiens avaient coutume de représenter leurs jardins ou domaines sous ces effets de perspectives, ce qui, à mes yeux, crédibilise votre conception des choses.
- Je suis heureuse de vous l'entendre ainsi exprimer, Monsieur, car vous le savez, nous ne manquons pas de détracteurs enracinés dans un affligeant scepticisme académique. Dans le genre : « Ce que mes pairs ne m'ont point appris... n'existe pas ! ».
- Jeune fille, mettez-vous un instant à la place de ces hobereaux des

champs universitaires, avec lesquels j'ai fait longtemps cause commune. Ils ont enseigné pendant trente ou quarante ans la même histoire, qu'ils avaient apprise eux-mêmes de leurs pairs, et pour laquelle ils sont diplômés. Puis, apparaît un jour une jeune et jolie demoiselle qui leur met sous la barbe un concept diamétralement différent de celui auquel ils ont aveuglément adhérer leur vie durant ! Croyez-vous que leur ego, depuis longtemps fossilisé, prendra la peine de l'étudier ? Ce serait prêter à ces intellectuels une humilité qu'étayerait une hardiesse d'esprit dont ils donnent rarement témoignage. La vérité, mademoiselle, est semblable à la subsistance. Elle n'a de véritable signification que pour les affamés, les repus y trempent seulement le petit doigt en soupirant au relief de leur tour de taille.
- *C'est une belle image ! Mais si je puis me permettre, Monsieur, elle momifie à jamais toute évolution dans les sarcophages de l'acquis !*
- *C'est exact, Monsieur Lavermeil, cela depuis que l'ego enseigne l'archéologie et que le tourisme occupe les bancs...*
- *Je ne pense pas que nous devions tenir ces gens pour ennemis de nos études, Loïc ! Ce sont des hommes et des femmes qui vivent sur l'acquis. Le plus souvent, eu égard à leur âge, ils n'ont plus la curiosité du savoir et la volonté de réapprendre à penser ! Une telle démarche équivaudrait pour eux à reconsidérer les fondements de leur équilibre intellectuel. Peut-être voient-ils là une altération identitaire, une atteinte à leur raison d'être et d'avoir été, car implicitement, ils s'identifient à ce qu'ils ont appris ou restitué tout au long de leur vie !*
- *Je comprends, Maut, mais néanmoins, mon analyse était juste, à défaut d'avoir été lapidaire !*
- *Monsieur Lavermeil ! L'Homme âgé en général examine la situation, alors que la jeunesse, réagit à la situation ! L'un hésite à se déterminer et l'autre se détermine trop hâtivement, les deux par contre, peuvent de temps à autre côtoyer le raisonnable.*
- *Alors... félicitons-nous, Monsieur, du trio que nous formons !*
- *Lors de notre venue, vous avez, Monsieur, fait allusion à un nombre qui serait attaché à ma personne ! J'aurais aimé que, sur ce point, vous préciseiz votre pensée ?*
- *Oh, c'était une boutade, Maut ! Il y a des années de cela j'étudiais les travaux d'Ératosthène et notamment son fameux crible sur les*

nombres premiers. L'idée m'est alors venue d'établir une relation entre les 26 lettres de notre alphabet et les 100 premiers nombres premiers, en considérant le A premier. J'ai alors eu la surprise de découvrir un ensemble de paramètres numériques qui ne pouvaient obéir aux lois classiques des probabilités. Par ailleurs, d'anciens écrits m'apprirent que les noms attribués aux êtres et aux choses relèvent de lois précises et méconnues. Le nombre est donc un prolongement naturel du mot, il en résume l'essence, et son interprétation place notre cheminement intérieur en une situation analytique, face à la raison existentielle. Je remarque que sur cette feuille est inscrit votre nom : Maut Clairmonda. Si je numérise chacune des lettres qui le composent, j'obtiens... un total... de...
- *De 416...*
- *Ah, ça ! Vous calculez plus vite que la foudre, 416, en effet ! Je suis stupéfait, connaîtriez-vous ce code, Maut ?*
- *Il m'a été suggéré... il y a... oh, des millénaires de cela !*
- *Il vous a été... il y a...*
- *Monsieur, je pense qu'il s'agit de la part de Maut d'une boutade qui répond à la vôtre... Un partout, donc !*
- *Votre amie Maut, Monsieur Lavermeil, est une jeune femme bien étrange ! Comment faites-vous, Monsieur, pour résister à la fois à son verbe et à son charme ?*
- *Je ne résiste pas, Monsieur, je me laisse porter par le flux !*
- *Je vous crois sur parole ! D'autant que vos nom et prénom Monsieur Lavermeil... réalisent... eux !*
- *Maut éclata d'un rire spontané : 361...les deux réunis, 777. Vous admettrez, Monsieur, la beauté de cette ligature si ce n'est celle de ses détenteurs.*
- *Ah ça, sur un plan allégorique, il est indéniable que vous faites, si vous m'autorisez cette trivialité... une belle paire !*
- *Oui, nous avions opté à l'origine pour le chiffre de la bête, « 666 », mais un ange a rajouté le divin « 111 », pour nous faciliter la tâche.*
- *Eh bien, dites-moi, quel céleste programme, jeune fille ! La chose est-elle supportable pour d'aussi jolies épaules que les vôtres ?*
- *Elle ne pourrait l'être, Monsieur, si une raison supérieure ne tenait d'en haut les courroies de la charge !*

La conversation se poursuivit sur le thème de la métempsychose et des raisons d'espérer. Abasourdi par ces allusions, Loïc se dit qu'il ne pouvait se risquer à intervenir en ce genre de subtilités qu'il considérait d'un autre type. Aussi, s'imagina-t-il qu'il avait affaire à de singuliers personnages qui semblaient s'être connus autrefois en d'autres lieux et d'autres temps. Néanmoins, un ressenti indéniable lui faisait penser qu'il n'était pas tout à fait étranger à cet entretien. Une parcelle de lui-même était partie prenante, mais dans quelle mesure et pour quelle finalité ? Il profita d'un court silence pour risquer quelques mots à l'adresse de Maut :

- *Vous ne m'avez jamais entretenu d'une telle conspiration avec les choses du passé, Maut ?*
- *Il y a, Loïc, un temps pour tout et des circonstances adaptées à chaque temps ! Lorsque ce matin, souvenez-vous, je vous ai parlé de cette émeraude placée au sommet du pyramidion. Je vous ai dit que pour trouver le diamètre de cette gemme, il fallait diviser le chiffre « 1 » par le nombre « 102 ». Autrement dit, en notre langage, que nous qualifions de Primosophique, le « un », principe premier, est ici divisé par son créateur « Dieu ».*

Le résultat est : 0,009 803 921 567 mètre. Ce qui fait qu'en l'opération inverse, 102 qui est égale à Dieu, multiplié par la valeur de l'émeraude, située au sommet du pyramidion, nous donne le mètre. Et cela va de soi, sa circonférence nous gratifie du nombre pi. En cet acte simple, nous retrouvons l'empreinte du divin. Pour peu que nous sachions les interroger, les nombres épousant la géométrie nous procurent une réponse d'ordre spirituel. Il suffit pour cela de chercher, de comparer, d'interpréter... pour établir la transcendance. Notre corps, notre esprit ne sont-ils pas composés de nombres, les plus grands penseurs sont de cet avis.

- *Je prendrai volontiers des cours chez vous, Maud !*
- *Un vieux proverbe oriental nous précise : « Lorsque l'élève est prêt, le maître se présente »*
- *Votre amie est l'être le plus énigmatique que j'ai rencontré, Monsieur Lavermeil... Je ne serai pas étonné de la voir se métamorphoser sous nos yeux en quelque nature ailée.*
- *Monsieur, je vais tenter de la ravir à votre hospitalité, avant que sous l'effet d'un charme, elle ne disparaisse en effet à notre regard*

profane.
- *Comme cela est dit, Monsieur ! Craignez tout de même que l'on ne vous la vole ! Et revenez-moi tous deux un jour, pour chercher vos analyses !*

Le professeur accompagna Maut et Loïc jusqu'à leur voiture :

- *O, Dieu que je suis déçu !* Feignit-il de s'étonner, en une intonation tragi-comique, *Vous n'avez pas de carrosse !*

***

Tous deux reprirent la route, encore imprégnés de l'ambivalence de ces entretiens où charme, ludisme et mystère s'étaient plus à jouer à cache-cache avec les réalités de l'existence.

- *L'homme est curieux, sur le plan du langage notamment, il nous a fallu nous mettre au diapason. Que pensez-vous, de cette pépinière de pensées, Maut ?*
- *Je pense qu'un tel entretien est fructueux ! Ensuite, je tiens à m'excuser de ce qui aurait pu passer pour un aparté avec Monsieur Lamdow. Si je devais tenter de me justifier, je dirais que beaucoup de choses m'ont troublé en son attitude ! À plusieurs reprises, j'ai cru reconnaître à travers ses manières de s'exprimer, les tournures de phrases de l'un de mes initiateurs aux mystères de la vieille Égypte.*
- *Ha, bon, vous pensez à quoi... ?*
- *A un état préconceptif, à une sorte d'interférence, un je-ne-sais-quoi qui vous rend pendant quelques instants complice d'une démarche à caractère intemporel.*
- *Je vous avoue que tout cela me paraît, très... hermétique, Maut !*
- *Vous comprendrez mieux, Loïc, lorsque je vous aurai expliqué mon aventure personnelle ! Mais je vous l'ai dit, je ne le ferai pas avant mon prochain voyage en Provence.*
- *Pourquoi ?*
- *Je tiens à éprouver la persistance de votre engagement à mes côtés ! Et puis, j'ose vous le dire, à évaluer votre raisonnement sur des sujets aussi délicats que l'échelle chronologique pyramidale, par exemple, ou les dispositions stellaires et leurs applications dans le*

domaine du sacré ! Dans trois semaines, vous aurez eu le temps d'en étudier les détails et je connaîtrai vos résultats, ainsi que votre point de vue !
- *Un test... quoi !*
- *Non... Une résolution prudente !*
- *Qu'est-ce que mon avis pourrait bien modifier ? La chose est à la fois si importante et complexe que je ne suis pas sûr du tout d'avoir les compétences requises pour les aborder.*
- *Ma réponse risque de vous surprendre, Loïc ! C'est, pour nous, êtres humains, notre dernière chance ! L'ultime, peut-être, qu'accordera le divin à notre menue planète ! Si nous la refusons et que nous nous obstinons en cette politique inconséquente, nous disparaîtrons de la scène universelle. Cela pour mille raisons que je pourrais vous énumérer dans le détail. Mes initiateurs ont pris soin de me les exposer verbalement et intuitivement, toutes répondent à une implacable logique.*
- *Raisonnablement, Maut, comment voulez-vous que nous puissions pallier à mille angoisses de ce type, alors même que nous n'avons pas triomphé de la première ?*
- *Ces questions ne sauraient se cumuler, Loïc, elles sont toutes tributaires les unes des autres ! Désirer changer radicalement de politique et adopter celle que nous préconise la survie, c'est déjà résoudre cinq cents questions sur les mille que vous évoquez. Les autres suivront.*
- *Maut ! Si je n'avais pas quelque chose en moi que je ne peux définir, qui me pousse irrésistiblement vers vous, si j'écoutais mon seul bon sens, je crois que j'aurais une trouille panique de ce que vous représentez, de ce que vous dites, de ce que vous générez, de ce que vous entreprenez ! Cela se situe tellement en dehors de la logique actuelle, de toutes pensées communes et même de toutes inspirations fictionnelles... que...*
- *Qu'illico vous tireriez les bouts devant une meuf jobarde qui gamberge du bastringue à faire péter les plombs aux mecs qui la frayent...*
- *En termes... en termes quelques peu prosaïques... ça serait... un peu ça... Maut... oui... un peu !*

Devant l'embarras gêné de son souffre-douleur, Maut fut prise d'un fou rire incoercible, lequel finit par déclencher celui de Loïc ! Il est vrai que l'on ne pouvait résister au rire si distinctif de la jeune femme. Loïc le comparait méchamment à celui d'un panda que l'on aurait plongé dans une baignoire de champagne, mais il se dit qu'il n'aurait pas le culot de le lui dire et moins encore les moyens d'en faire l'expérience.

Au loin, déjà, les premiers immeubles de banlieue, balisaient de leurs tours blanches les approches de Lyon, cité des mystères, que le moyen-âge appelait Myrelingues la brumeuse.

***

Cette propriété d'un style second Empire, qui s'étendait sur des hectares de terrains, prenait toute son ampleur, vue du Ciel. Elle appartenait à Louise Delcourt-Santini, la fondatrice de l'œuvre caritative qui avait pour nom « Les colonnes d'espoirs ». Fermages, bois et cultures maraîchères défilaient à faible altitude sous les patins dépoétisés de l'hélicoptère. Celui-ci survola un jardin à la française, nanti de somptueux bassins. Il menait à la surface dallée d'une terrasse, sur laquelle semblaient veiller des statues de jeunes éphèbes aux paupières de bronze.

- On peut se poser près de la terrasse, président... y a la place ?
- Non, tu vas faire voler toutes les perruques ! Tiens ! Pose-toi plutôt après le parking dans le pré. Regarde ! Il y a déjà l'hélicoptère de la gendarmerie, l'autre, c'est probablement celui du ministre. Ne t'occupe pas... J'irais à pied à la propriété.

Nicolas Désiré Maléchristé détacha son moustachophone et réajusta son nœud papillon. L'hélicoptère privé s'immobilisa sur un terrain meuble légèrement humide. Le président dégrafa sa ceinture de sécurité et rehaussa sa capeline de soie au revers de feu. D'un petit geste courtois, il salua la maréchaussée puis, le pas allègre, il s'engagea dans l'allée des tilleuls. Son homme de main et officiellement secrétaire se pencha à voix contenue au-dessus de son épaule :

- Monsieur le président ! Dois-je vous suivre au plus près ou dois-

je me tenir à l'écart ?
- *Reste à mes côtés sur ma droite un peu en arrière ! Souviens-toi de ce que je t'ai dit : il faut dispenser des « cheeses » à tout berzingue, il ne s'agit pas qu'ils confondent nos bobines avec les lavabos des mitards. Souviens-toi que pour tous ces peigne-culs, la prospérité des affaires se mesure à l'insolence de la denture ! Ah, autre chose ! Il faut que tu aies en permanence un briquet dans le creux de la main ! N'hésite pas à t'excuser avec une déférence expressive pour le moindre frôlement, surtout si ce n'est pas toi qui l'as occasionné. Il faut aussi que tu aies le réflexe spontané pour ramasser un objet tombé à terre. Et pour ça, tu ne te casses pas le cul en l'air, tu plies les genoux... avec élégance. Ah oui, ne jamais intervenir dans une conversation, si tu n'as pas été prié de le faire, compris ! Autre chose encore, si une femme tente d'ôter une tache de boue sur sa chaussure, par exemple, ne va pas illico piquer la pochette de la légion d'honneur d'à côté... Tu sors élégamment la tienne... OK !*
- *J'ai bien compris, Monsieur le président... Soyez tranquille !*
- *Bon ! Au cas où se produirait un incident que l'on n'a pas envisagé... On a quatre hommes à nous sur le parking, dans deux Mercedes noires ! Tâche de les contacter pour leur dire qu'ils restent dans les parages avec leur artillerie. On ne sait jamais, il y a des fois des infiltrations malfrats dans ce genre de populo ! Rappelle-leur mes directives, courtoisie et discrétion. Qu'ils s'approchent de la terrasse, d'accord, mais qu'ils ne me jouent pas ici les matamores katangais...*
- *Bon ! Je vais les prévenir, Monsieur ?*
- *Non ! Attends que je te présente... avant ! Tiens, mate la rombière en blanc sur la terrasse, c'est la Delecourt, c'est elle qui s'occupe de cette œuvre de merde qui me pompe chaque année une ou deux briques. Attention, si elle te tend sa main ne lui bouffe pas les doigts, elle en a besoin pour compter ses sous. Tu places ton museau à 10 centimètres de sa main, et tu te retires d'un pas en arrière par déférence, compris !*
- *Président Maléchristé, quelle joie de vous accueillir ! Vous nous venez du Ciel, mon cher... comme les anges !*
- *Madame, pour faire parfaitement illusion, il eût fallu que j'adoptasse vos ailes !*
- *Oh, le Méphisto... J'ai quelques défauts, vous savez...*

- Si cela est, Madame, vous les dissimulez si bien, qu'à ce stade, c'est un art que je vous envie. Mon secrétaire personnel, Gérôme de Bergeron !
- Mes hommages, Madame !
- Je suis ravie, bonsoir ! Inutile que je vous présente à nos invités ! Avancez-vous jusqu'à eux, je vous rejoins dans l'instant !

Après avoir effectué quelques pas dans le hall, le président Maléchristé, la voix en sourdine, se pencha vers son majordome :

- Tiens... L'aspirateur à whisky, le gros mec avec sa femme au bar. J'ai chassé avec lui au Kenya... Il va sûrement me brancher, ce balourd... tiens, qu'est-ce que je te dis !
- Président Maléchristé... Alors, mon cher, toujours la visée haute et le coup bas ?
- Il est vrai que, pour ce qui est des coups, mon cher, je n'ai certes point à mon tableau d'honneur la longueur des cornes que l'on vous impute !

Subodorant être incriminée, l'épouse de l'aspirateur en question fit volte-face, tout en s'interposant avec distinction :

- Je présume Président qu'en cette réponse... équivoque, vous ne faites allusion... qu'à vos parties de chasse ?
- Madame, qu'à Dieu ne plaise que vous puissiez me prêter de telles allusions, l'idée même offusque mon innocence ! Ceci étant, nous avons tous les cornes qui nous méritons, si ce n'est celles des gazelles... ce sont celles du diable.

Un petit homme à la mine inquiète s'approcha du groupe en conversation :

- Excusez-moi... Nicolas, ça tombe bien, je voulais vous voir pour une histoire de douane sur les marchés sud-africains... avec le change... ces pourris d'Ougandais y... sont...
- Pas maintenant... mon vieux... pas maintenant... j'ai à faire !
- Je vous appellerai, alors... Mais je ne peux jamais vous joindre.
- Voyez avec mon secrétaire, là... voyez... Voyez avec lui...
- Pardonnez-moi de vous interrompre un instant !

- *Oh, Monsieur le ministre ! Jusque-là, l'occasion ne nous avait pas été donnée de faire connaissance... Je le déplore !*
- *J'étais, pour ma part, impatient de vous rencontrer, président Maléchristé ! J'ai appris avec contentement que vous étiez un des piliers de ce temple philanthropique... C'est généreux !*
- *Permettez-moi de rectifier, Monsieur le Ministre ! Je suis seulement l'une des colonnes.*
- *Ah, c'est vrai... « Les Colonnes d'Espoirs » ! Vous donnez la note, mon cher, dont nous avons le plus urgent besoin dans ce monde effrayant ! Si vous le souhaitez, Président, nous nous reverrons dans un instant, pour un échange plus... substantiel.*
- *Je suis votre obligé, Monsieur le Ministre !*

Le majordome regagna discrètement sa place aux côtés du Président Maléchristé.

- *Alors, t'as fini par larguer ce connard, j'espère que tu ne lui as pas refilé l'un de nos numéros ?*
- *Ah, j'ai été à bonne école avec vous, président, je lui ai fourgué le numéro de la morgue... et y m'a remercié !*
- *Ah, t'es le meilleur, Gérôme ! Tiens... regarde la pulpeuse qui vient vers nous, elle est dans tous les coups, cette gonzesse ! Probable qu'elle est indic à la flicaille ou quelque chose comme ça ! Elle va me brancher...c'est sûr !*
- *Président Maléchristé ! Je constate que vous affichez toujours la défiance d'un célibataire résolu.*
- *Madame, ma détermination n'a que l'austérité de votre comportement. J'abandonnerai mon célibat le jour même où vous quitterez les sentiers de la vertu !*
- *Tiens donc... et si je vous prenais au mot... Marivaux ?*
- *Hélas, Madame... vous ne me prendriez... qu'aux mots...*

Avec une nonchalance pulpeuse, la diva fit pivoter son épaule qui glissa sous son regard ténébreux, puis elle reprit son déhanchement avec indifférence, pour se rendre vers un autre groupe en conversation.

- *Indic ou pas, c'est une belle femme, président !*
- *Ne t'y fie pas, mon petit ! On ferait le tour de la Terre en épinglant*

bout à bout les braguettes qu'elle a ouvertes !

Un homme corpulent s'approcha :

- Président Maléchristé ! Donnez-nous votre avis sur cette histoire de pétrole, les Américains sont dans le coup... non ? Ce n'est pas joli-joli ce qu'ils nous font là...
- Oh, vous savez, mon vieux... tantôt ça gazole, tantôt ça gazouille. Ce sont de drôles d'oiseaux, vous savez !
- Ah, oui ! Selon vous... ça gazouillerait à ce point...
- Un vrai concert, Monsieur, sans seconde syllabe.

Le majordome se rapprocha, le visage tourmenté. Il adopta une voix en sourdine :

- Président, Pedro vient de me faire signe... J'ai été voir ce qu'il voulait ! Il m'a dit que des manifestants s'étaient infiltrés par petits groupes dans les jardins de la propriété. Il y en aurait une centaine, selon lui... peut-être plus même !
- Tiens, j'avais raison de me méfier, qu'est-ce qu'ils viennent nous semer la merde ici, ces empafés !
- Ils ont des pancartes antimondialisation ! Les riches au bassinet, égalité... et puis... attendez boss y en a une autre où c'est écrit...
- Laisse tomber, j'ai compris ! C'est l'ancienne graine de Seattle et de Porto Allègre, la clique communarde. Bon ! Tu vas composer le numéro du ministère de l'Intérieur, je ne l'ai pas en mémoire. Tu demanderas que l'on te passe le service Auguste IV. Quelqu'un va te demander le code tu diras... Non... non... malheureux, ne note rien, jamais ça ! C'est facile à retenir, le département et 33-22-5 ! Tu diras qu'il y a un rassemblement, mais qu'il ne serait pas souhaitable qu'ils interviennent dans la propriété, ça ferait désordre ! Qu'ils essayent plutôt de les coincer par des contrôles sur des petites routes autour. Allez, va ! Je vais voir ce que je peux faire... Il est où, Pedro ?
- Vers la baie vitrée, président... là-bas à l'angle !
- La queue de pie lui va comme à une autruche qui se serait assise sur un phoque... Bon, file et rends-moi compte...

D'un pas alerte, Maléchristé rejoignit le sbire qui se trouvait en poste près de l'entrée :

- Pedro... y sont où les autres ?
- Dans le jardin, patron... y matent les pèlerins au cas où y aurait du schlass ou de la pétoire !
- Non y n'ont pas de surins ceux-là, y sont seulement vipérins de la cervelle.
- Vipérins... alors, y sont dangereux... patron !
- Ouais, cherche pas, va ! Bon, écoute, Pedro, dans le coffre de l'une des Mercedes, y a des fringues de campagne ! T'as un appareil photo... avec un flash ?
- Sûr patron, j'ai ça... toujours au fond de la caisse !
- Tu vas te déguiser en reporter journaliste, avec la casquette, la veste de treillis, le froc, tout ! Tu feras une ou deux photos des tronches aux premiers rangs... Tu piges ?

Si y en a un qui te dit « T'es qui, toi... ? » T'as qu'à dire : « La presse camarade... » ou un titre bidon ! Ce qui te passera par la tête, « La gazette du peuple » et pas le journal de la bourse... z'auraient un doute, là ! Tu ne restes pas... une, deux photos et tu t'éclipses dans le noir... t'as pigé ?

Le faciès affecté, Madame Delcourt-Santini accourut :

- Monsieur... Président, seriez-vous au courant de ce qu'il se passe en ces lieux ?
- Calmez-vous Madame, vous semblez bouleversée !
- Il y a matière, croyons-nous ! On vient de me prévenir que des manifestants se sont infiltrés dans le domaine. Certains se trouvent dans le jardin avec je ne sais quelles intentions ! J'ai prié Monsieur le Ministre d'intervenir ! Il m'a prétexté qu'en l'absence d'ordre précis de son gouvernement, il ne pouvait l'engager sur un terrain aussi délicat que pouvait l'être une déclaration publique ! En résumé, il ne peut rien faire ! Vous demeurez, Monsieur, mon seul recours ! Je vous préviens qu'ils ont déjà lancé des pierres sur la terrasse et qu'il s'agit peut-être de gens dangereux !
- Oh, les pierres sont probablement des graviers, Madame ! Sinon, ils seraient déjà là ! Je vais tenter de les calmer.
- Je vous en suis reconnaissante, cher Président ! Il y a un micro, nous le laissons en permanence pour les fêtes d'été ! Je vais prévenir le personnel, merci de votre appui, je vous assisterai...de loin.

Une centaine de personnes s'étaient regroupées dans les larges allées fleuries qui enguirlandaient les jets d'eaux. Une banderole, tenue par des mains féminines indécises, laissait lire selon la tension ondoyante de ses plis « Non aux ogres de la mondialisation assassine ». Quelques autres, griffonnées sans doute à la hâte sur des cartons se distinguaient avec peine, « O-G-M = Organisme Mortifère » ou encore « La vie avant - le fric après ». Le brouhaha général diminua d'intensité lorsqu'apparut sur le devant de la terrasse la silhouette élancée d'un homme dans une tenue de soirée. Il prit en main le micro que lui tendait de manière indécise un jeune garçon.

- *Chers compatriotes, mes amis… écoutez-moi ! Nous sommes tous les éléments d'une grande et belle démocratie, protégeons-la ! Écoutez-moi, vous dis-je ! Si le dialogue ne peut s'instaurer, nous n'avons aucune chance de construire l'avenir égalitaire auquel nous aspirons.*
- *Mais t'es qui toi… le pingouin ?*
- *Comme beaucoup de mécènes ici rassemblés, je suis un industriel ! Faut-il que je m'en excuse… La vie a fait que je me trouve de ce côté-ci de la barrière, c'est tout ! Mais vos idées, vos revendications, ne me sont pas à ce point hostiles. En d'autres circonstances, j'aurai pu envisager de me joindre à vous !*
- *Houhou… hou… Chiqué… du vent… Dégage, y'a plus d'air !*
- *Non, pas… dégage… Non ! C'est la libre-citoyenneté, le droit à la parole que j'ose ici revendiquer. Je vous l'ai dit, je comprends vos contestations, beaucoup d'entre elles sont justifiées. Je vais vous étonner, mais j'espère sincèrement que, par votre action, vous parviendrez à influer sur le cours des marchés et à changer l'ordre des choses. Mais permettez-moi de vous mettre en garde, chers représentants du peuple, ne vous trompez pas de cible ! Les bienfaiteurs et personnels de cette association ne sont pas les abominables exploitants du genre humain que vous pensez avoir discerné. S'ils l'étaient, croyez-vous qu'ils consacreraient des sommes importantes à l'œuvre de Madame Delcourt-Santini, entièrement orientée sur l'aide au tiers-monde ?*
- *On n'aide pas les affamés avec des sacs de grains transgéniques ! Cela, Monsieur, équivaut à offrir une corde pour se pendre à un homme désespéré !*

- C'est exact que ces céréales contiennent des O-G-M, que nos scientifiques n'ont pas encore suffisamment testé dans le temps. Mais quel effroyable dilemme, mes chers compatriotes ! Doit-on laisser mourir ces gens par milliers en attendant d'hypothétiques résultats ou bien, comme nous cherchons à le faire, tenter de pallier à la faim dans le monde, en essayant de sauver le plus de vies possibles ? Nous avons fait ce second choix, est-il juste mes amis, que vous nous le reprochiez ?
- Il y a d'autres moyens, pour intervenir auprès de ces populations malheureuses ! Mais ça vous obligerait peut-être à détourner une partie de vos sources de profits ! Ce qui explique que vous n'ayez nulle intention d'y recourir !
- Madame, c'est précisément là où je vous rejoins ! Il est urgent en notre époque subversive où s'écroulent un à un les systèmes stabilisateurs, il est de notre devoir d'opter pour des solutions saines et durables. Il nous faut une concertation commune dont vos associations forment peut-être dès aujourd'hui le fer de lance ! Non... non, Monsieur qui faites des photos là ! Je vous en prie ce n'est pas le moment !
- Laissez-le travailler... y fait son boulot !
- Monsieur le reporter, vous vous trouvez ici dans une propriété privée et notre association philanthropique n'a pas besoin de ce genre de publicité ! Je prierai ce Monsieur journaliste de faire ses photos et de s'éloigner au plus vite !
- Hou ou... hou... Nous, nous l'autorisons... y peut en faire tant qui veut !
- Bon... L'incident est clos... L'inci... Oui... l'incident est clos ! Comprenez, mes amis, que le problème que vous soulevez est d'importance. Il ne peut pas être traité sous l'aspect d'une simple revendication, aussi justifiée soit-elle ! Qui plus est, si vos contestations se focalisent sur une œuvre sociale, je crains que cela ne desserve votre cause. Si la presse s'en fait l'écho, vous risquez de décourager des adhérents potentiels à rejoindre vos rangs !
- Ça, c'est nos oignons, ce n'est pas les vôtres !
- Je vous comprends... Nous avons chacun notre potage !
- Ouais... Ben nous, c'est les épluchures dans la soupe et vous le gâteau. Hélicoptères, Maserati, Mercedes, propriétés de centaines d'hectares, champagne à flots, vous allez nous faire pleurer avec les sacrifices consentis, vos sacs d'O,G,M et votre « sou des écoles »

pour le Sida.
- *Puisque vous abordez ce terrain, mes chers compatriotes, soyons sérieux ! Le communisme, soi-disant égalitaire et libéral, dont certains d'entre vous se réfèrent encore, était-il mieux ? Le trio Staline, Mao et Pol pot n'a pas fait moins de 130 millions de morts en soixante-dix ans, et plus personne aujourd'hui n'en parle. Alors que le nazisme dont on nous rabat les oreilles, est péniblement parvenu à 40 millions. Ouvrons les yeux, mes amis ! La globalisation n'en est pas là... Elle a ses défauts, certes, mais son système ne demande qu'à être rodé. Il faut diminuer la croissance exponentielle, veiller à ce que les mouvements financiers internationaux clarifient leurs méthodes, supprimer la dette du tiers-monde et mettre un frein à cette compétitivité sauvage et dangereuse. Mais, pour réguler le système économique mondial, il nous faut du temps. Ce sont des mouvements associatifs comme le vôtre qui peuvent accélérer le processus et peser de leur poids sur les décisions futures. Mais je vous supplie de croire que ce n'est pas en ces lieux que s'exercent les décisions de la planète !*
- *Si vous continuez comme ça, m'sieur, on va vous donner une pancarte et pis on vous nommera chef de section chez nous !*
- *Mais il n'est pas dit, ma petite dame, qu'un jour je ne rejoigne pas vos rangs tant mon souci d'égalité est en rupture totale avec les procédures iniques, je dis bien iniques, pratiquées par certains de mes confrères ! Ce manque d'éthique, qui alimente des systèmes de rentabilité douteux, discrédite les démocraties, auxquelles vous et moi avons l'honneur d'appartenir. Mesdames et messieurs, pour vous prouver combien nous sommes, ici, opposés à ces méthodes procédurières et peu élégantes, je propose qu'à ceux d'entre vous qui désireraient se rendre dans le local annexe à ces salons, il leur soit servi une coupe de champagne ! Je m'empresse d'ajouter que cela sera imputé sur mon budget personnel et non pas sur celui de notre œuvre « Les Colonnes d'Espoirs ». Merci de votre compréhension !*
- *Eh bien, mon cher Maléchristé, cette fois, vous êtes passé à l'ennemi ?*
- *Non, Monsieur le Baron... cette fois j'ai sauvé vos couilles ! D'autant qu'elles sont fébriles... à ce que l'on dit !*

Comme à regret, les manifestants plièrent leurs banderoles,

refoulèrent leurs slogans et tournèrent résolument le dos à ce marmonnement persistant qui émanait encore du haut de la terrasse. Des petits groupes se formèrent à la hâte pour débattre de l'opportunité qu'il y avait à se rendre ou non à cette invitation. Certains argumentaient que ce n'était pas un verre de champagne qui allait noyer leur engagement de principe, d'autres que c'était là un réflexe de capitulation face au pouvoir des nantis. Au terme de légères controverses, le tiers seulement de leur effectif prit la direction du lieu où le discoureur les avait conviés à se rendre. Les premiers éléments franchirent les portes largement ouvertes où les attendait un personnel engageant et gracieux.

Le champagne aidant, l'atmosphère relativement crispée du début, fit bientôt place à une ambiance consensuelle. Les conversations reprirent à voix contenues et, çà et là, de petits essaims se composèrent avec des affinités plus marquées. Julien, qui s'était éloigné quelques instants, revint le pas hâtif vers Nicole et Jean-Christophe en extrémité de table, toujours versés dans les affres d'un débat frénétique.

- *Vous savez ce que je viens d'apprendre de l'un des serveurs ! Le phraseur qui nous a débité son pataquès, tout à l'heure ! Tu sais qui c'est, Jean-Jean, je te le donne en mille... C'est Maléchristé !*
- *Malé...quoi... connais pas.*
- *C'est pas possible, tu ne connais... t'as jamais entendu parler de Maléchristé ! C'est le numéro trois ou quatre sur le plan des fortunes mondiales, c'est une vraie ordure, ce type, il bouffe à tous les râteliers de la honte !*
- *Oh, là... tu n'exagères pas un peu, Nicole ?*
- *Mais non, je suis en dessous encore... Dis-lui, Julien.*
- *Nicole a raison. C'est une salope de première, ce mec ! La drogue, les armes, les tankers pourris, les machines à sous, les ateliers de misère dans le tiers-monde. Rien ne le rebute. Tant qu'il y a du fric à prendre... y prend, tous azimuts ! Faut voir le dossier qu'il a à la section !*
- *Il est daubé à ce point... Mais alors... faut lui péter la gueule à c't'animal !*
- *Mon pauvre vieux, t'approcherais pas à dix pas que t'aurais déjà la cervelle qui crapahuterait au plafond ! Il a des sbires autour de*

son slip, ce mec !
- Vouais... T'as remarqué les jardiniers à côté de lui, t'aurais dit qu'ils avaient planqué leurs râteaux dans leurs baveuses.
- Alors, y faut prévenir les copains... faut les mettre au parfum !
- Non, vaut mieux pas ! On ne sait jamais comment y pourrait réagir, ce con, avec ses ayatollahs flingueurs dans les parages, je ne tiens pas à avoir de la viande réfrigérée sur la patate... On est chez eux, là, c'est à nous de nous écraser.
- Ah, la vermine ! Tu l'as entendu déclamer, y disait regretter de ne pas être des nôtres... ce pourri !
- Eh oui... C'est la force de ce type-là, mon vieux, son gramme de conscience, il l'a laissé dans une de ses couches quand il était gamin ! Maintenant, il est capable de te tenir des discours différents selon à qui il a affaire ! Résultat : chacun l'identifie à son milieu et, dans la foulée, tout le monde lui fait confiance ! Mais attends, faut pas se gourer, c'est une tronche pas possible... démoniaque, mais une tronche, ce mec ! Ce n'est pas un taré... La preuve, c'est qu'il nous l'a mis profond... à nous...
- Ouais, mais attends, y faut voir la force qu'a derrière ! Il a des chaînes de télés, des radios dans le monde entier, des journaux, des stations d'écoutes, il achète les bavards, y rétame les grandes gueules... c'est un desperado se mec... un Attila, jamais l'herbe, elle repousse où il a mis le panard !
- Ben tiens ! En tenant les médias, y tient le peuple, lequel moutonne selon les vents. En tenant le peuple, y tient les politiques, en tenant le peuple et les politiques, y tient le marché. Et en tenant le marché, y tient les finances, et en tenant les finances y tient qui... eh ben... y tient tout dans ses fouilles...
- Arrêtez, vous allez me faire dégueuler son champagne !
- Dis-lui, Julien ! Les usines de peluches en Indonésie où il fait bosser les femmes quinze heures d'affilées pour une demi-cacahuète, au point où y en a des gamines qui meurent de fatigue sur les machines d'atelier !
- Oui, oh là là, la liste serait longue ! Rien d'apparent, des sociétés écrans, des conseillers juridiques, des mouchards politiques, des banques à blanchir le pognon dans ce qu'ils appellent à la télé les paradis financier.
- Les paradigmes !
- Oui, il a même des couvertures d'ambassades, ces intouchables

des démocraties aux grosses valises, ça va jusque-là ! J'te dis pas, les parapluies politiques, les appuis syndicaux, il coupe le sifflet des flics ripoux ! Il a des dossiers numériques sur tous les gaziers en relief. Et quand y juge que les charges sont pas assez étoffées, il les mouille selon leurs penchants, pique-caisses, homos, flambeurs, pédos, cornards, drogués, rien ne lui échappe. Après, il les tient en laisse comme des toutous à sa mémère... houa... houa... houa ! Et tous ces moutons, après, il les fait chanter, et c'est autant d'indics qui lui refourguent l'info !
- Arrêtez... Arrêtez, c'est le diable votre bonhomme ?
- C'est la dernière des crapes, j'te dis, mais attention, comme j'ai déjà dit... chapeau bas la cervelle, vaut mieux pas frimer devant son collimateur, si tu veux pas servir de casse-graine aux corbacs !
- Eh ben, les copains... On se l'est bien fait mettre...
- Quoi... Tu ronfles... C'est que dalle, ça, Jean-Jean ! C'est en pesant l'ennemi, disait Mao, que l'on voit comment on peut piéger la balance !
- C'est une bonne formule ! En attendant, taillons-nous, ça ne m'étonnerait pas qu'il ait prévenu les flics ! Quand les camarades y nous verront se barrer... y moisiront pas ici !

***

En Provence, dans l'âtre de l'auberge du vieux Fontvieille, une flamme lasse butinait l'écorce d'une énorme bûche.

À deux pas de l'endroit était attablé un jeune couple dont les regards fusionnaient de passion réciproque. Les plats succédaient aux hors-d'œuvre et les cafés aux desserts, sans que leur conversation ne se soit interrompue un seul instant. La jeune femme surtout faisait preuve d'une loquacité toute passionnelle, et pour mieux témoigner de sa narration, elle accompagnait de temps à autre ses propos d'une gestuelle aux envolées expressives.

Jusque-là, ni le va-et-vient du personnel, ni les entrées et sorties de la clientèle n'avaient eu d'incidence sur le parfait tête-à-tête de ce couple.

Aussi, le début de l'après-midi était-il avancé sans que les jeunes gens aient évalué le singulier de la situation. Par respect pour le sérieux d'une telle conjoncture, le personnel avait discrètement entouré la scène d'un silence protecteur, allant même jusqu'à éviter de débarrasser les tables à proximité de la leur.

- *Voilà, Loïc, vous savez tout... ou à peu près tout...*
- *Je suis subjugué, abasourdi, Maut ! Face à une telle aventure, on ne peut que rester sans voix... C'est tout à la fois, merveilleux... extraordinaire et bouleversant de bon sens et de vérité !*
- *Une dernière séquence amusante, si vous le permettez, Loïc, je vous la conte, car elle doit logiquement appuyer mes dires. Cinq jours exactement après mon réveil, mon amie Judith, avec laquelle je partage l'appartement que vous connaissez, m'a rendu visite à la clinique. Elle était accompagnée de sa petite fille Marina âgée de quatre ans. Pendant que nous parlions de choses et d'autres, la petite a entrepris de me faire un dessin, genre deux arbres, un soleil, de l'herbe et un machin à quatre pattes qu'il fallait considérer comme étant un chien ! Classique, cela aurait pu l'être, si elle n'avait écrit maladroitement dans le Soleil « éri » et sous les pattes du chien « tep », je ne vous fais pas d'autres commentaires !*
- *Héri-tep, c'est incroyable ! D'autant que, selon les critères les plus classiques de la symbolique, le chien représente la fidélité et le soleil bien évidemment la lumière !*
- *Voilà, vous avez perçu l'inconcevable, Loïc ! J'ai été à ce point bouleversée par ce message que j'ai insisté auprès de la petite Marina pour qu'elle me livre plus de détails. Mais, pour sa mère, mon attitude était incompréhensible. Aussi s'imagina-t-elle que je n'avais pas encore évacué les séquelles de ma chute ! J'ai eu par la suite toutes les peines du monde à la dissuader de ne pas intervenir auprès du personnel soignant.*

Amicalement, Loïc avança sa main vers celle de Maut :

- *Nous sommes les derniers clients. Il nous faut quitter les lieux, Maut. Sachez que cette révélation conforte la confiance que j'ai placée en vous !*

À peine eurent-ils poussé la porte de l'établissement qu'une rafale de vent les ébouriffa sans commisération ! Maut les deux mains sur sa courte jupe, pivota rapidement sur elle-même, sans pour autant parvenir à apitoyer cette violence et garantir la confidentialité de sa petite culote en dentelle.

- *Hou...là là... Loïc... Ce vent... ce vent... mais c'est fou !*
- *Le Mistral... On dit qu'il décorne les bœufs et trousse les filles !*
- *Les bœufs, je ne sais pas...mais pour le reste, je vous crois volontiers !*
- *Ma voiture est un peu plus loin dans la rue principale... Là !*
- *Loïc, Loïc... Votre 2 CV... votre 2 CV... Regardez !*
- *Ah, les salauds, y z'ont remis ça !*
- *Quels sont ces salauds... dont vous faites allusion ?*
- *Les antisectes ! Je vous en ai touché deux mots, la dernière fois que nous nous sommes vus ! Ah les salauds...Ah...les*
- *Si ce n'est pas de la peinture à l'eau, bonjour les dégâts !*
- *La semaine dernière c'était de la peinture à l'eau... mais là...*
- *Voyez, Loïc ! Quand on crache dessus, ça s'en va ! Comment ont-ils pu vous retrouver ici, on est loin de Salon-de-Provence ?*
- *Ma Deuche est la seule dans la région. Il aura fallu que l'un de ces gus passent par-là et la repèrent !*
- *Vous avez vu ce qu'ils ont écrit derrière ? « Les diablotins à la crèche » ! Si c'est nous les diablotins, c'est drôle, non ?*
- *Vous êtes bien la seule à trouver ça drôle, Maut ! Il y a une station de lavage un peu plus loin, nous ne pouvons pas pavaner sur les routes avec ces ornements.*
- *Que vous êtes conventionnel, Loïc ! Un peu de piment égaye l'existence, si toutes les catastrophes se résumaient à ça !*
- *Je vous prends au mot, diablotine, on lave la voiture et on va se balader en bord de mer... Ok !*
- *OK, pour le bord de mer ! Mais il faut que vous me rameniez vers ma voiture à Saint-Rémy à vingt heures au plus tard, Loïc.*

En quelques instants, les inscriptions furent effacées, le véhicule lavé, et les deux jeunes gens, le cœur en fête, prirent la direction des calanques de Cassis.

- *Je trouve que vous m'avez posé très peu de questions, Loïc, sur cette aventure dans laquelle j'ai été projetée ! Je crains que vous me considériez mythomane ou au mieux atteinte d'un solipsisme fantasmatique ?*

- Loin de moi cette idée, Maut ! J'ai une conviction absolue dans l'aventure que vous m'avez décrite ! Mais je préférerais vous en parler lorsque que nous serons dans des conditions plus relax, en bord de plage, par exemple. Regardez, c'est fou... Le vent dévie la trajectoire de la voiture ! On ne va pas pouvoir rouler très vite sans risque de finir dans le fossé, le mieux c'est de prendre des petites routes à travers la garrigue, ça vous va ?

- Je vous suivrai... au bout du monde, Loïc !

- Ce ne sont pas des paroles que l'on prononce par grand vent, Maut. je risquerai de vous croire et causer un accident par conduite intempestive !

- Tenez, Loïc, je vous laisse un exemplaire de ce dossier sur le siège arrière. Je l'ai constitué en vue d'une confrontation avec les représentants religieux dont vous m'avez parlé.

- Confrontation, comme vous y allez ! Je préférerais entretien ou pourparlers, Maut !

- J'ai dit confrontation... C'est instinctif... pardonnez-moi !

- Oh...là, Maut... Maut... S'il vous plaît... La portière arrière est mal fermée... Claquez-là fortement !

- Loïc... Loïc... Arrêtez-vous... arrêtez-vous ! Le vent s'est engouffré, il a emporté tout le dossier que j'avais placé sur le siège...ha là là...c'est affreux toutes les feuilles se sont envolées !

Loïc freina si brusquement que la voiture chassa de l'arrière pour s'arrêter au milieu de la route.

- Ah, scoumoune... Quelle malchance ! Bon, c'est trop tard, Maut, peu importe, laissez tomber, on ne le retrouvera pas, c'est trop tard, tout est éparpillé, le mistral souffle trop fort ! Avec ce zéph, les pages sont déjà dispersées sur au moins trois cent mètres, inutile de tenter de les récupérer dans la garrigue. Ne vous en faites pas, les intempéries auront raison de tout ça ! Il y a peu de touristes par là... D'ailleurs, ils n'y comprendraient rien.

- Oh, non... non, il est fou ce vent... Je voulais vous parler de ce que j'avais écrit, je résumais les grands principes qui gèrent l'ordonnance de la pyramide, j'expliquais Orion, la précession, la chronologie, tout quoi ! Même la formule de l'hypogée osirienne,

avec les données chiffrées... les graphiques Lune-Terre et tout et tout !
- Ce n'est rien, Maut, arrêtez de vous tourmenter ainsi !
- Je suis désolée, c'est ma faute, je n'aurais pas dû le placer sur le siège arrière ! Loïc, je vous laisserai le mien en attendant ! J'effectuerai un autre tirage pour moi, sur mon imprimante. Ce n'est pas grave après tout, comme vous le dites, la pluie probablement délavera les textes !
- Tous deux finirent par en rire et ils reprirent la route en plaisantant.
- C'est un coup des diablotins antisectes, je leur sais gré toutefois de vous avoir épargnée, Maut, vous auriez pu suivre le dossier par la portière !
- Oui, mais vous savez bien que moi j'ai des ailes, Loïc... Je serais revenue.
- Revenue... pour moi, Maut... ou pour courtoisement refermer la portière ?
- Pour la portière, voyons, ça vous aurait contraint à me donner un pourboire !
- Tiens donc ! je ne pensais pas que les anges puissent être aussi vénaux !
- Bien sûr que si Loïc, pour ne pas être reconnus, nous nous intégrons à la temporalité.

En bord de mer, le vent baissa considérablement d'intensité. Loïc gara sa voiture sur un parking aménagé au pied de la falaise. Tous deux empruntèrent alors un petit chemin au milieu des pins qui menait à la plage.

- Une question récurrente me vient à l'esprit au sujet de la fabuleuse aventure que vous avez vécue : Comment estimez-vous la chose, Maut, étiez-vous corporellement présente sur le plan physique et pleinement consciente des faits et actes que vous décrivez ? Je veux dire, de la façon dont nous les vivons présentement... ou... en était-il autrement ?
- Non, Loïc, il n'y avait aucune différence avec la normalité existentielle, celle-ci m'apparaissait authentique sous tous ses aspects, aussi vrai qu'elle se présente ici pour nous deux sur ce sentier. Si ce n'est peut-être les phases de désincarnation, qui étaient

plus éthérées, mais parfaitement gérées sur le plan métaphysique.
- *Ces maîtres, qui vous accompagnaient... qui étaient-ils ? Étiez-vous surprise de ce qu'ils vous enseignaient ou aviez-vous comme une impression de déjà-vu, une sorte de réminiscence ?*
- *J'étais très étonnée, stupéfaite. Décontenancée parfois par tout ce qu'il m'était donné de voir et entendre dans ce monde profondément différent du nôtre.*
- *Ces deux initiateurs principaux que vous appelez Neb-Sekhem et Héri-tep, aviez-vous l'impression d'être en relation avec des entités réelles, surréelles, auto plasmiques... ou je ne sais quel autre état intermédiaire ?*
- *Mais enfin non, Loïc, rien de cela ! Il est vrai, qu'en ce qui concerne Neb-Sekhem, je n'ai pas de réponse formelle sur sa réalité physique. Parfois, oui, il m'apparaissait bien réel, à d'autres moments, je me souviens avoir eu des doutes sur le côté... disons, authentique de sa personnalité ! Mais avec Héri-tep, mon sentiment était différent, il s'agissait bien d'un homme, supérieur certes, mais d'un homme dans toute l'acceptation du terme. Héri-tep avait ses particularités, ses intonations, sa façon de rire, de dire et de faire, il laissait transparaître ses sentiments par des mimiques bien à lui, il était capable de s'étonner et même de se fâcher. Tout cela, avec une philosophie étonnante, permissive, et une connaissance... je pourrai dire une érudition à vous couper le souffle !*
- *Vous le louangez... étiez-vous... Étiez-vous éprise de lui, Maut ou...*

Maut marqua un long silence ! Si long que Loïc finit par détourner la tête vers sa compagne pour vérifier si sa question avait bien été perçue. Le regard de Maut semblait refléter une brillance, elle demeura ainsi quelques instants à scruter un point fixe sur l'horizon des crêtes :

- *Oui, je crois... Je crois que j'étais amoureuse de lui ! Mais ma conscience se trouvait tributaire du corps de Sarad et il n'était nullement question qu'il se passe quoi que ce soit sur un plan concret. D'ailleurs, y aurait-il consenti... Il n'y a rien de moins sûr, sa morale me semblait indissociable de sa philosophie.*

Depuis qu'il s'entretenait avec Maut, et pour la première fois, Loïc sentit s'immiscer en lui un sentiment étrange. Il fit un effort pour affermir sa voix.

- *Il était pourtant de beaucoup plus âgé que vous, Maut, selon vos descriptions il aurait pu être votre père ?*
- *Lorsque l'on fait appel à ces considérations, Loïc, les vocables que l'on emploie doivent être appropriés à ce que nous cherchons à définir. Pour moi, les sentiments que l'on porte à un être, n'admettent pas de transactions. Or, s'il m'est arrivé de marchander des nougats, sur un plan sentimental, je n'ai jamais rien négocié de ma vie, Loïc ! Mes sentiments sont à l'image des nombres, ils sont ou ne sont pas.*
- *Excellente leçon de sémantique, Maut... Pardonnez-moi...*
- *Oh, j'imagine que de votre part, c'était une ruse... pour tester si j'étais bien expressive !*
- *Non, c'était plus puéril que ça...D'autres questions me tiennent à cœur : face à ces révélations, comment imaginer concrètement que vous et moi pouvons modifier l'ordre des choses ?*
- *Ah non, Loïk, vous n'allez pas encore me questionner sur la liquéfaction de notre civilisation, je m'en suis longuement expliquée avec vous.*
- *Une chose a changé, Maut. Maintenant, je suis persuadé que vous êtes une visionnaire, et de ce fait, vos arguments ont pour moi une autre signification sur un plan, disons... futuriste.*
- *Il est essentiel que vous soyez convaincu que si rien ne change, Loïc, dans très peu d'années, nous, peuple terrien, seront irrémédiablement fichus, sans aucune échappatoire possible ! Si vous doutez de cela, je peux prendre du temps pour vous expliquer dans le détail le côté irréversible du processus dans lequel nous sommes engagés. Il est d'un dénouement si implacable que l'on ne peut même pas risquer des arguments contradictoires, sans que ces derniers apparaissent à un esprit instruit des données actuelles comme étant naïfs, stupides ou illusoires.*
- *Vous m'avez déjà dit cela, Maut. Il faut donc que les choses changent, j'en suis convaincu. Mais quel est le temps qu'il nous reste pour agir, avant d'atteindre ces extrémités ?*
- *Cela dépendra de la vitesse de dégradation, Loïc, il est impossible de la programmer, trop de facteurs la conditionnent ! Il m'a été donné de visualiser étape par étape l'entropie des phénomènes en cascade, qui nous mèneront à une irrémédiable faillite. Exemples :*

les technologies débridées au service de l'hyperconsommation, la lèpre mafieuse de l'argent blanchi, les narcotiques inhibiteurs de la pensée individuelle, la désagrégation du facteur conscience inhérent à une amoralité endémique. L'altération du comportement psychique par l'influx des ondes. Et par-dessus tout, la mise sous fichiers de la totalité des échanges linguistiques, sous le fallacieux prétexte d'un écosystème sécuritaire. La liste est impressionnante et tout converge vers l'anéantissement des principes vitaux qui faisait de nous hier encore des êtres humains. Avez-vous déjà entendu parler de la robotique en nanotechnologie, Loïc ?

- Vaguement ! Il s'agit, je crois, de recherches effectuées sur la matière fondamentale au niveau d'assemblages moléculaires. Cela m'apparait plutôt bien, ce qu'ils découvrent... Non ?

- Toutes révélations comportent un facteur positif. Si ces découvertes ont leurs utilités dans l'industrie, elles dépasseront très vite ce stade. Dans les deux décennies qui vont suivre, nous aborderons des technologies impensables actuellement. Les OGM pour engraisser les animaux passeront très vite à l'échelle humaine. Les puces identitaires géreront les ordonnancements de notre nature. Des réseaux d'ondes modifieront notre climat, influeront sur notre santé, sur notre liberté intellectuelle. Notre équilibre psychique et notre système de déduction s'en trouvera profondément modifié. Le drame voyez-vous, ce ne sont pas les découvertes en elles-mêmes, c'est l'usage qui en est fait pour dominer, asservir et cumuler les intérêts de puissances. Les seules qui pourraient tirer le signal d'alarme se sont les médias, mais il leur est totalement impossible de le faire. Le système en place rectifierait instantanément toutes velléités de ce type, hiérarchiquement, mécaniquement, politiquement et ce qui serait le plus grave démocratiquement.

- Devant les dangers que vous décrivez, Maut, nous pourrions espérer une prise de conscience et une position responsable de la population ?

- Ou la prendrait-elle cette prise de conscience ? Si c'était le cas, nous la verrions poindre, Loïc. Croyez-vous que sur le plan strictement humain, autrement dit psycho-sensoriel, nous soyons à même de dominer les transformations qui nous sont imposées ? Alors que la robotisation sera composée de protéines vivantes dans moins de vingt ans. Lorsque ce stade sera atteint nous serons incapables de réagir, d'une part parce que nous serons amoindris

intellectuellement et que nous accorderons un crédit aveugle aux déclarations télédiffusées de scientistes conditionnés, surpayés et irresponsables.
- *Moralité : aux yeux du peuple, personne n'est coupable. Alors que, selon vous, nous allons être dévorés par nos propres allants novateurs que nous ne saurons juguler ?*
- *Il y a un monde entre l'invention de la machine à vapeur et les vaches chez qui on injecte des hormones humaines pour nourrir nos bébés. La machine à vapeur, on pouvait prédire quel serait son sort dans le futur, l'enfant et la vache... non ! En une phrase, Loïc, notre corruption est irrémissible, notre déchéance morale et nos nuisances iront plus vite que toutes nos techniques de réfections. Car face à la rentabilité, face au profit, il n'y a plus de sensibilisateurs moraux.*
- *Nous serions à ce point inconscient, mais est-ce que le peuple est seulement informé de cette réalité ?*
- *Non, bien évidemment, la masse se trouve devant des boucliers de protection, ce sont les privilèges d'une minorité puissante au détriment d'une généralité appauvrie. De tels agissements s'opposent aux souhaits d'un Principe Créateur, qui nous a doté d'intelligence pour discerner, déduire et agir en conséquence. Face à cette situation, nous sommes des inaptes avant d'être des victimes.*
- *Pardonnez-moi, Maut, mais que pouvez-vous réellement savoir des aspirations du Principe Créateur ?*
- *Ce qu'en vaticinent ses représentants sur Terre et aussi ce que peut en déduire ma propre logique quand elle fait appel à mon intuition.*
- *J'ai du mal à envisager les tourments que vous prédisez comme imminents, et pourtant, quelque chose à l'intérieur de moi me dit que vous avez raison, Maut.*
- *Afin que cela vous paraisse plus vraisemblable, Loïc, je vous demande d'envisager un danger nucléaire conséquent. Une série de centrales impliquées dans une catastrophe naturelle ou ce qui est tout aussi plausible une guerre soudainement perpétrée. Prenons l'exemple d'une guerre :*

Là, à l'instant même, en un endroit quelconque du monde, des missiles à têtes nucléaires ont été utilisés par les belligérants. Quand on sait que toute vie sur la planète peut être détruite par les milliers de bombes que détiennent certaines nations, je ne vous demande pas un gros effort d'imagination. Je ne me lancerais pas dans une suite de déductions psychiques, relatives à une prise de décisions aussi insensée, mais seulement en résultat de la phase opérative. Le pays victime d'un tel impact sera ou non anéanti, mais il est impensable que lui ou les nations limitrophes ne se sentent pas instantanément concernés. Ce qui signifie que la riposte sera immédiate et peut-être plus importante, du fait de la crainte d'une récidive. Cette atomisation, répand en dehors des zones ciblées par les antagonistes, une abondante radioactivité qui va lentement pénétrer toutes les couches de l'atmosphère. Car les vents, les pluies, les nuages, tout contribuera à la véhiculer.

Voilà où je veux en venir, Loïc ! Imaginez que cela vient de se passer et croyez-vous que nous ici en soyons affectés, nullement ! Regardez, je peux vous parler, courir, sauter, rire, me baigner, je ferais de même si cette chose venait d'avoir lieu. Mais le mal est là, insidieux, latent et irrévocable. Dans quinze jours ou trois semaines, selon les phénomènes météorologiques, se manifesteront chez vous et moi les premiers symptômes, maux de tête, vomissements, grande lassitude. Des pustules apparaîtront sur notre peau, nos organes n'assumeront plus leurs fonctions, nous aurons des hémorragies internes et nous mourrons de leucémies.

Et pourtant, Loïc, nous sommes là, bien vivants, en pleine forme et notre optimisme de sauvegarde nous empêche d'envisager de telles éventualités. Le danger que représente notre société en déliquescence à beaucoup de points communs avec cette fiction que je viens d'évoquer ! Seule différence, le facteur temps. D'un côté nous avons devant nous quelques semaines et aucun moyen d'action. De l'autre côté, nous avons encore devant nous une poignée d'années et surtout la possibilité de prendre conscience, à condition de ne pas perdre un seul instant.

- C'est saisissant de réalisme et je ne doute pas, Maut, que ça peut se passer ainsi. Mais alors, quelle parade efficace pouvons-nous trouver... Nous sommes démunis ?
- Ne nous leurrons pas, la parade absolue n'existe pas. Seul existe l'espoir d'une prise de conscience partielle à défaut d'être collective, laquelle devrait influer sur le cours des événements.

Jusque-là, nous avons confié la direction de notre planète à de grands enfants immatures en mal d'influence, qui assouvissent leur passion égotique dans ce qu'ils considèrent être leur console de jeux. Ils sont à la solde de décideurs puissants qu'ils ne connaissent même pas, et qu'ils ne connaîtront jamais. Or, il est évident que les choses ne se mettront pas en place d'elles-mêmes, il faut nécessairement un allant collectif des peuples dans le sens de la verticalité. Cette énergie nous est aujourd'hui fournie, Loïc, avec les preuves mathématiques de la présence divine parmi les monuments de Gizeh. Notre devoir est de mettre ces preuves à portée de toutes les ressources mentales encore en état de s'animer, elles sont de jour en jour plus restreintes.

- Un tel programme, Maut, ne risque-t-il pas de faire apparaitre le spectre d'un progiciel religieux... facteur mental de rejet ?
- Loïc, je vous l'ai dit, ce sont nos états de conscience affectés qui représentent aujourd'hui le plus grand danger. Nous sommes allés trop loin dans la déliquescence pour que nous puissions espérer un redressement général motivé par le bon sens, la logique ou la dignité humaine. La menace d'une sorte de châtiment biblique ne peut faire qu'éclater de rire la communauté planétaire qui colle à la matière ! Sauf... sauf... Loïc, si cette « menace » que je prends soin de placer entre guillemets est accompagnée de preuves mathématiques... irréfutables !
- Ce qui signifie en clair, que toute espérance de redressement repose sur le substrat que vous envisagez, Maut ? Ce qui signifierait que la preuve chiffrée d'une intelligence ordonnatrice de la nature, engendrerait une prise de conscience, laquelle à son tour inciterait à plus de réalisme dans le comportement humain, sans pour autant susciter une réaction de caractère religieux ?
- Il n'y a malheureusement aucun autre correctif envisageable en dehors de cette mise en demeure, Loïc. N'oubliez pas que les cerbères, qui défendent l'entrée des privilèges économiques, sont atteints d'une pathologie mégalomaniaque incurable, celle-ci ne se soigne pas avec des paroles incantatoires d'hommage à la vertu. Si les instances divines ont permis que resurgisse en ces temps opportuns, cette gnose enfouie sous les millénaires, c'est que nous abordons hélas, le point de non-retour.
- Dites-moi, Maut, vos initiateurs vous ont-ils dit si nous allions réussir en notre entreprise ?

- *Non, c'était, semble-t-il, impossible à discerner, même en la vision des grands devins qui m'ont enseigné. Le futur n'a pas de fixité, car il est tributaire de la conscience collective.*
- *Je ne comprends pas ! Vous me dites que ces gens-là lisent en l'avenir et qu'ils ont même le pouvoir d'enquêter en notre civilisation et ils n'auraient pas cette prescience ?*
- *Ce serait long et complexe à vous expliquer. D'ailleurs, les raisons profondes m'échappent en partie ! Mais, si vous me permettez de survoler la situation, je peux vous dire ceci : Le pouvoir illimité que nous avons tendance à accorder aux médiums annonciateurs de faits est illusoire.*

Eux-mêmes sont parfaitement conscients de leurs limites. Personne n'est maître des visions qu'il perçoit et surtout personne n'a le pouvoir d'orienter cette clairvoyance. Elle provient de sources que l'on peut estimer spirituelles, mais le choix du sujet même ne dépend pas de la volonté de celui qui en est bénéficiaire.

- *Nous sommes dans l'incertitude, alors !*
- *Il n'y a pas de certitudes humaines, Loïc. D'après ce que je crois savoir, notre civilisation est certes dans le rouge, mais elle n'est pas dans le noir. Ce qui explique que les augures ont été alertés d'un danger de fin d'existence biologique sur la planète, due à l'inconséquence, spécificité de notre époque.*
- *C'est cela qui m'épate, ils vous ont choisie, vous, Maut, jeune femme sage au charme indicible, pour réformer cet état de fait et imposer au monde un autre mode de vie ?*
- *Je perçois l'ironie qui se dissimule dans votre formulation, Loïc ! Laissez-moi vous dire que j'ai largement dépassé ce type d'apostrophe provocatrice et j'ajouterai, que si je n'ai pas de réponse, eux, en ont une… c'est ce qui m'importe !*
- *Ma requête était taquine, mais nullement malicieuse, Maut ! J'aimerais savoir si vous avez eu accès à des connaissances cachées, qu'il ne vous est pas permis de révéler ?*
- *Pour sans doute me sensibiliser à cet apostolat, il m'a été permis de visualiser à une échelle universelle des enchaînements créatifs d'une beauté insoupçonnée, que l'esprit humain ne peut pas imaginer. Parallèlement, on m'a fait comprendre que ma mission se limitait à des révélations spécifiques sans extension.*

- *Maut, pardonnez-moi cet aparté, mais vous a-t-on parlé du rôle qui est le mien ou de celui que je serai susceptible de tenir auprès de vous ?*
- *Oui, c'est drôle ! Chaque fois qu'un élément masculin accompagnateur a été évoqué à mes côtés, il correspondait à votre signalement, Loïc ! Mais je n'ai jamais su pourquoi, cela faisait rire mes précepteurs...*
- *Ça... ça les faisait rire... mais je n'ai rien d'un clown, que je sache !*
- *Ne vous vexez pas, il y a certainement une raison que nous finirons bien par découvrir !*

Le Soleil, les pins, les falaises parsemées de fleurs et la mer au loin, immense, les yeux emplis de ces images, Loïc et Maut reprirent la route de Saint-Rémy.

- *Au fait, Loïc, comment le professeur Lamdow vous a présenté son projet œcuménique ?*
- *Œcuménique ! Maut, je crains encore une fois que le terme ne soit pas très approprié. Parlons plutôt de réunion d'information !*

Elle nous permettra de sonder le terrain religieux avant de se lancer dans une hypothétique aventure médiatique. Souvenez-vous, je lui avais suggéré cette éventualité, lors de notre visite en sa chapelle désaffectée !

- *Il faut croire qu'il bénéficie d'une certaine audience pour pénétrer des milieux à la fois aussi avisés et circonspects.*
- *Je crois qu'il a conservé dans ces sphères des relations d'estime. Sa vie durant, il aura essayé de concilier la science et la foi ! Il m'avait promis de tenter d'organiser une entrevue qui pourrait nous permettre de développer nos théories. Aussi, lorsqu'il m'a rappelé samedi dernier, je n'ai pas été surpris de sa démarche, mais plutôt du succès qu'il avait obtenu. Persuader ce genre de personnages de se déplacer pour écouter des sornettes d'étudiants en mal de renommée n'est pas une mince affaire.*
- *Ah oui, c'est ainsi que vous estimez notre intervention ! Bon... En résumé, il y aurait des représentants du Judaïsme, du Catholicisme, de l'Islam et des Chrétiens orthodoxes. L'exposé se déroulerait le 21*

septembre en Arles... c'est ça ?
- *À l'équinoxe... Oui... Cette fois, les dés sont jetés, Maut !*
- *Et lui, Lamdow, participera-t-il à cet entretien ou préfère-t-il se tenir à l'écart ?*
- *Il a fait choix de nous laisser agir seul, sans user de son influence... Je pense qu'il a raison !*
- *C'est un gros morceau... pour nous deux...*
- *Oui, mais si nous préparons bien notre affaire, projections, explications, démonstrations, cela devrait avoir sur ces gens plutôt prédisposés... un certain impact !*
- *Prédisposés ! Oh, j'en suis moins certaine que vous. Leur mentalité est profondément dogmatique et ils sont rarement ouverts à d'autres perceptions. J'espère me tromper ! Souvenez-vous de ce que disait Voltaire : « Nos prêtres ne sont pas ce qu'un vain peuple pense, notre crédulité fait toute leur science ».*
- *Nous verrons bien, Maut... C'est une expérience à tenter !*
- *Loïc... Loïc... ma voiture est là... sur ce parking... là... là... là !*
- *Oh, pardon, je pensais que vous étiez garée plus loin !*
- *Laissez-moi ici... Je n'ai que la rue à traverser !*
- *Chaque fois... Chaque fois, je ressens la même chose, j'ai énormément de mal à vous quitter ! Je me dois de vous le dire, Maut... vous êtes, Maut... mon... mon idéal féminin !*
- *J'ai l'impression plus prosaïque que mes genoux dégagés y sont pour quelque chose, Loïc ! De la manière dont votre regard voluptueux les a caressé toute la journée, j'en ai presque perçu les effleurements...*
- *Oh, alors je suis terriblement maladroit... Vous vous êtes aperçue, que je les admirais ! Maut, il faut que je vous dise, vous avez les jambes, les plus... que je n'ai jamais vues ! Elles sont longues, fuselées avec des genoux bien polis, bien arrondis... comme je les aime.*
- *Loïc... Mais c'est une déclaration... Qu'est-ce qui vous prend soudain ? Une montée d'adrénaline ou quoi d'autre ? Je reconnais que j'ai eu tort de mettre cette jupe courte, mais toutes les jeunes femmes de mon âge en portent, on est bien ainsi l'été ! Je n'ai pas fait ça pour... pour vous allumer !*
- *Je le regrette presque, Maut, quoi qu'il en soit, m'allumer aurait été superflu, je le suis déjà... flambé !*
- *Loïc, vous êtes en train de rompre le contrat implicite que nous*

avions tous deux établi ! La mission que nous nous sommes fixée passe largement au-dessus de la bagatelle ! Vous ne croyez pas ?
- À dire vrai... Maut, les deux ne m'apparaissent pas franchement incompatibles ! À moins qu'il y ait une raison plus ou moins occultée d'ordre... psychosomatique ! En ce cas, cela pourrait avoir une explication logique ! Peut-être, Maut, êtes-vous un peu frigide ou... ou tout autre chose ?
- Ah, vous êtes gonflé, Loïc... Ça, c'est l'apothéose ! Mais je ne suis pas du tout frigide, je suis capable d'aimer un homme et plutôt bien je crois !
- Hum... Depuis que je vous connais... J'ai comme un petit doute... de ce côté-là...
- De ce côté-là... Ah oui... ça vous titille ! Eh bien, puisque c'est comme ça, vous allez m'embrasser... Embrassez-moi... là, tout de suite... Allez !
- Vous n'y pensez pas, Maut... De cette façon subitement... sur ordre presque, sans préalable... ça désamorce tout processus... de désir, Maut... C'est presque... contre nature...
- Vous vous dégonflez ! Regardez, je dégrafe mon chemisier et je dégage mon épaule ! C'est là, Loïc, que vous allez m'embrasser... Là... vous voyez... c'est une zone terriblement érogène...là !
- Maut, vous me surprenez... C'est presque indécent comme ça... là... c'est... bon, eh bien, si vous insistez, mais... vraiment... !
- Non pas là, Loïc, plus haut... plus haut, entre la clavicule et le cou... le long de l'artère ! Oui... bien... encore... Mieux que ça, voyons... Plus...plus goulument encore... Oui... c'est mieux, voilà... Hum... Ah, oui ! C'est bien comme ça... humm... Bon et bien ça suffit... ça suffit, Loïc... Loïc... vous arrêtez... à moi, maintenant !
- Comment ça... à vous ?
- Oui, à mon tour ! Dégagez votre polo sur la droite, là, comme ça... bien largement...oui !
- Ah... non ! Non, Maut, c'est... Ah non... c'est trop... pas là, vous êtes folle, mais arrêtez... Ah, non ce n'est pas possible... c'est trop, ah... Oh... Hou là là !
- Voilà ! Et n'oubliez pas que je suis frigide... Parce que si je ne l'étais pas, Loïc, il est indubitable que ça aurait été... frénétique ...et que toute la place en aurait profité.
- Maut, Maut, maintenant, on ne peut pas en rester là ! Vous m'avez mis dans un état pas possible ! Si vous refusez, je vais vous violer,

là... dans la voiture... comme ça, devant tout le monde !
- Quinze ans... fermes ! Dix ans avec causes atténuantes et un bon avocat, ça fait beaucoup tout de même... à votre âge ! Au revoir Loïc, à bientôt...
- Garce !
- Maut était sur le point de rejoindre sa Clio, lorsque son portable se mit à sonner ! Oui...
- Pardonnez-moi, ce n'était pas le mot qui convenait... je retire...
- Ne retirez rien, Loïc. Au début du siècle dernier, le terme « belle garce » était très prisé par la gent masculine ! Cela signifiait que la femme en question avait du charme, mais aussi du tempérament !
- D'accord... D'accord, j'ai compris la leçon, Maut. Qu'allez-vous faire maintenant ?
- Quel drôle de question ! Je vais prendre la route pour Lyon, et dès mon arrivée, une douche et au lit... avec mon polochon ! Je vous l'ai présenté, je crois, mon polochon, il est à la fois dur et doux, comme je les aime...
- Garce !
- Bonsoir, Loïc, dans quinze jours en Arles ! Promis... Bye !
- Ouais...

***

Au quatrième étage d'un immeuble commercial situé dans la zone industrielle de la cité phocéenne, derrière une baie vitrée, deux hommes aux tempes grisonnantes étaient en conversation. Leur conduite débonnaire était empreinte d'une raillerie affichée.

- Qu'est-ce qu'il a comme carrosse, le Maléchristé ! Hou là... c'est une Rolls Seraph spéciale... compartimentée, en plus ?
- Oui, mon pote, trois compartiments ! Devant pour le chauffeur et un des gardes du corps, au centre les deux secrétaires, et à l'arrière le confort royal pour son éminentissime ! Avec glace à l'épreuve des balles... ça craint le terroriste, ces machines à sous !
- Hé bien dis donc !
- Attends, ce n'est pas fini ! Une Mercedes devant avec trois gardes du corps et une à l'arrière avec quatre autres gorilles... Tu vois la caravane !
- Wowhou ! Mais pour se payer ça, il faut qu'il ait une fortune

incroyable, ce type ?
— C'est misère ce que tu vois là, mon petit père, pour lui, c'est un rince-doigts négligeable. Si on te chouravait ton parapluie, toutes proportions gardées, tu subirais un préjudice beaucoup plus important que le sien, si on venait à lui flamber d'un coup ses trois bagnoles !
— Mais où y trouve son pognon... en France ?
— En France... Non, il n'a pratiquement rien ! Une dizaine d'usines, deux ou trois grandes surfaces, quelques propriétés ou élevages de poules par-ci par-là et quelques champs de blé, c'est tout ! Mais à l'étranger, par contre, c'est gigantesque ! Je ne sais même pas s'il est au courant de tout ce qu'il possède... sûrement pas.
— Autant de pognon, c'est dingue ... et tu dis qu'il est souvent là, en France ?
— Oui ! Ça ne doit pas être que pour le paysage ! Comme tu le sais, j'ai côtoyé ces sphères par la force des choses, je peux te dire que s'il est en France, c'est qu'il y trouve son compte, le Maléchristé.
— Ah ouais... Je vois, il doit bénéficier de faveurs particulières de la part des gouvernants. Mais comment cela est-il possible en démocratie... C'est honteux, ce business !
— Ah, mon pauvre vieux, je ne sais plus qui disait : « La démocratie, c'est le théâtre du peuple, la banque des truands, l'instrument des médias et le jouet des intellectuels ». Il y a belle lurette que ce mot est vide de sens et qu'il ne fait bander que ceux qu'en tirent profit. Les autres, il leur faut leur dose de Viagra. Tu n'as qu'à faire le compte des gens écœurés qui ne votent plus ?
— Alors, d'après toi, ce genre d'énergumène se trouve en ce milieu comme qui dirait... un poisson dans l'eau... à l'aise quoi ?
— Exactement ! Sous le prétexte bien commode qu'il donne du travail à quelques milliers d'ouvriers, il devient intouchable, et la République contribue à accroître sa richesse. Il bénéficie alors de dérogations, de taux préférentiels, d'étalement d'impôts, de toutes sortes d'avantages financiers ou en nature !
— Ça serait alors la crainte qu'il déplace ses capitaux à l'étranger et qu'il mette les employés de ses boîtes au chômage ?
— Eh oui, c'est ce dont il menace continuellement la société ! C'est bien là un des paradoxes de la mondialisation à tous crins, mon vieux ! Comme lors d'un voyage présidentiel on distribue des petits drapeaux aux enfants, qui n'ont pas d'opinions. Et ben là, ce sont

les possédants qui brandissent des menaces en permanence. Ainsi, c'est nous qui sauvegardons la présence de nos propres bourreaux.
- C'est dégueulasse... On est vraiment des cons !
- C'est notre faute, mon petit père, nous sommes des esclaves-nés ! La plupart des gens qui reçoivent dix coups de triques par jour, s'il arrive pour x raison, que leur tortionnaire ne leur en donne que neuf, ils disent... Merci Monsieur ! Et si celui-ci ne leur en donne plus que six, alors là... Ils défilent dans la rue avec des drapeaux pour dire à ceux qui hésitent encore, qu'ils donneraient leurs vies pour cette générosité incarnée !
- Ça serait le système, alors ? Il n'est plus adapté à nos temps modernes, ce qui fait que certains petits rusés, sans grande conscience, en tirent profit.
- Tu parles de conscience... mais nous n'en avons plus, mon vieux ! T'as lu « Œuvres », de Jean Jaurès ? Il disait : « Il ne peut y avoir de révolution que là où il y a conscience ! »
- À voir ça, où elle est la conscience du peuple... C'est la truandaille, aujourd'hui, que fait la loi !
- C'est une question de vocabulaire, d'aucuns l'appellent l'économie de marché, qui nous vaut la sacro-sainte « croissance » ! Alors que la dette est tellement énorme, en France, qu'elle nous revient à 7 000 € toutes les secondes. Eh oui, le tout arrosé de copinages politiques, de gains compensateurs, de donnant-donnant, de placards à cadavres, et puis les... je te tiens par la barbichette, le premier de nous deux... Tu connais la chanson ?
- C'est à peine croyable, ce business ! Ah, dis-donc, on est loin du prolo qui va bosser sur sa vieille bécane, avec la musette casse-croûte sur le dos !
- Oh, détrompe-toi, mon petit père... Détrompe-toi ! Au contraire, on en est très près, si près, que c'est le pognon de ceux-là qui sert à enrichir les autres. Réfléchis ! Si tu enlèves la richesse collective que représentent les consommateurs, tu engendres à coup sûr la pauvreté individuelle des riches ! Et quand je dis « riches », ce ne sont pas les flambeurs des Casinos de la belle époque, non, c'est beaucoup plus créatif, aujourd'hui ! Un patrimoine d'état, par exemple, qui est évalué à 45 millions d'euros. Un type comme lui va l'acquérir pour 5 millions d'euros, doublé d'une assistance gouvernementale sur le plan social, qui peut être d'une somme supérieure au patrimoine en question. Quand une offre de rachat est estimée trop basse par un

gouvernement et que toute décision est bloquée, il suffit que l'on mette en place un nouveau ministre qui appartienne à un courant politique différent pour qu'il donne son accord. Des individus comme Maléchristé le savent bien. Il suffit d'attendre l'opportunité. Pour lui, la démocratie, y a pas mieux ! Et en fin de course, tout ça sur le dos de qui... et ben, de ton prolo à la vieille bécane !
- Tiens, regarde, voilà qui sort ! Hou là... quatre, six, huit, dix gardes du corps ?
- Non, les deux à côté de lui, ce sont des secrétaires avec mallette et chaîne au poignet, on ne sait pas si elles sont en or... Les bandits sont ceux qui se méfient le plus des bandits. Tu l'as repéré, le Maléchristé... C'est le grand à la veste grise à rayures. Te trompes pas, hein, ce n'est pas une veste de taulard !
- Si ça se trouve... c'est notre patron maintenant ! Il vient peut-être de racheter la boutique ?
- Oh, ce n'est pas impossible, ces gens-là, Monsieur, ne se déplacent pas pour rien. N'importe comment, on saura ça à la réunion de quinze heures !
- Bof ! Après tout, à un an de la retraite, nous, on s'en fout que ça soit un émir du Koweït ou un aborigène d'Australie, ça ne changera pas beaucoup nos habitudes ! À moins qu'ils nous virent... comme des éléments réfractaires impropres à la consommation ?
- Ça me donne une idée, tiens ! Je vais lui faire un rapport salé, au Maléchristé, je lui décrirais les propos à caractère déshonorant que tu tiens sur sa personne ! Ça me vaudra peut-être une promotion de fin de carrière ?
- Taratata, moi, je sais comment t'acheter mon pote ! Il suffit que je te paye un petit Mâconnais ras-bord à la cafétéria et tu perds la mémoire... Je sais... je sais !
- Tu te mouillerais à ce point !
- Oui, là je crois que n'ai plus le choix... Allons-y !

Pour gagner l'aéroport, le cortège présidentiel dut emprunter des petites routes départementales bordées d'oliviers séculaires et de lavandes aux senteurs migratrices. À l'arrière de la Limousine, sur le tableau de communication, une petite lampe verte s'alluma.

- Oui !
- Madame votre mère, Monsieur le président, dois-je lui dire de

vous rappeler ?
- Non, passez-la-moi ! Dis donc, Kalsit, dès que c'est possible tu m'arrêtes pour pisser, par-là... dans la garrigue, n'importe où...

Chère mère, comment allez-vous ? Oui... Très bien, oui ! Je suis en voiture, là, je vais prendre mon avion à Marseille-Provence pour me rendre ce soir à Munich ! En Allemagne, oui ! Non, mère... Bien évidemment... Je sais, oui, les attentats... mais il ne s'agit pas d'un avion commercial, c'est un de mes avions personnels. Cessez de vous faire du souci, mère, je vais bien... oui... C'est évident, c'est... Oui... Je me préoccupe de mes œuvres sociales en priorité, mère ! Merci, mère, je vous souhaite aussi un excellent week-end !

Boisserau, essaye de m'avoir, Jammes Boward, New Jersey, je crois. Et rappelle à Kalsit que j'ai envie de pisser ! Bon, passe-le-moi !

Jammes, salut vieux bandit, dis donc, le coup de fusil possible que tu m'avais signalé ! Non... non pas celui-là ! Ça, je verrai plus tard... Je veux te parler de Samson Télé-audio en difficulté financière, maison mère près de Marseille France, tu te remets ? Voilà... Voilà, ouais c'est ça... je viens de traiter à l'instant ! Oui... oui un bon coup, je pense... Non, holding personnel. Il était estimé 350 à 400 millions d'euros... Devine... 90 millions d'euros et attends, le gouvernement français prend sur lui l'ensemble des problèmes sociaux, un paquet de merde d'au moins 100 millions... Oui, mais je vais attendre six mois, un an, restructuration bidon et je revends au moins 280, j'ai déjà des coréens sur le coup. Oui... C'est un peu grâce à toi... alors commission ! Si, si, si, j'y tiens... Réglo, allez salut, Jammes !

Kalsit, sécurité mon cul... si tu ne m'arrêtes pas pour pisser, je pisse dans la bagnole et je t'oblige à nettoyer avec la langue !

- *C'est maintenant la garrigue, patron, on va pouvoir en sécurité, vers les buissons, là-bas... au loin !*
- *Mes couilles ! Tu vois des snipers partout, toi... Ça ne risque rien ici ! Fais marcher un peu ta tronche, ça reposera tes portugaises !*
- *Voilà... ça y est patron, voiture « A » ici Boss, le président a besoin d'uriner en urgence, on s'arrête là tout de suite, disposition*

de sécurité, code « 1 simple », 30 mètres !
- Ce sont des malades, ces mecs, des malades, y voient des flingueurs partout, même dans la cuvette des chiottes, c'est impensable à ce stade ! Alors tu m'arrêtes oui... Y va me faire pisser dans mon froc, ce con !
- Voilà, patron, voiture arrêtée, portières déverrouillées, nos gens sont en place... à vous !
- Oh putain le con... Vite... Non, pas ce buisson, l'autre... Ah, là, là... Quelle joie ! Quand on a vraiment envie de pisser et que l'on peut... eh bien... Eh bien, il n'y a pas de plaisir comparable sur terre...Non, je ne vois pas... L'amour c'est bien, mais l'envie de pisser, c'est plus fort... C'est plus grand ! Un millésime Clos Vougeot, un coup de surf sur la vague, une affaire de 500 plaques, non, non, tout ça passe après... Ah dis donc... le plaisir ! Bon, y fait beau, la campagne est belle ! Qu'est-ce que c'est que ce truc accroché dans le buisson ? Des imprimés... Quoi... doss... dossier confi... dentiel, voilà autre chose ! Ça, c'est un coup du mistral, dans ce putain de pays, y dépucelle les filles... y paraît ! Ah dis donc, les plans de la bombe à neutrons, je vais pouvoir les refourguer aux Arabes ! Qu'est-ce que... c'est... Tiens, y a un nom en bas ? Propriété Maut Clairmonda... Mes hommages, Madame...
- Monsieur le président... Y'a un problème ?
- Oui ! J'ai coincée ma zigounette dans la fermeture éclair, et la fermeture éclair... je l'ai coincée dans le buisson !
- La zigounette... dans le buisson... c'est quoi ce machin ? Ah ! Vous voilà, Monsieur le président... Tout va bien... Alors ?

À la vue du Boos regagnant les véhicules avec un dossier plus ou moins effeuillé en main, le secrétaire principal abaissa promptement la vitre de sa portière :

- Monsieur le président, je me permets de vous rappeler que selon nos dernières conventions, auxquelles vous avez pleinement souscrit, aucun document ne doit être sorti du coffre en dehors des zones strictement sécuritaires !
- Ne m'emmerde pas avec tes dispositions à la con, Boisserau ! C'est un truc que j'ai trouvé... là, dans le buisson... là... là, tu vois !
- Ah, Monsieur... s'il s'agit d'un détritus, je n'ai rien dit.
- Toi... Il y a des moments où j'ai envie de te tordre les testicules,

puis de te planter la tête dans un buisson, les deux pieds en l'air en te regardant gigoter... comme ça... par plaisir !
- *Ce sont là des méthodes relevant d'un archaïsme primaire qui déshonoreraient la réputation de Monsieur le Président !*
- *Ferme ta cage, avant que je ne passe à exécution !*

***

Le luxueux immeuble de la société de publicité « Elila-pub », dans la banlieue de Munich, conservait encore à vingt-trois heures passées un étage éclairé. Il s'agissait de celui réservé à la direction générale. À l'intérieur du bureau présidentiel, le coude appuyé sur la surface lisse du tek, une main soutenant sa tête un peu lourde, Nicolas Désiré Maléchristé pour la première fois de son éblouissante carrière, était en proie à une interrogation fondamentale : Existe-t-il, oui ou non, une planification numérique et géométrique voulue et déterminée de l'univers substantiel ?

Étonnante question qui, pour l'heure, ne semblait pas trouver en la cérébralité exténuée du président un appui suffisant pour privilégier une option satisfaisante au doute récurrent qui l'assaillait. Une calculette à la main, il reproduisit avec une application studieuse la même opération qui avait le don de le verser dans un aven de perplexité.

- *Madame Shûls, dites-moi... Pouvez-vous me répercuter sur le Net ou ailleurs, les derniers relevés scientifiques concernant les circonférences terrestres et lunaires !*
- *Vous avez bien dit, Monsieur... terrestres... et... lunaires ?*
- *Oui ! Qu'est-ce que vous trouvez d'extraordinaire à ce que je me préoccupe de la circonférence de la Terre ?*
- *Mais... Mais c'est tout à fait légitime, Monsieur, cela répond à une préoccupation louable ! Je m'en informe sur le champ et vous rends compte, Monsieur !*
- *Hum... Oui... louable... préoccupation louable !*
- *Monsieur le président, les dernières valeurs recensées de la Terre sont celles-ci : diamètre équatorial 12 756,3 km, la précision ne s'étend pas au-delà, Monsieur ! Le diamètre polaire 12 713,5 km. Pour la Lune, il est seulement question d'un diamètre moyen établi*

par la NASA : 3 476,4 km. Les autres planètes peut-être… du système solaire, Monsieur ?
- *Non, non… C'est bon, merci !*
- *Oui là, il ne faut pas que je me plante ! 12 756,3 + 12 713,5 ça fait bien, divisé par deux, en ajoutant les broutilles de mètres en plus que signale la Clairmonda, ça fait 12 734,94192 km… Bien ! Ça, ajouté à la Lune, qui fait combien déjà ?… 3 476,4474 km, ça fait bien 16 211,38932 kilomètres que je multiplie par Pi, et on obtient 50 929,58159 km de circonférence. Bon, je souligne… Et maintenant, le grand jeu !*

*C'est une tronche, cette mère Maut, quand même, je me l'imagine bossu avec une tignasse en motte et une bouche avec plus que deux dents ! Elle dit : « Le nombre hermétique le plus considéré de tous les temps est incontestablement le nombre **360** ». Ah, bon… Ah oui, pour les 360° p'être ! « Ce nombre représente les degrés du cercle, mais aussi la lumière magnifiée ». Magnifiée… Tiens donc… « Nous le retrouvons parmi les peuples de l'antiquité comme étant un don du Ciel, la plupart du temps, il était tenu secret et n'apparaissait que lors de rituels initiatiques de très haut niveau ». Bon… si tu le dis… la Maut… je te crois ! Alors, revenons à nos moutons !*

Le diamètre de 360 ça fait 114,591 559. Bon, toujours d'accord ! Alors tu dis, Maut, si je multiplie ce diamètre par les neuf chiffres qui forment tous les nombres !

C'est quoi les 9 chiffres ? Ah ben, oui : 1,23456789, j'obtiens : 141,4710592. Je n'ai alors qu'à multiplier par les degrés du cercle, soit 360°. Attends… oui, c'est normal, puisque avant, j'avais utilisé son diamètre… j'obtiens 50 929,5815 que je considère en kilomètres.

Autrement dit, les circonférences exactes de la Terre et de la Lune réunies. C'est fou… ce truc ! Je n'ai jamais vu un truc comme ça de ma vie et j'en ai vu des trucs… à moins que ce ne soit qu'un banal calcul de probabilités. Oui, mais un calcul de probabilités s'étalant sur cinq paramètres, Terre, Lune, le nombre Pi, 360° et tous les chiffres de 1 à 9, sur un plan rationnel… ça vous défrise quand même un peu la tronche ! En clair… ça voudrait dire, comme elle dit la Maut, que : « La planète et son satellite naturel, la Lune, se sont pliés à une loi de trois nombres, les plus déterminants de la mathématique... » Mais dans ce cas, cela ne peut être que le résultat d'une pensée... d'une sorte d'intelligence, enfin... d'un machin qui raisonne à un degré... à un degré universel, pour mettre en place tous ces trucs !

Si cette omniscience est à ce point influente, c'est que cette omniscience... est... Ah ah ah ah... la Maut, et ben voilà, tu m'attendais au virage ! Ce n'est pas aux vieux singes qu'on fait la nique, je te vois venir Clairmonda ! Pas à Maléchristé, ma vieille meuf... Non... Pas à un mec comme moi, un passe partout aussi rodé ! Allez, c'est bon... Va te coucher, Nicolas... Elle te met la tronche en pastèque cette donzelle.... Je n'aurais pas dû aller pisser sur ce buisson... y en avaient d'autres à côté...pourquoi j'ai couru sur celui-là...c'est dingue ça !

Avec un sourire légèrement crispé le Président Directeur Général quitta son fauteuil, décrocha dans le vestiaire son long manteau noir et, d'un pas mal assuré, franchit la porte de son bureau.

Shüls...vous m'appelez mon taxi... s'vous-plaît !

***

Le lendemain, à la première heure de l'après-midi, dans une salle réservée du restaurant gastronomique de la cité, deux hommes déjeunaient en tête-à-tête.

- Sans vouloir vous offenser, Monsieur le Président, permettez-moi cette remarque ; je ne vous ai pas trouvé au meilleur de votre forme pour traiter cette affaire. J'estime que nous aurions pu l'enlever à 70 millions d'euros, à 80 millions, vous leur faites une fleur... Ils étaient ficelés... Je vous l'ai dit !
- Oui, c'est probable, Mayer ! La raison de mon indifférence passagère est de nature banale, j'ai très mal dormi cette nuit et pour ne rien vous cacher, je désirais en finir au plus vite. Mais croyez-moi, ce n'est pas pour autant une mauvaise affaire, nous nous rattraperons avantageusement sur d'autres coups, notamment cette histoire de laboratoire pharmaceutique dont vous m'avez parlé !

- Quand vous le jugerez bon, Monsieur le Président ! J'ai un dossier que vous devriez consulter, il est édifiant, nous pouvons ramasser gros !
- À propos de dossier, Mayer ! Dites-moi...est-ce que vous croyez en Dieu, vous ?
- Houmf... bbzzhit... paf... chloff ! Pardonnez-moi, Monsieur le Président, je ne vous ais pas taché, ma fourchette m'a échappé ? Je crains de ne pas avoir pleinement saisi le sens de votre question... Monsieur le Président ?
- Je vous ai demandé... si vous croyez en Dieu, il n'y a pas un sujet plus banal que celui-là !
- Heu... Oui... enfin non, c'est.... Si vous le permettez, Monsieur le président, pour ce qui relève de ce genre d'opinion, je me permettrais de vous reformuler la réponse qu'avait faite Talleyrand à l'empereur... « cette hypothèse » Le vocable était une synthèse !
- Hypothèse... jusqu'au jour où vous avez sous le nez, la preuve mathématique, en une seule ligne, d'une possible existence.
- Alors, là, Monsieur le Président, permettez-moi de vous dire, comme le prétend le bon peuple, que « ce n'est pas demain la veille ». Les religions ont toujours été l'exutoire des craintes ataviques du genre humain, à ce titre probablement sont-elles nécessaires. Mais, pour ceux qui, comme nous, sommes parvenus à nous affranchir de ces incongruités mystiques, qui révèlent d'un état puéril, ces interrogations sont sans objet !
- À en juger, ce serait là votre point de vue, Mayer ? Mais, cette « hypothèse », aussi puérile que vous la concevez, ne vous a-t-elle jamais interpellé ?
- Si c'était le cas, Monsieur le président, je ne me considérerais pas disciple en votre compagnie. Tout le monde sait combien l'implacable stratégie qui est la vôtre, dans le domaine concret des affaires, laisse peu de place aux mansuétudes et autres interprétations d'ordres... métapsychiques.
- Tiens donc, on pense cela de moi... vous êtes certain ?
- En seriez-vous affecté, Monsieur le Président ?
- Pour être sincère, il faudrait que je trouve une réponse à ma première question, elle seule justifierait de l'attitude qu'il me siérait d'avoir en la seconde ! Pour l'instant, cela n'infirme aucunement mon sens des réalités.
- C'est bien ce que je pensais, monsieur le Président, vous êtes non

seulement un farouche pragmatique, mais un étonnant facétieux. Je vous découvre, Monsieur !

***

À la suite de cet entretien avec l'un des éminents affairistes du lieu, le président Nicolas Désiré Maléchristé regagna ses bureaux de Munich. Il s'apprêtait le soir même à partir pour New York à bord de l'un de ses avions privés. Une dernière interrogation mobilisa son attention :

- *Splumberger est-il là ? Pouvez-vous lui dire de venir dans mon bureau ! Merci.*
- *Qu'est-ce que j'ai fait... Président ?*
- *Mais, tu n'as rien fait ! Arrête de stresser chaque fois que je te fais appeler... Assieds-toi ! Dis-moi, nous avons des labos d'études ? Je ne pense pas aux labos des boites pharmaceutiques ou pétrochimiques, mais plutôt dans le genre recherches spéciales, tu vois ce que je veux dire ?*
- *Ah, oui, la came... alors ?*
- *La came, tout de suite ! Non, plutôt la recherche satellite ou approchant... tu vois ?*
- *Hum... ouais, des labos un peu perso... genre discret ! Nous en avons un en matière textile, un autre... non deux, trois même, qui étudient les crèmes pour gonzesses...Vous voyez ? En recherche de pointe, nous avons les jeux vidéo, audio, enfin tout le merdier des gamins aux gros pouces ! Et puis deux autres en matière de télécommunications satellites !*
- *Télécommunications... voilà, ça pourrait faire l'affaire, ça !*
- *Oui, mais on a rien en Europe, Président ! L'un est aux Etats-Unis et l'autre au Canada ! Celui des Etats-Unis, il est en société mixte, donc pas très fiable sur le plan de la discrétion, mais celui du Canada est tenu par un français, Boifeurra, un mec qu'est né dans un bénitier, motus... impeccable !*
- *Si je lui confiais un petit dossier discret, pour étude, genre architecture un peu bizarre, tu crois que je pourrais compter sur lui... Il est compétent ?*
- *Compétent... Ah, ça aucun doute, patron ! C'est lui et son équipe qui vous avaient renseigné sur les magouilles de Copeing en Extrême*

Orient, grâce à l'écoute satellite et au décryptage... Il est fortiche ce mec !
- *Ah, mais oui, c'est lui, dont tu parles ! J'ai balancé l'info au ministre et quinze jours après, il me renvoyait la balle avec le coup de la SAW ! Bon, tu peux le contacter ce Boifeurra et lui dire de se rendre à New York ! J'aimerais avoir un entretien au plus vite ! Envoie-lui un jet, on ne va pas le faire venir avec le trafic.*
- *Un jet, ça va être difficile, Président, ce soir vous utilisez le Falcon 900, le Century est en révision et le Cessna CJ1, vous l'avez prêté à Technique Go ! Il y a le Boeing, mais l'équipage n'est pas prévu.*
- *Oui, hé bien, retire le Cessna pendant 48 heures et tu l'envoies au Canada, démerde-toi ! Ah, dis donc...Autre chose, Splumberger, on a toujours, je suppose, de bonnes relations avec quelques flics français d'un certain niveau... sur le sentier des étoiles ?*
- *Ah, oui patron, toujours... Vous connaissez mes goûts pour le bon usage des lois et des principes ?*
- *Bon, alors écoute ! Cette femme, là, Maut Clairmonda, je te note son nom, c'est probablement une française, j'aimerais avoir le plus d'infos possible sur elle : âge, domicile, situation de famille, études, fréquentations, etc. Mais attention, discret, hein... Tu préviens ceux qui te rencardent... motus !*
- *Président, seuls les morts sont plus discrets que moi, et encore, je n'ai pas souvent l'occasion de m'entretenir avec eux !*
- *Oui... Eh bien, prie le dieu des canailles que je ne te la donne pas... cette occasion !*

Le sourire figé, l'homme de confiance franchit la porte du bureau directorial d'un pas délesté. Les mains enfouies dans les poches, le regard étonné, Maléchristé regarda un instant, à travers la vitre, ce brusque chambardement qu'avait occasionné, sur le parking, la soudaincté de cette grosse averse.

Chapitre XXV

La salle de conférence qu'avait louée Loïc n'avait rien d'un sanctuaire biotope de la méditation transcendantale. Deux tableaux, qui se voulaient d'une facture moderne, égratignaient de leurs couleurs criardes les murs chaulés. Sur une étroite estrade étaient installées deux tables jointes, qu'assistaient avec une humilité impénétrable trois chaises empaillées.

- *J'ai rendez-vous en ville à midi... dans cinq minutes, Jean-Charles. Je peux te laisser seul finir d'installer... C'est pratiquement fait maintenant ?*
- *Va...va... Loïc... Je n'ai plus qu'à régler le projecteur et c'est bon. N'oublie pas la bouteille de flotte, pour faire glisser la tchatche ?*
- *Ouais... Salut, 14 heures 45... OK ?*

Lorsque Loïc poussa la porte du petit restaurant sympa qu'il avait signalé la veille à Maut, cette dernière était déjà attablée. Elle leva instinctivement la tête.

- *J'ai failli attendre... Monsieur !*
- *Hou, là... Célèbre tirade attribuée à Louis XIV, reprise en notre an de grâce par Maut Clairmonda à l'adresse de Loïc Lavermeil. Votre Altesse... puis-je sans plus attendre, vous sauter... autour du cou ?*
- *Oui, Loïc... mais avec un élan contenu, vous ne faites pas loin de 80 kilos et on risque de tout casser. La dernière fois que nous nous sommes vus, votre dernier mot à mon égard avait été « garce », cette fois, c'est « Votre Altesse ! ». Je vous trouve en progrès !*
- *Objection, Votre Éminence, l'actualité nous prouve, pour ce qui est du féminin, que certaines Altesses sont de fortes belles garces...*
- *Oui ! Mais nous n'allons pas épiloguer jusqu'à satiété sur ce vaudevillesque incident de parcours, Loïc ! Avant tout, est-ce que vous allez bien, est-ce que tout se déroule en nos sphères, comme*

nous l'espérions ?
- *Trêve de plaisanterie, Maut ! Je reste quinze jours sans vous voir, je pense à vous tous les jours... et... et toutes les nuits ! Je rêve de votre présence et les premières paroles que vous prononcez lorsque nous nous retrouvons, sont pour me demander si nos affaires vont bien !*
- *... !*
- *Maut... Maut, ça va... Maut... Que vous ai-je dit ? Vous avez les yeux pleins de larmes... Maut, répondez-moi... Ça ça ça ne va pas ?*
- *Si, si, Loïc ça va... c'est la fumée... je crois...*
- *La fumée... mais il n'y a pas de fumée... c'est peut-être le courant d'air, je vais fermer la porte. Qu'est-ce... Qu'est-ce que l'on disait, déjà ?*
- *Qu'il était urgent de choisir notre menu... la dame nous fait les gros yeux... voyez !*

Malgré cette ambivalence de sentiments, le repas se déroula dans la bonne humeur. Visiblement, le couple était heureux de se refondre en lui-même. La conversation évolua des problèmes du quotidien à des aspirations plus élevées en matière d'altermondialisation, que tous deux s'étaient empressés de rebaptiser du terme euphorique de « Communauté Planétaire ». Puis, avec le même enthousiasme, ils se convainquirent l'un l'autre qu'ils avaient un rôle à tenir auprès de cette société en état d'irresponsabilité collective.

Quelques instants plus tard, confortés par cette brillante disposition d'esprit, ils regagnèrent la salle de conférence où les attendait Jean-Charles. Le but était de tenter de rallier à leur cause les délégués des trois religions représentatives du monde occidental.

Ils se relayèrent tous deux, pendant près de deux heures, pour tenter de convaincre leur auditoire du bien-fondé de la démarche. Mais il était maintenant plus de 18 heures, il leur fallait conclure. Loïc, s'exprima en dernier, il n'ignorait pas que les réactions de ses auditeurs étaient en partie inhibées par leurs dogmes respectifs, ce qui restreignait le plus souvent leur ouverture d'esprit. Cependant, le jeune homme tenait à garder l'espoir que tout n'était pas assujetti à cette constatation.

Maut griffonna hâtivement une courte phrase sur la feuille d'un bloc, qu'elle fit glisser le long de la table jusqu'à l'orateur, « Loïc, insistez sur l'urgence de la démarche ! » Elle a raison, pensa Loïc, il me faut achever cet exposé par une tentative de prise de conscience.

En observant les physionomies des personnes disséminées dans la salle, il réalisa qu'aucune d'entre elles n'affichait les réactions d'enthousiasme qu'ils avaient jusque-là espérées. Les visages étaient murés dans une sorte d'immobilisme latent, que seule une improbable corrélation d'esprit était à même de dérider.

- Soyez remerciés mes Pairs d'avoir eu la convenance de venir vous informer de nos travaux. En soumettant ceux-ci à votre réflexion, nous n'avons pas pour intention d'influencer vos convictions personnelles, et moins encore de chercher à flétrir le particularisme de vos religions respectives. Nous sommes, mademoiselle Clairmonda et moi-même, respectueux de l'esprit qui vous particularise. Les arcanes de cette Tradition Primordiale qui viennent de vous être exposés étaient enseignés dans le secret des temples de la vieille Égypte. Si, nous les exposons aujourd'hui au grand jour, c'est que nous estimons que l'époque que nous vivons est celle de tous les dangers. Il nous est alors apparu de notre devoir de procéder à une divulgation partielle de ces secrets de connaissances. Vous vous doutez bien que nous ne caressons aucune ambition hégémonique, mais nous aimerions engager une réflexion de principe sur la voie d'une équité spirituelle à caractère sociétal.

Nous sommes tous deux en fin d'études archéologiques, cela nous a permis d'accéder aux documents révélateurs que nous vous avons exposés. Nous ne pouvons toutefois vous en indiquer la source sans trahir nos engagements réciproques. Sachez que ces documents remontent à la plus haute antiquité et qu'ils ont été validés par des personnalités comme le professeur Lamdow, hautement apprécié pour ses recherches sur l'origine du sentiment spirituel. Il nous serait agréable et utile de méditer sur vos appréciations, messieurs les dignitaires, ou si vous le jugez nécessaire, d'éclaircir tel point demeuré involontairement dans l'ombre :

Monsieur le rabbin, me serait-il permis de solliciter votre avis sur ce qui vient de vous être exposé ?

- Pour résumer mon sentiment, je vous dirai, Madame, Monsieur, que votre démonstration ne m'apparaît pas dénuée d'intérêt. J'ai fait de mon mieux pour en suivre la démarche et j'ai constaté certaines similitudes avec l'esprit de ma religion. Notamment en ce qui concerne l'aspect chiffré. Les nombres que vous citez, 3-7-14-144-10-22 et d'autres, sont inclus depuis l'origine dans l'ancien testament. La coudée sacrée que vous évoquez n'est sûrement pas très éloignée de celle dont il est fait mention à de nombreuses reprises dans la Bible. Dans le Sefer Hassidim, le livre pieux, nous avons les séphiroth, les 22 lettres et les 10 chiffres. Vous n'ignorez pas qu'il y a une mystique juive, laquelle plus que tout autre, relève de La Tradition, c'est la Kabbale ! Vous voyez bien que pour nous, croyants, il n'est nullement nécessaire d'avoir recours à ce genre de substrat. La Bible, jeune homme, est la référence par excellence, l'éthique de nos Pairs ! N'est-il point écrit : « Tourne et retourne-la, car tout y est contenu… » Pourquoi irions-nous chercher ailleurs, ce que nous avons depuis toujours devant les yeux… Je vous le demande ?

- Si vous le permettez, Monsieur le rabbin, n'est-il point également écrit : « Dieu communique avec l'homme par la révélation et l'homme par la méditation ? »
- Certes, jeune homme… certes ! Mais les Juifs attendent toujours leur Messie, « Celui qui est oint…. » Lui seul rétablira la paix sur Terre et assurera le royaume de Dieu… nul autre pareil, mon ami !
- Monsieur le rabbin ! Pourquoi, dès lors, ne pas consentir à la valeur d'un message à caractère messianique, si en ces temps critiques la venue d'un homme nous fait défaut ?
- Auriez-vous, jeune homme, l'ambition de substituer aux textes sacrés vos idéations d'un prosaïsme sulfureux ? Convoiteriez-vous d'insuffler un esprit novateur au sein de l'immuable perfection des Écrits ?
- Maut se dressa brusquement sur son siège : Je me permets d'intervenir, Monsieur le rabbin ! Ne prenez pas, je vous prie, vos préjugés pour des observations. Il n'est pas question de chercher à altérer vos convictions, mais de les étayer. Il n'est pas question de remettre en cause la Genèse, mais de la corroborer. Il n'est pas

question de glorifier des nombres nouveaux, mais de justifier ceux existant. En rien notre démarche ne constitue une atteinte à l'esprit de votre religion et de toutes les autres, d'ailleurs. Avant tout, ce que nous cherchons à démontrer, c'est que la situation est grave. Les instances divines ont aujourd'hui libéré un merveilleux moyen d'unifier nos pensées pour tenter in extremis de sauver ce qui peut l'être. Je vous exhorte à réfléchir à ce projet, Monsieur, plutôt que de dispenser des propos aigres-doux qui ne sont pas plus de circonstance, que ne le sont vos prérogatives !

Maut se rassit tout aussi brusquement. Il y eut un court silence, qui fut rompu par le toussotement de Loïc avant qu'il ne reprenne la parole :

- *Monseigneur, seriez-vous disposé à vous exprimer au nom de la religion Chrétienne ?*
- *Je ne saurais être le porte-parole des diverses tendances de ma communauté. Je ne peux donc parler qu'en mon nom. Mais je veux bien tenter d'exposer mes sentiments sur ce que j'ai vu et entendu. Je n'irais pas jusqu'à dire que cela m'a laissé de glace, certaines démonstrations que vous fîtes, notamment celles qui comportent des solutions chiffrées, demeurent troublantes ! Doit-on attribuer de telles concordances à des concours de circonstances ou plus simplement à des calculs de probabilités, je ne sais...*

Par contre, lorsqu'il est question d'un message adressé au genre humain... Je me range à l'avis de Monsieur le rabbin, qui s'est précédemment exprimé. Je ne trouve en votre démonstration aucun fondement que l'on pourrait tenter de raccorder aux messages traditionnels, christiques par exemple. Dieu le Père a envoyé son fils Jésus Christ, il est apparu sur Terre il y a plus de 2 000 ans pour délivrer un message au monde ! Ce message est plus que jamais d'actualité. C'est aux hommes d'en prendre conscience ! Je ne vois pas comment un ajout profane, dût-il nous venir de l'antiquité, viendrait aujourd'hui conforter ou justifier l'Écriture Sainte ! Les critères qui animent la foi n'ont nul besoin d'un dédale initiatique. En d'autres lieux, jeune homme, vos accommodements archéologiques pourraient être qualifiés de sottises et passer pour blasphématoires. Je me réserverais le droit personnel de les trouver simplement curieux !

- Sauf le respect que je vous dois, Monseigneur, je pense que c'est en réaction à des conjectures semblables à celles que vous exposez que certaines paroles, prononcées jadis par le Christ, s'éclairent d'un jour nouveau :

« Si vous étiez des aveugles, (sous-entendu, incapables de rendre-compte) vous seriez sans péché, (sous-entendu, vous ne seriez pas blâmables) mais vous dites, nous voyons ! (sous-entendu, vous vous obstinez dans l'erreur.) Votre péché demeure. Sous-entendu, « tant que vous n'aurez pas modifié vos critères de perceptions et d'interprétations, vous ne percevrez pas la lumière. »

- Permettez-moi de vous dire que vous avez là une façon pour le moins originale, jeune homme, d'interpréter les textes religieux ! Je vous invite à les relire avec plus de circonspection !
- Il est vrai, Monseigneur, qu'il y a là deux façons d'interpréter un texte : le sens littéral et le bon sens. J'ai cru séant d'exprimer celui qui m'était le plus familier. Ne m'en veuillez pas, mais il est temps que je sollicite l'avis de Monsieur l'imam, représentant de la religion Musulmane.

Auriez-vous l'obligeance, Monsieur, de nous faire part de votre opinion ?

- Ne soyez pas étonné, Monsieur, qu'elle soit tout aussi sévère à votre encontre, que celles exprimées par mes prédécesseurs. Il est déjà difficile d'assimiler les genres sans s'exposer à la vindicte des disparités ! Mais lorsqu'il s'agit de messages qui pourraient être adressés au monde, la chose, si elle n'est cocasse, devient audacieuse. Or, il y a, depuis des siècles, des paroles qui ont été prononcées, des lois qui ont été émises pour équilibrer les sentiments humains ! Les dernières en date nous viennent du prophète Mahomet, qu'il tenait directement d'Allah par l'intermédiaire de l'Ange. S'il avait été question de révélations subsidiaires au message rapporté par le prophète, elles figureraient dans le Coran ! Par déduction, comprenez que nous n'avons nullement le besoin et le désir, d'un apport complémentaire à la révélation initiale.

- *Monsieur, il nous apparaît judicieux en effet qu'une telle démarche de l'esprit puisse s'appliquer aux hommes du VIIème siècle en vertu des mœurs et coutumes du peuple musulman. Les préceptes émis en son temps par le prophète Mahomet ont largement contribué aux dévotions rendues à l'Esprit Créateur et au maintien d'une éthique indispensable aux mentalités humaines. Mais, nous avons lentement évolué vers une forme de modernité, bénéfique sur certains points, dangereuse sur beaucoup d'autres. En notre entendement, il n'y avait pas lieu que les messages qui furent délivrés à Moïse, à Jésus, à Mahomet fussent différents de ceux qu'ils reçurent, car les nécessités de ces époques imposaient cette réalité et aucune autre. Comment raisonnablement imaginer que « La Divinité Suprême » se soit plu, en ces temps lointains, à inclure dans ses révélations des critères spécifiques à notre époque, sans créer une confusion générale, et compromettre par le fait même, l'équilibre recherché ?*
- *Contrairement à ce que vous pensez, le message en question était promu à l'universalité... dès son origine !*
- *Permettez-moi, Monsieur, d'en douter ! À l'origine, aucun message n'avait de buts universels. Ni celui de Moïse, ni celui de Jésus ! En ce qui concerne Mahomet, si l'unification des tribus a bien eu lieu avant sa disparition et que sa suprématie était alors incontestée, peut-on avancer que le Prophète avait des desseins universalistes ? Je ne le pense pas ! Les fidèles ont le plus souvent amplifié à leurs agréments les visées modestes des hommes de Dieu. Soyons conscients de vivre aujourd'hui des temps nouveaux. Si notre message n'est pas dispensé par une entité vénérable, il n'en est que plus authentique, puisqu'il a le mérite d'être immuable ! Il appelle, non au prosélytisme, à la crainte de Dieu ou au désarroi de l'âme, mais à la simple raison que l'on octroie à l'homme. Celle-ci, en liaison étroite avec la conscience, devrait nous guider vers une vérité unique. La pyramide, messieurs, a plusieurs faces que les hommes empruntent, mais il n'y a pourtant qu'un seul sommet, vers lequel ils tendent, il symbolise une seule conception... Dieu.*
- *Mais enfin, Monsieur, de quel droit divin vous référez-vous pour chercher à infléchir les positions qui sont nôtres ?*
- *Celui que je viens de citer m'en garde, Monsieur ! On ne saurait contraindre une âme, mais... n'est-il point de notre devoir de l'inspirer !*

- Voyez le résultat, vous n'avez qu'exacerbé les esprits, sans parvenir au plus élémentaire des accommodements...

Loïc senti soudainement une chaleur agressive envahir sa gorge, il posa à plat ses deux mains sur la table en fixant l'assistance comme une menace potentielle. Sans que Loïc le sache, à ce moment précis, Jean-Charles avait enclenché dans le projecteur une image significative qui apparut sur l'écran. Mais emporté par son désir de justification Loïc persévéra :

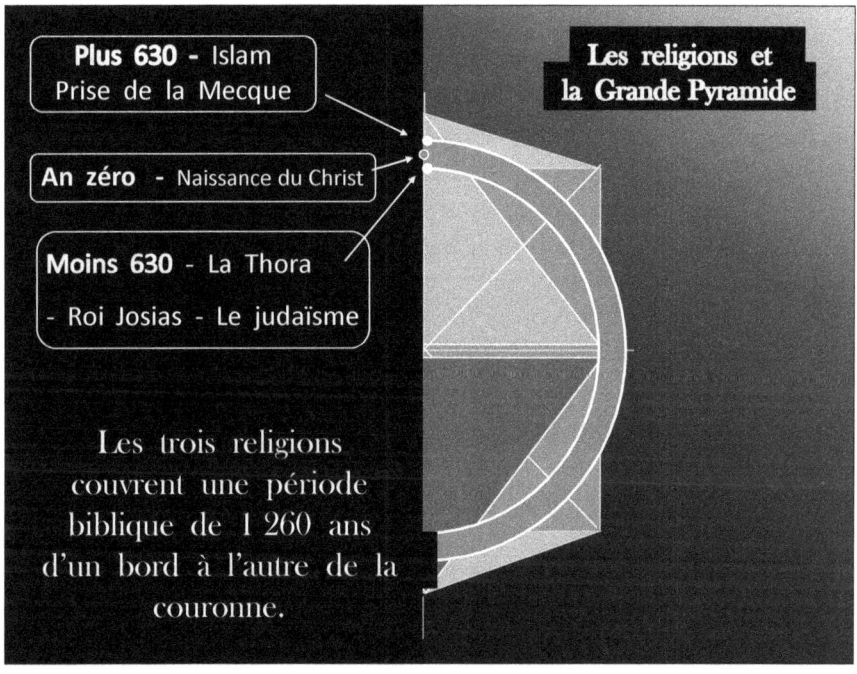

- Tous, autant que vous êtes, me terrifiez par vos arguments lapidaires, que vous extrayez de l'esprit de vos religions. Vous êtes obnubilés par vos dogmes respectifs, sans autres ambitions que celles que l'on vous a inculquées ! Les religions devraient être des promontoires pour atteindre Dieu dans l'exaltation, vous n'en faites, hélas, que des hypogées qui sanctifient l'immobilisme. Si Dieu nous a procuré la pensée, ce n'est pas pour la statufier, mais pour la faire croître en fonction des impératifs que la nature de la vie nous impose.

Depuis un moment déjà, Loïc observait du coin de l'œil le curieux comportement de Maut. La jeune femme feignit tout d'abord le détachement puis, les yeux clos, la respiration courte, elle donna l'impression d'être affectée d'un tourment intérieur. Il provoqua sur son visage d'imperceptibles contractions nerveuses. Elle redressa soudain l'échine, comme si un choc invisible l'y avait contraint. Son regard s'absenta, égaré en une vision à elle intime. S'étant mise debout, elle étendit alors les bras au-devant de l'estrade en direction des représentants religieux qui se tenaient cois, médusés par cette attitude impénétrable. Tous remarquèrent que les extrémités de ses doigts vibraient sous la tension de son corps. Loïc se dit qu'il lui fallait tenter de s'interposer avant qu'il n'advienne quelque chose de regrettable ! Mais une sorte de puissance inconnue agissait sur lui, de telle manière qu'il resta comme fasciné, dans l'incapacité d'intervenir. Frappée par autant d'étrangeté, l'assistance se leva. Un silence impressionnant absorba les esprits. Maut remua un instant les lèvres sans qu'aucun son ne s'en échappe, puis subitement une logorrhée vibrante émana de sa gorge.

- *« Moi, Maut, Prêtresse de Maât ! Vous, prêtres ici présents, je vous assigne le reste de vos vies à plus de clairvoyance en vos allégations. L'esprit des lois infiniment ressassé oblitère vos consciences et contribue à opacifier le généreux apport de la lumière divine. Ressentir, discerner, transmettre, évoluer, c'est avant tout... aimer ! »*

Suivit un silence sépulcral ! Loïc qui, au demeurant, avait conservé sa lucidité, imagina que l'assistance une fois l'effet de surprise passé, allait détoner d'un rire libérateur et que tous deux allaient être définitivement ridiculisés par ce qui pouvait passer pour une intervention carnavalesque. Il n'en fut rien. À son grand étonnement, l'assistance demeura debout, comme hébétée par le solennel de cet arbitrage. Maut, sa tirade énoncée, s'écroula sur sa chaise, la tête appliquée sur ses deux bras qu'elle maintint croisés sur la table. Elle sanglotait, les paupières closes.

- *Maut ! Cela prend une tournure inattendue, nous ne devons pas insister, partons d'ici ! Maut... Maut, secoue-toi, bon sang... tu m'entends ?*
- *Maut se saisit du poignet de Loïc : Pardon, Loïc, je n'ai pas voulu*

ça... Pardon !
- Voulu ou pas, tirons-nous d'ici ! Laissons ces gens à leurs utopies simplistes. Nous ne pouvons rien pour eux et ils ne peuvent rien pour nous ! Allez, viens, Maut, c'est une expérience malheureuse... Pas de regrets. Terminé... Allez... allez... on plie tout... on se tire ! Jean-Charles, descends le projecteur et enroule le câble, je prends l'écran et le portable ! On t'attend dans la voiture sur le parking... OK ?

Un instant après ces événements, Maut, les bras occupés par des rouleaux et cartons à dessins, devança les garçons en direction du parking. Mais les jeunes gens n'étaient pas au bout de leurs difficultés. Alors que Loïc venait de franchir la porte donnant sur le dehors, Maut, soudain, poussa un cri ! Loïc releva la tête, le regard inquiet.

- Ah, non... plus... Non, comment ils ont pu savoir, ces connards ? Cette fois, c'en est trop... trop... Ça, c'est l'apothéose... l'apo... Ah, les salauds !

Alignées sur le petit parking de la cour intérieure, les huit voitures des représentants religieux avaient visiblement été victimes de la hargne tenace des Antisectes. Toutes les voitures, dont la leur, étaient maculées de larges bandes blanches sur lesquelles on pouvait lire : « L'esprit A–S veille... » Mais plus subtiles étaient certaines mentions latines : « Vade Retro, Satana », Retire-toi Satan ou encore « Omnia Vincit Amor », l'Amour triomphe de tout. On pouvait également lire « Les anges badigeonneurs » et quelques autres mentions à caractères plus osés. Maut, l'esprit désorienté, la démarche titubante, s'arrêta de marcher. Elle se retourna en direction de Loïc dont la gravité du visage contrastait étrangement avec la relative superficialité des faits.

Tous deux s'observèrent en une austérité silencieuse et grave que n'auraient pas désavoué les plus poignantes tragédies... Puis... Maut, la première... éclata d'un énorme fou rire que plus rien semblait-il ne pouvait endiguer. Loïc ne tarda guère à l'imiter et Jean-Charles, qui suivait avec son projecteur sur les épaules, fut lui aussi enrôlé dans cette ambiance forcenée et singulièrement communicative. Seul Loïc parvint péniblement à articuler quelques mots, pour tenter de faire évoluer la situation.

- *Vite, grimpons... bagnole... Tirons-nous... Si les autres nous tombent dessus, on n'en ressort pas vivants !*

Au lieu de calmer le jeu, cette perspective déchaîna une recrudescence de fous rires endiablés, à tel point qu'ils durent faire un effort pour gagner leurs sièges respectifs. La voiture, qui était celle de Maut, consentit à démarrer alors même que les premiers participants parvenaient sur le parking. En cet instant, un épouvantable tintamarre se fit entendre à l'arrière du véhicule. Jean-Charles se dressa de son mieux pour tenter de visualiser d'où venait ce bruit, à travers les foucades picturales qui maculaient presque entièrement la lunette.

- *Ils ont accrochés deux gamelles... au pare-choc !*

Les rires redoublèrent d'intensité au point de frôler le délire collectif. C'est dans ce climat désopilant que la Clio tigrée de La Grande Prêtresse franchit en un vacarme la haie abasourdie de ses invités. Au bout de deux cents mètres, la ficelle finit par se rompre et Loïc s'arrêta pour que Jean-Charles pousse les casseroles dans le fossé. Pendant plusieurs minutes, aucun des occupants du véhicule ne put articuler convenablement un mot. Les essuie-glaces dégoulinants de peinture blanche, semblaient battre la mesure d'une orchestration d'aliénés, que favorisait le rire en frein de bicyclette de Jean-Charles et celui coquelucheux de Loïc. Lorsqu'enfin le calme revint avec l'épuisement des protagonistes, ce fut Maut, mi-pleurant mi-riant, qui posa la première question sensée !

- *Loïc ! Mais cette fois, comment ont-ils pu nous retrouver ? Nous sommes toujours dans leur région, soit, mais il leur fallait connaître la date, l'endroit, l'heure et tout ?*
- *C'est ma faute ! En même temps que je ne pouvais m'empêcher de rire, je pensais subitement que j'avais laissé traîner cette adresse à coté de mon ordinateur pendant l'heure du déjeuner. Avec cette mention compromettante, bien que significative pour moi : « Conférence, épreuve spirituelle » Cela aura suffi à ces fouille-merdes pour interpréter les choses à leur manière et agir en*

conséquence.
- Bravo Loïc, pour une première, c'est une première ! Nous aurons au moins réussi à convaincre notre auditoire que ce que nous avons à leur dire était vraiment du grand comique... C'est un bon début...
- Je ne suis pas d'accord, Maut. Il y a au moins trois raisons qui font que cette confrontation a été profitable : La première, c'est que maintenant, je suis convaincu que l'on ne ralliera jamais à notre cause des gens qui font profession de leur foi. Ensuite, j'ai été comme tout le monde galvanisé par ton intervention et je te demanderai de t'en expliquer. Enfin, j'ai pris le plus grand fou rire de toute ma vie, et je suis heureux que ce soit avec vous, mes amis.
- Puisque depuis cet incident, vous avez pris le parti délibéré de me tutoyer, Loïc...
- Oh... je je...
- Non... non, ce n'est rien, souffrez que je me contraigne à la réciprocité, pour que votre entourage ne vous taxe d'un machisme offensant. La seconde raison que « tu » viens d'évoquer et qui me concerne directement m'oblige tout de suite à mettre les choses au point, Loïc : Intrinsèquement, je ne me sens pas responsable de ce qui s'est passé ! Je me trouvais dans un état second incontrôlable et à la limite douloureux. Pendant quelques secondes, il m'est rétrospectivement impossible de savoir ce que j'ai dit et fait ! J'ai réalisé qu'il était advenu un évènement imprévisible dont j'étais à l'origine, lorsque les bras encore tendus, je me suis retrouvée face à cette assistance à l'allure ébaubie. J'ai immédiatement compris que j'étais responsable d'un incident qui ne pouvait que contrarier notre démarche, mais il était trop tard et cela m'a profondément chagrinée.
- Mais non, Maut, n'aie pas cet attitude contrite, les jeux étaient faits, nous avions déjà perdu la bataille ! Toi, tu n'as fait que hisser notre drapeau en lambeau sur le bastion ! Cela aura constitué le seul acte glorieux de la soirée !
- Non, non...il en deux autres ! ajouta Jean-Charles...Quand j'ai passé la diapo des trois religions équidistante de 630 années, si cela ne les a pas ébranlé, rien ne les ébranlera. Et le second acte héroïque, c'est quand on a défilé devant eux avec nos casseroles au cul...c'était géant...

Les rires reprirent de plus bel. Ils ne cessaient d'être alimentés par les regards hébétés que de nombreux passants posaient sur cette voiture badigeonnée qu'occupaient d'hilares individus.

***

À la tombée de la nuit, les trois amis se retrouvèrent à la table d'une petite pizzeria. Par affaiblissement du tonus, les rires s'étaient enfin tus, mais leur simple évocation amenait encore sur les visages de larges et persistants sourires. Loïc se retourna vers l'égérie du groupe :

- *Maut, je ne t'ai peut-être pas présenté comme il convient mon ami Jean-Charles. Nous nous connaissons depuis l'enfance. Ma mère était son institutrice. Il est électronicien... au chômage, mais pour très peu de temps, j'espère ! Il a eu la gentillesse de nous prêter son matériel de projection... C'est sympa ! Je crois, que l'on va s'en tirer à moindre frais, la location de la salle et un lavage de voiture ! Maut tient toujours à avoir un véhicule impeccable, sans aucune mention publicitaire ! Ça serait pourtant une façon de s'affirmer... mais, non !*
- *Tu sais combien mon look est important pour mes fans, Loïc ! J'ai tout de même été intriguée par la pertinence et l'originalité de ces mentions latines. Qu'en pensez-vous Jean-Charles ?*
- *Oh, je n'ai pas votre savoir pour en juger, Mademoiselle Maut !*
- *Maut... tout court, Jean-Charles, on est entre amis !*
- *Jusqu'à aujourd'hui, j'ignorais que Loïc avait de telles compétences en matière symbolique. Et vous...chapeau, Maut, vous n'avez peut-être pas convaincu votre assistance, mais moi, oui. Je suis sûr que votre procédé ça marchera un jour...sûr !*
- *Loïc eut un large sourire : Bravo, Jean-Charles, ça fait déjà une voix d'auditeur sur les quinze de la conférence... C'est bon signe !*
- *Je ne comprends pas cette amertume mêlée d'ironie, Loïc. Pour gagner, il faut savoir perdre, sinon, l'existence devient insipide !*
- *Tu es témoin, Jean-Charles, de la façon dont Maut me fustige ! Ce n'est pas une sinécure d'être son ami, tu sais, elle est à la fois la vertu parachevée et la malignité incarnées !*
- *Tel que je te connais, tu dois mieux accepter sa diablerie que sa vertu. Au cours de votre exposé, Maut, il m'a semblé vous entendre railler un peu la démocratie. Je suis fils et petit-fils de démocrates*

convaincus et j'avoue, que sur ce point, j'ai du mal à vous suivre. Mais peut-être n'ai-je pas saisi toute la profondeur de votre raisonnement ?
- *Oh, je ne voudrais surtout pas troubler vos convictions, Jean-Charles ! Nous, pauvres humains, lorsque nos systèmes de valeurs sont ébranlés, il nous faut du temps pour réorienter nos idées. Je sais combien il est difficile d'admettre que ce parangon des idéologies politiques n'est plus fiable. Il nous est pénible de constater que la démocratie originelle soit passée d'un état libéral à un dirigisme financier impitoyable. Aujourd'hui, l'espérance républicaine n'est plus qu'une façade, une sorte de leurre que certains brandissent encore telle la panacée.*
- *Oh la la, j'en fais peut-être partie de ceux-là... alors !*
- *La démocratie n'est pas une finalité dans le paysage de l'évolution humaine, Jean-Charles, c'est une étape sur la voie de nos nécessités communes ! Elle est née dans le sang, elle se terminera dans le sang.*
- *Ah bon, elle serait en plus selon vous, en fin de cycle et responsable de nos tourments actuels ?*
- *Sous l'aspect mondialiste qu'elle revêt actuellement, oui. Elle affiche aussi bien les apparences de l'oligarchie que ceux du libéralisme économique. Elle est aux mains de manœuvriers obscurs, qui actionnent sous ses critères de références les leviers d'une tout autre inspiration.*
- *Alors...que proposeriez-vous de mieux, Maut ?*
- *Soyons logiques ! Si d'instinct nous prenons nos distances avec les régimes qui ont existé, telles que les monarchies, les autocraties, les oligarchies, les théocraties dogmatiques ou autres idéologies totalitaires. La démocratie apparaît comme un blanc-seing pour les couches populaires. Seulement voilà, pour conserver cette vision des choses, il faut faire fi de ce qu'elle est devenue aux fils du temps.*
- *Oui, je vois, mais ça demande un plus grand développement pour comprendre et accepter le rejet, je n'ai pas la science infuse moi !*
- *Ce n'est pas en quelques phrases, Jean Charles, que l'on peut être convaincu. Comprenez, que tous ces régulateurs nommés pompeusement « Droits de l'homme » ne peuvent aujourd'hui qu'imparfaitement remplir leur rôle. Ils sont tributaires de moult machinations économiques qui entravent le système, même sur le simple plan de la logique.*

- *Oui, c'est vrai, on n'est pas au courant de tout !*
- *Soyons simples et clairs, Jean-Charles : Ce n'est pas l'idéal démocratique qui pose problème, c'est la lente dilution des principes dans les impératifs du temps. La démocratie, aujourd'hui, comme le communisme hier, n'ont pas su se prémunir contre l'incoercible corruption humaine. Actuellement, c'est un masque d'apparence que portent ses théâtreux représentants, elle n'a plus rien à voir avec l'esprit natif des concepteurs. Par contre, les profiteurs ont su adapter leurs stratégies à ce mode d'application, vous ne verrez aucune grande fortune être contre la démocratie.*
- *Peut-être avez-vous raison, Maut ! Mais je ne vous cache pas, que, pour moi, ce sont des paroles difficiles à entendre. Mon grand-père lorsqu'il était gamin s'est battu sur le pavé en 1936, mon père étudiant en 1968 et moi, j'ai toujours été élevé dans le respect de la démocratie. Si elle est souillée, il faut alors changer les gens en place, pas forcément le principe ! La démocratie, c'est le pouvoir du peuple...non ?*
- *Non, Jean-Charles ce n'est pas le peuple qui détient le pouvoir, comme l'annonce mensongèrement le terme « kratos » pouvoir « dêmos » peuple en grec. L'a-t-il d'ailleurs jamais exercé ce pouvoir, si ce n'est pour couper des têtes... et pas toujours les plus folles.*
- *Hou là...il faudrait que je prenne le temps de réfléchir à ce que vous dites....*
- *Jean-Charles, écoutez-moi, les anciens égyptiens étaient des êtres d'une infinie sagesse, ils disaient ceci :*

« Tout pour le peuple, rien par le peuple ! » À notre époque, nous avons inversé la phrase, elle se résume ainsi « Tout par le peuple, rien pour le peuple ! » Ne trouvez-vous pas étrange que les défenseurs les plus acharnés de cette démocratie ne s'avèrent plus du tout être la population dans sa diversité, mais les multinationaux, les grandes industries, les politiques, les financiers, les intellectuels asexués, et tous les sous-fifres agissants qui dépendent de leurs mannes. J'ajouterai que l'on n'a jamais entendu une crapule se plaindre de la démocratie ! Pour la simple raison qu'aucun régime, jamais, ne leur a offert autant de possibilités de se reconvertir dans le système.

- *Hou là ! Mais c'est une révolutionnaire, ton amie, Loïc ?*
- *Non, je la connais, elle n'a rien d'une anarchiste, Jean-Charles ! Son idéal est à l'opposé, il se situe dans la responsabilité de chacun, pour le bien de tous ! Sous forme, non de droits éhontés, qui sont autant d'aumônes faites aux êtres responsables que nous devrions être, mais plutôt d'une suite de devoirs librement consentis pour le bien de tous. Ce qui est infiniment plus digne... J'espère ne pas contrefaire ton raisonnement, Maut ?*
- *Non, Loïc, merci pour cette précision, il n'y a rien de plus difficile que de combattre une illusion !*
- *Moi, je pense que l'idéologie que vous défendez, Maut, est un peu semblable au marxisme ou au communisme. Mais ceux-là ont échoué... vous le savez ?*
- *Non, cela n'a rien à voir, mais le problème que vous évoquez est d'importance. Si le communisme a échoué, c'est qu'il était totalement démuni de support spirituel, c'est à dire de verticalité. Verticalité que, par défaut de cultures, beaucoup confondent avec le mot religion. Souvenez-vous, les Russes se sont précipités en masse dans les églises après la fin du régime. Le support spirituel ne peut pas être écarté de l'évolution, c'est pourquoi, il était l'objet principal de notre conférence.*
- *Oui, c'est ce truc qui a fait... tilt, chez moi ! Mais je ne vous cache pas que j'ai du mal à considérer la démocratie comme enterrée, ça me fait mal.*
- *Il ne faut surtout pas l'enterrer, Jean-Charles, elle risquerait de ressurgir sous un malheureux coup de pioche. Il ne faut pas non plus l'incinérer, on ne pourrait plus l'analyser dans le futur pour en souligner les carences. Il faut la mettre sous cloche hermétique, puis placer une inscription dessus, « Boite de Pandore – Danger, ne pas ouvrir avant un millénaire » et la ranger avec les objets obsolètes ou dans une niche à déchet nucléaires.*
- *Maut, hormis cet humour acerbe, peux-tu nous dire ce qui te révolte vraiment dans cette démocratie : Son manque d'équité, ses infiltrations douteuses en politique, son apparence trompeuse, sa dépendance au capital, son inféodation au mondialiste, son côté caduc... qu'est-ce qui anime autant ce rejet ?*
- *Le fait même de dresser une liste non exhaustive de ses maux qui la caractérisent, comme tu viens de le faire, prouve que l'on n'a aucun mal à concevoir ses lacunes. Pour moi la liste serait si longue*

et si pénible à exprimer que j'aurais scrupule à la dresser. Le pire serait peut-être ces élections ubuesques, qui ont pour dessein de placer à la tête d'un état, un homme dont l'idéal est bâti sur sa propre ambition. On parle même de possible réélection des années avant qu'elle ne se produise, en prêtant plus d'attention à la personne qu'à l'analyse de son programme, quand il en a un. Ce fait, à lui seul, relève d'un infantilisme irresponsable ou de magouilles abjectes. Dans les deux cas, c'est une offense faite à l'esprit de probité de ceux qui espèrent en ces statuts et conventions.
- N'est-ce pas le peuple qui élit ses responsables politiques... où se trouvent les torts... chez les profiteurs ou dans le système ?
- C'est bien pour cette raison que les Égyptiens énonçaient : « Rien par le peuple... », puisque celui-ci se montre incapable de savoir ce qui est bien pour lui. Le ratio entre les salaires annuels des P.D.G haut de gamme et des ouvriers était de 1 à 40 en 1970, son rapport est aujourd'hui de 1 à 540 en moyenne, demain il sera de 1 à 1000 ce qu'il est peut-être déjà ! C'est ce que l'on persiste à appeler la démocratie. De qui se moque-t-on, Jean Charles, si ce n'est de la naïveté et de la passivité du peuple ?
- Naïveté que les médias entretiennent... oui... je sais !
- C'est évident puisqu'ils en dépendent ! Comment voter en conscience lorsque l'on manque d'information ou pis, lorsque ces informations sont travesties ou dirigées dans le sens de lobbies ou d'intérêts privés ?
- Selon vous, Maut, la démocratie a fini d'être ce que des gens comme moi avaient en tête ?
- Je le crains, Jean-Charles ! À l'heure de la mondialisation et d'internet, la démocratie est devenue un archaïsme qui n'est plus adapté à notre mode d'évolution. Les grands hommes politiques n'ont jamais été dupes de ce qu'elle est graduellement devenue ! De Gaulle ne disait-il pas à André Boulloche : « Et en France, ne croyez-vous pas que ce soit une parodie de démocratie ? » Que penser, Jean-Charles, de ces financiers spéculant avec l'argent du peuple, en investissant dans des opérations spécieuses. Si le poker leur est favorable, ils ramassent la mise en privé. Par contre, si l'opération se révèle catastrophique, c'est au peuple de rembourser les centaines de millions, séquelles de leurs indélicatesses. Voilà un exemple qui sied au slogan ronflant de... fraternité, vous ne trouvez pas ?

- Ouahai ! Beaucoup de gens sont conscients de ces lacunes, vous savez !
- La démocratie aujourd'hui profite davantage à la pègre qu'aux gens du peuple et, paradoxalement, c'est grâce au peuple que le système survit. Les individus les plus pervers de la société ont appris au fil du temps à s'immiscer dans les rouages, et sous notre ère de tous les illogismes, nous les assimilons à la mécanique elle-même. Ce qui devrait faire rougir, non de sang mais de honte, le vieux couperet de la guillotine.
- Maut, la démocratie est imparfaite, soit, mais est-elle pire que certains régimes totalitaires, on ne peut pas le dire, tout de même !
- Les êtres qui ont eu le malheur de vivre sous des régimes totalitaires et inhumains nourrissaient en permanence un immense espoir, celui de voir un beau jour la fin de leurs marasmes. Ce qui, fort heureusement, ne manqua pas de se produire dans la plupart des cas !

Mais qui donc… moi mise à part, oserait critiquer ouvertement la démocratie ? Personne. Certes, beaucoup parmi nous sont las, révoltés, outragés, en opposition constante ! Certains n'hésitent pas à condamner les méthodes, les gens en place, les décisions ! Mais comment critiquer ce qui représente à priori le système le plus légitime au monde. La démocratie est aujourd'hui revêtue de la bienséante parure des diseuses de bonne-fortune, et nous ouvrons en confiance nos paumes de mains !

- Par tous les diables, Maut, vous allez faire se retourner dans leur tombe les squelettes de la Convention !
- Nous avons fait du chemin depuis l'époque révolutionnaire. Sans doute m'auriez-vous trouvée, debout sur les barricades, femme citoyenne, hurlant pour réclamer parole au peuple. Nous étions alors parvenus à une époque subversive et cruciale. Hier, c'était l'irréalisme de la royauté, aujourd'hui, c'est la dénaturation des souverains principes, et sur un plan affectif, croyez-moi, le constat est beaucoup plus douloureux. Depuis cette ère glorieuse, l'idéal de base s'est profondément modifié avec la loi des marchés. La démocratie s'oppose de moins en moins aux effets immoraux engendrés par notre modernité. Le temps passant, elle s'altère, se compromet, se souille, elle n'est donc plus le système rêvé par nos

aînés, mais une soupe chaque jour plus nauséeuse, qu'il nous est difficile de gober sans dire que nous allons la vomir.
- Maut, ces pouvoirs totalitaires que tu as toi-même condamnés étaient, eux aussi, minés par les arsouilles en tous genres, quelle serait alors la différence avec nos démocraties ?
- La différence est qu'il était nécessaire d'adhérer au régime pour filouter, cela évinçait toutes les autres fripouilles, qui pour des raisons diverses ne pouvaient y avoir accès. Rien de tel en démocratie, toutes ont leurs chances ! Il suffit pour cela d'être entouré de gens compétents, dont l'art consiste à trouver la faille des lois pour en tirer parti, quand ils ne passent pas outre avec mépris et arrogance. Alors que le peuple subit de plein fouet la rigueur des lois, ceux que je décris les contournent avec des parodies éhontées de jugements ou de mises en scènes spectaculaires.
- Tout ce que vous dites est vrai, Maut, hélas ! Mais je ne peux m'empêcher de penser que des tas de gens sont morts pour la démocratie. Et quelque part... quelque part... je suis désolé mais cela me fait mal de vous entendre ainsi... la démonter.
- C'est exactement le raisonnement sur lequel misent tous les exploiteurs pour perpétuer leur forfaiture. Ils spéculent sur la veulerie du peuple qui ne s'exprime pas en force d'opposition mais en souffre-douleur face à la toute-puissance qui l'asservit.
- Bon, voilà que j'en prends plein la gueule. Que voulez-vous, je suis encore sensibilisé par le sacrifice de ces générations qui y croyaient. C'est peut-être ce qui m'occulte l'évidence, pardonnez-moi ?
- Jean-Charles, au premier degré, cet état d'esprit vous honore ! Seulement, il faut vous dire que des gens sont morts et meurent encore, pour toutes les causes imaginables, des plus obscures aux plus louables. Tant qu'une idéologie perverse demeure à l'état de concept, elle se combat avec des arguments, mais si elle vient à se concrétiser, il est inutile de crier au loup, lorsque surgit l'indignation. Cela commence toujours par un retrait progressif des adhésions, cet état de chose devrait raisonnablement nous interpeller, nous alarmer même. Ces gens, qui ne votent plus, sont-ils des irresponsables, des évaporés, des anarchistes, des incapables ? Non, ce sont des êtres découragés par le quotidien. Parfaitement conscients que le mal est profondément enraciné, qu'il a pénétré toutes les couches sociales, qu'il a corrompu tous les

milieux, ils savent que leur vote ne changerait rien au contexte !
- En ce cas, tout le monde est responsable, Maut.
- Pour partie, oui, nous sommes tous responsables de notre cécité. Pour un électeur lucide et conscient des difficultés de son temps, un citoyen qui cherche à s'informer sur la finalité des partis en présence, de leurs capacités à résoudre les problèmes, sur leurs états de probité, d'intégrité, de dignité. Proportionnellement, en face de lui, se trouvent deux cents autres électeurs qui auront un comportement fantaisiste, versatile, télé-médiatique, en un mot irrationnel. Ceux-là seront influencés par la visite opportune d'un candidat près de chez eux, par une poignée de main soutenue, un aimable sourire, une voix au timbre vibrant aux accents paternels, par un impact télévisuel, une argumentation séduisante, une promesse, l'avis d'une personne qui vous est chère, la familiarité d'une physionomie, un penchant sexiste, bref, par un nombre infini de facteurs qui n'ont strictement rien, mais rien à voir avec des arguments objectifs que cherchait à définir mon premier exemple. Que peut alors peser dans l'urne la voix plus raisonnable de ce premier électeur ? Rien, ou si peu qu'elle est parfaitement négligeable. C'est cela que l'on nomme démocratie ! Aussi ne faut-il pas s'étonner que nous ayons à faire pour la plupart à des opportunistes que n'effrayent pas les chemins obscurs. Ces « nyctalopes » ont depuis longtemps appris à tâter le terrain devant eux. Alors qu'il serait souhaitable que ce soient des gens responsables, dévoués à la cause du peuple, comme certains êtres d'exception le sont en matière de spiritualité. La politique, Jean-Charles, devrait être un sacerdoce, alors qu'elle n'est qu'un tremplin pour accessit.
- Vous voulez dire que l'on devrait rentrer en politique comme naguère... on rentrait en religion ?
- Pourquoi non... Le temps d'un engagement, la politique devrait être comparable à un devoir sociétal, qui appelle à une abnégation transitoire de la personne humaine, investie en un temps donné pour une cause commune ! Sinon, tôt ou tard, les politiciens sont rejoints par la tentation, laquelle, avec son compère le temps, subornent les meilleurs d'entre eux. Quant aux autres, ils n'ont nul besoin de cet adjuvant pour se conduire comme des coquins ! J'ajouterais que le fasciste risque quelquefois sa tête, mais le démocrate véreux ayant fait fi des intérêts de la nation ne risque rien, si ce n'est sa dignité

émoussée ! Il la rafistole au gré des promotions, pour que nous la voyions un jour ressurgir, sous la forme recousue d'un hymen médiatisé.
- *Quel plaidoyer contre la démocratie, Maut ! S'il fallait te résumer, je dirais simplement la démocratie aujourd'hui n'est plus adaptée aux problèmes que soulève notre époque... point ?*
- *Moi je dirais les démocraties, car elles diffèrent selon leurs situations géographiques. Non seulement elles ne sont plus adaptées, mais elles perdent leur signification à travers les méandres que prennent les sources du profit, issues de l'amoralité généralisée. La course aux techniques de pointe, aux rendements implacables, aux rentabilités à outrance, aux positions de leader sur les marchés internationaux, ont de manière irréversible corrompu la déontologie primaire. Au point que le démocrate sincère, s'il en est, se trouve en contradiction permanente avec lui-même, dans ses déductions, ses options d'achats, ses choix politiques. Si lui n'a pas changé d'orientation, la planète sur laquelle il se trouve a basculé sous ses pieds. Souvenez-vous, de ce que disait Jean Rostand : « La seule chose qu'on ne peut embellir sans qu'elle en périsse, c'est la vérité. »*
- *Même justifiée, comme toi seul peut le faire, Maut, je ne puis m'empêcher de te dire que ta mise au point s'avère terriblement éprouvante pour nos états de conscience !*

En entendant cette dernière réflexion émanant de Loïc, Maut eut comme un moment d'égarement intérieur. Un court instant, son regard bleu s'exila le long de ces lambris ternes qui recouvraient les murs du restaurant, comme pour rechercher un être indiscernable avec lequel elle se savait en symbiose. Puis faisant effort pour regagner le concret, elle corrigea son attitude par un large sourire :

- *Pardonnez-moi, je suis une idéaliste à la recherche d'une vérité qui n'est pas celle des êtres que je côtoie communément.*
- Il y eut alors un silence confus. Elle le rompit par une courte exhortation : *Les garçons... je vous offre le dessert ! C'est votre droit de refuser mes arguties... mais, pas mes douceurs !*
- *Ah... ben voilà ! C'est la thèse la plus concluante du néo-communautarisme que je n'ai jamais entendu proférer.*
- *Je savais bien que je finirais par vous convaincre. Les intellos*

c'est comme ça, il leur faut des arguments chocs !

***

Dans les somptueux bureaux de l'Highlands B.B.A agence commerciale de Londres, le président Nicolas Désiré Maléchristé recevait ce jour même, un expert en télécommunication. L'ingénieur Boifeurra, directeur d'un laboratoire d'étude, spécialisé dans les domaines satellitaires. Après une cordiale poignée de main, les deux hommes s'installèrent face à face dans l'intimité du bureau directorial.

- J'ai eu l'occasion l'année dernière de visiter votre station, Boifeurra, mais je ne garde pas le souvenir de vous avoir rencontré au cours de ces entretiens ?
- Votre visite date de septembre dernier, Monsieur le Président. Nous étions alors en pleine mutation après le décès de notre directeur, Monsieur Laugarneau... mon prédécesseur.
- Ah voilà, je me souviens maintenant ! Donc vous n'étiez pas encore en poste ! En tous les cas, depuis, vous vous êtes distingué à plusieurs reprises et nous ne pouvons que nous féliciter de vos services, Boifeurra !
- Je vous remercie de cette distinction Monsieur le président, mais je ne fais là qu'exercer mon devoir de fonction et de responsabilités.
- Bien, bien... Boifeurra ! Alors dites-moi, ce document que je vous ai confié, et que vous avez sans doute soumis à analyse, qu'en est-il exactement ? Intéressant... décevant, j'ai hâte de connaître votre avis ?
- Au-delà de ses qualificatifs, si vous le permettez, Monsieur le Président, j'en ajouterais un autre... stupéfiant !
- Ah oui... vous confirmez alors, que ce n'est pas sans intérêt ?
- Mes collaborateurs et moi-même avons été surpris par la substantialité des documents. Le sujet est certes original, il peut même passer pour douteux au premier regard. Mais les données, ainsi que les valeurs émises relèvent d'une science originale qui ne manque pas de sérieux... loin s'en faut !
- Qu'entendez-vous par-là... développez, je vous prie ?
- Les premiers résultats que nous ont livré les ordinateurs sont

édifiants. Il vous sera loisible, Monsieur, de le constater, je vous laisse la clé USB que voilà. Nous nous sommes mêmes amusés, mes collaborateurs et moi-même, à calculer des dates en fonction de critères exposés relatifs notamment à la précession des équinoxes, c'est tout à fait surprenant.
- *Parlons clair, Boifeurra ! Est-ce que vos conclusions signifient que nous nous trouvons en présence de révélations qui tendraient à prouver l'existence... Après tout pourquoi ne pas le nommer, d'un « créateur universel »... ou s'agit-il là de banales probabilités sans grand intérêt ?*
- *Les probabilités s'évaluent, Monsieur le Président, ce que nous ne manquons pas de faire valoir en notre rapport. Lorsque les résultats nous gratifient d'une telle quantité de zéros après la virgule, ce postulat ne laisse guère de place... au doute.*
- *Au doute...Oui, bien évidemment !*
- *D'ailleurs, à la suite de ce constat, nous avons été amenés à supposer que des générations d'êtres humains ont eu accès à ces connaissances ! Il y a de cela des millénaires, en des temps qui ne semblent pas être pris en considération par les préhistoriens.*
- *Oh, là... Ça nous projette loin dans le temps, ça... dites-moi ! ce n'est pas ce que nous apprennent nos cahiers de cours ?*
- *Je comprends parfaitement vos réticences, Monsieur le président, elles furent aussi les nôtres, mais nous dûmes rectifier. La Grande Pyramide, notamment, relève d'une structure numérique en équation parfaite avec les données mathématiques les plus récentes. Elle est en phase avec ce que nous connaissons des cycles stellaires de proximité et j'ajouterais même que, le plus souvent... elle les complète ou les précise.*
- *Ah, oui... c'est stupéfiant ce que vous me dites là !*
- *Ce sont sur ces bases et avec l'implication de formules mathématiques, que nous avons pu appréhender quelques grandes constantes de notre univers environnemental. Vous comprendrez que résumer la chose ainsi n'est pas facile, Monsieur le Président, mais ce que je puis dire, c'est qu'aucune performance actuelle ne peut être globalement supérieure à celle-ci... elle soulève une multitude de références dont la science n'a jamais, semble-t-il, supposé les corrélations. Rien n'est apparent, que ce soit dans la disposition des édifices, les distances entre eux et l'architecture interne, mais le tout est parfaitement homogène et indicible en révélations.*

- J'entends... Boifeurra, j'entends...mais alors, cela irait jusqu'à bousculer ce que l'on est censé connaître sur l'évolution, depuis Sumer et peut-être même... avant ?
- Oh oui, de beaucoup, ces données sont bien antérieures aux premières tablettes cunéiformes trouvées en Mésopotamie... Il nous faudrait évaluer des dates qui se situeraient autour de Jéricho, Göbekli-tepe, Catal-höyük, Harappa, Mohenjo-Daro, le site de Gizeh serait envisageable au delà même de ces époques. Je suis convaincu qu'il nous faut remonter jusqu'au sortir du paléolithique, Monsieur.
- Ah... ça... elle n'est pas banale, votre histoire, Boisfeura !
- Les calculs sont formels, Monsieur. Non seulement l'édifice a une date d'origine tout à fait cohérente avec les logiciels professionnels de datations, mais il révèle l'ensemble des bases mathématiques sur lesquelles se sont édifiées nos sociétés. Regardez cet extrait de document, il y en a des dizaines de ce type, c'est un des plus simple :

- C'est époustouflant, c'est beaucoup mieux que ce que j'espérais !
- Le nombre Pi à neuf décimales, les racines de 2, de 3, de 5, les coudées, le mètre, on ne sait trop par quel hasard, mais il est là !

Une quantité de données sur les astres et notre environnement humain, principalement le Soleil, la Lune, la Terre...
- Ah, oui, il y a cet étonnant jumelage Lune-Terre qui nous est donné par la mise au carré du diamètre de quatre !
- Oui, entre autres, Monsieur, mais il y a les valeurs de l'année tropique, de l'année sidérale, la vitesse de la lumière. La précision des méridiennes, la distance au Soleil. La Grande Pyramide, et ses étroits rapports avec la constellation d'Orion, qui nous procure ses angles et pentes. La clé structurelle et la clé chronologique qui nous révèle des dates époustouflantes. Je vous fais grâce des correspondances astrales et des étonnants rapports de distances.
- C'est un pactole, ce manuscrit ?
- Un pactole, en effet, Monsieur. La Grande Pyramide et d'ailleurs, le site de Gizeh par lui-même, semblent contenir toutes les données scientifiques pour évaluer notre environnement,
- Elles sont fantastiques, fantastiques vos révélations, Boiffeura ?
- Ce sont les vôtres... Monsieur le Président !
- Oui... Oh... C'est tout de même vous qui les révélez...
- Seulement parce que vous avez eu le réflexe de les soumettre à nos analyses. Je ne peux certes pas anticiper sur l'origine de ce document que je ne connais pas. Mais je subodore que l'original de ce manuscrit doit vous venir d'un monastère au passé atypique, d'un haut lieu... secret... très secret même ?
- Très secret Boifeurra, très... très... secret ! Vous pensez bien que je n'ai pas trouvé ce document... suspendu à un buisson !
- Je m'en doute, Monsieur le Président, encore, qu'il se pourrait que ce soit... le Buisson ardent ?
- Le Buisson...le... Oh... Je n'avais pas pensé à cela... Le Buisson ardent... Mais oui, c'est ça... C'est le Buisson ardent... Moïse... et les tables de la loi !
- Monsieur le Président me taquine probablement sur ce mauvais jeu de mots ?
- Pas du tout, Boifeurra, j'établis là une corrélation personnelle avec cette découverte ! Dites-moi, ne croyez-vous pas que l'on détient un pactole exploitable, commercialement parlant, une info capitale, une sorte de révélation mondiale... un super scoop ?
- Sur ce terrain... qui n'est pas le mien, vous êtes seul juge, Monsieur. Mais si vous voulez mon avis, je pense que c'est une affaire sérieuse, trop sérieuse pour qu'elle soit exploitée à des fins

commerciales. Sa nature intrinsèque, Monsieur, laisse augurer une tout autre destination... culturelle, philosophique, didactique, spirituelle, philanthropique et humaine, tout simplement, Monsieur !
- J'entends que vous que vous êtes éloignez de mon pragmatisme ?
- Si vous le permettez, Monsieur le président, vous trouverez dans ce dossier les principaux apports certifiés. Cependant, dans le cas d'une révélation grand public, il vous faudra tenir compte des médias et, dans leur ensemble, ceux-ci seront avant tout préoccupés par l'origine du document. Ce qui pourrait s'avérer délicat, si vous ne tenez pas à en révéler la provenance !
- J'ai mon idée là-dessus, je vous la ferai connaître en son temps. Au fait, vous ne m'avez pas répondu formellement au sujet de... de ce concept universel ! Ce document pourrait-il constituer une preuve de l'existence... de...
- De Dieu ! Personnellement, Monsieur le Président, je suis croyant ! Je n'ai donc...nul besoin de solliciter des preuves, mais si je ne l'étais pas... croyant, j'avoue qu'une telle avalanche d'arguments serait apte à infléchir mon scepticisme.

Prenons la constellation d'Orion, par exemple, elle possède 7 étoiles traditionnelles, celles-ci ont été utilisées par les édificateurs comme repères architecturaux. Si nous calculons les distances en années lumières qui séparent la Terre de ces étoiles, nous obtenons la valeur de 5 236 années lumières. C'est là l'exacte valeur de la coudée égyptienne ayant construit tous les temples d'Égypte et qui plus est, si nous multiplions 0, 5236 par les 6 jours de la création, Dieu s'étant reposé le septième, nous obtenons le nombre Pi. La racine de cette coudée, nous offre un nombre qui est égale au périmètre d'une étoile circonscrite dans le Soleil, et elle nous instruit de son diamètre. Mieux encore, la disposition des étoiles nous procure l'angle même de la Grande Pyramide, élément révélateur de ce document. Raisonnablement, Monsieur, un tel concours de circonstances ne peut être assimilé à la trop simplette coïncidence. Personnellement, en ce qui concerne la conception d'une telle schématique, je pencherais pour des entités omniscientes venue d'un ailleurs inconnu. C'est une question complexe... Monsieur le Président.

- Oui... oui... Boifeurra, j'entends bien... J'entends bien, vous êtes

très convaincant, mais avant tout, je suis un businessman et je suis tenu par mes obligations d'affaires.
- *Je comprends, Monsieur, mon devoir se limite à vous informer !*
- *Dieu... C'est bien... Toutefois, ce n'est pas lui qui nous alimente au quotidien ! Écoutez, Boifeurra, poursuivez vos recherches dans ce sens, je vous ferai connaître ma décision dans une semaine tout au plus.*

En attendant, merci pour votre collaboration, je sais me montrer généreux envers les gens qui sont dévoués à nos affaires ! À très bientôt, Boifeurra ! Oh, s'il vous arrivait de réaliser une découverte importante, ayant un rapport avec ce... ce principe créateur, comme il est dit... Faites-moi le savoir !

L'ingénieur acquiesça courtoisement d'un mouvement de tête, puis ramassa activement les quelques papiers en errance autour de sa serviette. Le Président Maléchristé garda sa main dans celle de Boifeurra qu'il accompagna jusqu'à la porte du bureau.

Merci, encore, mon cher, à bientôt et au plaisir ! Ajouta-t-il, comme pour souligner son contentement.

***

- *Allô Lolo... salut, je suis heureuse de t'avoir au bout des télécom, dis-donc... Tu ne m'as pas rappelée, je me faisais du mouron... Ça va comme tu veux ?*
- *Oui, oui, Maut, j'ai reçu ton message, mais je n'ai pas pu te rappeler plus tôt, j'étais impliqué dans une suite de réunions professionnelles... je t'expliquerai...*
- *Des problèmes de boulot... Loïc ?*
- *Non... pas vraiment, des petits changements à l'échelle de la direction, rien de méchant... Dis donc, j'ai entendu ce matin à la radio que le professeur Hader était mort. Tu sais, le découvreur de notre sanctuaire osirien !*
- *Mort... Mais de quoi est-il mort ?*
- *C'était un flash, je n'ai pas bien saisi, crise cardiaque, je crois ! Ça ressemble un peu à la malédiction de Toutankhamon, tu ne*

trouves pas ? D'autant que Jérisson, son collaborateur, est à moitié neuneu. Il parait que depuis les fouilles, il est soigné dans une clinique psychiatrique au Danemark ou je ne sais où... dans le Nord !

- *Ah dis donc, c'est bizarre ce que tu me dis là, Loïc ! Je sais qu'Héri-tep ne les tenait pas en haute estime. Il les prenait pour des opportunistes. Il m'avait dit avoir tenté de les raisonner télépathiquement pour qu'ils se conduisent différemment, mais sans résultat apparent.*
- *Eh bien voilà, Maut, la malédiction... à qui le tour ?*
- *Tu oublies que, personnellement, j'ai déjà donné, Loïc ! Mais si j'étais toi, j'invoquerais Anubis, afin qu'il intervienne auprès de Thot, pour lui demander de n'être pas trop exigeant, sur le niveau des plateaux de la balance. Souviens-toi qu'il faut que ton âme soit plus légère qu'une plume... et c'est léger une plume... Loïc.*
- *Ah, bien voilà, je comprends pourquoi on ne juge jamais les anges, ils ont bien trop de plumes, j'ai une chance moi... alors !*
- *Dis donc, Lolo, autre chose ! Tu te souviens, je t'avais dit que je montais jeudi matin à Paris, pour un complément de documents au sujet de ma thèse. J'ai des recherches à effectuer à la bibliothèque... Tu sais ? Oui... un contretemps... j'ai été contrainte d'avancer la date... en fait, je monte demain matin en TGV.*
- *Ah, bon... tu as changé d'avis... Mais pourquoi ?*
- *Non, pas vraiment changé d'avis ! Figure-toi que je viens de confirmer un rendez-vous avec le P.D.G d'une société d'import-export, Glob-AL, ça te dit quelque chose ?*
- *Absolument rien... Mais, qu'est-ce qu'il te veut, ce directeur ?*
- *Aucune idée ! C'est à la suite d'une lettre que j'ai reçue. J'ai rappelé son secrétariat pour plus d'informations. Il m'a été répondu qu'il s'agissait d'un entretien privé avec le Président-Directeur-Général Maléchristé et que sa direction d'entreprise n'était pas au courant.*
- *Attends... Tu as dit... comment il s'appelle, ton bonhomme... Tu as dit...tu as dit... Maléchristé ?*
- *Oui ! Nicolas Désiré Maléchristé... Une de tes relations ?*
- *Non, mais tu plaisantes, Maut... Tu... Tu tu ça... mais !*
- *Tu-tu-ça-mais... quoi ?*
- *C'est... impossible, enfin... Je veux dire... incroyable... C'est...*
- *Peux-tu cesser de parler par monosyllabes, Loïc, et t'efforcer*

d'être plus explicite, je te prie... C'est quoi, ton stress ?
- *Maut, je te l'ai dit au début de notre conversation, je n'ai pas pu te rappeler tout de suite, car ma présence était jugée indispensable à une réunion de cadres. C'est alors que l'on nous a annoncé qu'il ne s'agissait rien moins que d'un changement de direction. Mes patrons, deux associés à quelques années de la retraite, nous ont appris sans ménagement qu'ils venaient de se faire racheter par un groupe international. Et tiens-toi bien, le président de ce groupe, quatrième fortune mondiale parait-il, n'est autre que...*
- *Maléchristé... Ah... ça... ça alors, c'est inouï, le concours de circonstances !*
- *Si, concours de circonstances, il y a... Depuis que tu m'as conté ton histoire, je subodore tout autre chose.*
- *À quoi penses-tu... ? Qu'est-ce qu'il nous voudrait, ce type ?*
- *À mon avis, tu vas le savoir bientôt ! Mais il se pourrait qu'il y ait un lien entre les deux histoires.*
- *Un lien nous concernant ?*
- *Ou te concernant plus spécifiquement, Maut. Peut-être est-il épris, comme moi, de ta plastique envoûtante et, dans ce cas de figure, il souhaite évincer tout prétendant autour de lui ! Aussi est-il on ne peut plus naturel que j'apparaisse comme sa première victime.*
- *On ne peut plus naturel, dis-tu ! Alors, il faut que je prévienne mon voisin de palier, il court peut-être les mêmes risques que toi !*
- *Ton voisin de... Hein, je vois que tu ne manques aucune occasion de me plonger dans l'angoisse, Maut... aucune !*
- *Parlons sérieux, veux-tu, Loïc ! Tes patrons avaient-ils des problèmes de gestion ?*
- *Non, pas précisément. Des petites difficultés de fin de mois, comme beaucoup d'entreprises de ce type, mais rien de dramatique. D'après ce que j'ai pu savoir, une proposition autant inattendue qu'alléchante leur aurait été faite. Ils ont tout de même eu le fair-play de garantir les avantages de leur personnel. Mais pour combien de temps !*
- *Ça parait en effet très curieux, d'autant que tes patrons n'étaient pas en relations préalables avec ce Maléchristé... que je sache ?*
- *Absolument pas, les négociations se sont établies sur deux ou trois jours, sans que les employés aient eu le temps d'émettre un avis favorable ou non.*
- *Loïc ! J'ai retrouvé le carton d'invitation que ses services m'ont*

fait parvenir... Je te le lis :

« *Le Président-Directeur-Général de la société Glob-AL serait heureux d'avoir un entretien d'ordre privé avec Mademoiselle Maut Clairmonda. Vous serait-il possible de nous faire connaître votre accord et, le cas échéant, vos disponibilités, sachant que Monsieur le Président se trouve à Paris la semaine... etc.... etc....* » *! Et tiens-toi bien !* « *La totalité des frais occasionnés par ce déplacement sera intégralement prise en charge par notre société et réglée le jour même en liquidité.* »

- *Eh bien, voilà qui va payer ton voyage à Paris... ma belle !*
- *Il demeure que je suis très intriguée, Loïc. N'y aurait-il pas, tu y faisais allusion il y a un instant, une relation avec nos affaires personnelles ?*
- *Oh, j'allais oublier ! Tu soulèves un point important qui m'était sorti de la tête.*
- *Essaierais-tu de me prouver que tu en as une... de tête, Loïc !*
- *Écoute-moi, bon sang ! Depuis que tu m'as entretenu de la* Primosophie, *j'ai trouvé ça tellement bath, que j'ai pris l'habitude de numériser le nom des personnes que je rencontre... comme ça, pour voir !*
- *Et alors... Où veux-tu en venir ?*
- *J'ai donc naturellement décodé les nom et prénom de mon futur patron, Maléchristé ! Je crois comprendre que tu es chez toi près de ton ordinateur, Maut ?*
- *Non... Chez mon voisin, mais vas-y quand même !*
- *Haou... Je meurs... Maut, tu as un logiciel adapté... Alors, compose-le toi-même... Tu risques d'être surprise !*
- *Loïc, ça serait plus simple que tu me le communiques directement... tu es d'un compliqué ! Bon où est l'icône... voilà... Ni...co...las Désiré Maléchristé... Ah... Quelle horreur... 666... Il a le nombre de la Bête !*
- *Je savais que ça te secouerait ! En fait, ça ne prouve rien, Maut. N'avons-nous pas, nous,* « *777* » *? Ne m'as-tu point dit que, pour certains sujets, il pouvait s'agir d'une mission exceptionnelle... Et puis, vu du Ciel,* « *666* »*, ça fait* « *999* »*.*
- *Oui, mais pour l'instant, nous allons avoir l'un et l'autre à le regarder d'en bas, et là, mon petit vieux, le* « *666* » *y va falloir se le*

faire. Tu vois ce que je veux dire ?
- C'est tout de même curieux que lui affiche 666 et nous 777 ne crois-tu pas ! Ça va être un combat de titans, je prévois ça, il va falloir que nous nous montrions à la hauteur... ma chère enfant !
- Tu as dis... tu as dis... ma chère enfant... Lolo ?
- Oui, pourquoi... C'est gentil... Non ?
- Oui... C'est surtout bizarre. Je te rappellerai demain après mon entretien... OK ? Bonne nuit, mon cher enfant...
- Il est écrit en toutes lettres dans les annales de la grande Égypte, que je ne comprendrai jamais... la singularité féminine... C'est écrit !

***

La Tour, dite de « lumière », imposait sa structure verre et acier aux immeubles alentour, et les toits des demeures mitoyennes semblaient festonner d'une pâleur surannée sa traîne d'apparat.

Maut visualisa rapidement les plaques des diverses sociétés qui occupaient ce complexe commercial : « Glob-AL import-export », aucun doute possible. D'un pas résolu, elle pénétra dans l'immense hall de réception au centre duquel était aménagé un point d'accueil. Trois hôtesses en tenue amarante ne cessaient de renseigner un public au comportement hérissé, voyageurs en quête de références ou hommes d'affaires agités. Là, devant-elle, un artiste, l'œil rond et la mine inquiète, pressait des cartons d'œuvres obscures entre ses doigts crispés. Tout un monde affairé et le plus souvent affairiste s'activait en cette agora. La plupart donnaient à penser qu'ils étaient obsédés par ce désir de reconnaissance qui procédait de la grâce des contrats.

- Bonjour ! J'ai rendez-vous à 15 h 15 avec Monsieur Maléchristé... Société Glob-AL ?
- Avec Le Président Maléchristé en personne, Madame ? Êtes-vous certaine... ou s'agit-il de son secrétariat de direction ?
- Je ne sais trop... Regardez vous-même cette invitation...
- C'est... C'est effectivement avec Monsieur le Président en personne. Je vais faire le nécessaire pour que l'on vienne vous

accueillir. Je vous prie de patienter quelques instants dans le hall.

Maut hasarda ses pas vers un mur aux jeux mouvants de lumières. Il submergeait de ses impacts rêches des sculptures anthropomorphes que bleuissait en fondu programmé une eau gazouillante.

Ce « Ma-moiselle », prononcé avec un fort accent slave, la fit sursauter. Elle prit aussitôt le parti de se retourner, mais à la hauteur de son regard, elle ne distingua qu'une cravate rayonnante qu'encadrait un veston noir. Aussi, releva-t-elle lentement la tête pour juger de ce qu'il en était !

- *Eh bien, dites donc, vous… Combien haut jusqu'à la tête ?*
- *2 mètre 0,5, ma-moiselle !*
- *Et vous, Monsieur, qui êtes à côté ?*
- *Je ne fais seulement 1 mètre 94…*
- *Moi, c'est 1 mètre 79, avec talons. Eh bien voilà, les présentations sont faites, je vous suis, Messieurs !*

Décontenancés par ces insolites préliminaires, les deux gardes du corps du Président Maléchristé invitèrent cette curieuse jeune femme à les précéder vers l'ascenseur. Après avoir gagné le douzième étage et présenté à deux reprises ses papiers d'identité, Maut fut admise dans le salon de réception attenant au bureau présidentiel. Au terme de quelques instants d'attente, une porte s'ouvrit, livrant passage à un homme d'une quarantaine d'années de belle allure, svelte, les tempes grisonnantes. Son regard éveillé contrastait avec un sourire artificiel, à moins que celui-ci ne fût seulement triste ou blasé.

- *Madame, si je n'avais à vous complimenter pour votre ponctualité, je le ferais pour votre beauté ! Veuillez-vous donner la peine d'entrer.*

Surprise par autant de déférence appliquée, Maut présenta naturellement sa main pour que le président mime de l'effleurer de ses lèvres. Ce fut une attitude instinctive et son réflexe même la troubla, n'étant nullement coutumière de cette bienséante gestuelle.

- *Prenez place, je vous prie madame ! Il est légitime que vous vous*

demandiez pourquoi je vous ai convoquée ?
- Si vous le permettez, Monsieur le président, on ne convoque pas une personne étrangère à ses services... On l'invite. Ce qui, sur le plan de la bienséance, s'avère plus correct, mais surtout... plus élégant.
- C'est un regrettable lapsus, Madame, et une judicieuse remarque de votre part, pardonnez-moi ! Je convoque tant de collaborateurs attachés à mes services, pour des raisons diverses, que ce leitmotiv verbal se substitue parfois à cette bienséance, dont vous me faites l'objection.
- Nous avons tous, Monsieur, nos petites insuffisances, lorsqu'elles ne sont pas morales, elles sont sémantiques ! La langue d'Ésope, souvenez-vous, n'était-elle pas la pire et la meilleure des choses ?
- Hélas, madame ! Le siècle de Périclès a donné la note aux défauts de notre modernité, ce qui justifie pleinement la rigueur de vos remarques !
- Oui ! Nos temps interlopes nous contraignent à une classification : Il y a les privilégiés de cette société qui se hissent au plus haut niveau, en utilisant les marches ouvragées par la dextérité des autres. Nous faut-il alors, Monsieur le Président, flatter les mérites de l'élévateur ou de l'élévation.
- Je ne saurais dire, Madame, je prends l'ascenseur et je ne me sens pas concerné par ce sophisme !
- Un tel point de vue aurait-il pour avantage de libérer la conscience ? Cela doit permettre d'accommodants écarts, lorsque l'appréciation va pacageant dans les enclos de l'irresponsabilité ?
- Trêve de quiproquos désobligeants, Madame ! Je vous « invite » et depuis votre venue, je crois déceler en vous une animosité injustifiée à l'encontre de ma personne. Que vous ai-je fait qui ne vous convienne d'entrée de jeu ? Je n'ai point encore évoqué l'objet de notre rencontre, que déjà... vous me manifestez de l'hostilité ?
- C'est que, Monsieur, il faut que je vous avoue un don inusité de ma personne ! C'est celui de pressentir, non point les capacités intellectuelles des gens que je côtoie, mais leur état d'âme. Il en résulte à mon insu un système d'autodéfense qui se met en place, sans même que je l'ai sollicité. Jugez, Monsieur, combien je suis esclave de cet état de fait, alors que toute bienséance me ferait agir à l'opposé !
- Curieuse chose que cela ! Mais peut-être ce ressenti n'est-il pas

infaillible ? En cette hypothèse, Madame, que de remords doivent assiéger votre âme ? Voilà que je pressens être votre victime immolée sur l'usage par trop hâtif de vos délibérations ?
- *Ah ! Cher Monsieur, puissiez-vous dire vrai !*
- *Comment cela ?*
- *Eh bien, Monsieur, savez-vous qu'il s'agit là d'un terrible fatum que le pressentiment. Imaginez que dans la rue, je croise tel individu que je subodore comme étant trivialement parlant un salaud, tel autre comme une âme perdue ou celle-là, comme étant une entité honnête et douloureusement exploitée. Si vous me dites que je risque de faire erreur, je réintègre la normalité, ce qui ne s'est encore jamais produit. Vous entrouvrez la porte à une normalisation à laquelle... je n'ai de cesse d'aspirer.*
- *C'est donc à ce point douloureux, Madame ?*
- *Je vous l'affirme, Monsieur !*
- *Mais alors, la question me préoccupe, que voyez-vous en moi de si désobligeant ?*
- *Je ne vois rien, Monsieur !*
- *Comment cela, vous ne voyez rien ? Vous venez de me dire que vous voyez tout.*
- *Précisément, Monsieur, en vous, je ne vois rien... que du noir. C'est la nuit sans doute... Ah, si... Une petite flamme lointaine et pusillanime, vacillante sous la chape ténébreuse des affaires.*
- *Ce joker, chère devineresse, contribuera sans doute à vous faire recouvrir les voies naturelles du discernement ?*

Maléchristé sortit de son bureau le fameux dossier objet des convoitises. Maut n'eut alors d'autre alternative que d'entrouvrir les paupières, qu'elle avait un instant tenues fermées pour mieux mimer son personnage de composition :

- *Ça alors ! Êtes-vous à même de m'expliquer comment il se fait que l'un de mes mémoires se trouve entre vos mains ?*
- *Le hasard, chère Madame... Le hasard, m'a toujours servi...*
- *Je crois aux écumeurs... mais pas au hasard ! Cessons, voulez-vous, de jouer au gros loup et au petit Chaperon Rouge : qu'attendez-vous de moi... Monsieur ?*
- *Une collaboration, tout simplement. J'ai fait étudier ces documents par mes services, ils se sont montrés positivement*

intéressés. Ces révélations peuvent donc avoir un impact auprès de certaines couches de la population, ceci à l'échelle mondiale. Image de marque optimale, originalité, universalité du produit, continuité de l'impact initial, situation de moralité. Bref ! Un excellent rapport que je qualifierais d'autoporteur et de rémunérateur !
- Est-ce possible, Monsieur Maléchristé ! Vous seriez disposé à m'aider à diffuser cette source spirituelle, cette science universelle, ce patrimoine de l'humanité, et cela... parmi toutes les nations du monde ?
- Je...
- Ce message a été décrypté, Monsieur, pour donner espoir à des millions d'êtres humains, désorientés et plongés dans le désarroi d'une planète dont l'esprit s'égare et se meurt.
- Je crains Madame que nous ne nous soyons qu'imparfaitement compris ! Je suis avant tout un homme d'affaires, soucieux de ses intérêts. Je n'apprécie l'opportunité d'un marché qu'en fonction de son indice de rentabilité. Je ne vois pas quelle autre idéelle figure m'inciterait à concevoir les choses différemment, si ce n'est un humanisme désuet et hors de propos qui ne convient guère à ma manière d'appréhender la société !
- Il s'agit là d'une question de conscience, Monsieur le Président ! Dois-je comprendre que la vôtre n'a de racines que dans le profit !
- Cessez vos calomnies, Madame, et parlons sans ambiguïté. Voilà ce que je vous propose : en tant qu'auteur de ce rapport, vous vous associez à ce projet aux conditions et pourcentages qu'il nous reste à définir. Cette résolution consistera à faire valoir les critères que vous mentionnez, auprès des populations sensibilisées. Il nous faudra alors procéder à une exploitation inventive de ce phénomène de masse, afin d'en puiser les légitimes ressources. Oui ou non, Madame, êtes-vous d'accord sur le principe ?
- Vos propos relèvent d'un total arbitraire. Il y a deux choses que je m'explique mal en votre raisonnement et une troisième qui m'est odieuse. Vous ne vous êtes apparemment pas posé la question de savoir si j'étais bien l'auteur de ce mémoire et, dans ce cas, d'où me venaient ces informations. Ensuite, puisque vous dites l'avoir trouvé, pourquoi ne pas l'exploiter comme bon vous semble. Mon nom ne saurait être un obstacle, il se serait effacé et l'armée de juristes qui sustente vos affaires aurait alors beau jeu de faire fi de mes revendications. Enfin, Monsieur, je trouve bien cavalier si ce n'est

d'un affairisme goujat, que de m'impliquer effrontément dans vos pratiques.
- *J'entends que vous moralisez les choses à dessein, voyons cela en détail alors ! La vivacité d'esprit dont vous faites preuve me persuade plus que tout autre témoignage que vous êtes bien la personne qui a rédigé ce texte. Mais pas seulement, j'ai à ma disposition un service de renseignements efficace. Vous évoquez la provenance, elle passe à l'arrière-plan, c'est le contenu qui m'importe. Il y a des centaines de milliers de documents qui ont une honorable provenance et dont je n'ai rien à faire. Le fait d'avoir trouvé ce mémoire ne m'autorise pas à le diffuser et moins encore à l'exploiter. Mon armée de juristes, que vous qualifiez ainsi, ne peut aller à l'encontre des lois. Vous auriez pu déposer un dossier de droit d'auteur à une date antérieure. Nous serions alors pris en défaut et tenus à vous dédommager. Ma force, Madame, réside dans l'art de les contourner, ces lois, sans jamais les affronter. Enfin, en ce qui concerne votre moralité, je n'en connais aucune qui n'ai pas de prix, c'est une question d'évaluation sans autre examen ! À moins qu'il n'y ait chez vous quelques lacunes en matière de logique existentielle. Permettez-moi d'ajouter que je n'ai nullement cette conviction. Alors, chère Madame... Combien !*
- *Vous êtes un méprisable gredin ... Maléchristé !*
- *Ce n'est pas moi qui ai inventé la mondialisation !*
- *Non, mais vous l'utilisez de manière crapuleuse pour usurper les démocraties ! Le seul pactole dont s'enorgueillissent les impécunieux de mon espèce, c'est leur conscience. Vous essayez d'infecter les dernières personnes qui luttent encore en ce monde contre la force oppressante des putrides de votre nature. Mais le châtiment de Dieu s'abattra sur vous, avec la même et inéluctable force que vous vous êtes employé sur Terre à bafouer ses lois.*
- *Pauvre donzelle, t'es quoi dans l'Armée du Salut... Général au moins ? Et tu viens me casser les burettes en mon fief, avec tes histoires de Bon Dieu, alors que la vie n'est qu'un tas de merde où chacun essaye de tirer ses billes. Et tu veux, à moi Maléchristé, me faire une leçon de morale ? T'as la tchatche un peu osée la môme...*
- *Vous me donnez l'impression de perdre vos moyens, Monsieur le Président-Directeur-Général. Vous faites trembler vos réseaux de canailles et une frêle « donzelle » parvient à vous plonger dans le désarroi, quel manque de contrôle ! Finalement, ce n'est point*

comme on le pense, vos talents, qui ont fait de vous ce que vous êtes, mais le pot... un pot insolent, celui dont bénéficient les cocus ou les coquins !

- Ah, ça... mais, écoutez-moi cette morue ! La, tu dépasses les bornes, la pisseuse, tu vas ravaler tes crapouillots, salope, ou je vais te tirer une mandale, avant que mes sbires te sautent en tournante et te virent à la jaffe dans un sac poubelle... Tu piges ?

Maut se leva de son siège. Elle plaça ses deux mains à plat sur le bureau du Président. Son regard en furie jetait des flammes, le timbre de sa voix adopta des accents pointus aux termes acérés.

- Tu penses m'impressionner, Maléchristé, par tes formules qui se veulent du milieu. L'aguiche, je le jactais à dix berges mieux que t'es zigues ! Moi, je ne l'ai pas appris sous les dentelles des coussinets avec des relations bourgeoises encanaillées, mais à l'école de la rue ! Le ventre creux, avec un père qui s'était tiré, une mère dépressive au chômage, des vêtements de la Croix-Rouge, des coupures d'électricité, dans un deux-pièces pourri avec un décor kafkaïen. J'ai tout arraché par la lutte, mes études, une manière de m'exprimer à peu près correcte, le respect des autres, la simple dignité d'être. La dignité d'être, Maléchristé ! Et tu voudrais que je sois intimidée par tes propos, que je flippe devant tes menaces, que je me prostitue devant ton pognon ! Ça serait oublier ce que j'ai été... et cela, Maléchristé... ça serait pire que la mort.

Malgré l'ego de suffisance qui édifiait sa personnalité, Nicolas Désiré Maléchristé accusa le coup. Il sentit naître une inavouable sympathie pour cette jeune femme qui, à l'opposé de son cursus, était sortie seule de l'ornière et n'hésitait pas à lui tenir tête, ce qui ne lui était encore jamais arrivé. Ceci étant, il ne lui était plus possible de se désavouer, l'affaire était mal engagée, le mieux pour lui était de laisser tomber et d'oublier cette histoire de nombres, de pyramide et de Bon Dieu.

- Allez allez... c'est marre... Je ne veux plus t'entendre... Tire-toi ! Et ne viens pas un beau mat' me dire que tu regrettes... t'as pigé ?
- Je me tirerai... comme vous le dites, Monsieur le Président, lorsque vous m'aurez rendu mon mémoire !

- *Tes feuillets ! Tiens, les voilà ! Quoiqu'il en soit, j'en ai fait faire des dizaines de copies ! D'ailleurs, il n'est pas dit que je ne les utilise pas dans mes chaînes de télévisions, histoire de me foutre un peu de ces gens qui, comme toi, prétendent réformer le monde avec des sottises. Ainsi, tu auras perdu sur toute la ligne, la donzelle Clairmonda.*
- *Ce… n'est peut-être pas… en… co… core, tout… tout à fait… joué, Malé…christé… Non… Non… pas… pas encore !*

Sans qu'elle le désire vraiment, Maut ressentit en elle les prémices d'un bouleversement interne, qu'elle ne connaissait que trop bien. Cette bouffée de chaleur, ce semi-vertige, cette bizarre sensation d'abandon, elle l'avait déjà éprouvée, il y a peu, lors de l'entrevue avec les religieux. Ce phénomène indépendant de sa volonté l'effrayait suffisamment pour qu'elle ne cherchât aucunement à le favoriser ! Mais celui-ci déployait une énergie telle que son corps n'était plus qu'un jouet dans les orbes de l'étrange syndrome. Ses bras se raidirent légèrement et les extrémités de ses doigts se mirent à vibrer, comme chahutés par un flux inconnu. Sa voix même adopta un timbre profond, légèrement guttural, puis ses réflexes cérébraux sombrèrent en un univers diffus où ne demeurait devant-elle que le chahut des ombres.

- « *Moi, Prêtresse de Maât ! Je t'assigne, toi, Nicolas Désiré Maléchristé… devant le tribunal divin.*

Sache que les dieux, mes pairs, abominent ton cynisme et ton immoralité ! Tu t'es éloigné des voies de la décence et tu te complais en des égarements coupables qui nuisent gravement à la société des hommes ! En compromettant l'équilibre de la planète, tu as enfreint les règles immuables. Aussi, avons-nous décidé d'agir sur ta personne. Regarde-moi ! La vérité est une, elle se tient au plus profond de mon regard. »

- *Ah, mais t'es jobarde à ce point ! V'là que tu me fais le coup de la Pythie, maintenant ! Et tu crois p'être que je vais marcher dans ta combine… espèce de tordue ?*
- « *Ne te montre pas lâche et abject de surcroît, regarde mes yeux…*

Tu vas y voir ce que tu es et non point ce que tu crois être ! »
- *Holà... que j'en vois des choses... je vois une dangereuse folle que je dois chasser au plus vite... de... de mon... mon bureau et je...vois... Qu'est-ce que... Tu me... fais mal... aux yeux... Ah, non...Non, pas ça, non... Non... Non... La mort là... mort ! Je vais...vais... Non... Non... Pitié, non... Plus... plus... Ahââ !*

Maléchristé se tordit de douleurs ! Son regard exorbité chercha le long de la tapisserie de soie les éléments qui tempéreraient sa vision intérieure. Mais, autour de lui, tout se dérobait à la stabilité. Une gesticulation désordonnée accompagna la maladresse de ses pas, il accrocha un abat-jour, heurta le fauteuil et s'effondra sur la moquette en tentant de chasser de la main ces formes passantes qui l'assaillaient. Puis, il demeura ainsi, le corps secoué de spasmes, le visage plaqué sur le tapis, la gorge haletante, un filet de bave au coin des lèvres, le regard larmoyant et fixe, le souffle court, les mains agitées de tremblements irrépressibles.

Maut, effondrée entre les bras de son fauteuil, tentait de s'extirper de cette chrysalide métaphysique dans laquelle s'était résorbée son identité. Ses facultés se manifestant de nouveau, elle chercha du regard le sujet de sa vindicte. Mais Maléchristé n'occupait plus son trône impérial, il gisait au sol, gémissant et apparemment sans connaissance. À la vue pantelante de celui qui, un instant plutôt, la tançait de sa morgue, Maut réalisa qu'il avait dû être victime de cette redoutable transe justicière qu'elle savait receler en elle. Le monstre, maintenant, gisait là, à ses pieds, les mains crispées sur la poitrine. Aussi n'était-il plus question de l'apostropher, la conjoncture imposait une réflexion plus impérative. Fallait-il appeler des secours, tenté de fuir ou lui venir en aide, malgré le degré de répugnance morale qu'elle avait précédemment ressentie. N'écoutant alors que l'allant de sa conscience, elle se plaça à son côté pour juger de son état.

- *Monsieur Maléchristé, qu'avez-vous ? Que vous ai-je fait, mon Dieu... je vais prévenir des gens... chercher du secours... Quoi d'autre, je ne sais pas, Monsieur... Monsieur, éveillez-vous !*

Le Président sembla lentement revenir à la vie. Son teint demeurait livide, ses mains ne cessaient pas de trembler. Il eut un regard circulaire comme pour chercher à comprendre dans quelle situation il se trouvait. Maut profita de cette résurgence pour rééditer son assistance :

- *Monsieur… Vous avez besoin de secours… Je vais chercher de l'aide !*
- *Non… non ! Non, n'en faites rien, cela va déjà mieux, merci… Un petit peu d'eau peut-être, le cabinet à droite, là…*

Maut s'empressa de le rejoindre, munie d'un linge imbibé d'eau fraîche, Maléchristé le teint blême se hissa péniblement sur ses jambes pour aller abattre son corps démantelé entre les accoudoirs de son siège. Avec une tendresse maternelle, Maut appliqua une compresse sur son front. Cette prévenance inattendue de la part de celle qui l'invectivait un instant plus tôt l'apaisa. Il demeura ainsi le regard vide dans la vision rémanente du défilement rétrospectif de sa vie, puis il pleura. Il n'était pas question de sanglots abondants et moins encore de reniflements suspects, gages d'une émotion parfaitement gérée. Non, il s'agissait là de sanglots longs à demi-étouffés. Ceux-là paraissaient anticiper le saumâtre éveil d'une conscience engloutie sous les miasmes cumulés d'un passé exécrable.

- *Vous aviez raison… maintenant, je sais… c'est abominable, Madame ! Je suis une crapule… une abominable crapule, une ordure… je ne mérite pas votre pitié… la pitié de personne, je suis à jamais voué aux gémonies !*
- *Les gémonies, les gémonies… les romains c'est loin, votre sentiment est exagéré, tout le monde peut se racheter Nicolas… il suffit de vouloir !*
- *Non… Non, Ne tentez pas de me rassurer ! Au cours de ces terribles instants, j'ai vu qui vous étiez. Vous êtes nimbée de lumière, vous êtes un être d'une merveilleuse bienveillance, votre âme est d'une divine beauté… Vous irradiez la justice de Dieu… Madame Maut, je vous est vue resplendissante en l'éternité !*
- *Oh, n'exagérez pas, Nicolas, je suis une fille toute simple, vous savez ! Mais, il est vrai… il est vrai, que de temps à autres… je développe de drolatiques capacités… ! Oui, mais ça ne dure pas en*

général, je vous rassure… !
- *Vous êtes modeste à dessein et cela me laisse présager combien sont dominantes vos facultés ! C'est horrible, Madame Maut, j'ai vu défiler en quelques secondes toute ma vie.*
- *Ah oui, on voit ça parfois… je le sais !*
- *J'ai pu mesurer les répercussions de mes actes sur des populations affamées. J'ai vu mourir d'inanition des enfants dans les bras de leur mère, qu'elles laissaient ensuite glisser jusqu'au sol, parce qu'elles-mêmes n'avaient plus la force de se mouvoir. J'ai vu des gens se traîner d'agonie, empoisonnés par l'eau des réserves que j'avais polluées en déversant par inconséquence des déchets chimiques. J'ai vu des jeunes filles mourir d'épuisement sur leur travail, d'autres, les poumons saturés par les poussières, ramener à leur famille à peine de quoi partager un bouillon. J'ai financé des bandes organisées dans la prostitution, en conseillant moi-même de droguer garçons et filles pour qu'ils se tiennent tranquilles. J'ai attisé des conflits pour vendre des armes, menacé et fait tuer des gens pour que les choses aillent dans le sens de mes intérêts. Pour toucher des primes d'assurances, je n'ai pas hésité à incendier des usines avec des ouvriers à l'intérieur, Madame, pour que ça fasse plus vrai… Madame… pour que ça fasse plus vrai, c'est horrible. J'ai débauché sans considération, cloué des gens sur la paille au sens propre du mot ; d'autres ont mis fin à leurs jours à cause de moi. J'ai menti, triché, volé, détourné des fonds. J'ai poussé des êtres à se dépraver, à se corrompre, alors que ce n'était nullement leur intention. J'ai, Madame, compromis des hommes politiques, prévariqué, soudoyé des magistrats, ruiné des petits épargnants. Avec l'aide de mes journaux et de mes chaînes de télévisions, j'ai influencé l'opinion et détourné la pensée publique dans le sens de mes avantages. Je suis, Madame, une abominable fripouille, jamais mon âme ne pourra retrouver grâce auprès des instances divines, dont j'ai entrevu la majesté. Car je sais maintenant, je sais, Madame, que chaque entité a un état de conscience, qu'elle se doit de développer au cours de sa vie. Alors que jusque-là, Madame, je m'exerçais à bafouer ce qui n'était pour moi… qu'une hypothèse. Une hypothèse, que Dieu me pardonne cette abomination !*
- *Oh, là là là là… Mon pauvre Nicolas, vu comme ça… en check-list… sans respirer, ça fait plus pavé que sucette ! Mais Nicolas… il ne faut pas perdre espoir de vous racheter. Si vous voulez, moi, je*

vous propose un marché... un marché, Nicolas... Vous savez ce que ça veut dire... un marché... ?

Parlons affaire : vous avez le pouvoir de l'argent et moi je sais ce qu'il faut faire ! À nous deux... je veux dire à nous trois, avec Lolo, on peut changer la face du monde ! Je vous dis bien... changer la face du monde, Nicolas ! N'importe comment on ne risque rien... il est fichu ! Qu'est-ce que vous en pensez... hein ?

- Vous tenteriez... vous feriez ça pour moi... Madame Maut, pour moi, avec tout ce que je vous ai dit et fait...ce n'est pas possible ?
- Appelez-moi Maut tout court, ils pourraient penser là-haut que vous m'avez convaincu de tenir une maison de tolérance.
- Vous cherchez à me faire rire, Maut, c'est gentil, mais vous n'y parviendrez pas... ce que j'ai vu m'a profondément affligé à jamais.
- Arrêtez de vous lamenter... Nicolas ! Si vous me promettez de ne plus commettre d'actes avilissants qui endeuillent votre conscience, hé ben Nicolas, je crois que je pourrai vous aider, oui. C'est sans contrat avec moi... comme les maquignons... à la parole... tope-là, mon pote !
- Après un tel réquisitoire, Maut, comment pourrait-il m'être donné de me racheter, c'est trop tard, Maut, j'ai été trop loin... trop loin... Il n'y a plus d'espoir pour moi... C'est fini !
- Écoutez... Ça marche comme ça en Primosophie, votre nom Nicolas Désiré Maléchristé n'est pas au top, ça non, il fait 666. C'est celui de la Bête dans la Bible, vous voyez le cloaque, Nicolas, un vrai lisier de cochons... D'accord ?
- Comment se fait-il... que... que... j'ai pu aller si loin... si loin dans l'inconséquence !
- Mais, Nicolas, les voies divines sont pavées d'indulgence, Nicolas, imaginez que les instances divines vous tendent une dernière fois la main... hein ? La main de Dieu, c'est sa manifestation et sa manifestation, c'est la lumière. Dieu = 102 + lumière = 231 total 333 + 666 = 999. c'est précisément, vu du Ciel, ce que représente votre nombre personnel inversé, ça marche, Nicolas ! Ça va rouler pour vous, si vous le voulez !
- C'est le langage des fées ça ! Je ne comprends rien au langage des fées... Ça veut dire quoi en clair, Maut, ce que tu me dis là ?
- Que vous et moi pouvons tenter quelque chose ensemble, si les

dieux le veulent... bien sûr !
- *Maut, cesse de jouer avec moi à la maman ! Tu me parles comme à un bébé. Est-ce que l'on peut envisager une association de ce type ou pas ? Je mets toute ma fortune à ta disposition, je suis convaincu que tu es un être de lumière... de lumière, Maut.*
- *Ma lumière, si je la plaçais à côté de celle de mes initiateurs, ma lumière, elle ferait plutôt chandelle, vous savez. Eux sont des êtres de lumière. C'est en leur présence que nous mesurons la longueur de notre ombre !*
- *Vous reconnaissez avoir eu des initiateurs spirituels, Maut ? C'est donc que vous êtes missionnée ?*
- *On peut dire ça, comme ça... Oui, Nicolas !*
- *Mais, alors, cela change tout ! Si vous êtes missionnée et que nos chemins se sont croisés, surtout avec le coup du « Buisson... », cela signifie pour moi, Maléchristé, que j'ai un rôle à jouer au sein de votre mission ! Peut-être celui que nous venons de commenter, Maut !*
- *Oui... ça serait assez sympa ! Même, fantastique, formidable, inespéré, sensationnel... Nicolas !*
- *Mais alors, Maut, qu'est-ce que l'on attend, mettons-nous tout de suite à l'ouvrage, ne perdons pas une seconde !*
- *Hum... Je pense qu'il serait plus sage que nous reparlions de cela à tête reposée, vous ne croyez pas, Nicolas ? Je vous suggère que nous nous revoyons prochainement, afin que je vous fasse part de mes réflexions sur le sujet. Sur le plan marketing, il s'agit d'un produit d'appel et face à la concurrence du marché et à un clientélisme exigeant, nous nous devrons d'établir un échéancier, sur les indices prévisionnels et adopter une stratégie de valorisation du produit ! OK, Monsieur le Président ?*
- *Exce... ex... excellente idée, Maut ! Pendant ce temps, je vais préparer mes troupes à un changement radical d'orientation. Cela ne va pas être chose facile, il va falloir que je ruse pour les convaincre. Mais, avec la force intérieure qui m'anime désormais, je ne doute pas d'y parvenir. Et puis, si je n'y parviens pas, j'aurais eu le courage d'essayer. Maut, vous m'avez donné une raison de vivre. J'estimais jusque-là en avoir une, ce n'était, hélas, qu'un sinistre divertissement.*

Malgré les tourments occasionnés par cette épreuve, le Président tint à raccompagner Maut jusqu'au bas de l'immeuble, ce qui rendit perplexe sa garde rapprochée. Cependant, un geste suffit pour que les deux hommes en faction ne mettent pas en place leur dispositif habituel de protection. Nicolas et Maut s'engouffrèrent seuls dans l'ascenseur. Restaient à l'étage Igor et Yvan. Le plus grand des deux tourna un regard égrillard vers son collègue :

T'as remarqué le poches qu'il a sous les yeux le Boss, on dirait les valises d'émigrés ! C'est pire que le jour où il avait batifolé avec les trois filles au Grand hôtel Bahamas, t'e te rappelles ?

- T'as raison ! Ça doit être sacrée affaire le 1,79 m avec talons, qu'elle l'a complètement lessivé le Nicolas !
- Ouais, c'est sûr qu'il a morflé...le Boss ! Pourtant, elle a rien d'une pute, cette fille ! Elle est mignonne comme tout, on dirait pas quand on la voit, tu lui donnerais la bon dieuse sans la confession.
- Vaut p'être mieux que ça soit... sans la confession !
- T'as raison, c'est le pire, celles-là... c'est les monte-religieuses, elles te pompent jusqu'au cervelle. Et après elles disent...oh, aujourd'hui, je l'y déjeune pas... pour la ligne.

Le Président Maléchristé et Maut arrivèrent dans le hall sous le regard impitoyable des hôtesses. Ne jalousaient-elles pas cette démarche altière, cette élégance simple que fleurissait un engageant sourire. Les amarantes convinrent de concert que l'entretien avait dû être chaleureux. L'une d'elle en déduisit à mi-voix que l'obstination avec laquelle le Président conservait dans le hall ses lunettes de soleil, laissait supposer qu'il avait été ébloui par l'offre alléchante du contrat.

- Maut, je vais vous faire raccompagner dans une limousine par l'un de mes chauffeurs... ce n'est là qu'un détail !
- Vous plaisantez, Nicolas, mon train n'est qu'à 20h et puis il y a le métro ! C'est la seule façon que je connaisse de côtoyer le monde souterrain et il faut que je m'entraîne désormais si nous devons manœuvrer ensemble.
- Vous êtes impitoyable, non seulement vous me réduisez à néant, mais vous vous plaisez à ironiser sur mon désarroi. J'avais jusque-là une autre idée des nuées célestes.

- *Vous m'autorisez à vous faire la bise, Nicolas. Ce n'est pas fréquent que les diables soient bisouillés par les anges, vous savez ?*
- *Merci, Maut, vous avez en quelques minutes bouleversé totalement mon existence ! Appelez-moi le plus vite possible, je vous répondrai aussitôt, quel que soit le point géographique où je me trouverai... !*
- *Dac...promis, je termine ma thèse et je vous rappelle... OK, Nicolas !*

***

Cinq mois s'écoulèrent après cette mémorable entrevue, où Nicolas Désiré Maléchristé avait été frappé sur son chemin de Damas par le fléau de Maât. Le businessman ne ménagea pas sa peine pour tenter de reconvertir ses inavouables activités en autant de négoces de collectivisation. Sa préoccupation fut d'orienter les trafics en une vaste organisation caritative aux ambitions planétaires. Ne venait-il pas d'ailleurs de le signifier concrètement sur l'une de ses circulaires : « *J'émets désormais le vœu qu'en les divers domaines exploités par nos sociétés, il règne la paix, la justice et la fraternité pour tous.* » Nonobstant, un solide bon sens, puisé aux vents délétères de la magouille, ne pouvait l'illusionner. Maléchristé savait pertinemment que la lutte serait chaude et qu'au mieux, les résultats obtenus se révéleraient mitigés. Cependant, il n'était plus question pour lui d'un autre choix. Non qu'il ait nourri en cette ultime manœuvre l'espoir de sauver son âme, il la savait désormais promise aux pires tourments, mais pour être agréable à cette blonde créature, qui un beau matin, lui avait inculqué « une raison d'être ».

Nicolas se pencha vers le hublot pour observer au travers des bancs de brumes ces petites étendues ternes qui défilaient sous l'aile du Falcon 900, le plus apprécié de ses trois jets. Il appuya sur l'interphone :

- *Quelles sont ces îles, commandant... les Açores ?*
- *Affirmatif, Président... les Açores ! Direction inchangée Président... Toujours Lyon Saint-Exupéry ?*
- *Oui, je n'ai toujours pas confirmation de mon rendez-vous. Mais pour l'instant, ne modifiez pas le cap.*

- *Bornéo, Monsieur... sur la « 2 » !*
- *Taddjid... alors... t'as fait ce que je t'ai dit ou il y a problème ?*
- *Ce n'est pas facile patron... les gosses y comprennent pas ! Jusque-là, on les payait misère et on leur tirait des coups de pieds au cul et maintenant y faut presque enlever la casquette pour leur parler ! Alors, ça gonfle un peu, quoi ! Mais enfin... on fait avec !*
- *T'as distribué la nourriture, les vêtements, t'as contacté des instituteurs, tu t'es rencardé pour le logement des familles ?*
- *Ouais, j'ai fait ça... ouais, mais maintenant, y croient qui sont riches, les morveux, y veulent plus aller au tas d'ordure trier les métaux... Alors on file des primes... mais ça revient cher !*
- *Ce n'est pas grave, il faut qu'ils s'adaptent à une autre vie, c'est tout ! Je te tiens pour responsable, Taddjid ! Je veux qu'avec tes sbires, vous ramassiez les gosses dans la rue, que vous leur passiez des sapes et que vous les traîniez dans les écoles. Et surtout pas de violence, sinon je te fais découper les couilles en lamelles pour en faire de la choucroute... Compris ? Ça coûtera ce que ça coûtera, les changements... Tu m'envoies la note... Allez... À plus !*
- *Mademoiselle, passez-moi, voulez-vous, Monsieur Sieng à Yangoon.*
- *Léït... alors comment ça se passe chez toi ?*
- *Plutôt bien, boss ! Tu leur donnes du pognon, tu ne veux pas qu'en plus ils se plaignent !*
- *Oui, j'imagine ! Ça m'intéresserait de connaître leurs réactions, ils sont surpris, heureux... Explique-moi ?*
- *Ah, pour être heureux, ils le sont ! C'étaient les moins bien payés des environs alors que maintenant, ils ont le double du salaire des mieux payés. C'est la nouba ! Je vais te dire, c'est bizarre, mais ils n'ont jamais autant bossé. Si ça continue, on va rattraper le pognon qu'on leur donne avec ce qu'ils produisent en plus. C'est un comble, ce truc !*
- *Et avec les autres exploitants... ça se passe comment ?*
- *Ils n'ont pas l'air de trop comprendre ce qui leur arrive. En plus, comme tu t'en doutes, leurs ouvriers tirent la gueule et le rendement baisse. Un directeur d'exploitation m'a dit hier : c'est complètement fou cette prise de position de Maléchristé, mais si lui a décidé que ça serait comme ça, on a intérêt à suivre ! Il a ajouté, il est mille fois plus malin que nous, ce truand, il doit y avoir là derrière un coup fourré avec la gouverne, on a intérêt à suivre.*

- C'est exactement où je voulais les amener, Leït ! Tu continues la politique, je te l'ai dit : dispensaires, écoles pour les gamins, cantines, je veux que toutes ces réformes, ça marche à fond lorsque j'irai te rendre visite en Mai... OK ?
- OK, patron ! Pour le dispensaire, début Mai, ça sera un peu juste, pour le reste... ça devrait aller.
- Démerde-toi, vieux, et rends-moi compte... Salut, Leït.
- Mademoiselle, essayez de m'avoir le Président Bossamera, passez par le code, sinon vous ne l'aurez pas.
- Désiré appelle Désiré ! J'ai compris qu'il s'agissait de vous, Président Maléchristé, vous êtes le seul forban avec lequel j'ai plaisir à avoir des relations, alors dites-moi... Quoi de neuf ?
- Pour ce qui est du forban, je suis flatté de votre choix, Président, Hormis le plaisir de cette étiquette, je venais aux nouvelles, pour savoir si notre régime écolo commençait à porter ses fruits ?
- Mon cher, vous savez qu'en Afrique les évènements prennent leur temps. Mais je puis déjà vous rassurer, l'enthousiasme pour le projet est général et votre initiative donne un immense espoir aux régions déshéritées qui souffraient d'un manque cruel de moyens. Vous avez fait renaître le désir de vivre, mon vieux, d'autant qu'il était dans les talons. Mais ne nous leurrons pas, la vrai rentabilité ne s'amorcera que dans les années à venir.
- En attendant, ils mangeront à leur faim et les puits seront à proximité, c'est ce qui importe. Ne vous faites aucun souci, Président, pour l'éventuelle productivité, j'ai des affaires qui compensent celles-ci, dormez tranquille, je ne suis pas encore à la soupe populaire.
- Ne pas faire passer en premier la rentabilité, jamais de ma vie j'ai entendu une chose pareille, et alors, venant d'un Blanc, ça ressemble à une blague.
- Et d'un forban en plus ! Je vais vous mettre dans la confidence, Président Bossamera, à force de foutre le feu aux forêts d'Amazonie, je n'ai plus assez de bois pour faire mes chèques. Pour le moment, cela me revient moins cher de vous donner des lingots. Alors, profitez-en !
- Ah, ah, ah ! Je me doutais bien que vous aviez un intérêt. On dit que l'altruisme des Blancs c'est comme les gros orages, ils emportent plus qu'ils amènent.
- Hélas, J'aurai passé ma vie à arroser les mauvaises herbes,

Président !
- Non... Non, vous, Désiré, c'est la pluie fine et bienfaisante, je vous engage à continuer cette politique, elle finira par être payante. Déjà on me téléphone de tous les coins de l'Afrique pour me demander qui a fait ce miracle. Les roitelets oppresseurs du peuple commencent à s'interroger... C'est bon signe.
- C'est bon signe, en effet ! Je vous quitte, Président Bossamera, merci pour votre collaboration... À bientôt !
- Passez-moi, je vous prie, Salvatore Amirez ! Faites le code double, Mademoiselle, autrement vous ne pourrez l'avoir.
- Salvatore... Salut... Alors, ça prend forme ou pas... notre réforme ?
- Difficile, mais y a des progrès ! Ils y tiennent, à leurs champs de pavots. J'ai été obligé de transiger : ils vont détruire la moitié seulement de leurs récoltes cette année et le reste des cultures l'année prochaine. S'ils se rendent compte, m'ont-ils dit, qu'entre temps on ne les a pas bananés.
- Bon... C'est un commencement ! Et le troupeau d'ingénieurs agronomes que je t'ai envoyé ... il se montre efficace ou non ?
- Impeccable ! Je les ai largués en brousse tout azimut, par groupe de trois avec des interprètes. Je pense qu'ils feront du bon boulot.
- Et toi ? Il parait que tu as échangé ton flingue contre une marguerite... C'est vrai ?
- Ouais... C'est un peu ça ! Les femmes indigènes m'apportent des fleurs, maintenant. Alors qu'il y a six mois, ils me tiraient dessus, ces cons. J'ai cinq impacts de balles sur le mur de mon pavillon.
- Pour les fleurs, méfie-toi quand même à l'époque des chrysanthèmes.
- Je vais te dire, Nicolas, je ne sais pas quelle mouche t'a piqué de tout changer partout. Mais ici, je peux te dire que c'est un soulagement, ça devenait dangereux, la situation. La pression des syndicats, les groupes armés qui se foutaient sur la gueule, les tergiversations des gouvernants, les ingérences de la C-I-A. Si tu nous procures les moyens de reconvertir toute cette merde, moi je suis partant à fond la caisse.
- Ne te leurre pas, Salvatore, on ne gagnera pas un flèche là-dessus. Pour nous les vaches grasses, c'est fini ! Mais eux s'en tireront, j'en suis sûr. En ce qui te concerne, je t'ai prévu une position de repli, tu es un bon organisateur, j'aurai du boulot pour toi...

bientôt.
- *Je vais de dire Nicolas, il se peut que tu sois comme ils disent, « l'élu des bandits », mais tu es le seul type que je connaisse dans cette truanderie de merde, qui n'ait jamais trahi sa parole. Même quand ça te coûtait du pognon. Ça... Nicolas, dans le milieu, c'est ta vraie réputation... Nicolas !*
- *... ?*
- *Nicolas... T'es encore là... Allo... Nicolas ?*
- *Oui... oui... Salvatore... Je t'ai entendu. Merci pour ton efficacité, je te rappelle la semaine prochaine... Tchao... vieux !*
- *Anne Marie, je vous en prie, essayez à nouveau de joindre sur la ligne normale Mademoiselle Clairmonda !*
- *Oui, Monsieur... Je vais essayer de nouveau !*
- *Maut, enfin... Quel plaisir de vous entendre, je suis au-dessus de l'Espagne, là ! J'attendais la confirmation de notre rendez-vous, vous avez omis de me rappeler, il n'y pas de changement, j'espère ?*
- *Salut, Nicolas, non, c'est bon... J'ai eu beaucoup de travail ! Mais comme nous en avions convenu, nous pouvons déjeuner ensemble si vous le voulez. De l'aéroport à chez moi, vous en avez pour trois quarts d'heure en taxi.*
- *Maut ! Je vais vous envoyer chercher, je vous invite à déjeuner chez Bocuse, c'est un restaurant renommé dans la banlieue de Lyon... au bord de l'eau... Vous connaissez ?*
- *De réputation... oui, mais je n'ai jamais vu la couleur des couverts. Nicolas, vous avez là un réflexe de gourmet à moins que ce ne soit de nanti ! Moi, je vous invite à « La frite », c'est un petit restaurant à côté de chez moi. Il est tenu par « Gaston et Lulu », vous trouverez facilement, ça fait le coin de ma rue. Il y a des petits rideaux à carreaux rouges et blancs, c'est peuple... Ça sent l'authentique... Ça vous plaira, j'en suis sûr. Vous pousserez fort la porte, elle coince un peu !*
- *À la... la la frite... Vous... Vous vous êtes certaine de la raison sociale, Maut !*
- *Ben, oui, j'y casse souvent la croûte... À moins qu'ils aient changé dans la nuit... mais ça m'étonnerait.*
- *Vous me désarmez, au sens littéral du terme ! Bon, va pour « La frite » ! Je serai sur les lieux vers midi et demi... Cela vous convient-il ?*
- *C'est parfait, mon cher. Le temps de me toiletter, je mettrai cette*

petite robe noire de chez Dior, si sobre, que vous chérissez à souhait. Et peut-être ce ravissant bijou de chez Toutchi que vous m'avez offert ! Quant au parfum, je le fleurerai et vous laisserai le plaisir coquin... de le deviner.

-Ah, ça... Maut, mais vous avez viré à la diablerie. Pourquoi me taquiner ainsi en mimant une demi-mondaine ? À mieux vous connaître, je pense que vous êtes un ange en reconditionnement ! Pourquoi commencez-vous à me torturer sur cette Terre ? Attendez que je sois en Enfer... il sera bien assez tôt.

- À vrai dire, je crains que vous ne bénéficiiez de quelques indulgences, Nicolas, c'est pour cette raison que j'anticipe un peu sur le châtiment.

***

Le Président Maléchristé eut comme une hésitation à franchir le seuil de cette prosaïque gargote. L'allure un rien désinvolte, il s'infiltra stoïquement en cette atmosphère bourdonnante où s'affairait un personnel empressé. Délibérément indifférent à ce brouhaha prolétarien, la quatrième fortune du monde surfa sur quelques crânes casquettés pour tenter de localiser sa cible lumineuse. En ce bruyant fatras de palabres et de couvert, ce n'était pas chose aisée. Soudain, sur la gauche, tout au fond de la salle, il entrevit un bras gracieux s'agitant au-dessus de ce capharnaüm.

Le Président évita un plat de nouilles, ramassa une serviette tombée sur le carrelage huileux, s'excusa obséquieusement d'avoir heurté l'épaule d'un déménageur et parvint ainsi jusqu'à sa révélation intime.

- Hello... Nicolas ! Quel grand gosse vous faites, vous semblez intimidé par le côté attractif du lieu ! La réalité toute crue malmènerait-elle votre éducation ?
- Aucunement, Maut, j'ai laissé celle-là au vestiaire en entrant, c'est la seule chose ici, m'a-t-on assuré, qui ne se dérobe pas.
- Tiens donc... Mais alors, si l'éducation ne se dérobe pas, comment l'avez-vous acquise... la vôtre ?

- Question embarrassante entre toutes, mais son complément subtil, que l'on nomme modestement « savoir-vivre », m'a été offert il y a peu... par un Ange.
- Serait-ce pour solliciter de lui un complément de ce type que vous avez traversé allègrement l'Atlantique... Dites-moi ?
- Non, à vrai dire, c'est plus prosaïque que cela, Maut : je suis un gourmet, et les frites de chez Gaston, jointes à l'atmosphère du lieu, ont suffi à me convaincre. Considérez donc ma présence comme une banale aventure gourmande. Aussi en déduisais-je que le fait de vous retrouver ici, Maut, relève de ce hasard que produisent les arts de la table !
- Le hasard... Vous y croyez, vous... au hasard, Nicolas ?
- Non...plus !
- Alors, c'est peut-être le moment pour moi de vous annoncer que ça y est... je suis agrégée d'égyptologie et d'ethnologie et, s'il n'y a pas de hasard, vous avez obligation de me féliciter, et me faire la bise !
- Comment avez-vous fait pour passer des examens qui sont à l'opposé de vos propres déductions ?
- Ho, c'était facile, j'ai simplement amplifié au centuple, tout ce que je sais sur les conventions qu'ils se sont employés de mettre en place pour étouffer les vérités. Ils m'ont dit que c'était très bien !
- Dites-moi Maut, la vertu changerait-elle de camp ?... Champagne tout de même pour un tel exploit !
- Non, ils ne savent pas ce que c'est ici, Nicolas ! Mais un petit rosé des Baux de Provence, un nectar que j'ai fait mettre au frais par Gaston. C'est moi qui rince... Alors, profitez-en.
- Maut... vous n'irez pas jusque-là, j'espère...
- Oh si, et plus encore. Nous vivons, vous et moi, une tragédie ; N'êtes-vous pas le phallocrate impassible dans le rôle du gentleman attendri sur le sort d'une pauvresse... ça vous va bien... je trouve.

Derrière leur bar, assumant au quotidien le coup de feu de midi, Gaston et Lulu n'abondaient pas de s'impliquer dans les exigences du service. Mais une longue pratique de cette situation quotidienne leur laissait le temps d'entrelacer des propos d'ordre privé, alors même que l'activité du bar ne laissait aucun répit. Pour le quidam à l'oreille exercée, cela provoquait d'ahurissants quiproquos que n'auraient pas désavoué d'avant-gardistes prosateurs. Lulu jeta un œil critique sur ce gentleman aux « pompes en croco », que Maut avait invité à sa table.

- *Un petit rouge et un jambon pour Madame, oui ! T'as vu un peu le gazier qu'à rejoint Maut ?*
- * *Hou là... Oui, ça sent le marlou... Et voilà trois qui font dix, merci, M'sieu.*

Girouettant de table en table Mauricette prit la commande de Maut et Nicolas. Alors que la conversation de ce couple hétéroclite se poursuivait avec la même intensité :

- *Nous plaisantons, Maut, et au-delà du contexte, j'ai l'impression que vous cherchez à me communiquer le sens du défi que nous venons vous et moi d'engager. Une leçon de modestie à connotation concrète en quelque sorte. Je subodore que vous m'incitez à rechercher l'authentique, sans cette duplicité sous-jacente... que vous avez sans doute décelée en mon comportement et qui, peut-être, me colle encore à la peau...Je me trompe ?*
- *Puisque vous souhaitez parler vrai, vous n'êtes pas loin de la caractérisation. Voyez-vous, Nicolas, l'accoutumance à un mode de vie, quel qu'il soit, nous éloigne quotidiennement de l'analyse objective. Et plus encore peut-être du ressenti qui devrait précéder notre appréciation des choses.*
- *Grâce à vous, Maut, j'ai pris conscience, qu'il me faut moins théoriser et m'engager d'une manière plus physique dans le contexte... Je conçois cela, maintenant et croyez-moi je m'implique d'avantage.*
- *Ce constat n'est pas spécifique à votre personne, Nicolas. Aujourd'hui, la profusion des implications nous occulte l'essentiel. Nous nous employons à niveler les dissemblances, alors que nous devrions comprendre que ce sont elles qui nous procurent la diversité culturelle dont nous avons besoin. Nous fuyons l'éveil que nous offrent les divergences, pour nous impliquer dans la mécanique façonnée du conditionnement collectif, ce narcotique de la conscience. Chaque jour, nous devenons un peu plus consommateur passif et moins acteur prétendant, nous handicapons ainsi les réflexes innovants de notre nature pensante !*
- * *T'as vu, elle discute plus qu'elle mange, la petite. Trois euros*

cinq, Monsieur. Elle doit lui dire qu'elle a la trouille de le suivre, qui faut qu'elle en parle à sa mère. Quatorze dix, frites et dessert, dix-huit tout rond... Merci.

- Entendrais-je, Maut, que « vivre » ce serait pour vous faire preuve d'une vigilance accrue et tenter l'examen de chaque détail ? Ce n'est guère envisageable, l'esprit a nécessairement besoin de recul si ce n'est d'évasion !

- L'esprit a l'avantage d'avoir comme exutoire le rêve, Nicolas ! À l'état de veille, nous devons savoir aventurer notre conscience dans les grandes options de la vie et pour cela ne point chercher, par excès de tiédeur, à éviter les écueils qui font obstacle à notre évolution. C'est dans l'affrontement que nous nous grandissons. Vous savez cela, Nicolas, vous qui n'avez eu de cesse de pourfendre pour réussir.

- Si je perçois la finalité de votre raisonnement, vous faites le constat que l'existence actuelle nous contraint à agir selon des critères imposés et que, face à cela, nous égarons notre individualité en un grégarisme amollissant, et somme toute pernicieux.

- Oui, c'est l'évidence même ! Et, parallèlement, nous plongeons en un égocentrisme chaque jour plus évident. Il nous faut donc, comme André Breton le préconisait dans la première moitié du XXème siècle, prendre le temps de contempler les choses. Ce sont elles, le miroir, ce sont elles qui nous renseignent sur ce que nous sommes. Les aspects de la vie, que nous banalisons de notions génériques et que nous n'avons plus le réflexe de considérer, se trouvent être, à l'état potentiel, les éléments de notre particularisme.

- * Faudrait pas qu'elle se fasse embarquer, cette môme, elle a jamais rien vu en dehors d'ses études ! Huit euros, M'sieur, c'est bon, merci ! C'est l'innocente même, cette petite, et cinq qui font dix, M'sieur... merci !

- * Ouais, qu'est-ce tu veux, ça a pas un rond, ces mecs, y z'ont que ce qui z'ont sur le cul ! Karlsberg ou Heineken, Monsieur, Heineken... un demi pour Monsieur... un !

- * Moi je l'aime bien, cette petite, mais faudrait pas qu'elle se fasse plumer ! Fromage, y'a plus... saucisson ou jambon ? Va pour le saucisson, un, deux... Un seulement... C'est parti !

- * Qu'est-ce tu veux, on n'a pas non plus à se mêler de ces histoires des clients ! Alors, deux communications...trois euros dix, M'sieur.

- * Ben, pt'être ! Mais ça fait d'la peine, une belle fille comme ça,

qui se laisse tortiller le giron... Blancs cassés pour ces messieurs !
- * Te vas voir que c'est elle qu'va payer l'addition, te paries ? Et voilà merci, bonne journée, M'sieur !
- Maut, je me permets de rééditer la proposition que je vous avais faite, je mets à votre nom la totalité de ma fortune, c'est possible, je me suis renseigné, cela prendra seulement quelques mois. Elle se chiffre à un nombre appréciable de milliards. S'il m'était donné de la partager entre deux ou trois cents personnes, celles-ci seraient encore, chacune, immensément riches. Avec mes seuls dividendes journaliers, je serais en mesure d'acheter des centaines de restaurants comme celui-ci. Maut, même si vous considérez que vous n'avez pas les capacités pour gérer une telle fortune, je vous aiderais à le faire... C'est promis, mais elle ne sera plus mienne...elle sera vôtre, et croyez-moi, j'en aurai un immense soulagement !
- Ah, vous pensez vous en sortir comme ça, Nicolas, vous me fichez tout sur les bras et vous, vous vous tirez d'affaire. C'est altruiste, mais ce n'est pas courageux, moi j'ai besoin de vous ! Un petit coup de rosé, ça fait glisser les frites ! Ne vous fiez pas à cette attitude éphémère. Je suis très sensible à votre repentir sincère et à votre humilité. Car malgré le fait que vous ayez eu un aperçu de la justice divine, le moment de terreur et d'interrogation passés, vous auriez très bien pu retomber dans les critères de déviation morale qui ont été les vôtres pendant des années. Le déterminisme dont vous faites preuve m'apparaît tout à fait bien. Je suis fière de vous, Nicolas ! Quant à votre fortune que vous dites obligeamment vouloir me confier, nul mieux que vous, Nicolas, n'est à même de la gérer dans le contexte où vous l'avez engagée. Si nous faiblissons au pouvoir de l'argent, c'est que notre foi en la justice divine n'est pas assez grande ! Les choses sont bien ainsi... Croyez-moi !
- C'est insensé, Maut, je connais votre bourse et je sais combien vous peinez dans la vie... Tenez, je prends ce repas à témoin ! J'ai payé au cours de ma carrière des milliers de déjeuners à des présidents d'États, des ministres ou à des personnages fortunés, je n'ai pas souvenance, Maut, que l'on m'ait offert un seul repas en tête-à-tête... Jamais !
- C'est pour cela que je le fais, Nicolas, et qui plus est, chez « La frite... » de réputation mondiale !
- * Tiens ! Qu'est-ce j't'avais dit pour la môme... Deux... non trois petits Cognacs pour ces messieurs... C'est elle qui règle la note, que

lui présente Mauricette... T'as vu !
- * *C'est t'y pas malheureux de voir ça ! Y doit lui raconter des saloperies... Un noir bien serré, pour Madame, entendu... Des histoires de partouzes... probable !*
- * *Quand je pense qu'elle habite l'allée de ma sœur, on voit souvent que c'est allumé à sa fenêtre... C'est juste, merci jeune homme... Et qu'elle travaille des fois jusqu'à deux heures du mat, sur son ordinateur... pour passer ses études. Côtes du Rhône ou Beaujolais, va pour le Beaujolais... Tout ça pour nourrir des marlous... Tas de fainéants que profitent du moindre sous des filles... Ah, ben !*
- * *C'est la jeunesse de maintenant, la techno, la drogue, les partouzes... Six et quatre qui font dix, merci M'sieur... Dans le Rêve partie... Bonne journée, messieurs dames !*
- **Rave !*
- **Quoi... rave ?*
- **Ouais... Mais elle non ! Je te dis... Elle bosse ses études pour être à grégé... ma sœur m'a dit.*
- **Agrégée !*
- * *Ben, c'est ce que j'ai dit... Une Suze nature, pour Madame... C'est une tronche !*
- * *Qui c'est t'y... qu'est une tronche ?*
- * *Ah, non... non... c'est pas vous ! Je parlais à mon mari... Rien à voir !*
- **Chui... pas une tronche moi ?*
- * *Ah, non, vous, aucun risque... Voilà votre Suze.*
- *Maut, il devient urgent que nous nous réunissions dans une quinzaine de jours, tout au plus. Il y a nécessité à ce que vous me précisiez votre stratégie en la matière, de façon à ce que j'infléchisse mes objectifs de reconditionnement dans le sens où vous souhaitez. J'ai avancé, mais il faut que nous définissions une organisation plus évidente, plus globale !*
- *Oui... Aucun problème, Nicolas. Maintenant je vais avoir suffisamment de temps de libre pour me consacrer presque exclusivement à notre affaire. Si cela vous arrange, je monterai à Paris avec Loïc.*
- *On peut effectivement l'envisager ainsi ou en un tout autre endroit. J'ai appris, il y a peu, que j'étais propriétaire à Lyon de deux hôtels, espace industriel de l'une de mes chaînes hôtelières,*

ainsi que d'une banque et quelques agences de voyage. Je suppose que ces gens-là ont des locaux discrets qui nous permettraient de nous réunir. Sinon, je vous enverrai l'un de mes hélicoptères... comme il vous plaira !

- Non, Nicolas, en établissant ainsi une rivalité de procédés, nous entérinerions le jeu où excellent nos adversaires. Il est impératif que nous demeurions tributaires des moyens sociaux dont nous disposons. Sinon, cela ressemblerait trop à une stratégie concertée. Il ne s'agit pas pour nous de lancer une offensive contre les troupes ennemies avec l'espoir de les contraindre sur le terrain des effectifs... où ils triomphent. Mais bien d'enrayer les armes qu'ils utilisent pour asseoir leur pouvoir au sein des démocraties. Ces démocraties qu'ils ont spolié et qui, demain, leur serviront de linceuls, car le jour où elles tomberont, aucune personne lucide n'aura le front de les relever. Nous, Nicolas, il nous faut demeurer inattaquables et agir en toute légalité. Aujourd'hui, les tenants du capital ambitionnent la conquête absolue par une pression hégémonique. Opposons-leur notre aspiration d'universalité à travers les diversités culturelles.

- Ça sera la lutte du pot de fer contre le pot de terre, Maut. Je suis en mesure de vous affirmer qu'il y a en face des moyens terribles et dangereusement efficaces. Vous êtes sans ignorer que l'argent permet tout, des renseignements satellites les plus sophistiqués au petit tueur à la déficience mentale que l'on programme pour la cible, et mille autres choses plus inquiétantes.

- Je sais, Nicolas, je sais tout cela, mais le temps joue contre nous. Quand le danger nucléaire se concrétisera, quand l'air deviendra irrespirable, quand toutes les eaux seront polluées, quand la densité des ondes nous occasionnera des lésions neuronales, quand la détérioration du climat sera affaire courante, quand la terre sera épuisée par nos inconséquences, quand le ciel sera vide d'oiseaux et que champignons et pesticides élargiront leurs domaines, quand les maladies interdiront tous rapports, que les femmes deviendrons stériles et que la chimie médicamenteuse créera de dangereuses mutations, quand la densité des populations rivées au seuil de misère deviendra explosive, quand les religions se fourvoieront dans la digression ou la licence, quand la jeunesse aura perdu tout espoir, alors... alors Nicolas, ce que nous aurons mis aujourd'hui en place prendra au regard de tous une profonde signification. Nous pourrons

considérer avoir atteint notre but, mais il sera trop tard. Par contre, Nicolas, si nous ne faisons rien ! Alors... il est déjà trop tard !
- * Ça y est, je te l'avais dit, v'la que l'embarque... le mac ! La porte à gauche au fond du couloir, Madame... Ah... ça fait chier ces trucs-là... Sapé comme il est, cet'outil, il lui a fait le coup du chiqué parade à la petite... ça, c'est sûr !
- * C'est t'y pas malheureux, une petite jeune fille si bien en tout... Soixante centimes, c'est ça, à bientôt Madame... Il a une gueule à la mettre sur le tapin ce type... Attends..., v'là qu'elle s'approche pour nous dire quelque chose...
- * Bonjour Maut ... Sois prudente ma petite fille !
- * Oui, mais ne vous en faites pas pour moi, il y a discussion, parce que je monte une grosse affaire internationale avec mon employé... Bye et merci !
- * Elle est pas un peu interneuneuche quand même... tu crois pas ?
- * Ouais... À moins qu'elle se paye notre gueule !
- * Non... C'est pas son genre !
- Je n'ai pas bien saisi le sens de cette réflexion que vous ont fait ces cabaretiers... Ils vous chaperonnent, Maut ?
- Oh, ils craignent pour ma vertu... S'ils savaient que c'est moi qui crains pour la vôtre... que penseraient-ils ?

***

Maut marchait d'un pas vif. L'article qu'elle avait entrepris de rédiger, afin d'améliorer son ordinaire, n'était pas terminé. Il lui fallait le remettre à la rédaction, ce soir ou au plus tard demain matin, et la venue de Loïc en fin d'après-midi n'allait pas arranger les choses. Elle traversa la petite place en esquivant avec un sourire conjurateur les boules des joueurs de pétanque puis, le pas résolu, elle s'engagea dans la rue des Florentins où se trouvait son immeuble.

Elle sortit une clé de son sac pour pénétrer dans son allée et, aussitôt, elle fut saisie par une odeur un peu fade aux effluves entêtants. Elle s'avança jusqu'au seuil de l'escalier où l'attendait un spectacle peu banal. Sur chacune des marches étaient disposée une composition florale - Un mariage ici ? En un clin d'œil, elle passa en revue la situation des locataires... tous de vieilles gens. Cela lui amena un sourire qu'elle n'abandonna qu'au premier étage devant la persistance de l'exposition. Lorsqu'elle parvint devant sa porte palière, elle entreprit d'enjamber quelques compositions, pour voir si un tel privilège persistait à l'étage supérieur. Non, cette inflorescence s'arrêtait à sa porte.

- *Est-ce possible qu'il s'agisse de Judith et qu'elle ne m'ait touchée mot de sa situation sentimentale ?*

La curiosité aidant, Maut engagea précipitamment sa clé dans la serrure et ouvrit toute grande la porte. Au bruit occasionné par l'ouverture, Judith qui essuyait sa vaisselle accourut l'attitude enjouée.

- *Haaou... la belle... Sissi... Hollywood... la gloire... Ça y est ! Ah, que je suis heureuse pour toi... Tu le mérites bien, ma puce... Ah, oui, c'est la fortune ! J'espère que tu ne m'oublieras pas... sur ton yacht ? Ouais... Ça, ma petite, ça s'arrose... et je m'y connais en homme, c'est l'amour... Faut qui soit vraiment mordu, je peux te dire, mordu à mort, crois-moi, bonjour la dépense. Ah, c'est bien ! Mais pourquoi tu m'as pas dit que t'avais une côte en cyclone... avec ce mec à pèse ?*
- *Ça y est... Ça va mieux Judith ! Alors, respire à fond, encore une fois... à fond ! De quoi me parles-tu, ma chérie ?*
- *T'es folle... T'as pas vu les fleurs... J'ai fait le compte, y en a pour plus de cinq à six milles euros... près de quatre mois de turbin.*
- *Calme-toi Judith... C'est en l'honneur de qui... de quoi... ces fleurs ?*
- *Mais c'est toi... C'est pour toi, ma bénêtte... ! Maléchristé, le roi du pognon, t'es sa Sissi... C'est sûr, il est fou amoureux... Regarde sa carte...« Félicitations, Maut, je ne vous oublie pas, à bientôt... » C'est dans le sac...dans le sac je te dis !*
- *Ah... les courriers perso et toi, c'est la place de Wall-Street à la criée. C'est un geste gentil de sa part, pour mon agrég, un peu ostentatoire... c'est vrai... mais c'est relatif à sa situation, c'est sympa !*
- *Un geste sen... senta... toire... six milles euros de fleurs... T'es jobarde, bordel ou quoi ?*

- Mais, non ! Pour Nicolas, ces fleurs, ça ne représente rien. C'est mille fois moins que le préjudice financier que je te créerai, en t'empruntant un de tes bigoudis.
- Et tu l'appelles Nicolas... Vous êtes à ce point intime... déjà ?
- Oui, il a traversé l'Atlantique avec l'un de ses avions privés pour venir manger des frites avec moi chez Gaston et Lulu !
- Et tu penses que je vais avaler ça... Là, tu me prends vraiment pour la dernière des connes... C'est pas sympa, moi je te dis tout, je te croyais mon amie !
- Arrête, Judith ! Est-ce que je t'ai une seule fois menti, une seule... vas-y... dis ?
- Alors... T'as été chez la frite... avec lui... mais... on parle du même, là ?
- Oui... Nicolas Maléchristé !
- Mais... t'as... t'as dû... t'as dû bouleverser tout le quartier... Toute la ville... la presse... les flics... les pompiers, la fanfare... tout quoi !
- Non, personne ne le connaît, ce n'est pas une vedette, il est plutôt du genre discret, Nicolas.
- À « La frite »... et il a accepté... comme ça... par amour ?
- Oui. Il a bien été obligé, il voulait m'emmener chez Bocuse ! Je lui ai dit... non, c'est « La frite » ou rien !
- Pan... La frite ou... Mais... dis-moi, Maut... C'est quoi ton truc à toi... pour agrafer les mecs ?
- Oh, je crois qu'il faut les convaincre avec des arguments célestes. Et s'ils ne comprennent pas, alors là, il ne faut pas hésiter... faut montrer qui tu es... vraiment !
- Ah, oui... vraiment... célestes !
- Oui !
- J'ai remarqué que depuis que t'es tombée sur la tête dans ce trou en Égypte, les mecs... tu les envoûtes.
- Bon... Si nous changions de conversation, Judith ?
- Une fortune pareille... du fric au bulldozer, et changer de conversation pour te dire que j'ai cassé mon presse-purée. Mais y fallait téléphoner au maire, au curé, pour qui vous marient tout de suite, après la frite, grosse bécasse ! Ah, c'est pas à ma pomme que ça arriverait, ce pot pas possible. J'sais... y a Loïc que t'aimes bien ! Mais tu peux toujours t'arranger pour prendre l'un comme époux et l'autre comme amant. Il est toujours en voyage, le Maléchristé, il y

verra que du feu.
- Tu arrêtes, Judi..., avec tes fantasmes de fosse septique ! Tout ce que tu imagines est dia-mé-trale-ment opposé à mes intentions... OK ?
- C'est pas malheureux... ce gâchis !
- Tu me casses... les kiwis... Voilà !
- Ah bon... Y fallait le dire, que t'en avait ma chérie... On aurait toujours pu s'arranger !

Un coussin bariolé traversa l'espace aérien du salon et percuta en un choc mou la chevelure buissonnante de Judith :

- Ça... C'est mon invitation au mariage... après ce sont les casseroles et pour la morgue y a déjà les fleurs. Un silence reposant... suivit le bruyant claquement d'une porte.

Chapitre XXVI

Plusieurs mois s'étaient écoulés. Dans le quartier de la tour, à Paris, les va-et-vient haletants au sein de la ruche Glob-AL, n'avaient plus la même intensité. Les hommes gorilles du service d'accueil avaient gagné en courtoisie ce qu'ils avaient perdu en défiance. Le président Maléchristé ne demeurait plus confiné à l'intérieur de son living-room. On le voyait fréquemment arpenter les couloirs et parfois même raccompagner sa clientèle jusqu'au pied de l'immeuble.

En cette après-midi maussade, une hôtesse au parfum fureteur arpentait d'un pas résolu les longs couloirs du dix-huitième étage. Dans son sillage, Loïc et Maut, en conversation chuchotée, se rendaient pour la troisième fois au rendez-vous qu'ils s'étaient assignés. Avant que leur groupe ne parvienne à hauteur du salon de réception, le président qui les avait rejoints engagea furtivement ses bras sous les leurs, en un témoignage d'affection.

- J'ai une surprise pour vous deux ! Figurez-vous que trois religieux appartenant à diverses confessions ont montré de la bienveillance pour vos travaux d'intérêt général, au point d'émettre le désir de rallier notre cause. Tenez les voilà...ils ont eu déjà l'occasion de vous rencontrer, m'ont-ils dit ?

Au sortir de l'ascenseur, ils virent trois silhouettes bringuebalantes sur le fond clair de la baie, elles s'animèrent aussitôt d'une gestuelle de bienvenue, hachurées de ponctuations sonores : « Ah... les voilà... enfin nous les retrouvons ! » Loïc eut la première réaction :

- Ça alors... N'êtes-vous pas les dignitaires religieux dont nous avons eu, il y a peu... à braver les réfutations ?
- À notre grande honte, chers amis, nous sommes bien ceux que, ce jour-là, vous avez tenté de convaincre... Convenons que notre attitude aura été des plus sottes. Aussi, devenait-il indispensable que nous soulagions nos conscience en vous disant combien nous

regrettons ce manque spontané de discernement !

L'hôtesse ouvrit grandes les portes d'un salon de conférence où leur petit groupe s'engagea. Chacun d'eux prit place dans un espace plaisant agréablement agencé.

- Maut eut un sourire conciliant : *Peut-on savoir, mes pères, ce qui nous vaut ce généreux retournement de situation ?*

D'une voix chuchotée, le Rabbin se risqua en premier à tenter une réponse :

C'est là un véritable miracle, une histoire digne des meilleurs contes de fées. Figurez-vous que lorsque nous nous sommes retrouvés hors des murs où avait eu lieu cette rencontre. Rencontre au cours de laquelle, souvenez-vous, nous n'avions pas ménagé nos critiques, nous nous sentîmes tous trois habités par un sentiment de culpabilité. C'était, chose curieuse, comme si notre conscience était en désaccord avec notre esprit. Aucun d'entre nous n'avait ressenti précédemment un tel sentiment. La concordance entre le dogme et notre état d'âme était jusque-là sans ambiguïté aucune. Mais, après votre intervention... il y eut comme une scission intérieure... une sorte de dissonance, je ne saurais l'expliquer autrement.

L'Imam, était lui aussi impatient de justifier cette conduite, il poursuivit sur un ton plus affirmé :

- Permettez, Monsieur le Rabbin, que je décrive à nos amis le déroulement des faits : les gens qui accompagnaient notre délégation firent soudain une entrée intempestive, en énonçant que nos véhicules, sur le parking, avaient subi des actes de vandalisme. Ils étaient, disaient-ils, maculés des toits aux roues de peinture blanche comportant des mentions injurieuses.

À l'examen, cela s'est avéré plus énigmatique qu'outrageant. Quant à la peinture, elle se diluait facilement à l'eau, ce qui nous a évité l'obligation de déposer plainte... bref !

Sur ces entrefaites, nous assistons au démarrage de votre véhicule, lui aussi bariolé et dont, souvenez-vous, des casseroles avaient été accrochées à l'arrière. À l'intérieur de l'habitacle, vous tous étiez repliés de rire et ces ustensiles de cuisine tressautant sur le pavé provoquaient un tintamarre épouvantable. Mais... je parle trop, poursuivez donc, Monsieur l'évêque !

- Oui, Monsieur l'Imam ! Je vous rappelle, chers amis, que ces événements faisaient suite, sans transition, à vos interventions où, souvenez-vous, il planait au terme de ceux-ci une certaine tension d'esprit. Il était donc assez logique que, par défoulement réciproque, il en résulte aussi chez nous, une hilarité générale.

Je nous revois encore tous trois rire aux éclats, alors même qu'un instant plus tôt nous étions campés sur nos positions dogmatiques, lesquelles nous interdisaient toutes convergences de point de vue. Je crois que c'est vous, Mustapha, qui le premier, avez fait cette remarque avisée qui nous a plongé dans une perplexité interrogative. Qu'avez-vous dit alors exactement... Vous en souvenez-vous ?

- Eh bien... j'ai réalisé subitement que cette démonstration d'hilarité, par ailleurs on ne peut plus humaine, avait le pouvoir de nous unir dans une joie commune et qu'il était tout à fait dramatique que l'idée même que nous nous faisions de Dieu n'y parvienne pas !

Cet état de fait m'est apparu à ce point crucial que j'ai instantanément réalisé qu'au cours d'une vie, nous attachions plus d'importance à la rédaction du message divin qu'au divin lui-même. Le résultat soudain de cette introspection était si flagrant, si simple et à la fois si douloureux en ses conséquences, qu'en pensant à toutes ces années d'obscurantisme, la honte m'est montée au visage. À la suite de ma remarque, je me souviens que le Rabbin Cohen, ici présent, a ajouté : « Nous avons cherché à intellectualiser le message de ces jeunes gens, en l'appliquant à la situation temporelle de nos obédiences, sans chercher à en appréhender son caractère universel et fédérateur. Nous sommes coupables tous trois d'avoir suivi les circonvolutions de nos états de pensée au lieu d'avoir puisé en nos consciences la vérité nue. Un jour, je pense, nous devrons rendre compte de cela ! » C'est alors que l'Évêque ici présent s'est écrié : « Qu'attendons-nous pour réagir, pour prendre position en cet univers décadent ! Ce qui vient de nous être démontré constitue peut-être le ferment d'une pensée réformatrice, apte à corriger notre vision des choses. »

Il y eut parmi le petit groupe des rires d'assentiment dans un agrément général. L'Évêque prit alors la parole sur un ton plus libéré :

- *Vous pouvez constater que, depuis ce jour mémorable, il s'est passé en nous des changements fondamentaux. Maintenant, nous œuvrons au sein de nos religions respectives, mais sans ostentation aucune, afin que ce message soit perçu à un autre niveau de conscience.*

Le Rabbin confirma les faits, accompagné d'un geste de la main :

- *Ce n'est pas chose facile, les esprits sont imprégnés d'un enseignement traditionnel que le dogme a abondamment ressassé au cours des âges. Ce qui fait, que quelle que soit la religion, nous privilégions un « Dieu » particulier, spécifique, distinct des autres, afin qu'il soit le nôtre et nullement celui des êtres qui n'ont pas subi les mêmes ordonnances liturgiques. Alors même mes amis... que selon toute logique, il nous est commun ce Dieu. Hélas, ce truisme est différemment perçu au sein des obédiences, d'où nos difficultés à véhiculer cet œcuménisme numérique que vous nous avez laissez percevoir. Et qui n'est autre qu'un appel à la raison.*

Maut sentit qu'il lui fallait intervenir, ces religieux étaient venus pour affirmer leur fidélité au principe, mais aussi pour faire part des difficultés qu'ils rencontraient au sein même de leurs institutions.

- *Il est vrai mes amis que peu de nos Pairs, hélas, font preuve de discernement, obnubilés qu'ils sont par les principes qui se veulent immuables, sans tenir compte de l'urgence de la situation. Ces Pairs dont il est question, font une fixation sur une réalité temporelle qui n'est plus ce qu'elle était. Le monde a changé autour de nous et notre vaisseau de vie est en danger. Si les religions ne s'unissent en l'esprit pour guider les peuples vers une autre réalité, nous ne pourrons réaliser cette conversion. Les mécréants déjà s'unissent pour l'hallali, et cela, dans le plus parfait esprit du droit démocratique. « 102 » doit-être le nouveau nom de celui que l'intuition spirituelle unit, au-delà des espèces et des tendances religieuses.*

C'est au cours de cet insolite entretien, que Maut prit pleinement conscience de l'importance de l'enjeu. Si les religions faisaient preuve d'incurie, si elles restaient campées sur leurs positions narcissiques, sans s'ouvrir à la tragédie du monde, toutes espérances étaient vaines. Il lui parut alors nécessaire de compléter son intervention de quelques recommandations d'usage.

Craignons que, lorsque vos Supérieurs comprendront la nécessité d'agir, il ne soit trop tard. La Terre et les hommes n'auront plus assez de ressources vitales pour se rétablir. Avec ce que nous pouvons considérer comme étant des œillères dogmatiques, vos supérieurs pensent peut-être qu'il n'y a pas périls dans l'instant, ou, ce qui serait plus irresponsable, que Dieu finira bien par trouver une solution.

Permettez-moi, mes pères, de vous alerter sur l'inconscience de cette attitude, il s'agit d'un déni de réalité. C'est à l'homme, et à l'homme seul, de s'affranchir de ses problèmes, et non à Dieu. Cet état de pensée impudent est de nature à placer le Créateur au rang d'un vulgaire décisionnaire meneur de jeux ! Si les Pairs Spirituels, au sein de ce monde, s'élevaient contre ce mot insane de « croissance » issue de l'obnubilation des possédants, l'esprit de marché restreindrait ses tentacules et susciterait des agréments. Par leur mutisme ou leur non-dit, les religieux donnent implicitement leur aval, quand ils ne sont pas partie prenante du système, comme nous le constatons parfois.

- *Votre position, Maut, est certes, pleine de bon sens, mais que faire, alors ? Vous paraissez jeune femme, détenir un mystérieux pouvoir, ne pourrait-il agir en ces cas extrêmes ?*
- *Non, messieurs les prélats ! S'il est vrai que lors de conjonctures particulières, je suis assistée par des divinités féales de La Grande Tradition, sur un plan général, je ne peux rien. Pour l'excellente raison que ce sont aux hommes de réagir. Ceux-là sont dotés de conscience, ils possèdent des moyens psychologiques de déduction*

pour évaluer leurs erreurs passées et l'urgence qu'il y a à changer de mode existentiel. S'ils ne le font pas, quel que soit aujourd'hui la position qu'ils occupent au sein de nos sociétés, ils seront individuellement responsables de leur désengagement vis-à-vis de notre Planète. Le fait d'évoquer que nous ne sommes que des pions sur l'échiquier et que nous ne pouvons rien faire, sera perçu comme un argument irrecevable et mensonger. Comprenez, messieurs, que les divulgations de ces connaissances, dispensées au cours des premières décennies de ce troisième millénaire, seront déterminantes. Il s'agira pour nous, êtres humains, de crédibiliser un Principe Créateur Universel dont nous diffuserons d'irréfutables preuves existentielles. Ceux d'entre nous qui auront négligé ces témoignages, préférant faire fructifier leurs privilèges égotistes au détriment d'une vision plus égalitaire, seront, je vous le dis, indexés en l'absolu.

- Vos paroles sont à la fois délectables et terribles à entendre, Maut. Nous les percevons toutefois comme autant d'appels à la raison, face aux nombreuses interrogations que suscite le monde d'aujourd'hui.

- Oui, mes amis, soyez en contact étroit avec le Président Maléchristé, je lui fais personnellement confiance, ses réseaux, en place de par le monde, sont les plus sûrs garants de notre réussite.

- N'envisageriez-vous pas, Maut, qu'il nous faudrait prendre distance avec l'attitude lénifiante de nos obédiences réciproques ou devons-nous continuer de souligner le danger, sans pour autant changer de cap ?

- Il eût été plus judicieux que vos supérieurs prennent conscience des périls que nous évoquons ! Mais, prendre distance avec eux, serait là, mes pères, une erreur grossière. Si la laïcité convient au temporel, les religions sont l'espérance, les deux ne s'opposent pas, elles se complètent et se justifient. Elles sont autant de voies appropriées aux aspirations des hommes, cela, en vertu des races, des mœurs et des sentiments ethniques. Aussi n'existe-t-il pas une seule et large voie, mais des chemins qui convergent tous vers le centre. Ne demandons pas aux chemins d'être droits. Par définition, les chemins ne peuvent l'être, mais exigeons cette droiture pour ceux d'entre nous qui les suivent.

***

Maut, Loïc et Nicolas prirent congé des religieux, avec le désir de se revoir pour établir un programme d'actions communes. Le Président dirigea ensuite le jeune couple vers un vaste studio où les murs étaient insonorisés et la température constante. En ce lieu étaient rassemblés des outils électroniques d'une technologie sophistiquée : liaisons satellitaires intercontinentales, lecteurs haute définition, mappemonde lumineuse avec recadrage à effet synoptique, écran géant de diffusion, projections d'images 3D et illustrations télévisuelles par technique de filtrage. Il y avait également une immense table à dessin avec un système de tracés à effacement digital. Loïc dont c'était le second métier se montra interpellé par autant de moyens en matière d'investigation :

- Pourquoi cet équipement de matériel de recherches électroniques, Nicolas, seriez-vous de surcroît un sycophante... de haut-vol ?
- Non, je n'ai pas cette amusette à ma panoplie que j'estime suffisamment étayée, mais avant que je n'évolue dans le sens de votre démarche, je ne pouvais prendre le risque qu'un fait divers compromette la tranquillité d'esprit de mes actionnaires. La méthode était simple, elle consistait à entretenir un black-out raisonné à défaut d'être raisonnable, sur l'actualité dispensée. Il m'était donc utile d'être en permanence informé, sur tout événement sujet à dissension. La stratégie consistait alors à édulcorer, aplanir ou travestir le moindre risque. J'employais pour cela des stratèges spécialisés. En ce qui concernait les sujets comminatoires pour la stabilité des systèmes financiers, eux aussi étaient filtrés, élucidés, minimisés ou évincés s'ils n'y avaient pas d'autres solutions.
- Personnellement, je n'en disconviens nullement, Nicolas, vous nous l'avez abondamment prouvé, mais, ce qui pour nous est le plus surprenant, c'est qu'en tant qu'usurpateur patenté de la société humaine, vous aviez des réponses adaptées à chaque situation ?
- Oui, par nécessité de démarche ! Il y avait toujours possibilité de contourner les problèmes ou de les faire apparaître sous un angle dédramatisé... voir totalement anodin. L'inverse, d'ailleurs, était tout aussi évident : il nous fallait parfois minorer à l'extrême une situation délicate sur le plan des répercussions. Pour cela, la méthode était toujours la même, nous surévaluions les chiens écrasés et faisions d'une information banale quatre colonnes à la une selon les exigences de la situation.

- *Si une voix aux accents réalistes venait à évoquer, par exemple, le danger que représente l'accroissement de la population mondiale. Est-ce que vous-même ou les phénix de la désinformation attachés à vos services étaient à même de désensibiliser le problème ?*
- *Oui, à ceci près que nous faisions en sorte qu'un tel personnage ne puisse aucunement s'exprimer ! Mais si la chose s'était présentée, il se mettait immédiatement en place les filtres démagogiques. Ils permettaient incontinent de désamorcer l'angoisse que cela aurait pu provoquer. Il nous fallait ensuite reformuler l'information en la restituant sur un plan « humain sensible ».*
- *Humain sensible... quelle démagogie, je pressens en l'usage de ces mots un jargon de perfidie, peut-on savoir à quel dialecte nous étions alors innocemment traités ?*
- *Si je devais vous donner un exemple, pour cette question relative à la surpopulation, j'aurais pu être amené à m'exprimer ainsi :*
- *« Plus qu'un droit légitime de naitre c'est celui de tenir place en la vie, il y a mes chers concitoyens, un impérieux devoir à l'existence, qu'il est abominable de contester ! Nous, démocrates, dénonçons avec vigueur ces racontars éhontés de surpopulation, qui sont une atteinte délibérée à l'esprit de cohésion familiale. Sachons-nous prévenir de ces augures du défaitisme, qui entretiennent une pathologie alarmisme alors qu'il s'agit de la pérennité du destin. Les statistiques scientifiques les plus crédibles, issues de savantes recherches, se révèlent unanimes pour affirmer que nous atteindrons bientôt, et de façon naturelle, notre seuil d'expansion. Que toute inquiétude sur le sujet relève d'une fébrilité maladive doublée d'un irrecevable égotisme. »*

Voilà, ce n'est qu'un exemple, il en est d'autres plus adéquats !

- *Bien, bien Nicolas. C'est à la fois ampoulé et solennel, après l'exploitation émotionnelle d'une telle tirade, le business mondial de la consommation ne devrait plus jamais entendre parler du danger démographique ?*
- *Eh bien, détrompez-vous, Loïc ! Il y a encore, çà et là, des acharnés qui prétendent, sans preuve aucune, que lorsque nous serons quinze milliards, la vie deviendra impossible. Alors qu'il nous suffit pour cela, de créer deux planètes de plus ou d'étager la*

*biosphère en couches stratifiées pour qu'il n'y ait plus de problème !
- C'est curieux, mais on pourrait être amené à penser qu'en tant que richissime, et pour une tranche importante de la population, vous êtes envié et peut-être admiré si ce n'est respecté ?
- Je ne vous le fais pas dire, Loïc ! Voyez la fougue, l'engouement que provoquent les sports de fauteuil, les jeux d'argent, le vedettariat, le culte de l'apparence ! Nous sommes plus enviés que critiqués, nous les nantis et, par simple déduction, plus estimables que condamnables. Croyez-moi, ce ne sont pas ces méprisables revendicateurs à l'esprit de clocher, virtuellement pétris au levain médiatique, qui brandiront demain les pics du changement. Par leurs vues à court terme et leurs revendications perpétuellement reconduites, ces impécunieux sur-assistés et surendettés sont paradoxalement, les meilleurs suppôts du Grand Capital !*

Maut, qui avait placé sa tête entre ses mains tout au long du dialogue, quitta son siège et, d'un pas mal assuré, s'avança jusqu'à eux, la mine attristée.

- Je vous ai écouté sans intervenir, mais je vous demande maintenant de cesser ce jeu, de clore cet effroyable panégyrique sur l'exploitation humaine. Il symbolise le drame psychologique de notre époque et cela m'est difficilement supportable.

Loin de se complaire dans ce rôle de manipulateur, Nicolas cherchait manifestement à ce que ses interlocuteurs évaluent la dangerosité des rouages parfaitement huilés de ce système d'ingérence. S'étant rapproché des deux jeunes gens, il les regarda tour à tour d'un air désenchanté :

- Je comprends votre émoi et vous savez maintenant que je partage pleinement votre réprobation. Mais il vous faut savoir que ce concept social actuel répondant à l'appellation de démocratie, que nous avons mondialisé, ne date pas d'hier. Il a été imaginé par les grecs, il y a 2 500 ans. Non point par un allant enthousiasmé de civisme, mais bien pour apaiser les rancœurs paysannes, tout en facilitant les relations culturelles et commerciales, qui s'altéraient sous l'effet des disparités. En Europe, si cette option est demeurée valable de la révolution jusqu'au XIXème siècle, elle est devenue obsolète dans la

seconde moitié du XXème siècle. Aujourd'hui, j'ai d'excellentes raisons de penser qu'au XXIème, à l'heure de la mondialisation, elle est dangereuse et nous mènera à des conflits ingérables.

Les magouilles en tous genres, les spéculations boursières, demeurent, de nos jours, la principale source de revenus des ultralibéraux, cela au détriment de l'industrie, de l'artisanat, des récoltants, des producteurs, des applications techniques et scientifiques. C'est ainsi qu'à tous les échelons de la société le jeu est faussé au profit de la seule rentabilité et au détriment des valeurs morales et structurelles. Créant d'année en année un déséquilibre de classes, lequel est une incitation directe à toutes les débauches, et ce qui est plus grave... à tous les violences ! Trafic, spéculation, corruption, placement illicite, détournement d'impôts, la moralité citoyenne a laissé place au système « démerde ». Tant que nous n'aurons pas compris la nécessité impérative de changement, cela ne peut que s'intensifier. Gardons espoir tout de même... puisqu'il arrive aux ânes-mêmes de ruer dans les brancards.

Loïc, dont la main s'appuyait à plat sur la table, enregistra la chute d'une goutte tiède. Il éleva aussitôt son regard vers Maut, dont le regard fixe était saturé de larmes. D'un revers rapide, la jeune femme épongea ses cils tout en ébauchant un sourire. Loïc entoura ses épaules ! Lui aussi avait du mal à réaliser la décadence en laquelle l'humanité avait basculé en si peu d'années et l'accélération foudroyante des dérèglements en tous genres que cette situation provoquait.

- *Maut, tout n'est pas perdu, ne m'as-tu pas dit toi-même que nous n'avons pas encore atteint ce point d'irréversibilité où nous n'aurions plus rien à espérer et plus rien à tenter ?*
- *Tu as raison de le rappeler, Loïc. Nous devons nous battre jusqu'au bout pour faire triompher la raison. Aussi, devient-il urgent que je vous expose l'ultime plan de sauvegarde que nous devons tenter de réaliser.*

Les trois amis se regroupèrent autour de la table lumineuse où on pouvait effectuer rapidement un tracé schématique. Maut composa un rectangle à l'intérieur duquel elle inscrivit en gros caractères :

« Communauté Planétaire : bases de la Géodémologie »

Pendant près d'une heure, la jeune femme développa les thèmes envisageables, pour que les humains puissent concevoir un renoncement progressif du système en place. Puis, après une courte pause, elle reprit sur un ton plus intime :

Vous avez compris que le monde que je propose ne sera pas celui des ploutocrates à la tête de multinationales aux pouvoirs tentaculaires, dont le mercantilisme dominant influence aujourd'hui la politique planétaire. Ce sera celui d'une multitude de moyennes industries de production, d'artisanats, de petits commerces globalisés, parfois regroupés, afin de retrouver en urgence les caractéristiques d'une organisation communautaire diversifiée. Celle-ci n'aura pas les vices cachés d'un communisme inapplicable ou l'autoritarisme d'un fascisme blâmable, mais les mérites d'une société émancipée, symbiotique, engageante et responsable. Dans ce paysage nouveau, les « Droits de l'Homme » seront remplacés par les « Devoirs de l'Homme », envers l'autre, son semblable. Aujourd'hui, les lois négligent les mondes animal et végétal. Le monde humain a pour devoir de protéger ce qui vit et ne peut s'exprimer. Compte tenu de la complexité de cette reconversion, j'aurai encore beaucoup de choses à vous dire. Je peux néanmoins vous certifier que j'ai été instruite de ces possibilités dans le moindre détail et que cela devrait parfaitement fonctionner, à la seule condition toutefois que les cartels de l'empire financier acceptent de jouer le jeu.

- *Qu'ils jouent le jeu… mais tu n'y penses pas, Maut, c'est irréaliste ! Qu'est-ce qui pousseraient ces ultras mondialistes, sevrés de privilèges à approuver un projet préjudiciable à leurs sources d'intérêts ?*
- *La fin programmée de toute existence, dont ils sont les premiers instruits ! C'est le bilan lucide de notre société en liquéfaction ! Si, pour ces hommes d'affaire, la passion pour le fric est plus forte que la vie, et je ne suis pas loin de le penser, alors il est vain d'entreprendre quoi que ce soit, car ils sont détenteurs de la force médiatique de communication. Par contre, si en un ultime sursaut de lucidité, ils aspirent à sauver leurs propres enfants, alors nous n'avons plus une minute à perdre pour passer à l'action. Soyons*

clairs, ce n'est pas leurs têtes au bout des piques que nous réclamons, la vengeance souillerait à jamais notre cause ! Ce qu'il nous faut, c'est leur approbation sans acrimonie, jointe à la puissance de transformation qu'ils incarnent. Dans une refonte totale, ils pourront conserver 5% de leur capital pendant deux générations, ce qui leur permettra de se reconvertir sainement s'ils le désirent.

- Ce développement généreux me convainc, Maut, même s'il m'apparaît, sur bien des points, friser l'utopie en ce qui concerne le ralliement des capitalistes. Il demeure un immense espoir pour l'humanité, le dernier sans doute qu'elle pourra s'offrir. Aussi, moi Maléchristé, suis-je décidé à jouer le jeu à fond. Pour commencer, je pense jalonner mes exploitations mondiales de petites permanences où les gens de toutes conditions auront la possibilité de se documenter et d'adhérer au principe. Pourquoi pas demain par millions, pour valider le projet de cette Communauté Planétaire, que vous venez de décrire, Maut.

- Vous avez parfaitement interprété le sens de mes propos, Nicolas ! J'ajouterai qu'il n'est pas question, pour l'instant, d'apporter la moindre modification à ce programme. Non qu'il se veuille exhaustif en soi, rien de ce que réalise l'homme sur Terre ne peut prétendre l'être. Considérons qu'avant toute application, si nous entrouvrons la porte aux réformes supposées discursives, alors le concept est mort dans l'œuf, car il n'y aura pas moins de 8 milliards de contestations, pendant 8 milliards d'années. Il nous faut agir et concrétiser... Après, nous verrons !

- Je le crois aussi, Maut, c'est ça ou rien. Nous ne pouvons plus tergiverser. Il nous faut aussi tenir compte du fait que, placé sur cette ligne directrice nouvelle, Nicolas risque de voir ses affaires péricliter et cette glissade éventuelle d'influence pourrait malencontreusement enrayer le cours de nos projets.

- Permettez que je vous rassure, Loïc ! Il m'a été remis hier soir un compte-rendu de ma position financière globale. Depuis que j'ai entrepris d'adhérer pleinement aux perspectives de Maut et que j'ai assaini ou modifié mes champs d'activités, mon chiffre d'affaire a grimpé de 28% en six mois.

- C'est extraordinaire... Comment expliquez-vous cela ?

- C'est certes surprenant, mais assez logique en soi ! Je travaille couramment avec une trentaine de pays. Dans le cadre de mes *exploitations, j'aurais pu réaliser des affaires sur d'autres territoires, lesquels jusque-là boudaient mes entreprises. Je vous laisse imaginer combien étaient subjectives les raisons évoquées. On allait même jusqu'à me reprocher le peu de clarté qui émanait de mes holdings, c'est vous dire le parti-pris !*

Soudain, miracle ! Depuis mes changements d'orientation, il semblerait que ceux qui se montraient réticents à mes procédés trouvent que ma nouvelle formule s'adapte parfaitement à leurs aspirations. Il en résulte des opportunités que je n'aurais pas osé envisager auparavant. Quant aux autres, ceux qui adhéraient à mes anciennes méthodes, ils sont persuadés que c'est une ruse de ma part, et le jeu n'a nullement l'air de leur déplaire. Moralité, je fuis la richesse, mais la richesse me rattrape et me soumet tyranniquement au joug du profit le plus éhonté.

- *Quel beau c-o-m-p-t-e de fées, Nicolas ! Mais, souvenez-vous, Crésus a mal fini, j'espère que je ne serai pas votre Cyrus !*
- *Non, Maut, mais vous avez agi sur moi telle Némésis, gardienne de l'ordre universel ! Ce qui fait que je ne suis plus l'homme du passé, mais bien celui de la réalité nouvelle que vous incarnez.*
- *Une dernière chose m'a particulièrement sensibilisée. J'aimerais vous en instruire. Il s'agit des influences que peuvent avoir les ondes électromagnétiques sur le comportement humain. Ce qui expliquerait en partie les anomalies que nous constatons.*

Depuis une cinquantaine d'années, notre atmosphère est saturée de vibrations pas toujours inoffensives et surtout pas négligeables, car les réseaux se complexifient et s'intensifient d'année en année. L'Europe préconise un seuil de tolérance de 100 microstesla, alors que des analyses ont démontré qu'un champ magnétique de 1,2 microtesla pouvait déjà engendrer des mutations à effet irréversible. Il m'a été prouvé que beaucoup de facultés natives que possédaient encore nos grands-parents se sont amenuisées, au point de s'émousser gravement parmi les nouvelles générations. Je veux parler de cette sensibilité, de cette émotivité manifestée ou non, qui nous permettait naguère une meilleure interprétation des phénomènes humains. Quelques exemples tous bêtes : facultés mémorielles, tendresse méditative chez les jeunes enfants, calme et sérénité des vieillards, pudeur et réserve naturelle des jeunes filles, affirmation virile des garçons, l'acte civique désintéressé, l'écoute de l'autre, le réflexe respectueux, la participation spontanée, la faculté naturelle à assumer son sexe, autant d'aptitudes que l'on aura vu s'altérer en moins d'une décennie. Les ondes émotives et, à une moindre échelle, les ondes cérébrales se trouvent perturbées par l'intensité des émissions radioélectriques actuelles.

Sans que la chose soit officiellement admise, les esprits les plus fragiles sont les premiers touchés par les conséquences d'un tel foisonnement. Aujourd'hui s'intensifie un mépris suicidaire à poursuivre sa vie. Aussi, pouvons-nous augurer que, dans un futur proche, des cas plus alarmants seront enregistrés, avec la généralisation des antennes et portables, ainsi que pour les relevés électricité, eau, gaz à programmes multiples.

Les sources actuels de profits font taire les dangers, et le côté trépidant de l'existence laisse peu de place aux réflexions de ce type, l'essentiel n'est plus différencié du superficiel. En nos tourbillons d'incohérences, le ressenti a du mal à être interprété par le bon sens, alors que de nombreuses personnes sont envahies par des tourments sentimentaux qu'elles sont incapables de contrôler. Et ce ne sont pas les molécules chimiques dispensées qui les guériront. Je peux vous prédire que les déséquilibres iront de pair avec l'accentuation des phénomènes de nuisances. Pour qui est attentif, nous pouvons déjà les déceler, soit par des comportements amorphes, soit, à l'opposé, par des états névrotiques ou psychotiques qui tendent à se généraliser.

- Alors selon toi, il n'y aurait pas alors que les abeilles, les oiseaux, les poissons et les mammifères marins qui seraient victimes des ondes sonores, nous aussi ?
- Nous avons largement dépassé les champs de nocivité que nous faisons subir aux animaux, Loïc. Notre responsabilité dans le cas des baleines est officiellement reconnue. Mais combien d'autres, plus discrets, de caractère bénin, n'en demeurent pas moins dangereux. Je pense notamment aux émissions en basse fréquence ou à l'irradiation des aliments, génératrices de radicaux libres, que nous absorbons en toute confiance.

- *Peut-on savoir pourquoi, Maut, tu soulignes ces états de fait avec une telle insistance, ils sont déjà depuis belle lurette notre quotidien ?*
- *À dire vrai, je crois savoir que l'amoindrissement des capacités cérébrales et, par voie de conséquence, morales, précède toujours la décadence généralisée. Le phénomène est apparu à mes initiateurs comme l'une des causes les plus alarmantes ! Sur le plan des réformes impératives, ils classaient le désespoir individuel et l'amoralité prédominante, immédiatement après les désagréments relatifs à la densité démographique. Sachez qu'à titre anecdotique, mais aussi symbolique, les États-Unis ont plus de gens en prison qu'ils n'ont de paysans. C'est un indice évocateur de notre état de déchéance.*

Notre désabusement, notre démotivation, notre inconséquence a peut-être en partie pour origine ce que nous respirons ou ce que nous avalons comme hormones, conservateurs, métaux lourds, pesticides et ce que nous emmagasinons sous les formes les plus variées. Ces nuisances amoindriraient nos facultés cérébrales et entraîneraient une régression des potentialités pensantes, lesquelles se réfugieraient en un attentisme élémentaire. Moralité, nous cultivons le côté basique de notre moi-pensant. Ce qui a pour résultat que nos gouvernants se conduisent comme des irresponsables en mal de maturité. La différence, pour eux, c'est qu'ils se trouvent sous les projecteurs. Ce type de nuisance abaisserait graduellement notre seuil de vigilance et réduirait nos réactions à des états élémentaires : désir impulsif, manque de concentration, égocentrisme, mal-être. À l'opposé, ce qui hier encore valorisait l'homme, le pouvoir de déduction, le bon sens, la décision intuitive, le génie inventif, la tempérance, la déontologie atavique, laisse graduellement la place à des réflexes de plus en plus primaires, le sexe, le profit, le jeu, le besoin de paraître, de dominer, de solliciter la reconnaissance de l'autre pour aider à établir sa propre identité. Nous ne copions plus comme jadis le talent d'individus méritants, mais les réactions des machines chaque jour plus complexes, et celles-ci sont sans état d'âme. Il suffit de quelques années encore, pour que nous voyions apparaître sous forme de puéril défi, des robots de composition biologique. Ils seront à même de rivaliser avec nous, sans que nous en subodorions le danger.

- *Maut, si le monde est à ce point malade, c'est qu'il se moque de son devenir, de sa propre raison existentielle... Qu'y pouvons-nous, à ce stade ?*
- *Mes amis, notre devoir est d'agir, comme si ce peuple avait le désir de renaître. Je vous rappelle que nous n'avons qu'une petite vingtaine d'années pour nous ressaisir.*
- *Une dernière chose, Maut ! Tu dis que tes initiateurs ont classé dans l'ordre des nuisances : La poussée démographique, la fuite des valeurs morales. Je serais intéressé de savoir ce qu'ils appréhendent en troisième urgence ?*

Maut était éprouvée par ce qu'elle décrivait. Un instant, elle parut chercher sa respiration à travers les éléments de sa réponse :

- Ce sont, je crois, les débordements technologiques, les manipulations génétiques, biologiques, nanotechnologiques, plus globalement, l'empirisme modificateur des critères immuables de la nature mère. Selon eux, nous ne serions pas prêts à exploiter les domaines dans lesquels nous pénétrons. Notre méconnaissance des principes universels rend cette démarche dangereuse. Logique, morale et philosophie sont en décalage important eu égard à l'apport de nos technologies. Aujourd'hui, nous ne maîtrisons que partiellement ce que nous utilisons, et nous semblons ignorer que modifier sans réflexion l'équilibre naturel, entraîne à échéance compteur, un effet domino irréversible. En résumé, nous brouillons les éléments organisateurs du puzzle.

Voilà, dans l'ordre, la troisième crainte et, croyez-moi, elle s'avérera au fil du temps pleinement justifiée. Comme le faisait naguère remarquer Saint-Exupéry « Il nous faudrait plus de recul... » Alors même que le temps que nous nous octroyons pour juger du bien-fondé de nos humaines entreprises est inexistant. Nous sommes entrés dans l'ère cybernétique et il se peut qu'un jour prochain, ces mécanismes deviennent à leur tour des entités, et que nous ne soyons plus capables de contrôler leurs réactions. Nos stratèges de la finance ont cru des décennies durant faire l'économie de freins qu'ils jugeaient superfétatoires. L'ennui, c'est que l'aspect linéaire de la route a changé. Avec les kilomètres parcourus, les virages se font plus serrés, le jour décline et nos phares, qui ne reflétaient que l'argent, ne nous éclairent plus les abords du gouffre.

Croyez-moi, mes amis, il nous faut tout repenser intégralement, l'effectif de notre population, les lois qui nous gouvernent, le partage des terres, notre politique future, notre environnement, nos relations sociales et culturelles, nos rapports avec le monde animal et végétal. Tout, radicalement tout… et cela, le plus vite possible !

Chapitre XXVII

Un petit vent frais dissipait les brumes enchanteresses qui juponnaient encore les flancs rocheux des Alpilles. Disséminées à travers les coussous, les feuilles frissonnantes des oliviers larmoyaient d'argent en l'affectueuse chaleur que prodiguaient ces premiers rayons. Là, au creux des allées jardinières, les herbes humides dispensaient d'odorants effluves. Aussi semblaient-elles entretenir un lien vaporeux avec l'esprit de la nature.

L'étrange cohorte de touristes, que deux minibus avaient déposés un instant plus tôt sur le parking, s'acheminait en file indienne sur la voie serpentine qui menait aux carrières. Point n'étaient fougueuses leurs enjambées et moins encore leurs expressions vocales ; l'âge de la pondération les préservait de tout excès. Leur teint de peau, leur morphologie et les coupes de leurs vêtements s'avéraient surprenants de diversité. Peu de femmes étaient parmi eux, quelques-unes cependant escortaient de leurs voix plus hautes cette gent sapientielle venue de tous les coins du monde. Ils se regroupèrent bientôt près d'une immense cavité rocheuse de configuration polyédrique que l'on pouvait volontiers assimiler à l'antre des dragons mythiques.

Loïc avisa un promontoire sédimentaire isolé, qu'il escalada avec l'intention de dominer son public. L'anglais qu'il s'apprêtait à utiliser était correct, s'il n'avait été chahuté par ce que l'on appelait ici les délectables vocalises des ménestrels provençaux :

– Mesdames et messieurs, chers élus des peuples. Cette mystérieuse cavité derrière moi n'est pas celle du dragon des abîmes ! Si c'était le cas, il faudrait, selon la tradition, que je lui apporte un gâteau de miel pour tempérer ses appétences. Il s'agit là, plus prosaïquement d'une carrière, d'où on extrayait dans les siècles passés des blocs de construction. L'originalité de ce lieu de rassemblement, n'est pas due au hasard. Sur le plan de la symbolique, nous avons « la grotte » où, comme vous le savez, prennent naissance les conjonctures

nouvelles. Il en est de même des traditions séculaires faisant référence à « la pierre » des bâtisseurs. En cette appellation moyenâgeuse, « Les Baux de Provence », nous pensons que ce lieu sera à jamais honoré de la belle notion de réactivité à mettre au bénéfice d'une humanité en déshérence. Vous représentez la première démarche raisonnable qui n'ait jamais été faite, pour convoyer les êtres humains de la planète vers un destin plus enviable que celui qui sera sans doute le nôtre ... si nous n'agissons pas.

Les trois protagonistes à l'origine de ce mouvement n'avaient pas l'intention de vous réunir avant que votre nombre n'atteigne une centaine, ce qui ne saurait d'ailleurs tarder. Mais lorsque Maut Clairmonda a su que le cumul de vos personnes avait atteint le nombre « 26 », elle s'est écriée : « Il nous faut les réunir d'urgence, ils représentent symboliquement les lettres de l'alphabet occidental avec lequel nous allons écrire les pages de cette humanité nouvelle ». Le Président Maléchristé s'étant rendu à cet avis, il s'employa aussitôt à faire le nécessaire pour que ce souhait se concrétise, d'où votre présence aujourd'hui en ce lieu.

Il nous est apparu que cette première réunion était importante, afin que vous puissiez faire connaissance et sympathiser entre vous. Sachant que les distances qui vous séparent se comptent le plus souvent en milliers de kilomètres, les Andes, La Chine, l'Afrique, l'Oural. C'est cette diversité ethnique qui réalisera l'unité planétaire à laquelle nous aspirons. Hier, ce n'était qu'une figure de rhétorique, aujourd'hui c'est l'expression d'une réalité.

Mesdames et messieurs, je vais vous demander de vous engager en cette cavité qui ne recèle aucun mystère, mais dont la matrice tellurique est conforme aux critères allégoriques de la Tradition. Cette cavité en question a été aimablement mise à notre disposition pour un court laps de temps. Celui-ci sera mis à profit pour vous insuffler les grandes lignes de notre projet commun. Au cours de ce premier contact, Maut tient à être seule avec vous. Sans doute a-t-elle des précisions à vous communiquer sur l'infléchissement qu'elle souhaite donner aux évènements. Merci de m'avoir écouté, je vous félicite pour votre abnégation, c'est celle des pionniers d'une reconquête, la plus fondamentale, la plus originale, mais aussi la plus admirable, jamais entreprise par des êtres humains !

Vêtue d'un sari de coton blanc, le visage illuminé, Maut s'avança parmi les sujets regroupés sous son inspiration, en saluant et remerciant chacun d'eux. Après avoir pénétré les lieux, les élus se répartirent en hémicycle autour de leur égérie. Avant qu'ils ne s'asseyent, Maut, leur suggéra de joindre leurs mains pour, prétendit-elle, renforcer l'égrégore de ce moment unique dans l'histoire de l'humanité. Puis, demeurant debout, elle prit la parole :

- Vous êtes mes amis, les gemmes d'un renouveau planétaire et je suis heureuse d'être parmi vous. Vous n'avez pas été élus à grand renfort de publicité. Vous n'avez pas été portés par la puissance des lobbys ou élevés à la mamelle médiatique. Vous n'avez pas gagné votre notoriété par la voie commune des indélicatesses, mais par le parcours de votre probité. Vous n'avez pas dupé le peuple sur vos véritables aspirations, en un mot, vous n'êtes pas les produits de cette société dépravée, inféodée aux opportunités du marché. Si aujourd'hui le terme « démocratie » est ressassé à longueur de temps à toutes les sauces politico-médiatiques, c'est peut-être parce que l'on ne parle jamais autant d'une idéologie que lorsque que l'on pressent sa désintégration.

Vous êtes des analystes, des chroniqueurs, des chercheurs, des philosophes, des historiens, des ethnologues, des enseignants, des écologistes, des géopoliticiens et des scientifiques. Vous venez de tous horizons et vous êtes issus de tous les milieux. Vous êtes des êtres humains dignes de ce nom. Votre courage à émettre vos opinions, votre intérêt pour la chose publique, votre non-implication dans les sphères politiciennes que vous estimez corrompues et en lesquelles vous n'espérez plus, vous ont désigné à notre attention. Vous êtes idéalisés par l'ensemble des êtres que vous avez côtoyé et de ce fait vous constituez les premiers effectifs du grand bouleversement que nous prônons.

Pour l'instant, vous êtes peu nombreux sur les continents à répondre à ces références spécifiques, ce qui explique qu'il nous a fallu du temps pour vous rassembler. Il n'est pas si facile de joindre à un solide équilibre mental, l'assurance d'une parfaite probité. Surtout lorsqu'elle est reliée à des qualités philanthropiques avérées, une tempérance dans le raisonnement et la foi intuitive en un Principe Créateur. Vous n'êtes pas attachés à des dogmes, mais au nom de la liberté de chacun, vous ne les dénigrez pas. Enfin, vous avez fait l'acquisition d'un bagage intellectuel qui vous permet des échanges à un niveau planétaire.

Mesdames et messieurs, dans six mois, dans un an, vous serez, nous l'espérons, plusieurs centaines de même acabit. Nous pourrons alors envisager de former ce dont les gens de notre époque ont, consciemment ou non la plus grand besoin, je veux parler d'un Gouvernement Planétaire. Cette administration ne favorisera pas un volontariat de candidats pour promouvoir des lois nouvelles sur le monde, c'est vous... qui serez l'état du monde.

Vos ministères seront composés de personnalités à l'esprit éclairé, aux engagements responsables, quel que soit le poste occupé. Vos résolutions seront axées sur « l'harmonie du vivre ensemble » et non sur l'opportunité d'utiliser le pouvoir à des fins de puissance personnelle.

Ce gouvernement virtuel sera tenu de demeurer dans une semi-clandestinité, le temps que les peuples réagissent à cette détresse planétaire en laquelle nous nous trouvons précipités. Dans le pire des cas, cela pourrait prendre une quinzaine d'années, peut-être vingt. Au-delà, de cette limite de temps, ce ne sera plus la peine que nous cherchions à nous mobiliser, nous aurons atteint un seuil fatidique et basculé dans l'irrémédiable.

Il n'y aura plus aucune parcelle que la corruption n'aura pas gangrené, l'immoralité aura supplanté l'amoralité que nous dénonçons aujourd'hui. Seule la force aura pouvoir de loi, ce sera celle des états qui posséderont les techniques appropriées pour contrôler, asservir et achever d'abêtir le reste de l'espèce humaine.

Je constate sur vos visages attentifs que mes propos ne vous incitent pas à sourire. C'est que vous êtes des gens pleinement informés sur les dangers que nous encourons. Si je tenais le même raisonnement devant une assemblée quelconque façonnée par la désinformation quotidienne, j'aurais droit à des moues dubitatives ou acrimonieuses. Ce qui revient à dire que peu d'individus sont conscients de l'amplitude des problèmes planétaires et de leurs degrés de dangerosité.

À tel point que rien ne semblerait affecter nos contemporains, si ce n'est la soudaine pauvreté des multimillionnaires du football. Je n'ai aucune animosité contre le jeu lui-même, pourquoi en aurai-je d'ailleurs, il en vaut bien d'autre. Je le prends seulement en exemple, car c'est la plus représentative des influences collectives que l'on peut inculquer aux foules avec des moyens d'informations, alors même que des problèmes cruciaux, concernant notre survie sont évincés. Mais, je pressens que vous nourrissez le désir de me questionner plus avant sur vos rôles à tenir. C'est pour moi un plaisir de répondre à cette attente. Vous avez une question à me poser, Pedro, je vous écoute :

- Pedro Sanchez, Chili ! Maut, comment peut-on espérer que les politiques et chefs d'états laisseront s'installer un régime desservant leurs prérogatives ?
- Dans un premier temps, Pedro, soyez persuadé qu'ils feront tout ce qui est en leur pouvoir pour enrayer ce courant subversif qu'ils jugeront inquiétant pour leur stabilité. Les médias se déchaîneront et les intellectuels à leur solde se mobiliseront pour qualifier d'insurrectionnelle, d'insane, d'utopique, la petite éclaboussure que désormais nous formerons sur l'écran du politiquement correct.

Seulement, voilà, l'espoir sera lancé, nous aurons de par le monde des centaines de milliers d'adhérents potentiels et plus encore de sympathisants. Tous ces gens désabusés verront en nos suggestions une tentative plus raisonnable que la résignation vers le désastre. Parallèlement, nous élaborerons sur internet une action collective qui ne pourra qu'éperonner l'espérance. Des hommes et des femmes de grande valeur viendront à nos côtés, jour après jour plus nombreux. Des intellectuels probes, ils sont rares mais ils existent. D'autres, plus sceptiques, des politiques, que favorisent aujourd'hui les puissances en place, risquent de réagir favorablement à cette érection nouvelle des consciences. Face à la détresse généralisée, qui n'a pas de solution, des philosophes, des journalistes, des gens qui considéraient hier encore que « *le monde n'est pas une marchandise* », prendront le parti de notre réforme en profondeur. Devant l'ampleur du phénomène et les risques encourus, les maîtres du système se verront contraints d'assouplir leur partialité initiale.

L'idée d'un Gouvernement Planétaire s'imposera graduellement comme la solution la plus logique et la moins hasardeuse. À une seule condition, qu'il soit réalisé par des gens comme vous, imprégnés de dignité humaine et non par des prédateurs aux aguets. Les partisans d'un renversement pacifique commenceront à envisager ce que pourrait être des administrations régionales en abolissant celles étatiques aujourd'hui en place. Plutôt que de persévérer à miser sur des états-nations comminatoires, intolérants et parfois dangereux, les hommes politiques les plus réceptifs brigueront un repli prudent vers le régionalisme. C'est alors seulement que les dessous nauséeux de la démocratie remonteront en surface. Le peuple abusé s'étonnera qu'autant d'opprobres, autant de mensonges d'état aient pu être commis en son nom et avec les fruits de son labeur. Toutefois, il n'est pas souhaitable que le temps de la réforme soit celui de la vengeance. Notre tâche la plus urgente sera alors de veiller au pardon, dans le respect pour tous et l'application des lois nouvelles. Nous n'avons pas vocation de justiciers et moins encore de persécuteurs. On ne tue pas la monarchie en tuant le roi et point davantage on ne bâtit haut sur des ruines friables, il nous faudra déblayer... avant de nous élever ! Héraclite n'affirmait-il pas : « *Si l'homme veut de l'or, qu'il creuse, sinon... qu'il se contente de paille.* »

- *Sâsinahou, Inde :* Les probabilités que tu augures, Maut, en matière de gouvernance, deviendront-elles formelles ou laisseront-elles la place à des interprétations ?
- Rien n'est jamais acquis en matière de prévisions ! Si ça l'était, Sâsinahou, nous n'aurions nul besoin de la foi, nous bénéficierions de la certitude. Et si nous avions la certitude, à quoi servirait notre passage sur Terre ? Notre conscience ne peut évoluer que dans l'incertitude. L'incertitude est la demeure de la dignité, du courage, de la persévérance, de l'espoir, tout ce qui constitue la valeur humaine.

À l'opposé de ce raisonnement, l'incertitude en question peut annihiler chez la pègre toute crainte de sanction et les inviter à placer leurs espérances dans le concret. Je suis habilité à vous dire qu'il ne faut pas se montrer intraitable à leur égard, car le prix que devront payer en fin de vie ces exploiteurs du genre humain, face à la justice divine, est inversement proportionnel aux avantages qu'ils s'octroient en oppressant leurs semblables. Il est attribué à l'homme, au départ de sa vie, une conscience potentiellement neutre, bien que perfectible. Cela signifie qu'il doit se construire lui-même à travers les aléas du parcours. En fin de compte, cet homme ne sera que ce qu'il s'emploie à être !

- Paul-Honoré Boutouka, Afrique : Maut, si une partie des pays ne se soumet pas à ce renouveau démocratique, quelle sera l'attitude du Gouvernement Planétaire vis-à-vis d'eux ?
- *Grave question, Paul-Honoré ! Je vous répondrai que cela sera fonction du pourcentage favorable que recueilleront les urnes des nations concernées. Ne perdons pas de vue que c'est au peuple de choisir son destin ! Nous bannissons de notre démarche toute méthode contraignante.*

Le vote peut ne pas être concluant pour la Communauté Planétaire, cela dépendra alors de l'importance géopolitique du pays en question, du degré de pollution mental auquel ce pays est soumis. L'action devra alors se poursuivre sur un tout autre plan, celui de l'exemple et du raisonnement, assorti de démonstrations pacifiques. Il est facile de comprendre que l'on ne peut envisager, à l'échelle planétaire, des lois et des mesures sociales équilibrantes, que si une majorité d'êtres adhèrent à ce mouvement de réforme. Pour cette raison, nous avons devant nous un nombre restreint d'années ! Passé ce cap, nous aurons énormément de difficultés à rallier à la cause les populations récalcitrantes, elles devront poursuivre les voies de leur cursus idéologique. Pour qui sait évaluer la vanité humaine, il apparaît dérisoire de miser sur le bon sens des gouvernants et encore moins sur l'adhésion d'un peuple soumis à des pressions ! S'il s'agit par contre de petits pays dont les moyens de défenses demeurent conventionnels, ils se trouveront par le fait même, enclavés dans notre Géodémologie Planétaire. Ce sera difficile pour eux d'être privés des mesures sociétales que nous aurons mises en place à leur frontière. Aussi, sommes-nous en droit de penser qu'avec le temps, ils se rallieront naturellement, sans plus de complications, et sans que soient exercées sur eux des pressions particulières, que nous prohibons.

- Stanislas Boukoliève, Ukraine : Si les menaces d'ordre nucléaire, chimique, bactériologique ou autre, venaient à se préciser à l'encontre de la Communauté, quelles pourraient être les réactions de celle-ci... Tu as une réponse, Maut ?
- Ma réponse à cette question pourrait vous apparaître déraisonnable. Elle nécessite cependant une réflexion qui se résume en quelques mots : Déposer aux frontières du pays qui nous est hostile, des mots de convictions, des fleurs, des sourires et des baisers ! Cette résolution ne manquera pas d'être considérée démentielle par les partisans de la rivalité de puissance, c'est pourquoi je me dois de l'accompagner d'explications :

Contre une menace de cette envergure, que pouvons-nous faire de raisonnable ? La ruse, si elle est éventée, la menace redouble. L'offensive de précaution, elle justifie la défense légitime de l'adversaire et sa riposte avec conséquences. L'ignorance, une attitude méprisante incite le pays outragé à la haine et au passage à l'acte. La persuasion, on ne peut convaincre par le raisonnement un phénomène d'obnubilation générale. Il faut que la réorientation émane du peuple lui-même, la fin de l'union soviétique est un exemple. Si la contrainte est la solution des ploutocrates pour maintenir leurs prérogatives, face à eux, il nous appartiendra d'être des stimulateurs de consciences.

En nos temps actuels, si un état avait recours aux moyens extrêmes que nous évoquons, il attirerait une réponse semblable de la part de ses victimes. C'est ainsi qu'en très peu de temps, l'atmosphère entière de la planète serait saturée de particules radioactives. Viendrait s'ajouter à cela la guerre la plus monstrueuse qui soit, celle des ondes associées à la robotique, aujourd'hui parfaitement au point. Car il ne s'agit plus de bombinettes, mais bien d'armes effroyables autoprogrammées et diversifiées. Et ne dites surtout pas, c'est impossible, il suffit pour cela que la haine soit plus forte que la logique.

Nos fleurs et nos sourires seront un gage d'amour et rien au monde n'est plus difficile que de tirer sur l'amour. Et si nous devions disparaître, mieux vaut que ce soit avec une fleur dans la main, qu'avec une arme. Le contraire de l'agressivité n'est pas l'aménité, mais la réflexion qui conduit aux solutions.

J'ajouterai à cela que si nous cherchons à imposer une volonté planétaire par la force des armes plutôt que par le discernement, tôt ou tard, nous-mêmes péririons par les armes ! Ce choix extrême est la loi de Seth, le fer a toujours été au bout de sa lance, le désert a toujours été le feu de son action. Quelle que soit la force, une fin tragique est toujours le bilan du déterminisme de conquête.

- Rudolf Bricher, Allemagne : *Si les évènements nous donnent raison, ce que je souhaite, Maut, nous sommes en droit de penser que les questions soulevées par les peuples concernés se feront plus précises sur le fonctionnement. Sommes-nous d'ores et déjà en mesure de répondre à cette éventualité.*
- Non ! *Comment le serions-nous, Rudolf, puisque le regroupement des bonnes volontés ne fait que commencer. Très vite cependant, nous allons être tenus d'esquisser les programmes et les règlements qui seront à la base de cette société planétaire. Je vous confierai les grandes lignes du projet, et vous demanderai de les étayer de vos suggestions personnelles. Ces opinions seront ensuite soumises à l'approbation d'un aréopage de Sages avisés. Nous les appellerons « Les lois provisoires de réformes », elles permettront, dans le cadre d'une législation, de mettre sur pied les structures de nos institutions, que nous voulons équitables pour tous.*
- Ahmed Zarssala, Désert de Nubie : *Maut, aujourd'hui, il y a des différences énormes dans l'aspect social de la vie des hommes. Certains, comme moi, vivent dans un désert avec le minimum de moyens. D'autres vivent dans des contrées prospères et utilisent pour leur usage particulier des centaines de litres d'eau. Comment espérer niveler ces différences, et si tu l'envisages, est-il judicieux de le faire ? Car vois-tu, Maut, la peine à vivre incite au partage avec les hommes et les bêtes. Le désert grandit l'âme, alors même que le citadin égare la sienne parmi la foule. Ne risque-t-on pas de bouleverser les choses et de créer des malheurs nouveaux, sous le prétexte de chasser ceux qui nous sont ancestraux ?*

- Cette question philosophique me parait de première importance, Ahmed. Je dirais ceci : si nous ne tentons rien, nous sommes fichus ! Dans cette perspective, toute ébauche de redressement vaut mieux que la passivité en laquelle le monde entier patauge. Si le projet en question n'atteint pas le degré souhaité de satisfaction, nous aurons eu la dignité d'une tentative et le genre humain qui nous suivra la juste apposition d'un correctif. Mais pour répondre plus précisément à votre question, il nous faudra en effet réfléchir à toute proposition, en faisant preuve de discernement. Ce que je puis vous dire avec certitude, c'est que, dans le schéma que nous avons élaboré, les individus demeureront libres de conserver leurs conditions de vie, de les améliorer ou de les transformer. Il n'est pas question de niveler les mœurs et les modes de vie des personnes concernés, mais de rendre leur existence plus acceptable dans la différence. Lorsque les naissances seront réglementées, autrement dit, lorsqu'elles deviendront moins importantes que la mortalité, nous reviendrons en deux siècles environ, entre deux et trois milliards d'êtres humains, ainsi la masse des nuisances sera de nouveau gérable.

Il n'y aura plus d'États-Nation, les densités de population seront mieux réparties, les frontières régionales seront ouvertes à tous. Les personnes pourront se déplacer d'un endroit à l'autre de la planète avec des passeports de séjours adaptés. On ne cherchera plus à fuir en masse son pays, puisque l'on pourra y vivre décemment. On voyagera, certes, mais on reviendra chez soi où il y aura du travail, de la nourriture et un toit pour tous. « La vraie patrie, disait Stendhal, n'est-elle pas celle où l'on rencontre le plus de gens qui vous ressemblent » ? L'exploitation actuelle, occasionnée par les différences de salaire, sera prohibée. Les certificats de séjour temporaire ou définitif seront laissés aux libres choix des Grandes Régions. Il appartiendra à celles-ci de veiller au bonheur des populations dont elles auront la charge. Ces Grandes Régions, indépendantes les unes des autres, choisiront électoralement leur mode d'administration. Cette Géodémologie, pardonnez-moi ce néologisme, marque la différence avec nos démocraties gangrenées et irrécupérables. En ce qui concerne les lois collectives, elles seront généralisées pour le bien des peuples à 80%. Engageant les actes de justice, le respect des droits hommes-femmes, les devoirs, l'assistance planétaire en cas de catastrophe naturelle, ainsi que les urgences sanitaires, les libertés individuelles, l'éducation et l'information sans publicité mensongère. Chaque région possédera une autonomie de lois indépendantes égale à 20%, à seule condition que celles-ci n'interfèrent pas avec celles de la communauté. La communauté planétaire gérera les grands principes égalitaires, elle sera là pour veiller aux nécessités de tous dans un souci d'indépendance régionale et d'équité. Elle possédera par nécessité une police planétaire composée de gens du peuple venant de tous horizons, la mission de celle-ci sera de veiller sur la quiétude de la planète et de porter secours aux sinistrés. Les industries seront réparties selon la densité des effectifs humains et certains lieux seront aménagés en immenses parcs naturels. La population ne devra en aucun cas excéder 3 millions d'habitants par Grandes Régions. Pour un travail déterminé, le salaire sera égal sur toute l'entendue de la planète, l'indice de l'argent aura un taux planétaire unique, toutes spéculations seront interdites. Les terroristes, les condamnés récidivistes et dangereux, les criminels irrécupérables, hommes et femmes, seront stérilisés et parqués sur une île immense où ils pourront continuer à vivre, mais entre voyous. Dans notre institution nouvelle, être un truand ne constituera plus une banale occupation rentable, comme c'est le cas aujourd'hui, mais une véritable prouesse sociale.

Les régions les moins denses ou les moins favorisées auront des productions adaptées à leurs besoins avec des importations ou exportations conditionnées. D'autres, à vocation d'équipement, dispenseront leurs réalisations sur l'ensemble des terres habitées, sans progression de capital par simple nécessité de répartition. 80% des impôts régionaux de toute nature seront versés à la communauté planétaire qui les dispensera selon les nécessités géographiques à potentiel humain.

La course aux gains les plus élevés n'étant plus une finalité, les productions de tous ordres seront volontairement disséminées de façon à engendrer une qualité de vie pour tous. Plus de gros complexes industriels, mais des exploitations plus modérées de façonnage et d'assemblage. Un gros effort sera fait sur le plan des transports, en partie souterrains ou aériens sans pollution. C'est possible. Tous les modes dangereux d'énergie seront bannis dans les *vingt ans qui suivront la mise en gouvernance de la communauté. Les spéculations boursières, les jeux d'argent seront évincés du système. L'argent ne s'empruntera qu'aux banques d'état, on ne jouera pas de l'argent, on ne misera pas de l'argent. Le respect de l'argent incitera au respect des valeurs. Désormais on ne possédera de l'argent que par le fruit de son labeur ou de son mérite, avec des conditions différentes pour les cas sociaux, malades, vieillards, enfants. La richesse ne sera pas proscrite, mais elle sera limitée et devra être justifiée. Il y aura une langue, s'il y a lieu régionale et une langue obligatoire universelle. En résumé, la Communauté Planétaire formera un grand corps protecteur des primautés humaines. C'est ainsi que les générations futures devront, pendant deux ou trois siècles, réparer les dégâts occasionnés par ce qu'est notre civilisation actuelle. Un seul petit exemple, il nous faudra deux siècles pour éradiquer le CO_2 que nous accumulons de nos jours sans considération, le rythme s'accentuant aujourd'hui de 3% par an. Ce n'est qu'un aspect de l'immense effort que nous nous devrons de réaliser.*

Lie Siong, Chine, canton de Guangzhou : J'ai étudié la structure que tu préconises, Maut ! Elle m'est apparue épouser la forme d'une pyramide égyptienne ! Aussi me suis-je demandé si tu n'avais pas puisé en ce symbole, pour mieux architecturer les grands principes de ton concept ? Si oui ! N'y aurait-il pas une tentative de recréer les liens depuis longtemps effilochés entre le Ciel et la Terre ?

- Lie, cette question me va droit au cœur, elle y va si vite que je dois faire des efforts pour la maintenir dans le cadre du mental ! La Grande Pyramide d'Égypte est un symbole de caractère universel. L'absurde consensus qui aujourd'hui en dévie le sens, passera comme passe le temps. Les êtres obtus qui défendent cette convention stupide sont plus impliqués dans leur job qu'ils ne le sont dans la restitution de la vérité. Pourquoi la forme pyramidale ? Eh bien, parce que la pyramide est à la base de toute évolution cognitive, de toute élévation de conscience, de tout concept originel, de tout équilibre numérique. Chacun des mots cités nécessiterait des pages de développement. J'ai vécu cela en cet état omniscient qu'il m'a été donné un jour d'appréhender et je puis vous dire que, s'il y a une chose sur Terre qui nous relie au divin, c'est à n'en point douter la

forme pyramidale. Elle représente le subtil et le tangible, l'intemporel et le temporel, le nombre et la géométrie, bases généalogiques de notre nature atomique et cellulaire. Un jour viendra où les peuples émergeront de l'étourdissement machiavélien qu'ils subissent, il leur sera alors démontré combien sont merveilleuses ces choses dont ils n'ont jamais entendu parler. Oui, Lie ! La Grande Pyramide est l'emblème implicite de la future « Communauté Planétaire ». La différence entre les peuples occupe ses faces, mais il n'y a qu'un sommet. Elle est le lien tangible, le lien naturel entre le passé et le futur, entre le Ciel et la Terre.
- *Steve Thomson, Illinois : dans quelles mesures et comment seront appliquées les découvertes dont vous nous avez fait part, Maut ? Je veux parler de celles ayant trait à la symbolique des nombres. Seront-elles intégrées au programme de reconversion ou constitueront-elles un additif sans référence particulière ?*
- *Mes Maîtres enseignants pensaient et dans l'absolu pensent encore que ce type de révélation peut constituer un apport déterminant. À tel point, Steve, que l'essentiel des sciences qui me furent communiquées portaient sur le thème de la symbolique en relation avec les nombres et la géométrie. Ces disciplines appliquées à des contextes spécifiques sont révélatrices d'un Principe Créateur. Aujourd'hui et pour la première fois en l'histoire de la pensée scientifique, des témoignages concrets, géométriques, astronomiques, mathématiques sont opportunément portées à la connaissance de l'homme. Jamais, au grand jamais des preuves mathématiques de la présence divine ont été placées à disposition de la population. Aujourd'hui, celle-ci est à même d'établir une relation évidente entre des opérations mathématiques simples et l'existence d'un Principe Créateur Universel. Avant que ces preuves ne soient, il n'y avait d'autre choix que la foi sensitive, clanique ou intuitive dont se nourrissent les religions, alors que maintenant s'ajoute la foi déductive. Si ces révélations se manifestent à notre époque, c'est pour nous faire envisager l'urgence de la mutation qu'il est de notre devoir de mettre en œuvre. En toute logique, nous ne pouvons qu'adopter la révélation mathématique de l'existence d'un principe ordinateur universel, mais pouvons-nous en vertu de cela rejeter la réforme planétaire qui se présente à nous, je ne le pense pas.*

- *Pedro Abréros, Brésil, Sao Paulo : il est question, dans les mesures portées à notre connaissance, d'une politique drastique sur les naissances afin que notre planète retrouve un taux de population propice à son équilibre. Peut-on raisonnablement envisager, Maut, de priver des générations du plaisir d'élever des enfants, sans qu'il y ait des polémiques de refus, sur les plans culturels, religieux ou tout simplement humains ?*

- C'est de loin, de loin la plus grave question qui nous est posée, Pedro ! Si nous voulons sauver notre planète, ce sera l'obstacle majeur qu'il nous faudra surmonter. Et cela, à la manière des régimes autocratiques, car il n'y aura pas d'autre solution que des mesures impopulaires, drastiques si ce n'est coercitives en des cas limites d'irresponsabilité. Il est nécessaire d'enregistrer sur une période de temps étendue, plus de mortalités que de naissances. Nos adversaires ne manqueront pas d'en faire leur argument de choc ! Par définition, ces hédonistes du moment que sont les « après moi, le déluge... » se fichent éperdument du monde futur qu'ils génèrent, puisqu'ils savent qu'ils n'y vivront plus. C'est une attitude criminelle, si elle est défendable sur le plan de la nécessité à vivre, elle ne l'est pas sur le plan de la raison de vivre.

Il va de soi que, eu égard à des vocations ataviques, religieuses, déontologiques et parfois même ethniques, il s'avérera difficile de faire admettre ce bien-fondé. Ne sommes-nous pas naturellement conditionnés pour procréer et goûter au plaisir d'élever des enfants ? Il faudra que les systèmes médiatiques se mobilisent, que des informateurs sillonnent la planète, que des méthodes contraceptives soient généralisées, que des stérilisations soient effectuées et que des futurologues élaborent un organigramme à l'échelle planétaire. Et s'il le faut, que des punitions sévères soient envisagées pour les réfractaires.

Il faut que cette loi soit perçue pendant plusieurs générations comme un sacrifice salutaire pour la pérennité de l'espèce humaine.

Par ailleurs, miser sur d'hypothétiques régulateurs naturels, genre catastrophe planétaire qui viendrait opportunément tout arranger, est non seulement amoral, mais irréaliste. C'est à nous, humains, et à nous seuls, de prendre les mesures nécessaires pour gérer notre pollution sans être dépassés par elle. Quant à ceux qui soutiennent avec une naïveté désarmante que les grands déserts peuvent être mis en culture et que l'on peut construire sur des îles flottantes, je répondrai à ces angéliques créatures du « croissez et multipliez » qu'il est nécessaire de réfléchir avant de parler ! L'homme a besoin pour son équilibre et sa saine évolution d'un cadre de vie, d'un espace, avec des animaux, des plantes, des montagnes, des contrées sauvages et des mers non polluées. Concevoir les natures humaines comme des animaux de laboratoire emprisonnés dans du béton étagé est une insulte au savoir-vivre, que nous nous devons de cultiver.

Depuis quelques instants, Maut ressentait les prémices de ces manifestations physiques qu'elle avait déjà par deux fois eu l'occasion d'éprouver. Difficulté d'achever ses phrases, léger vertige, tremblements de l'extrémité des doigts. Dès l'apparition de ces symptômes, elle s'interrogea sur leur opportunité, mais elle n'eut pas le temps d'approfondir sa réflexion. À l'insu même de ses propres réflexes, son échine se redressa avec la flexibilité d'un jonc. En un instant, son corps adopta l'altière effigie des déesses égyptiennes de l'antiquité. Il y eut alors dans l'air ambiant une sorte d'oscillation que chacun pouvait ressentir au niveau des tympans. Confronté à cette réaction, avec une unanimité instinctive, l'aréopage se mit debout. Il émanait maintenant de l'attitude de la jeune femme une intensité émotionnelle qui prédisposait les sens à la perception de l'étrange. Tout en demeurant résolument féminine, la voix de Maut aux inflexions âpres, vrombit soudain sous les bulbes de pierres.

- *Moi, Prêtresse de Maât… je vous convie, êtres d'exception, à vous transformer en éveilleurs de conscience. Vous incarnez désormais l'opportunité d'un renouveau biologique et législatif. Soyer les témoins de la Tradition spirituelle garante de la moralité. Tant que vous agirez en conformité avec ses révélations, je demeurerai intuitive en vos cœurs.*

Comme toujours après ce type d'intervention, Maut eut quelques difficultés à réintégrer ses fonctions organiques. Visiblement, son émotion était grande, aussi dût-elle faire un effort pour ne pas éclater en sanglots. L'assistance guettait encore sur son visage les singulières expressions que l'on pouvait y déceler un instant plus tôt. Mais ce regard à l'attraction magnétique propre à dénuder les consciences s'était dissout en une blondeur sereine. Maut redevint l'aimable hôtesse à qui l'on pouvait confier ses sentiments en toute humilité.

- *Bien !* annonça-t-elle d'une voix tourmentée, comme s'il y eut soudain urgence à clore le débat : *Je pense vous avoir dit l'essentiel, il me reste à vous souhaiter bonne chance ! Vous êtes « 26 », c'est non seulement le nombre Primosophique par excellence, mais il symbolise en la Guémétria ordinale et cardinale, le saint Tétramméton du nom divin, ce n'est peut-être pas tout à fait un hasard ! Pour clore cet exposé, je me permettrai de souligner que les religions pratiquées sur l'ensemble de la planète, ne doivent pas être considérées comme des obstacles aux réformes que nous envisageons. Il nous faut rallier trois critères importants :*

L'adhésion à un Principe Créateur Universel.
L'adhésion à une législation planétaire.
L'adhésion à un devoir individuel.

Si l'une de ces trois résolutions nous fait défaut, nos chances de succès seront diminuées d'autant et la déprédation organisée ne nous laissera aucun délai ! Mesdames et messieurs, amis éternels, je vous remercie.

***

Vibrante en sa vieille carcasse éprouvée par les ans, la 2 CV de Loïc ouvrait fièrement la route aux deux minicars de l'aréopage sapientiel. Encore quelques kilomètres et ils parviendraient au restaurant campagnard où ils avaient réservé des tables. Maut parut perdre patience devant le sourire résolument immobile de Loïc, qui semblait prendre plaisir à entretenir le silence :

- *Enfin, Loïc, vas-tu démystifier cette histoire et me dire ce qui s'est passé sur ce parking pendant que je me produisais à l'intérieur ?*
- *Ton impatience m'amuse, Maut ! Comme tu le sais, Nicolas a dû regagner Paris en urgence pour apposer sa signature sur un*

important contrat administratif. Il a d'ailleurs promis qu'il nous rejoindrait aux environs de treize heures. Il n'avait visiblement pas besoin de la totalité de son escorte habituelle, aussi a-t-il préféré laisser à nos côtés ses deux hommes de mains, Yvan et Igor. Tu sais... les deux grands...
- Oui... 2,05 et 1,94... et alors ?
- Eh bien... ceux-là, fidèles à leurs habitudes, avaient l'œil sur tout ce qui pouvait se passer en notre environnement et notamment autour du parking.
- Oh... Je vois... ne me donne pas plus de détails... Ils sont tombés sur les Antisectes... Et alors ?
- Eh bien oui, encore eux, ils étaient environ une sixaine, parait-il. Ils avaient des seaux de peinture blanche. Sans doute s'apprêtaient-ils à badigeonner toutes les voitures, car sur les pare-brise de deux d'entre elles, ils avaient déjà commencé à mettre des inscriptions.
- Et alors... les deux titans sont intervenus... que s'est-il passé, Loïc...dis-moi, enfin ?
- Je n'ai pas vu la scène personnellement, Maut, mais je ne peux pas m'empêcher de rire si elle s'est déroulée telle qu'elle m'a été contée par Igor. Il y avait cinq garçons, je crois, et une fille, toujours les mêmes obstinés, probablement !
- Ils n'ont pas tapé sur la fille, j'espère ?
- Non... ! Enfin, selon Igor, elle a reçu une petite gifle au départ et elle aurait ensuite préféré dormir au pied du gros platane.
- Oui ! Ce qui veut dire, en clair, qu'ils l'ont assommée d'entrée de jeu !
- C'est probable, mais ce qui est plus grave, c'est qu'ils ont envoyé les six autres en examen à l'hôpital. Je me suis indigné contre leurs méthodes, bien sûr ! Yvan a alors tenté une explication : « On l'a l'habitude, Monsieur Loïc, ils sont pas grave mutilés, seulement, petites contusion ». Voyant alors la manche de son veston déchiré, je lui ai dit : « Cela n'a pas dû être facile ? » Il m'a répondu sur un ton dégagé : « Ah, oui... Çui-là qu'a la fait ça, y sera un peu plus longtemps observation à l'infirmière ».
- C'est inquiétant, Loïc... les gendarmes ont-ils été appelés ?

- Oui, Igor m'a déclaré avec la même sincérité feinte : « On l'a dit au gendarme, qu'on avait vu terroristes qui préparaient badigeon voitures. Dans le devoir à nous de citoyenne, il fallait que nous on *les interdise déprédations des peintures. Alors, nous en n'a réprimandés eux, mais voilà qui les voyous y s'y sont pris à nous avec obligé de défende nous... comme nous il pouvait !*

Maut se contenait désespérément de rire à la narration burlesque donnée par Loïc. Elle fit un effort pour reprendre son sérieux :

- Ce genre d'incident va à l'encontre de notre démarche, Loïc !

- N'exagérerons rien, Maut ! Les « Anti » méritaient une leçon, tout de même, après je ne sais combien de barbouillages, souviens-toi les ennuis que l'on a eu avec eux ?

- Je te le répète Loïc, je ne suis pas pour la violence d'où qu'elle vienne ! Leur manque de discernement, comme tu le dis, a provoqué la cohésion des religieux. Et cela, ça vaut tous les barbouillis du monde, c'est ainsi qu'il nous faut raisonner.

- C'est toi, Maut, qui a sensibilisé l'esprit des religieux, eux, les antisectes, n'ont fait que parachever involontairement ton travail ! Tiens, voilà le restaurant en question, nous déjeunerons sous la tonnelle... ça sera sympa !
- Oh, oui, un bon petit coup de rosé, ça nous fera du bien, je pense !
- Maut, si tu es très... mais alors vraiment très sage... Ce soir, je t'emmènerai en balade à « La digue à la mer » près des Saintes-Maries-de-la-Mer. Tu vas être enchantée : les oiseaux, les joncs, les reflets de Soleil, tu verras... C'est glamour.
- C'est drôle ce que tu me dis là, Loïc ! L'endroit était il y a des millénaires le royaume du père de Sarad. Tu sais, la fille...
- ... Qui t'a prêté son corps, lors du transfert de personnalité !
- Oui, c'est une riche idée ! J'aurais plaisir à avoir un petit aperçu du royaume en lequel elle évoluait !
- Les choses ont sans doute bien changé, Maut, mais il reste l'essentiel... la nostalgie !

***

Le Soleil était bas sur l'horizon lorsque Loïc et Maut s'engagèrent sur le petit chemin qui sinuait à travers les marais de la réserve nationale de Camargue. La mer était à deux pas, et l'air vif du large emplissait les poumons de son baume salin.

Les yeux de Maut chatoyaient aux reflets mauves du couchant. Loïc se grisait à les explorer en évoquant des historiettes sur la faune et la flore. Il y voyait passer des oiseaux, des nuages, des flots longs ourlés d'écume et parfois de ces liesses scintillantes que distille l'amour aux frontières du songe. Maut souriait à ces locutions provençales et ses cheveux traçaient sur son visage des masques d'or que le vent modulait en d'incessantes esquisses.

- *Té... té... Regarde comme il est beau... C'est un Grèbe huppé ! Quand j'étais gosse, on les appelait les plongeons. Je me souviens que nous nous amusions à les chronométrer sous l'eau, certains restaient plus d'une minute... Tu te rends compte ?*
- *Tu as de la chance d'avoir vécu dans cet environnement ! Moi, c'était un vieux quartier des pentes de la Croix-Rousse avec les berges du Rhône pour horizon. Les oiseaux, c'étaient des moineaux et leurs nids, des gouttières. Mais j'aimais bien leurs petits yeux ronds gavroches. Souvent, ils ont été mes confidents et jamais ils n'ont rapporté ce que j'osais leur confier.*
- *C'était si grave, que tu ne pouvais t'en remettre qu'aux oiseaux ?*
- *L'adolescence... C'est toujours grave... et ça l'est bien davantage lorsque l'on ne pense pas que c'est grave !*
- *Je ne t'ai jamais posé de questions et nous n'en avons jamais parlé... mais, je pressens que ça n'a pas dû être facile pour toi ?*

Maut, ne répondit pas ! Elle se contenta de lever la tête, bien droite en direction de la mer que l'on devinait au-delà des marais proches. Puis d'un geste infini, elle réajusta ses lunettes avec application.

- *C'est beau ici... un petit paradis !*
- *Cela risque de l'être moins dans une heure ou deux, lorsque le Soleil aura sombré à l'horizon ! Il y a des milliers de moustiques ici... bbzzziiii... pic... pic... pic !*

Comment osa-t-il lui entourer le cou de son bras et comment se fit-il qu'elle n'eut pas le réflexe discret de s'en dégager ? Loïc se dit que, sans cette attitude irréfléchie et dans la crainte d'essuyer un autre refus, il n'aurait jamais eu le culot d'une telle initiative. La fameuse expérience dans la voiture, il y a un an de cela, s'était soldée par un échec, qui avait été à deux doigts de compromettre leur relation. Ce jour-là, il avait compris que c'était ne plus la voir ou concéder à ce que leur relation demeure platonique. Mais, par respect, il avait choisi la seconde solution, il en était maintenant certain, il aimait cette fille à la folie, plus que sa mère, plus que sa propre vie. Le bonheur indicible qu'il ressentait en cet instant lui interdisait de parler et le silence interrogateur qui en résultait le troubla. Il en était précisément à chercher comment éluder cette contrainte, lorsqu'il constata que le bras de Maut venait de ceindre délicatement sa taille. Loïc pressentit alors qu'il vivait l'un de ces moments privilégiés que vous accorde parfois la vie, l'un de ces moments fugitifs où, en une fulgurance, tout bascule, et votre minuscule entité vous apparaît affiliée à l'âme du monde. Tous deux restèrent ainsi quelques instants, le regard chahuté entre l'émotion et les reflets sur l'eau du Soleil couchant. Comme ils allaient sur le sentier sans prononcer une parole, ils provoquèrent au détour d'un bosquet le bruyant envol d'un groupuscule de canards.

- *Des Colverts ! Il y en a beaucoup ici... Tiens, regarde là-bas, Maut, tu dois connaître cet échassier ?*
- *Oh, oui... C'est un Héron cendré... Oh... C'est quoi, à gauche, ces grands là-bas, tout blancs... au bec un peu crochu ?*
- *Ce sont des flamants roses, Maut, dommage que nous ne puissions les approcher, il y a de l'eau partout à cette époque.*

Animés par la brise marine, les joncs flagellaient de leurs plumeaux d'or l'énorme Soleil rouge qui s'abîmait dans les flots. Un petit ouvrage en ciment structurant un passage de digue formait un banc, dont la hauteur était comme une invitation à s'asseoir. Les deux jeunes gens l'occupèrent en riant et aussitôt Maut laissa sa tête s'incliner sur l'épaule de Loïc. Un silence ponctué de petits cris imposait au couple un dialogue intime.

- *Loïc, je ne voudrais pas que tu penses que je n'ai pas de sentiments pour toi...*
- *Mais !*
- *Je n'ai pas dit « mais ».*

- *Il y a fatalement un « mais » après une phrase comme celle-ci !*
- *Alors, s'il y a un « mais » il se peut que ce soit, mais... ma jeunesse, mes études, cette incroyable mission, tout s'est enchaîné de telle manière que je n'ai pas cherché, que je n'ai pas trouvé... Ou peut-être, que je n'ai pas su ou pu consacrer une partie de mon temps, que j'estimais précieux, au risque... d'aimer.*
- *Au risque d'aimer...c'est un langage étrange de ta part, Maut ! N'es-tu point cette fille cultivée, aux sentiments certes généreux... mais à la logique implacable, à l'humour trempé et à la rhétorique infaillible... dont je suis éperdument épris ?*
- *Je n'apprécie pas ce panégyrique, Loïc ! On peut aussi inverser le raisonnement et considérer précisément que c'est à cause de cela, que je n'ai pas versé dans... les sentiments communs !*
- *Ouh là... sentiments communs... orgueil, peut-être alors !*
- *Ce n'est pas totalement à exclure ! Mais je crois qu'il faut aller chercher plus loin... en l'enfance ou la préadolescence.*
- *Je suis désolé de ne t'offrir qu'une pierre d'écluse comme canapé de psychanalyste. Je peux toutefois t'assurer, Maut, de la confidentialité de ces assesseurs ailés qui nous observent.*
- *N'ironise pas, Loïc, c'est à la fois plus simple et plus dramatique que tu ne pourrais l'imaginer ! Je n'ai jamais raconté cette histoire à personne :*

Il y a des années de cela, j'étais à peine pubère, j'ai failli me faire violer par un garçon de 17 ans au bas d'une allée. J'ai tellement crié et me suis tellement débattue qu'une bande de copains qui se trouvaient à une centaine de mètres de là, m'ont entendue. C'était des grands, de dix-huit ans et plus, et je savais qu'ils n'estimaient pas mon agresseur, lequel à deux reprises les avait dénoncés aux flics. Tu sais, pour des petits larcins ou trafics, genre vêtements tombés malencontreusement d'un camion, que l'on récupère, pour les refourguer et se faire de la fraîche, comme ils disaient. C'était le quotidien dans ce quartier !

Je n'avais pas de père. Enfin si, mais il s'était tiré en laissant ma mère, une citadine aux principes étriqués qui ne savait pas comment s'y prendre pour faire des ménages. On a été obligés de changer d'appart, et avec le RMI on a atterri dans ce quartier de paumés. Eux, mes grands potes qui me faisaient causette quand je revenais des courses, y s'étaient mis dans la tête qu'il fallait qu'ils nous protègent, ma mère et moi, quand on rentrait ou sortait du quartier. Faut dire que l'endroit... était un peu chaotique, plein de graffitis avec des poubelles renversées, des plastiques qui volaient çà et là... y avait du chômage, des bagarres, des camés, des dealers, des beuves-bière comme ils les appelaient... un univers sinistre... Kafkaïen.

Bref... Mes grands potes sont arrivés en courant. Il était temps, j'en pouvais plus de me débattre, j'étais couverte de bleus, la bouche pleine de sang tellement je l'avais mordu, ce con. Il m'avait déchiré mes vêtements, mais il n'a pas pu me pénétrer, tant je me distordais en tous sens.

Maut maintint sa tête enfouie au creux de l'épaule de Loïc. Ses mains serraient en une étreinte nerveuse les plis de son tee-shirt, et son corps vibrait tel le feuillage sous l'effet de cette petite brise venant du large.

Ils étaient quatre qui, d'un seul coup, se sont précipités dans l'allée, et aussitôt, pendant que l'un d'eux fessait le guet, les trois autres ont commencé à tabasser mon agresseur... ils l'ont tapé... tapé... Moi, je n'avais plus la force de m'interposer, même de leur dire quoi que ce soit, je pleurais et tremblais comme une feuille. Quand ils ont enfin cessé de le cogner, y'en a un qu'a dit... Il a dit... On l'a fini... on... l'a... Ils l'avaient tué... Loïc... tué !

Un instant, Loïc chercha dans son répertoire affectif quelques mots consolateurs. N'en trouvant pas, il prit le parti de refermer ses bras bouffants autour de ce corps prostré contre le sien. Suivit un silence où les longs sanglots de Maut se mêlaient avec une étrange harmonie aux chants des oiseaux.

- *Que... s'est-il passé ensuite... Maut ?*
- *Ensuite, j'étais dans l'incapacité de parler ! Alors, y'en a un, le grand Freddy, qui m'a dit, « regarde dans les yeux... toi ! Y t'a violée... dis ? » J'ai fait non de la tête. Alors... alors y m'a dit, « ce que t'as vu, là, tu l'as jamais vu, ça t'est jamais arrivé... Tu piges ! Alors rentre chez toi, ne parle de rien à personne, jamais... jamais*

ou t'envoie tout le monde au trou... Pigé ! » Je me souviens que je suis parvenue à dire, « Et pour les coups, j'ai des bleus partout ? »

Il m'a dit : « T'as qu'à dire que t'as fait une partie de chatouille avec les garçons et qui t'ont un peu secouée ! » C'est étrange, ça fait quatorze ans de cela et je me souviens de chaque parole, comme si elles venaient d'être prononcées.

- Qu'as-tu fais, alors ... tu es rentrée chez toi ?
- Oui ! Quand ma mère m'a vue dans cet état et que je lui ai dit que j'avais fait une partie de chatouille, j'ai reçu deux gifles, une douche, au lit et mes vêtements à la poubelle. Je me souviens avoir pleuré toute la nuit !
- Et le type qu'ils ont tué... Qu'est-ce qu'ils en ont fait, il n'y a pas eu d'enquête... après ?
- Si, mais personne ne savait... disparition ! On l'a retrouvé trois semaines après, au barrage de la Mulatière. Le corps était en décomposition et l'autopsie n'a rien révélé. Il était connu des services de police, rixe, vengeance, accident... Personne n'a jamais su dans le quartier et ceux qui savaient... se sont tus !
- Et tes potes, les tabasseurs... tu les as revus ?
- Oui, un petit signe, comme ça en passant, mais ni eux, ni moi n'en avons jamais reparlé. Un an après, ma mère se remariait et on quittait le quartier. Je ne sais plus ce qu'ils sont devenus. Moi, après ça, je ne voulais plus frayer avec les garçons, je n'avais plus qu'un but dans la vie, sortir de ce capharnaüm, apprendre, apprendre, savoir beaucoup de choses, pour être savante, forte, libre et indépendante.
- Tu veux dire, Maut, que ta vie d'étudiante était à ce point austère. N'as-tu pas eu comme tous les jeunes de ton âge, des aventures amoureuses ?
- Quelques-unes, oui, mais en général ça tournait court lorsque les garçons voulaient aller plus loin !
- Mais alors... tu... tu serais vierge... Maut... à... 26 ans !
- Oui... mais ce n'est pas la pire des tares, Loïc... Le Tao affirme que, « La suprême vertu ignore la vertu, parce qu'elle est... la vertu... ! »
- Tu es ma seul passion, Maut... Je t'aime, et d'ailleurs, que tu sois vierge ou non ne change rien à l'affaire. Mais je dois reconnaître

que tu es la seule fille vierge de plus de 12 ans que je n'ai jamais rencontrée. À 26 ans, tu es dans le livre des records, Maut, c'est un luxe ostentatoire ! À moins que tu sois l'une de ces déesses missionnées, venue sur Terre pour enfanter un divin message destiné à baliser les chemins de l'humanité en souffrance.
- *Tu brûles, Loïc... Toutefois, je te laisse deviner si c'est de sottise ou de perspicacité !*
- *C'est probablement de sottise, car tu me fais pressentir que cela mérite une réflexion plus approfondie en ce qui concerne la finalité. Je suis un spécialiste de la dédramatisation, Maut, c'est pour ça !*
- *Oh, regarde comme il est joli !*
- *C'est un Guêpier... C'est vrai, le plumage est merveilleux.*
- *Et le nôtre va être encore plus beau dans quelques instants ! Regarde tous ces moustiques... nous en sommes envahis !*
- *C'est l'heure où ils se rassemblent, Maut, après la chute du soleil, vite, courons jusqu'à la voiture !*
- *Vite... vite... Regardent...Ils nous poursuivent, c'est atroce, ces bestioles !*
- *À cette heure-là, ils poursuivent tout ce qui bouge, tu sais !*
- *Voilà... la vitre... Ferme la vite, ouf... Les gros vilains, bien fait, rien à manger... à moins qu'ils ne se vengent sur les oiseaux ?*
- *Non... Certains oiseaux s'en nourrissent au contraire !*
- *Ben dis donc, il y a de quoi gueuletonner !*
- *Maut, dis-moi, ne devrais-tu pas considérer que ta mission, telle que tu l'envisageais encore il y a un an, est maintenant sur le point de se terminer ? Tu en as dicté les grands principes, avec l'aide de Nicolas, tu as lancé la campagne d'information, puis tu as communiqué tes conseils et délégué tes prérogatives à l'aréopage sapientiel, lequel à son tour va amplement rediffuser le message. On peut considérer que le mouvement est en marche... Que peux-tu faire de plus ?*
- *Peut-être as-tu raison ! Il ne m'a en effet pas été précisé que je devrais poursuivre au-delà de la mise en place de ces indispensables éléments de mutation. Car il est dit que la partie strictement humaine doit être accomplie par les hommes eux-mêmes. Je veux dire... par l'humanité, si elle est capable de réagir !*
- *Oui, j'avais compris ! En d'autres termes, ce qui se passera après ne dépend plus de toi. À moins que tu ne désires avoir un rôle de participation, ce que je ne t'ai jamais entendu formuler. Attends un*

peu ! Pourquoi as-tu dit « strictement humaine » ! Cela laisse supposer que ce que tu as fait, mais aussi ce que j'ai fait, n'était pas intégralement à l'échelle humaine ?
- Oh, si... Enfin presque, quasiment... Si... Écoute-moi, Loïc, j'ai besoin de retourner en Égypte pour méditer un peu sur cette terre qui m'a initiée aux plus hautes valeurs. Je te propose qu'après les vacances de Noël nous effectuions tous deux un voyage de quelques jours au pied des pyramides. Nous aurons le temps d'ici là de mettre un peu d'argent de côté... Qu'en penses-tu ?
- Ouah... C'est une excellente idée, Maut, de surcroît, à cette période de l'année, c'est impec !
- Nous pourrions ainsi aller près de ce sanctuaire prédynastique qui nous a réunis l'un l'autre de la manière la plus étrange.
- Oui, je retiendrai nos chambres à l'Hôtel du Caire. Ce n'est pas très original, mais c'est celui où j'étais précédemment descendu pour le reportage.
- C'est vrai ? Moi aussi, j'étais dans cet hôtel. Mince alors, nous aurions pu nous croiser dans le hall, c'est drôle, ça !
- C'est dingue ! J'avais la chambre « 21 » et toi ?
- Depuis le temps, je ne sais plus ! Le principal, c'est que nous réalisions ce voyage autour du plateau de Gizeh. Ensuite, j'aimerais me rendre parmi les ruines d'un petit sanctuaire dans la région d'Abousir. Je solliciterai la déesse du lieu pour qu'elle me désengage et me rende ma liberté ! Si toutefois elle estime que j'ai accompli ma mission, bien que je ne sache comment elle pourrait s'y prendre pour me le faire savoir !
- Tu comprendras que ce genre de considération me dépasse, Maut ! Tu sais, j'ai toujours ce vieux scepticisme qui me colle aux méninges. Mais j'aurai un bonheur incroyable à me retrouver avec toi, plongé en ce passé qui m'est cher ! Sans trop que je sache pourquoi, d'ailleurs.
- Bon, sortons nos agendas, quel est la date qui te convient le mieux... comme tu veux ?
- Ah, c'est la meilleure... Regarde, si nous partons le 23 janvier nous tomberons, au jour près, à la date où nous nous trouvions en Égypte pour l'ouverture du sanctuaire, deux ans jour pour jour ! C'est curieux... Tu ne trouves pas ?
- Eh bien voilà, Loïc, il me semble que la date de notre départ est

toute indiquée... Tu te charges des billets ?

Chapitre XXVIII

Une lumière crue filtrait à travers les persiennes et son intensité assaillait depuis un moment déjà les yeux mi-clos de Loïc. Vint s'ajouter à cela, l'obsédant biiiz... biiiz... provoqué par la sonnerie de son réveil de voyage. C'était beaucoup, il ouvrit un œil, puis l'autre et d'une main hasardeuse il fit taire cet intrus. Dans le silence qui suivit, il se plut à examiner le lustre style 1925 qui pavanait au plafond. Il avait déjà remarqué des fioritures semblables lors de son premier voyage. Il se souvenait même que ce style particulier avait suscité en lui quelques rêveries d'époque. Revenait en mémoire ses films de collection noir et blanc, Rudolf Valentino, Maurice Chevalier, Coco Chanel, les grands colliers, le tango, les Bugatti. Tout compte fait, ça ne lui aurait pas déplu de vivre à cette époque, nonobstant le fait que de nombreux drames humains étaient alors en perspective. Loïc tenta de décoller sa tête de l'oreiller, mais elle était lourde et douloureuse, cette tête.

« Qu'avaient-ils donc pu boire hier soir pour... non, rien, un ou deux verres de vin au dîner ! Ah si... un petit quart de champagne avec Maut, juste avant de se séparer pour la nuit... Ah, Maut, une nuit avec Maut ! Hélas, combien de temps devrait-il encore patienter avant d'expérimenter les délices de cet accomplissement sentimental ? Chambre 48, elle devait encore dormir à poings fermés, la môme ! Ils s'étaient dit 9 heures et quart dans le hall... Ils avaient le temps.

Hou... la tête... Il avait dû rêver... Oui, c'est ça, rêver à un truc pas possible ou très compliqué qui lui avait bourré le crâne, mais de quoi s'agissait-il... Beug... Impossible de se souvenir. Bon, la forme allait revenir doucement, pas de panique, soulager la vessie, remettre le réveil sur 8 h 45, encore un léger petit roup... et ça sera impec... ».

Après avoir posé ses deux pieds sur la moquette, Loïc se mit debout et, la démarche mal assurée, il gagna la salle d'eau. C'est alors qu'il s'aperçut que son caleçon enfilé la veille était vert amande, alors qu'il était convaincu d'en avoir choisi un bleu ciel ! Il était exact qu'il n'avait pas mobilisé l'ensemble de ses facultés mentales pour effectuer ce choix, mais ce côté évaporé n'était pas le propre de sa personne.

« Je me trompe d'heure, se dit-il, *je pense avoir choisi un autre caleçon... il n'y a pas de doute je suis amoureux grave ! Lorsqu'au petit déjeuner, je raconterai ça à Maut, voilà qui ne manquera pas de constituer un sujet moutonneux sur mon instabilité cérébrale ! »*

De retour de la salle d'eau, Loïc avait le sourire aux lèvres et, les cogitations encore vaseuses, il évita de justesse le battant de porte et reprit la direction ondulante de son lit.

C'est tout bêtement en passant près de la table d'écriture qu'il stoppa net sa déambulation, le regard plombé, les lèvres entrouvertes, il demeura un instant hébété par ce qu'il lui était donné de voir. Là, posé sur sa sacoche, paradait son cher vieux Nikon argentique. Rien de plus banal en soi, si ce n'était qu'il l'avait vendu l'année précédente à un collectionneur avec l'arrière-pensée de s'acheter un des derniers numériques.

La langue collée à la luette et la luette au palais, Loïc avança une main vibrante en direction de ce vieux compagnon de jeunesse. Ce n'était pas un rêve, il était muni de son fabuleux 105 mm, avec lequel il avait fait des centaines de portraits et dont il se souvenait même avoir vanté les mérites optiques à son acheteur. Versait-il dans une paranoïa conciliante avec une forme d'humour ou était-ce une blague ? Mais qui aurait eu la malignité de fomenter ce genre de farce et dans quel but ? Jamais l'un de ses rêves, aussi réaliste soit-il, n'avait adopté un caractère aussi formel ! D'un regard circulaire il fit le tour de sa chambre en se pinçant si fort, qu'il émit un... aïe... retentissant !

Après un coup pareil, il n'était plus question pour lui de se recoucher. Il se passait des choses graves au sujet de son équilibre psychique. Il se devait de tirer cette situation au clair le plus vite possible et, si son vieux Nikon était là, il était intéressant de savoir si son appareil numérique récemment acheté se trouvait, lui, dans son sac. Il ne fit qu'un bond vers son bagage et plongea avec anxiété sa main à l'intérieur. Chemises et sous-vêtements chutèrent en partie sur le carrelage, mais aucun objet solide n'achoppa le palper de sa main inquiète. C'est à ce moment précis qu'il réalisa que ce n'était pas ce sac beige qu'il avait choisi pour ce voyage mais un autre plus spacieux. Qui plus est, posé à plat sur le fond de celui-ci, se trouvait un dossier à rayures vertes. Loïc se souvenait très bien de ce porte-documents. La veille de son reportage, il l'avait étoffé de photos et d'articles de presse relatifs à la découverte du sanctuaire. Mais pour ce voyage d'agrément avec Maut, il n'avait nul besoin de ces références. Comment s'expliquer... que celui-ci se trouvait là... comme si... Le front en sueur, le cœur battant, il laissa choir son postérieur sur le sol. Tout son corps maintenant était secoué de petits spasmes nerveux qu'il ne pouvait réprimer. Il tenta de se calmer pour procéder à une première analyse raisonnable de la situation :

« *Voyons... Apparition du Nikon, disparition du numérique, dossier photos sur le sanctuaire, bagages différents, couleur du caleçon, heure du réveil, tout cela ne correspond en rien à ce voyage, pas du tout, mais... mais par contre... mais par contre... cela correspond point par point à l'autre... à celui... à celui, d'il y a deux ans !* »

« *En clair, cela signifie que j'ai atteint un tel degré d'hallucination que je m'imagine être à l'époque de mon premier voyage, deux ans en arrière, lorsque cet ami m'a demandé d'effectuer une pige pour cet hebdo ! À l'inverse, c'est vrai... cela pourrait s'avérer être le contraire, il se pourrait alors que l'on soit vraiment en l'année 2011 et que ma psychose consiste à avoir échafaudé un futur imaginaire.* »

« *Grave... C'est super, super grave ce qui m'arrive là, je suis devenu complètement déglingué en une nuit... Je crois avoir fait un saut dans le temps... c'est incroyable, ce truc... incroyable ! Il me faut vérifier, encore vérifier tout... tout ! Mais comment vérifier la fiabilité de l'une ou l'autre de ces déductions ? Télé... Téléphoner à Maut, bon sang... Mais oui, j'aurais dû y penser plus tôt... Chambre 48, ça au moins, ça je me souviens de ça, c'est un bon point... c'est un bon point... Oui... un bon point !* »

- Je... allô... allô... Maut, désolé de te réveiller mon amour, voilà, il m'arrive des choses extrêmement bizarres, biz... biz... arres, même inquiétantes à vrai dire, je... vais... je...
- Ho...ho... un français ! Ça me tonne pas, toujours les mêmes, y a pas Mademoiselle ici... Attendez, je regarde au fond mon lit, on savoir jamais... Hein ?
- Non, c'est peu probable... Excusez-moi, Monsieur... Je suis bien à la chambre 48 cependant ?
- Oui, vous n'avez pas trompé numéro... mais de sexe !
- Oui, j'avais cru comprendre... merci, pardonnez-moi... par... clic !

Les mains de Loïc tremblaient, il ne faisait aucun doute que cela se compliquait sérieusement. Restait le hall d'accueil, c'était le plus sûr moyen de clarifier la situation :

- Allô... Oui, vous parlez français, bien... C'est bien ! J'aimerais savoir en quelle chambre est descendue Mademoiselle Clairmonda, j'ai dû hier soir égarer sa porte... enfin son numéro de porte de la chambre.
- Ma... de... moi... selle Clair... monda, 117 Monsieur. Mais, vu que sa clé est de retour à la banque, je crois pouvoir vous dire que Mademoiselle Clairmonda s'est absentée, il y a une demi-heure de cela environ... Je vérifie, oui. Cette personne a même réglé sa note, Monsieur !
- Réglé... sa note... sa... note... elle a réglé... sa...
- Selon toute apparence... Oui, Monsieur.
- Che... che... cher... Monsieur, pourriez-vous me faire grimper dans ma piole, un thé à l'eau avec un peu de beurre et un morceau de sucre, SVP ! Et surtout... surtout, le jour d'aujourd'hui... en journal, s'il vous plaît ! Un qui a une date en français, en anglais ou en une autre langue, peu m'importe, c'est seulement pour lire la date, merci, tout de même... la date, à bientôt, Monsieur... Merci, pour la date... Merci.

Loïc s'effondra entre les bras du fauteuil. Ses jambes vacillaient, son cœur battait la chamade, un cordeau lui enserrait la tête et son estomac jouait à l'ascenseur avec sa bile. Il examina de nouveau la situation. Le fait que Maut soit partie de bonne heure accréditait la thèse selon laquelle, il était jour pour jour revenu deux ans en arrière. On frappa. Il se précipita et ouvrit si brusquement la porte que la chambrière poussa un cri :

- *Ah, Madame le journal ! Posez-le par terre, le plateau... comme vous voudrez ou gardez-le ! C'est simplement pour lire la date : « 24 janvier 2011 » ! C'est... c'est bien la date ça... ça ne leur arrive pas ici de se planter quelquefois... enfin de se tromper... de falsifier la date, vous voyez ce que je veux dire ?*
- *Si... Seignosse... la data...*
- *Hé bien Madame, je ne suis pas dans la merde... Madame, pas dans la... Oh, excusez mon verbiage ! C'est un jour avant le 25, qui est lui-même deux ans avant, c'est bien ça, c'est bien la date... Plus de doute... d'après vous... ce n'est pas une fausse date... Alors, c'est bien...*
- *No ! Monsieur le français, c'est bien le jour de la date ! Il y a les comprimés d'Aspirine dans le tiroir du table de nuit, bonne journée Seignosse !*
- *Merci... Ça va bien comprimer, je vous assure... Un léger malaise, au revoir Madame et bon journa... journée, mémer... merci.*

La porte se referma sur l'univers d'un monde qui n'était plus le sien. Loïc se dit qu'il lui fallait envisager de rentrer d'urgence en France pour se faire soigner. Il allait d'abord téléphoner à sa mère, pour lui dire qu'il était devenu fou dans la nuit et qu'il rentrait à la maison. Ensuite téléphoner au rédacteur en chef pour lui dire qu'il ne pouvait pas faire son papier... pour cause de folie subite !

« Mais au fait, mais non, mais oui, il pouvait encore faire son papier, puisqu'il était à la date de l'ouverture de ce sanctuaire ! Et surtout ce n'était peut-être pas trop tard pour prévenir Maut qu'elle allait avoir un accident ! Bon Dieu...C'était la première chose à faire, la première de toutes. L'appeler sur son portable... Comment n'y avait-il pas pensé plus tôt ? »

Loïc s'acharna à composer et à recomposer le numéro pour s'entendre dire qu'il n'y avait pas d'abonné au numéro demandé. Tremblant de tous ses membres, il réunit à la hâte ses affaires personnelles. Le tout constituait un ensemble hétéroclite de vêtement et d'objets qu'il bourra sans ménagement dans son sac de voyage.

Dix minutes plus tard, il se retrouvait sur le trottoir devant l'hôtel où se pressaient taxis et voyageurs. Il avisa un homme âgé au regard paisible qui se tenait à côté d'une vieille Peugeot à la peinture délavée.

- Je suis journaliste, Monsieur, je désire me rendre au pied des pyramides où a lieu l'ouverture d'un tombeau ! Il s'agit de fouilles archéologiques... J'ai une accréditation... Voyez !
- Les pyramides, ah... ces choses pointues... Oui, je vois à peu près où c'est... C'est bon, montez... Monsieur le journaliste !

Rapidement, le taxi se mêla à la densité de la circulation urbaine. Les mains nerveuses, le regard inquiet, Loïc choisit de caler son dos au fond de la banquette avec l'espoir de concentrer toutes ses facultés sur le tragique de sa situation. Mais son chauffeur était du genre loquace et le tohu-bohu environnant contribua très vite à lui interdire la moindre concentration. Lorsqu'ils furent en vue des célèbres monuments, il exhiba son laissez-passer et le véhicule put ainsi être dirigé vers le lieu des fouilles où se pressait une foule nombreuse et dense.

- Vous me laisserez là à proximité, je ne pense pas que l'on vous autorisera à vous approcher d'avantage...Attendez ! Attendez... C'est qui...c'est quoi...cette ambu... bu...lance ?
- Oui, c'est une ambulance... Il a dû y avoir un accident ou alors des syncopes, ça arrive fréquemment quand le monde se presse, comme ça !
- Attendez... mais c'est... Je reconnais cette ambulance, c'est celle qui avait transporté Maut... Mais oui... C'est précisément l'heure à laquelle a eu lieu l'accident !
- Ah, je ne peux pas vous dire, Monsieur.
- Pouvez-vous faire demi-tour et la suivre ?
- Suivre l'ambulance... c'est pas la petite affaire... Elle a priorité dans les carrefours... et moi pas !
- Essayez... Faites ce que vous pouvez... Je vous payerai en conséquence, Monsieur.
- Hou, payer... payer, ce n'est pas le tout de payer... Ma vieille 504,

ce n'est pas un F 16 de l'Air Force, Monsieur !
- Mais elle n'a pas de sirène, cette ambulance... C'est impensable... Il y a une jeune fille mortellement blessée à l'intérieur et elle n'a pas de sirène... avec la circulation... C'est dingue !
- Comment savez-vous que c'est une jeune fille ?
- Mais, c'est Maut, je vous dis... elle a glissé et elle s'est blessée au fond de la cavité... enfin du trou de fouilles. Ils vont me la tuer, s'ils ne se grouillent pas... il faut leur dire !
- Monsieur, si l'ambulance n'a pas mis en route ses sirènes, c'est que... la personne accidentée... est...
- Est quoi ? Ah, non, non, Monsieur, elle est simplement choquée, je vous dis ! Il ne faut pas qu'ils me la croient morte... Elle va revenir à elle dans quelques jours et l'accident ne laissera aucune séquelle. Ça, je peux vous l'assurer... aucune. Mais il ne faut pas qu'ils lambinent ces infirmiers, s'ils s'arrêtent comme ça à tous les feux !
- Comment vous savez qu'il s'agit de cette demoiselle, si vous n'avez pas vu l'accident ?
- Mais c'est cette nuit que ça s'est passé, mon vieux ! Cette nuit, je suis passé de 2013 à 2011, en dormant, comme ça, je suis revenu en arrière... Tu parles d'un coup ! Le jour d'aujourd'hui je l'ai vécu différemment, mais je l'ai déjà vécu... ! Vous ne voulez pas me croire, Monsieur ! Tenez, dans une heure environ il va y avoir un gros incendie dans les vieux quartiers. Je me souviens on voyait la fumée par-dessus les toits. Tiens, encore un truc, nous sommes le 24 janvier et bien demain des jeunes vont commencer à se réunir sur la place Tahrir, ici, pour débuter votre insurrection, ça sera la révolution égyptienne, dans les jours qui suivront... ils seront des millions.
- Oh, non il y a bien des mouvements contestataires, mais de là à faire une révolution... je ne pense pas, Monsieur !
- Vous verrez, vous verrez, le monde entier parlera de l'événement, comme pour la Tunisie. Et le 11 février, vous allez dégommer Moubarak, je vous le dis, mon vieux. Je l'ai vu à la télé !
- À la télé... Ah ben... En avance, alors... Ah ça, ben, c'est pas souvent !
- Oui, ça commencera demain, je vous dis, oh là là, je ne sais pas ce qui m'arrive, moi... je ne suis pas... pas... fou pourtant... hein !

Loïc essuya deux grosses larmes le long de ses joues. En un regain d'acuité, il regretta de s'être ainsi confié à un inconnu au risque d'être pris pour un aliéné. Toutes ces invraisemblances où se mêlaient réalisme et onirisme étaient si pénibles à gérer, qu'il éprouvait malgré lui le besoin de justifier son désarroi. Ils perdirent bientôt l'ambulance de vue, mais le chauffeur lui assura qu'il savait où elle se dirigeait.

Lorsqu'ils la retrouvèrent sur le terre-plein des urgences, les portes étaient grandes ouvertes et ses occupants s'étaient répandus à l'intérieur des services hospitaliers.

- *Attendez-moi là... Je vais voir où ils me l'ont emmenée !*
- *Permettez-moi de vous accompagner... voulez-vous ?*
- *Si cela ne vous ennuie pas... je ne parle pas l'Arabe !*
- *Tenez, il nous faut voir cet homme à la réception !*
- *Monsieur, s'il vous plaît, pouvez-vous me dire où l'on a conduit la jeune femme que cette ambulance vient de déposer, il s'agit de ma fiancée, Maut Clairmonda ?*
- *Hélas, Monsieur je crains que cette jeune personne soit en un état critique... même... décédée, Monsieur !*
- *Décé... Ah, mais non... non, ne commettez pas cette erreur de diagnostic, elle a effectivement cette apparence, mais elle n'est pas morte du tout... du tout !*
- *Monsieur, nous avons là l'avis du médecin et une minute avant que vous ne vous présentiez, j'ai noté le résultat du dernier test, voyez, encéphalogramme plat. Mademoiselle Clairmonda était en finalité létale.*
- *Létale... lé... tale !*
- *Venez Monsieur, ne restons pas là, je vais vous reconduire à votre hôtel... peut-être ?*
- *J'aimerais la voir... lui parler ?*
- *Elle est morte, vous dis-je, Monsieur ! Et pour le reste, je crains que ce ne soit pas possible pour l'instant, Monsieur ! Téléphonez un peu plus tard !*
- *Allez, Monsieur, venez, nous allons aviser de la situation, tous les deux... venez... Venez.*
- *Oui... Merci de votre gentillesse, Monsieur le chauffeur. J'apprécie beaucoup... Quel est votre nom m'avez-vous dit ?*
- *Mahmud... Allez, venez Monsieur !*
- *Attendez, Mahmud, j'ai l'argent nécessaire, pouvez-vous me*

conduire à Abousir ?
- Si vous-voulez, mais il y a des cars, cela vous reviendrait moins cher !
- Oh, ce n'est plus un problème, Mahmud ! Regardez ce que je vous disais… derrière vous, la fumée de l'incendie ? Vous voyez que j'avais raison ?

Mahmud se détourna à demi. Ayant alors constaté que Loïc disait vrai, il ne prit pas le temps de s'attarder sur l'incendie lui-même, ce qui désormais l'intéressait, c'étaient les étranges divagations de ce jeune Français. À l'instar de ces personnages de légendes, celui-ci avait-il le don de percevoir les événements avant qu'ils ne se produisent ? Ayant alors abaissé ses lunettes de soleil le long de son nez, Mahmud prononça à voix basse quelques mots en arabe tout en dévisageant ce garçon qui était sensiblement de l'âge de son fils. Puis, sans poser de question, il ouvrit la portière grinçante de sa vieille 504 et, d'un geste déférent, le pria de monter.

Lorsqu'ils arrivèrent sur les lieux, Loïc se fit conduire au petit village d'Abou-Gourob, là où se trouvaient les ruines du temple solaire de la IVe dynastie. Mahmud alors afficha un sourire pâle :

- Je connais ces ruines. Là se trouvait le plus bel obélisque de l'antiquité, il avait parait-il 36 mètres de haut ! Il y a aussi une petite chapelle, elle est dédiée à la déesse Sakhmet de Sahouré ! C'est un lieu très mystérieux !
- Oui ! C'est pour cela que je suis venu ici, Mahmud ! Ne m'attendez pas, tenez pour la course.
- Oh ! Mais je ne vous ai pas demandé autant, la moitié suffira !
- Gardez… gardez… mon vieux !
- Non Monsieur ! Je suis croyant, le jour où ma mort elle viendra, où je paraîtrai devant Allah, il me dira, « Voilà que tu as profité du désarroi de ce jeune homme pour le voler, allez va en enfer te faire chauffer les pieds ! » Je vous rends tout ça Monsieur, mais je veux bien garder une petite pièce pour les bonbons des enfants. Ça, Allah y pardonne… je crois !
- Eh bien ! Si tous les gens étaient comme vous, Mahmud, il n'y aurait nul besoin de refaire le monde !
- Je me pose la question, Monsieur, ce soir à l'heure du thé à la

menthe, si je pariais avec les copains que le régime va tomber dans les jours qui vont suivre, je pourrais gagner beaucoup de paris !
- Je ne vous le conseille pas, car ensuite tout le monde dira Mahmud est un ami des insurgés et, selon les tendances, vous pourriez avoir de gros ennuis. Être honnête comme vous l'êtes Mahmud, c'est aussi savoir être discret. Le bonheur réside dans la contemplation du merveilleux, plus que dans l'opportunité du profit. Je suis heureux de vous avoir connu, Mahmud, adieu, Mahmud !
- Moi Mahmud, aujourd'hui, j'ai rencontré un djinn, Allah soit loué ! Adieu, Monsieur !

Les deux hommes se séparèrent le cœur empli d'une tendresse mutuelle. Loïc se préoccupa immédiatement de localiser les ruines de l'obélisque. D'un pas mal assuré, il parcourut le pavement et gagna ensuite l'angle sud-est à la base du monument. En cet endroit, il laissa chuter à terre son bagage, ne gardant sur son bras que ce vieil imperméable qu'il identifiait à lui-même. Puis, à pas lents, comme s'il n'osait troubler la sérénité du lieu, il se risqua à déambuler parmi les ruines. Sa poitrine était oppressée, il n'était pas sûr que son cœur allait le suivre jusqu'au bout de ce parcours émotionnel. Il contourna un immense bloc de calcaire, gravit les deux marches d'un petit corridor et écouta un instant ce silence de la pierre que retenait l'écho des âges. Fallait-il que ce dernier espoir se fige à jamais en un aussi profond mutisme !

N'avait-elle pas dit clairement qu'elle désirait se rendre à Abousir près du temple de Maât, la fille de Rê ? N'avait-elle pas émis l'intention d'obtenir son désengagement dans la mesure où sa mission était sur le point de se réaliser ? Le désarroi de Loïc était total, il n'était plus sûr de son jugement. C'est à peine s'il remarqua l'attitude railleuse de ces touristes qui le dévisageaient avec indiscrétion. Peut-être que ça se voyait qu'il avait perdu Maut ! Les pas incertains, le regard en errance, il s'appliqua à contourner les amoncellements pierreux avec cette obstination qu'ont les insectes butant sur une vitre pour recouvrer la liberté. Ses lèvres sèches murmuraient des mots incohérents qu'il distribuait au hasard des ombres que croisaient ses pas.

- Maut... Maut, c'est moi, Maut... tu es là... mon aimée ? Fais-moi

signe, ne me laisse pas dans cette anxiété. Maut ! Peut-être ne me reconnais-tu pas... Je suis devenu, depuis ce matin, un peu bizarre !

C'est ce matin en me réveillant à cause d'une histoire de temps... oui de décalage du réveil, je t'expliquerai, c'est compliqué, mais je t'aime plus que jamais tu sais, Maut... !

Oh, pardonnez-moi, je vous avais pris pour une amie que j'ai égarée... Je l'ai perdue... là parmi les ruines... mais, oui je vais la retrouver... Maut... Pourquoi te cacher ainsi...tu ne vois pas ma peine, Maut ?

La fin du jour était proche, mais depuis une bonne heure déjà, Loïc ne cherchait plus son Eurydice. Ce n'était pas son courage, sa foi ou son espérance qui avaient faibli, non. Son souffle était devenu court et oppressant dans sa poitrine. Il s'assit sur l'une de ces marches du temple, le dos fléchi, le corps à demi calé contre un bas-relief. Sur ses genoux était torsadé son vieil imperméable mastic qu'il retenait comprimé entre ses doigts blêmes.

Les touristes quittèrent les lieux, abandonnant à son sort cet étrange promeneur au comportement singulier. Des moineaux à la prunelle espiègle picorèrent à ses pieds quelques graines imaginaires. Le vent joua ingénument avec l'une de ses mèches, animant d'illusions sa grande forme inerte. Loïc trouvait la paix intérieure. Il s'incorporait au silence des pierres, lui et le vieux sanctuaire ne faisaient déjà plus qu'un.

En cet univers accueillant où, incidemment, il s'était immiscé, une paisible harmonie enchantait toute chose. Depuis peu, son aspect physique était devenu fluidique et il percevait avec sensualité un bonheur infini, une sorte d'éclosion intérieure, de plénitude indicible. C'était si délectable qu'il hésita à effectuer le moindre mouvement, de crainte de rompre cet équilibre. Aussi se plut-il à savourer ces sons mélodieux que lui apportait la nature de la brise.

La sensitive présence d'une personne à ses côtés le poussa soudain à réagir. Il tenta alors instinctivement de redresser son corps alangui, mais celui-ci se refusa à toute fonction. Seules ses facultés cérébrales l'assistaient encore. Toutefois, cet apport lucide ne lui permit pas de comprendre ce qui lui arrivait. Une voix proche se fit entendre, il l'identifia immédiatement comme étant celle de Iam-Iret, l'un de ses Grands Hiérarques.

- Révérend Pair... par tous les dieux, que t'arrive-t-il... Parle-moi ! À l'aide... à l'aide, le Très Respectable Pair a pris mal ! Accourez, venez vite... à l'aide... Aidez-moi... Aidez-moi !

Soudain, ce fut comme si l'on avait renversé une ruche. Le personnel du temple se hâtait de toute part, des prêtres affolés étaient porteurs de cassolettes de résines parfumées, d'autres brandissaient des linges chauds harponnés un instant plus tôt au hasard des braseros de bronze. Héri-tep aurait aimé réagir, tranquilliser son entourage, rire de cette inquiétude et dire qu'il n'était qu'assoupi, mais ses efforts pour cela s'avérèrent vains. Son corps inerte demeura prostré sur ces trois marches du corridor qui donnaient accès au petit temple de Maât, fille de Rê. Il fut effrayé de la pâleur de ses mains, qui étreignaient encore son bâton patriarcal. Lui fallait-il conclure à sa mort physique ou à une syncope alarmante ? Son corps fut étendu sur le sol, sans qu'il ressente la moindre sensation. Un prêtre Sem se pencha sur sa poitrine et, par des secousses répétées, celui-ci essaya, en vain, de remettre sa vieille mécanique en route. Lui-même se souvint avoir effectué ces gestes des dizaines de fois pour tenter de ramener quelqu'un à la vie.

Un vieillard dont le pectoral était orné de lapis-lazuli s'intercala parmi le cercle des prêtres soignants. Héri-tep ressentit une grande émotion. Il affectionnait cette silhouette courbée qu'il appelait familièrement « ma béquille ». Shemsou, l'ami de toujours, s'arrêta près de la dépouille de celui qu'il n'avait cessé d'assister sa vie durant. Son visage était blême, ses lèvres violacées tremblaient sous le masque parcheminé de ses joues et deux petites agates rouges occupaient la place de ses yeux. Héri-tep s'élança pour le réconforter, pour lui dire qu'il vivait autrement et qu'il ne fallait pas qu'il ait autant de peine. Hélas, ses mains tendues vers les épaules de l'ami ne rencontrèrent aucune consistance et ses paroles, qu'il souhaitait consolatrices, n'atteignirent pas son ouïe.

À la hâte, de jeunes prêtres néophytes apportèrent un siège en rondin, pour que puisse s'asseoir ce vieux servant. Mais d'un geste las, celui-ci refusa cette assistance : « C'était, depuis l'enfance, ma raison d'être, mon double fraternel, qui gît en ce moment sur le sol, rien de ce qui vit... ne me consolera jamais... » Puis, le pas vacillant, les doigts resserrés sur le pommeau de sa canne, avec la dignité de l'âge, Shemsou détourna son regard pour se confondre dans la pénombre.

Les prêtres servants apparurent, munis de la grande panière d'osier dont Héri-tep ne pouvait ignorer l'usage. À peine y eût-on étendu sa dépouille, qu'il vit que l'on ajustait ses mains en supplique et qu'à l'aide d'une fiole de pierre au long goulot étranglé on répandait des essences le long de sa tunique. Un Hiérarque lui abaissa discrètement les paupières, alors qu'une jeune vestale déposait à l'emplacement de son cœur un bouton de lotus. Iam-Iret, la gorge en sanglots, murmura quelques phrases entrecoupées :

- *Héri-tep... Our'mâ suprême en pays d'Ath-Ka-Ptah, Grand initié Maâkherou, Hiérarque Maâty, Héros Zu-En de Mésopotamie, Précepteur de Pharaon, Chaman loup bleu d'Eurasie et Grand prêtre Sem des demeures de vie !*

Ton existence aura été pour nous, tes frères, un exemple ! Gloire à toi dans les âges, notre Pair bien aimé... Gloire à toi... Tu es à la proue de la barque sacrée, que tes poumons respirent à jamais, l'haleine de Maât !

Hiérarques et prêtres fléchirent leurs genoux pour les apposer sur les dalles du temple, bras écartés, mains ouvertes en direction du Ciel. Ils entamèrent alors un chant de grâce à l'intention du défunt Pair.

Héri-tep regardait avec émotion cette petite cérémonie improvisée, mais il ne lui semblait pas que ce fut lui le défunt, tant ses facultés de jugement et sa sensibilité physique étaient intactes. Toutefois, la vision de sa dépouille et le fait d'être dans l'impossibilité de communiquer avec ses semblables lui démontraient sans équivoque qu'il avait accédé à une autre dimension ! Pourquoi, alors, n'était-il point en proie aux tourments énoncés par l'eschatologie traditionnelle et pourquoi se trouvait-il ainsi isolé du monde divin ?

La réponse lui vint comme un souffle chaud au niveau de sa nuque ; cet effluve au parfum de fleurs lui remémora de lointains et plaisants souvenirs. Il se retourna.

- Ouâti... Ouâti, par Amon et tous les dieux, que je suis dans la joie de te revoir, tu animes depuis toujours les sentiments de ma nature intime. Comment est-ce possible, que tu sois là en cet instant, nue comme un ciel d'été ? Que fais-tu en ce lieu d'affliction où je viens en ce moment même de m'éteindre à l'existence ? Regarde, là, mon corps à terre, inerte, plus pâle que sable... Je suis mort, Ouâti !

La jeune femme sourit de l'étonnement d'Héri-tep. Elle adopta un ton de reproche enjoué :

- Il y a de cela bien des années, au cours de notre dernière entrevue dans le sanctuaire, ne t'ai-je point dit, Héri-tep, que je reviendrai te chercher... au terme du chemin ?
- Oui, tu as dit cela, Ouâti ! Appartiendrais-tu déjà à ce royaume de l'au-delà ? Mes pensées, vois-tu, sont ambulantes, j'ai de la peine à gérer la situation dans laquelle mon esprit se trouve présentement exposé.
- Je sais cela Héri-tep. C'est pourquoi je suis venue t'aider à mieux appréhender ces instants particuliers. C'est l'affaire de très peu de temps, tu vas vite te réaccoutumer à cet état second, que tu as déjà maintes fois connu. Nous vivons un espace-temps intermédiaire. Si nous nous percevons mutuellement en cette apparence semi-évanescente, c'est que nos consciences dématérialisées n'ont point encore réintégré nos âmes. Nous sommes dans une situation conciliatrice d'adaptation.
- Comment se fait-il, Ouâti, que tu sois si à l'aise avec les réalités de l'autre monde et que nous soyons nus tous deux, sans voiles pour dissimuler notre pudeur.
- Les vêtements n'ont pas d'âme, Héri-tep ! Par contre, la moindre parcelle de notre peau peut être identifiée à notre état de conscience, car nous l'avons enrôlée en notre évolution. Inspecte ton corps, regarde tes membres ! Ont-ils les rides et les douleurs de ta fin de vie ?

Face à l'intensité de ce bouleversement, Héri-tep ne c'était pas soucié de son corps. Il l'examina, c'était celui d'un homme dans la force de l'âge. Les muscles étaient saillants, la peau finement tendue, les doigts agiles, les mains vigoureuses et sans taches.

- Par tous les dieux Ouâti, ce que tu dis est exact, il n'y a de perfection semblable qu'en la statuaire ! J'ai subi une métamorphose, qu'est donc devenue ma vieille carcasse percluse de rhumatismes ?
- Elle est là... pour quelques instants encore, avant qu'elle ne réintègre l'essence de la terre dont elle est issue ! La vision que nous avons présentement de nos corps reflète l'état de nos consciences. Cette apparence morphologique est le résultat cumulé de ce que nous avons été moralement, non seulement en cette vie que nous venons d'abandonner, mais en toutes celles précédentes que nous avons vécues.
- Oh, alors, à t'observer ainsi, Ouâti, j'en conclus que tu as dû avoir de biens vertueux comportements aux cours de tes vies ! Je crains maintenant que tu ne t'éloignes de moi à nouveau, j'ai tant souffert de ton absence.
- Ce n'est pas mon intention, Héri-tep, mais j'aurais une requête à te présenter, au nom de la déesse qui m'assistait au cours de cette dernière existence. Ne l'as-tu pas subodoré en moi ?
- Une Déesse, mais oui, je me souviens parfaitement, Ouâti, de la confusion dans laquelle tu plaçais parfois ton entourage. J'ai eu moi-même des doutes sur ta nature véritable. Quel serait ce souhait dont tu voudrais m'entretenir ?
- Souviens-toi, nous avons été tous deux sensibilisés par la déchéance d'une civilisation qui adviendra dans un lointain futur. À tel point que l'inconséquence des hommes de cette époque mettra en péril le devenir biophysique de notre planète mère.
- Tu fais allusion à cette civilisation dite du XXIème siècle, pour laquelle nous avons formé naguère la jeune Maut, avec l'espoir qu'elle influe sur l'esprit de ses contemporains ?
- Oui, précisément, Héri-tep ! Cette jeune personne et moi ne faisions qu'une sur le plan de la réalité intemporelle.
- Tu viens de me dire que toi et Maut n'étaient qu'une seule personne ? Cette blonde étrangère n'était autre que toi sous une autre apparence... mais dans quel altruiste dessein, Ouâti ?
- Celui de sensibiliser les sages hiérarques sur le rôle d'éducateurs

qu'ils pourraient avoir, compte tenu de ce grave danger que feront courir à la Terre une proportion d'êtres inconséquents de ce XXIème siècle. L'époque que nous venons de vivre est celle des restaurations, où les mesures des édifices furent réévaluées, et c'est précisément ces éléments numériques qui peuvent servir de catalyseurs de conscience chez les humains de ce lointain futur. Voilà pourquoi, Héri-tep.

- Oh oui, je comprends, Ouâti. C'est inouï, toute la subtilité de ces ramifications, qu'attends tu donc de moi, alors... que puis-je faire, pour d'aider en ta tâche ?

- J'aimerais que tu sois, en tant qu'élément masculin, à mes côtés et que tu m'assistes en cette nouvelle et lointaine mission. Si tu acceptes, tu devras alors compléter mon jugement par tes conseils et m'épauler tout au long de cette aventure, qui s'avérera formatrice pour nos âmes... y consens-tu ?

- Oui, Ouâti, oui, non seulement je ne peux te refuser cet engagement à tes côtés. Mais j'ajouterais que cela me va très bien, car j'avais un petit penchant pour cette jeune fille à l'esprit vif et enjoué ! J'aurai doublement plaisir à la revoir.

- Je crois savoir que c'était réciproque, tout est bien alors. Tu te prénommeras Loïc, tu n'auras pas à exprimer l'érudition qui est consubstantielle à ta personne, car ce ne sera pas l'inspiration de ce destin. Tu auras plutôt un rôle d'accompagnateur et de confident pour l'accomplissement de ma mission. Ce qui ne manquera pas, certes, de te dérouter un peu, mais je ferai de mon mieux pour édulcorer tes angoisses de jeune garçon un peu trop urbain.

- Ouâti ! Je ne résiste déjà pas à ton charme en étant une âme, comment le ferais-je en devenant un corps. Il n'est pas juste que ce soit toujours moi la victime.

- Surtout ne pensons pas à cela, Héri-tep, je serai une fille vertueuse dans toute l'acceptation du terme ! Enfin... jusqu'à ce que la déesse daigne m'affranchir de mes obligations. Après... il te faudra te montrer à la hauteur de tes sentiments pour moi...

Pendant qu'Héri-tep et Ouâti étaient en conversation, la curie des prêtres s'était rassemblée autour de la dépouille du Pair des Pairs. La ferveur de l'assistance en méditation formait autour des agglomérats une sorte d'aura dont les effluves étaient imprégnées de couleurs changeantes.

- *Pardonne-moi, Ouâti, nous dialoguons tous deux dans la joie des retrouvailles et de ce fait nous négligeons ma cérémonie ! Mon brave Shemsou me fait de la peine, je vais essayer de le réconforter !*
- *Il n'y a pas que Shemsou, toute l'assistance est affectée, Héri-tep, n'oublie pas que tu étais, il y a peu, leur référence temporelle !*
- *Oh... Qu'est-ce donc que cela... Ouâti ... Regarde !*
- *Un arc-en-ciel ! Il est splendide et il se situe juste au-dessus de l'obélisque dédié à Rê. Vois, Héri-tep, combien l'assistance est subjuguée ! Tous se courbent à terre, ce signe dans le Ciel va leur redonner du baume au cœur.*
- *Je n'aurais pas eu l'idée et la possibilité de créer une telle merveille ! Peut-on imaginer qui a fait cela pour nous ?*
- *C'est sans doute ce quelqu'un que nous avons tous deux adoré au cours de notre vie. « Lui »seul a le pouvoir de lancer un tel clin d'œil aux gens qu'il aime !*

Parmi les ruelles de la cité sanctuaire, la nouvelle de la mort de l'Our'ma circula comme brûlot au vent. Les Grands Hiérarques, les hauts fonctionnaires, les prêtres et assistants, tous accoururent à la hâte pour se regrouper autour de la roide dépouille du plus honorable des vieillards. Mais, depuis un instant déjà, chacun avait le regard tourné vers le Ciel en direction de l'obélisque sacré de 36 mètres de haut. Un instant plus tôt, il était bien tombé quelques gouttes de pluie qui auraient pu justifier un arc-en-ciel. Cependant, les nuages s'étaient rapidement dissipés et cette arche colorée au-dessus de l'obélisque apparaissait comme surnaturelle.

Entre les colonnes de la porte d'Orient une forme claudicante à la foulée lente, mais au demeurant royale, s'avança. Le vieil Hory secoua sa crinière de feu et, à trois reprises, il fit retentir sur l'assemblée immobile ses rugissements de foudre. Une page de l'histoire du monde était tournée.

***

Paniqué par ce rugissement agressif, tel un fléau d'armes aux menaçantes circonvolutions, Loïc fit voltiger son bras à gauche puis à droite avec l'intention de faire taire cet importun. Mais les vrombissements persistaient à intervalles réguliers. Il tenta alors désespérément d'ouvrir les yeux, il n'y parvint qu'à demi, son œil gauche restant obstinément fermé. En une cabriole que n'aurait pas désavoué un derviche, sa main hasardeuse explora le plafond inaccessible, dépoussiéra le mur et d'un geste grandiose accrocha l'objet de son angoisse. Les rugissements cessèrent, une forme blanche allongée se balança un instant au bout du fil et une voix agréable qu'il identifia en une fraction de seconde en émana :

- Alors... gros paresseux ! Cela fait dix minutes que les déjeuners sont servis, le café va être froid et Monsieur, probablement, se prélasse sous sa douche !
- Tu es vi... vivante, Maut qu'elle bonheur... Maut... vivante...viva !
- ...Et en plus il est devenu fou... Je suis comblée... vraiment !
- Non... Maut, en fait, je suis encore au lit, mais j'arrive avec un rêve pas possible, comme jamais, jamais... tu... peux... pas... je t'expliquerai, je te croyais... enfin je t'expliquerai, Maut, c'est à la fois atroce, atroce et merveilleux, merveilleux. Je me flanque sous la douche, oui et je reviens... J'arrive, je...Maut... je... oui bon !
- Je pense que mon premier diagnostic était le bon ! En tous les cas, moi je commence à déjeuner et je fais mettre le tien au chaud ! Prend ton temps, Loïc, le car pour Abousir n'est que dans un petit quart d'heure, tu as tout ton temps, mon petit zinzin !
- J'a... j'arrive... Maut, j'ar...Je suis debout... ça y est je m'approche...je raccroche !

La venue intempestive de ce personnage à la physionomie naïvement réjouie avait quelque chose de scénique. S'étant saisi à bras le corps de cette discrète jeune femme, il la fit toupiller en une farandole improvisée, tout en la couvrant de baisers qu'il déposait au hasard de son anatomie. L'extravagance autant que l'indécence de ces français n'avait décidément aucune limite. Mais, après un instant de saisissement, les sourires modérément indulgents des quelques témoins clôturèrent la scène. Le couple tenta alors de retrouver son intimité.

- Mais tu es fou, Loïc... fou... à lier ! chuchota Maut, la mine effarouchée. Que t'arrive-t-il ? Nous qui tenions à passer inaperçus... c'est gagné !

- *Je suis trop heureux de te retrouver, Maut... mon aimée !* Récidiva Loïc, en couvrant les mains de son égérie de baisers furtifs.
- *Je pensais t'avoir perdu à jamais, Maut, j'ai fait un rêve... pas possible, hyperréaliste... inouï... incroyable, comme si j'y étais, tu ne peux pas t'imaginer...*
- *Calme-toi, mon bébé... Tu n'as plus que quatre minutes pour avaler ton café, ton croissant, te peigner, te laver les dents et remonter dans ta chambre t'habiller, c'est un challenge ! Moi je vais faire du charme au chauffeur pour lui faire oublier l'heure.*
- *Oui... Non, le charm... je monte et redescends... J'arrive... Maut, ne t'éloigne pas... Je t'en supplie... Ne t'éloigne pas !*

Quelques minutes plus tard, Loïc fut le dernier à s'engouffrer dans le car. Il était affublé de ce radieux et innocent sourire qu'affichent en leur liesse certains illuminés. Cette belle candeur native eut même le don d'épanouir d'empathie les visages des voyageurs, en créant autour de lui une conciliante humeur. Il gagna le siège que lui avait réservé Maut, siège sur lequel la jeune femme tapotait doucement pour bien signifier à son fou de copain que c'était là qu'il fallait qu'il s'asseye. Puis, le car démarra pour aussitôt s'immiscer en la circulation fourmillante du Caire. Maut, s'étant discrètement penchée sur l'épaule de son voisin, adopta un ton volontairement confidentiel :

- *Alors, raconte-moi, Loïc, c'est comment que tu es devenu fou ?*
- *Non... Maut, ne prend pas ce ton ironique envers moi, j'ai passé un triste moment je t'assure. Si tu savais... Si tu savais, Maut... Héri-tep, l'Égyptien, dont tu m'as vanté mille fois les mérites... Hé bien, Maut... Héri-tep... Héri-tep, c'est ... moi... Maut !*
- *Quoi ! C'est grave Loïc, je pensais seulement à une simple petite aliénation passagère... là, c'est plus conséquent tout de même, ce type d'autosuggestion à comportement psychotique requiert un spécialiste en onirisme schizophrénique à caractère paroxystique ! C'est grave...très grave !*
- *Écoute-moi Maut. Tout cela demande explication. J'ai mes raisons, je n'ai pas perdu la tête, tout au moins... je l'espère ! Voilà... Tout a commencé avec la sonnerie de mon réveil de voyage !*
- *Ah, oui... c'est pour cela peut-être, que l'on dit de certaines gens qu'ils sont sonnés !*

- Tu es impitoyable... Écoute-moi plutôt ! J'avais placé l'aiguille indicatrice sur sept heures, alors que je pensais l'avoir mise sur huit heures. Je me suis donc réveillé et après avoir constaté cette erreur, j'ai éteint ma sonnerie et je me suis rendormi aussitôt !
- C'est captivant... Il y a une suite ?
- Oui, car c'est à partir de cet instant que j'ai fait un rêve, et dans mon rêve, je ne me rendormais pas ! Pardonne-moi, mais dans ce rêve, j'éprouvais le besoin d'aller faire pipi, alors... alors je me suis levé...
- À ce stade... ça devient fascinant... et c'est là que tu as constaté avoir perdu ta zizounette et que n'ayant pu faire pipi cela t'ai monté à la tête !
- Ce n'est pas une blague, Maut, attends... Attends ! Je m'aperçus alors d'une foule de petites choses bizarres qui se trouvaient en décalage avec le temps réel. Ainsi, je constatai au bout de quelques minutes que je ne me trouvais pas en 2013, mais en 2011, précisément le 24 janvier 2011, le jour même de l'ouverture des fouilles !
- L'effet, date pour date, la même chambre occupée en un temps différent, peut prédisposer certains sujets sensibles à ce type d'interversion fantasmatique, que l'on qualifie de transfert hallucinatoire, là il nous faudra changer de spécialiste ! Mais ils ont maintenant des thérapeutiques médicamenteuses qui évitent la camisole de force... C'est plus relax, Loïc, tranquillise-toi.
- Mais attends la suite, bon sang... Écoute, au lieu de m'interrompre tout le temps, Maut ! Fou d'anxiété j'ai alors essayé de te téléphoner pour t'expliquer cette situation. J'ai eu au bout du fil une voix masculine goguenarde... avec un rude accent des Balkans !
- Ah, ben oui, c'était mon amant lituanien... une voix forte... « Vous vous trompez de chambre, Monsieur ! » Je sais, j'étais au fond du lit.
- Tu tu tu n'es pas drôle... vraiment pas... Maut... vraiment ! Bon, je ne dis plus rien, je garde mes secrets pour moi, cela vaut mieux.
- Loïc... Allons, je te disais ça pour rire... Ce n'était pas un lituanien.
- Pas un... Bon ! Tu abuses de ma passion pour toi, tu la galvaudes par ton incrédulité, je ne dirai plus rien, voilà ! J'admire le paysage... C'est bon, tout va bien !

Il fallut l'enjôleuse diplomatie de Maut pour convaincre Loïc de reprendre son récit. Elle lui fit prendre conscience qu'en inversant les rôles, lui-même n'aurait pas accordé une plus grande importance à ces extravagantes fabulations.

Loïc consentit donc à poursuivre sa narration. Maut l'interrompit quelquefois pour lui décrire un paysage d'il y a 5 000 ans, lui situer l'emplacement d'un temple ou lui affirmer qu'ici un bras du Nil infléchissait sa trajectoire pour aller alimenter un plan d'eau. Bien que spontanées, ces remarques n'avaient pas un réel fondement historique, Loïc établit immédiatement un état de similitude avec ce qu'il tentait de faire valoir.

- *Je pense, Maut, qu'entre tes grandiloquentes visions séculaires et mes chimériques petits fantasmes, nous devrions établir, à défaut d'une historicité cohérente... un délire moyen !*

Cette mise au point, fit que Maut se montra moins persifleuse à l'endroit de son trouvère de compagnon. Il arriva même l'instant où elle parut sensibilisée par l'odyssée loïcienne. Particulièrement, lorsque celui-ci fut amené à lui décrire la situation de désarroi en laquelle il avait versé graduellement. Il lui fit part de son errance parmi les vestiges du temple où il clamait son nom aux détours des ruines à l'ombre des porches.

L'émotion de Maut fut portée à son comble lorsque Loïc affirma s'être assoupi sur l'une des marches de la porte du couchant et que peu après, victime d'un épuisement physiologique, la mort le gagna. Il assista à son insu au transfert sublimé de sa conscience en entité dématérialisée mais parfaitement lucide. C'est alors que sa corporéité astrale s'identifia par un effet de substitution à la personne de ce Grand Prêtre que Maut, nommait Héri-tep.

Lors de cette ultime désincarnation, Loïc décrivit avec un souci du détail ses ressentis du moment, sans omettre les particularités physiques des personnages qui l'entouraient. Il étendit ces descriptions à ce qu'étaient la coupe de cheveux de Shemsou et ce que représentait le pectoral en or de Iam-Iret. Loïc poursuivit sur le même ton passionné, sans se rendre compte que les traits de Maut se figeaient en une attitude de profonde réflexion.

Elle savait que jamais elle n'avait évoqué avec lui ce genre de détails, lesquels lui seraient apparus superflus autant qu'inutiles. En aucun cas Loïc ne pouvait avoir inventé la symbolique spécifique des bijoux que portaient les Grands Hiérarques ou les touffes grisonnantes de cheveux sur les tempes de Shemsou, une particularité de ce prêtre servant qui le distinguait de ceux dont le crane était rasée.

Lorsqu'une minute plus tard, Loïc décrivit l'instant où il avait pressenti à ses côtés la présence d'une entité semblable à la sienne, Maut redoubla d'intérêt !

- *« Je me retournais, pour me trouver en présence d'une jeune femme nue à la beauté diaphane. Sa physionomie m'était familière et je me surpris alors à prononcer son nom, Ouâti.*

Loïc avait à peine achevé sa phrase que Maut sursauta sur son siège. **« Ouâti !** » *répéta-t-elle, l'air effaré.* Quelques passagers se retournèrent comme s'ils avaient été interpellés. C'était encore les deux Français ! Maut reprit aussitôt sur un ton plus nuancé :

- *Ouâti, mais... mais c'est le nom de cette femme, de cet amour impossible, qu'Héri-tep a bercé de sa convoitise toute son existence, sans réelle concrétisation !*

Maintenant, Loïc savourait secrètement l'intérêt que Maut affichait pour ce qu'il appelait : « mon drôle de rêve ». Il n'était plus question de visions paradoxales, de songe hallucinatoire, la preuve était établie qu'il y avait là un message subtil qui leur était à tous deux adressé.

- *Aurais-tu entendu parler de cette personne, lors de ton séjour dans les âges à l'époque égyptienne ?*
- *Évidemment, Loïc, évidemment, Héri-tep lui-même m'en a parlé ! Il avait été très troublé par cette rencontre qu'il avait vécu au tout début de son voyage initiatique. Selon ses dires, les dieux s'étaient plu à placer sur son chemin cette jeune femme exceptionnelle*

qu'était Ouâti, afin peut-être de provoquer en lui le complément de réflexion indispensable à sa démarche.
- Avait-elle des dons ou était-elle simplement attirante par ses charmes naturels ?
- Je crois savoir qu'Ouâti était nantie de pouvoirs exceptionnels, mais elle n'en disposait pas en permanence. Elle était médium à ce qu'il m'a laissé entendre. Pour autant que je me souvienne, il était question d'une déesse qui avait fait choix d'habiter son corps sporadiquement pour manifester ses intentions envers les humains, en particulier en ce qui concernait l'attitude que ceux-ci pouvaient avoir avec les animaux. Héri-tep m'a dit que, si les manifestations de la déesse l'avaient maintes fois subjugué par leurs côtés irrationnels, l'intelligence, la beauté, la douceur de cette femme avait conquis son cœur. Hélas, leurs rencontres furent toujours aléatoires ! Ouâti se disait amoureuse de lui, seulement elle était investie d'une mission à caractère spirituel dont elle ne pouvait ou ne voulait se soustraire.
- C'est drôle, cela me rappelle quelque chose... Dis-moi, as-tu rencontré cette jeune femme au cours de ton séjour incorporel en Égypte ?
- Non... je n'en ai pas souvenance, cela m'aurait marquée !
- Tu ne m'étonnes pas !
- Pourquoi cela ?
- Eh bien pour l'excellente raison qu'Ouâti... Ouâti, Maut, c'était toi... Écoute la suite de mon histoire !

***

Le car s'arrêta sur un parking pour déverser son lot de touristes. Une petite pluie éparse jouait à cache-cache avec le Soleil. Maut revêtit son parka et Loïc son vieil imperméable beige. Ils suivirent les pas d'un guide improvisé jusqu'aux amoncellements de pierres qui témoignaient de ce prestigieux site archéologique.

Vibrant d'impatience, Loïc entraîna Maut à l'écart, pour tenter de retrouver l'endroit où il se souvenait s'être assis, épuisé de fatigue. Voilà ! clama-t-il soudain au détour d'un muret :

- C'est là... C'est exactement ici... Tu vois sur ces marches... C'est

là que je me suis comme effondré en un état fébrile puis... létal.
- Je me souviens être déjà venue en ces lieux... Loïc ! Tout était différent, certes, mais le volume pierreux, l'emplacement de ces immenses blocs est le même.
- Vois-tu, Maut... je me suis senti fléchir sur ces dalles, la poitrine serrée comme prise dans un étau, et soudainement envahi par une immense fatigue.
- Je me souviens maintenant parfaitement de cet endroit, Loïc ! C'était un plaisir pour les yeux que de flâner en ces jardins qui de toute part inspiraient la paix et l'harmonie. Je suis venue un matin, juste après le lever du jour avec Héri-tep, et j'ai été immédiatement séduite par la majesté du site.
- Mon chauffeur de taxi m'a dit qu'il s'élevait ici un obélisque de 36 mètres de haut, le doigt de Rê. Là, se trouvait une chapelle dédiée à la déesse chatte Bastet, à moins que ce ne fût à Maât, fille de Rê, il ne savait pas très bien !
- Oui, c'était à Maât ! Cet obélisque n'avait rien à voir avec ceux de forme classique que nous connaissons ! Son socle avait, à la base, seize mètres de large, sa hauteur était tronçonnée en deux parties, dont l'une émergeait à vingt mètres de hauteur. J'ai souvenance de l'avoir gravi de l'intérieur. Du sommet de la plate-forme on jouissait d'une vue magnifique sur la vallée. L'autre tronçon plus élevé de seize mètres également se terminait par un amoncellement de pierres taillées en forme de pyramide. Le tout formait une œuvre imposante, sereine et magnifique. Un sanctuaire se trouvait sur le terre-plein au centre et un mur d'enceinte fermait le lieu de culte. Des bassins d'agrément, des statues, de longs palmiers et une végétation florale abondante, ornementaient le tout ! C'était... c'était... d'une beauté, Loïc... d'une beauté...indicible.
- Maut... mon aimée ! Les dieux auront réactivé mes propres souvenirs en les superposant aux tiens par la magie du songe ! Nous serons deux désormais à vibrer aux merveilles de cette époque, cette fois, j'en ai vraiment ressenti tout le charme, toute la plénitude égarée !

Maut se réfugia entre les bras de son amour séculaire. Elle sanglotait discrètement sur son épaule. Ses deux inclinations amoureuses, Loïc, Héri-tep, n'en formaient plus qu'une, maintenant ! L'impossible symbiose se réalisait ! Maut se remémora combien de fois cet amour idéalisé lui avait échappé, ravi par les griffes du temps, broyé par la haine des autres ! Ne l'avait-elle pas quêté à travers les dangers du monde. Il avait motivé chez elle tant de secrètes souffrances, tant d'espoirs éteints, tant de larmes ravalées, tant de nuits embuées de rayons de Lune. Voilà qu'en un sursaut de culpabilité, le destin lui accordait enfin ce simple bonheur. Maintenant, il n'était plus question qu'on le lui retire, il était à elle, c'était sa légitime récompense ! N'avait-elle pas tout sacrifié à cet idéal, une existence quiète, les flirts de l'adolescence, les jubilations de groupe, les pensées désinvoltes ? Aussi ne voulait-elle plus concéder un iota à l'ambiguïté et à l'incertitude. L'épreuve était achevée et ses mains vibrantes caressaient comme une peluche intime, la toile du vieil imperméable.

- Regarde... regarde l'arc-en-ciel ! C'est exactement celui que j'ai vu, lors de mon rêve, même emplacement, même intensité !
- Oui ! C'est le pont établi entre deux mondes, celui d'en haut et celui d'en bas. Mais pas seulement, Loïc, c'est l'arche entre deux êtres, entre deux vies, entre deux idéaux, c'est la promesse incluse en l'espérance. L'angle prismatique des gouttes est le même que l'angle de la Grande Pyramide, Loïc, le même.
- C'est aussi le signe du scarabée, du kheper, de la transformation... du changement... À quoi devons-nous nous attendre ?
- Nous ferons un bébé en 2014, pour qu'il puisse reprendre le flambeau en 2034 et le porter plus loin que nous encore... Tu veux ?
- Il faut, pour cela, que tu obtiennes le désengagement virtuel que tu sollicitais de la déesse, Maat... l'aurais-tu oublié ?
- Si les choses prennent ainsi ce caractère, c'est qu'un temps est accompli et qu'un autre est sur le point de naître, Loïc. Mon affranchissement est total en ce qui concerne mon serment, Maât la justice divine me le manifeste intimement.
- C'est une phase mythologique, cela me rappelle l'attitude de Nout ! Tu n'ignores pas que la déesse qui ne pouvait avoir d'enfant dans les 360 jours de l'année s'était adressée à Thot, lequel pour la satisfaire avait joué aux dés avec la Lune et un peu triché avec le Soleil pour obtenir grâce dans les 5 jours supplémentaires.
- Oui, 360 divisés par 5 font 72 ans par degré, à cette différence près que la déesse mit au monde en les épagomènes des quintuplés !

Es-tu prêt à assumer la similitude des cinq polyèdres réguliers, Loïc ?

- *En regard de notre idéologie, non, impossible, Maut ! Cela serait renier nos positions sur la densité démographique. Mais une petite Ouâti... toute illuminée de blondeur, oui... Pourquoi pas...*

- *Selon toi, crois-tu que nous puissions considérer avoir accompli notre mission ou juges-tu que c'est désormais à l'humanité de la parfaire ?*

- *J'ai beaucoup réfléchi à cela, ce qui me permet peut-être un début de réponse. Baudelaire disait : « La plus belle ruse du diable est de nous croire qu'il n'existe pas. » Si, comme je le pense, la destinée du monde est aujourd'hui entre ses mains, attendons-nous au pire. Les dispositions que toi et moi aurons pu prendre pour tenter de redresser la gîte du bateau Terre n'empêchera pas son naufrage. Qui plus est, nous aurons droit aux sarcasmes des forcenés du fric, les mêmes qui pillaient les chambres du Titanic pendant que le bateau coulait et qui ont disparu avec lui, les poches pleines de leur cupidité. Face à ces archétypes d'un état mental primaire, représenté hier par la notion de puissance et aujourd'hui par la panacée scientiste triomphante, le simple bon sens, Maut, parait dérisoire. Toi et moi n'appartenons plus à cette race de mutants ! Eux, ce sont des marchands obnubilés par la rentabilité. Nous sommes des artisans admiratifs du travail bien fait ! Ce sont des acquéreurs, nous sommes des contemplatifs, des esthètes ! Ce sont des maniaques du sexe, nous sommes des affectueux romantiques ! Ce sont des fous de Dieu, nous sommes des hermétistes de la gnose traditionnelle attachée au Principe Créateur. Cinq mille ans de connaissances nous séparent, trente ans de technologies nous rapprochent, mais il demeure une différence affective et culturelle que l'illusion contemporaine ne parviendra jamais à combler !*

- *Ton analyse est juste, Loïc. Toutefois, je ne partage pas ton pessimisme jusqu'à l'excès. J'ose espérer un sursaut salutaire, une prise de conscience de quelques intellectuels lucides, non obnubilés par le verbe rémunérateur, mais simplement épris de logique, face au danger que représente le capitalisme progressiste. Si toutes les mères du monde avaient le discernement de réaliser cela, je pense qu'en se dressant moralement devant les bulldozers de la force aveugle, comme hier l'héroïne américaine Rachel Corrie a eu le courage de le faire, elles contribueraient efficacement à modifier l'esprit hégémonique des titans du capital. La Vierge Mère est aujourd'hui bafouée par l'ignorance et le mépris. La spirale infernale tend vers le bas, la civilisation graduellement dénature la féminité qui, à son tour, bafoue la virilité, compromettant alors le souverain équilibre des contraires.*

Ceux qui osent établir des comparaisons événementielles avec les siècles passés, dans le dessein d'édulcorer les maux de notre civilisation, ont une attitude irresponsable. Aujourd'hui, tout se joue à l'échelle de la planète, alors qu'il y a seulement un siècle les événements étaient circonscrits dans les orbes de la distance ! Or, s'il est avéré que les maux revêtent une dimension planétaire, il est indispensable que les décisions le soient également.

- Tu sais combien j'adhère à ton argumentation, Maut ! La difficulté réside dans l'apathie béate de la collectivité. Ce qui m'attriste le plus, vois-tu, c'est que les générations amorphes que nous engendrons, n'auront mêmes plus la réaction initiale de nous réprouver, elles s'étendront par millions sur l'édredon de la fatalité.
- Loïc... Loïc... Regarde sur le parking, notre car orange aux lignes blanches... il est parti sans nous !
- Flûte ! Il y en a encore un, le petit bleu en bas, il doit se rendre au Caire !
- Non, celui-là, c'est un car privé, Loïc !
- Bon ! Ce n'est pas dramatique, Maut, il y a une station de taxi derrière la haie d'acacias à gauche ! Pour une fois, ces briseurs de ronrons que sont « les frenchies » n'importuneront pas la galerie !

Tous deux jetèrent un dernier regard ému en direction de l'emplacement où s'était implicitement déroulé leur propre drame. Le cœur empli d'une joie à eux secrète, le jeune couple emprunta la petite sente qui ondoyait à travers les ruines pour rejoindre la station de taxi. La fraîcheur du soir fit se blottir Maut sous le bras protecteur d'un Loïc enfin rasséréné. Mais, depuis peu, celui-ci avait le pas plus hésitant, moins ferme sur les aspérités du sentier. Maut s'en aperçut, elle leva la tête pour tenter de déceler sur son visage ce qui motivait cette soudaine anxiété.

- Loïc... Ça ne va pas... Qu'est-ce qui se passe, mon aimé ?

- Les taxis... là, plus bas... Je ne suis pas sûr... mais...
- Il y en a trois, Loïc, sur les trois il y en a bien un qui nous prendra, et puis s'ils ne peuvent pas, ce n'est pas dramatique, nous en ferons venir un du Caire... qu'importe !
- Ce n'est pas de cela qu'il s'agit, Maut ! Cette vieille 504 Peugeot là-bas, tu vois... la deuxième à droite, là... vers le tamaris ?
- Oui, je vois ! Ici, les vieilles bagnoles, c'est courant, tu sais !
- Oui, mais, je crois reconnaître en elle... le... le taxi de...
- De ton rêve... Eh bien dis donc... ça se complique... tu es sûr ?
- Je... j'en suis certain, oui ! Il y avait une décalcomanie d'un petit guignol jaune sur le coffre arrière... C'est bien lui !
- Attends un peu, Loïc ! Il s'agit peut-être du label distinctif d'une société de transport ou je ne sais quoi d'autre !
- Non, Maut ! L'homme à droite âgé et un peu voûté qui discute avec les deux autres, c'est Mahmud mon chauffeur, c'est lui qui m'a amené ici... dans mon rêve !
- Tout cela est fou, Loïc ! Le mieux est de s'approcher pour voir s'il te reconnaît. Nous n'avons plus le choix, Loïc. Maintenant, il nous faut aller au bout du problème ! D'ailleurs, regarde, il se détache du groupe pour venir à notre rencontre.
- Français... vous voulez regagner le Caire ? Je suis libre, c'est bon... La nuit tombe bientôt, il n'y a plus de touristes pour le temple, maintenant !
- Vous vous appelez... Mahmud ?
- Oui, Mahmud Ben Sekhem ! Oh... il y a longtemps que je fais le taxi !
- Et... et ça ne vous étonne pas... que je connaisse votre nom ?
- Hou là-là, Monsieur ! Si tous les gens qui connaissent Mahmud étaient là, on irait jusqu'au Caire à la queue leu-leu ! Je suis le plus vieux des taxis... Allez montez, y va faire froid bientôt !

Sans réfléchir plus longuement, Maut et Loïc s'engouffrèrent dans le taxi qui démarra aussitôt. Loïc était de plus en plus méditatif. Il se souvenait de détails insignifiants, tels que ce petit accroc sur le dossier du siège avant, ce porte-fleur rouillé qui n'avait jamais dû contenir une fleur, la tonsure ainsi que les cheveux bouclés et grisâtres de Mahmud, cette légère odeur de gazole et de cigare éteint.

L'anxiété de Loïc gagna Maut. Elle se pelotonna contre lui, sans oser prononcer un mot, de crainte que le moindre propos ne contraigne encore l'atmosphère. Pendant plus d'une minute, la situation demeura ainsi pétrifiée, dans les perspectives d'un silence inquisiteur. Ce fut Mahmud qui, le plus naturellement du monde, rompit avec cette ambiance suspicieuse.

- *Ça fait deux ans aujourd'hui que je ne suis pas venu ici à Abousir au temple. La dernière fois que je suis venu, j'ai amené un touriste, un jeune pauvre type, y venait de perdre sa fiancée dans un accident de fouilles. C'est bizarre ce jour là... ce qui s'est passé là... ici !*

Maut ne quittait plus Loïc du regard, ses mains tremblaient. Elle plaça ses lèvres contre son oreille et murmura d'une voix à peine audible :

- *Je suis anxieuse, Loïc ! J'ai le pressentiment de quelque chose, je ne sais pas exactement quoi... je sais que... c'est quelque chose d'important...*
- *Maut, j'étais moi aussi pétri de crainte au cours de mon rêve, mais maintenant tu es là et je me fiche bien de ce qui peut arriver !*
- *Loïc... Il a dit... se nommer Ben Sekhem et Neb Sekhem était le nom de mon principal initiateur. Cette consonance, comme cette inversion de syllabes a certainement une signification ?*
- *Concours de circonstance, Maut... ne t'inquiète pas !*
- *Ce n'est pas tout, un jour que j'insistais auprès de Neb-Sekhem pour connaître sa véritable identité, il m'a dit cette chose incroyable qui me revient à présent en mémoire. Il m'a dit « Oh, je ne suis qu'un simple chauffeur de taxi, qui mène ses clients à destination », j'étais tellement surprise par cette réponse insolite à son époque que je n'ai pas su quoi lui répondre. Je comprends mieux maintenant la signification de ses mots.*

Il la serra très fort contre lui, elle se pelotonna toute frémissante contre sa poitrine. Un instant, ils écoutèrent leur cœur battre à l'unisson. Puis la voix rauque de Mahmud se fit de nouveau entendre :

- *Ce jeune homme, de qui je vous parle, y vous ressemblait un peu à vous, Monsieur ! Un grand avec les cheveux au vent. C'était un*

djinn celui-là... j'en suis sûr que ça en était un...
- *Un quoi... dites-vous ?*
- *Un génie... un bon éfrit, un devin qui voyage comme ça, pour sonder le mal des hommes d'en bas. L'histoire que je vous dis, Monsieur, c'était juste un jour avant les événements de la place Tahrir ! Y me l'a dit le djinn, que ça allait être la révolution ! Il m'a dit, le monde va commencer à changer, Mahmud... !*
- *L'avez-vous... revu ce personnage ?*
- *Non, je pense qu'il est mort ici ! C'est pour ça que je ne suis pas revenu de deux ans... C'est pour le respect !*
- *Vous aviez des appréhensions à revenir, Mahmud ?*
- *Un peu...oui ! La crainte d'avoir été dans une histoire des choses du Ciel, ça fait toujours peur un peu, ça ! Le lendemain, j'ai lu dans le journal qu'on avait trouvé un corps décédé, qu'était mort d'une embolie sur les marches du temple. D'après son signalement, je crois bien que c'était lui. Il est mort de chagrin, mon djinn. Il aura été rejoindre sa petite fiancée, ça arrive ces choses-là... quelquefois ! Mais ça fait peur et personne n'en parle, autour, même pas aux copains, on en parle... à personne !*

Mahmud jeta un regard dans son rétroviseur. Le couple était tellement enlacé qu'il ne formait plus qu'un. Il eut un sourire ! Peut-être qu'il les ennuyait avec ses histoires de djinn. Ils paraissaient avoir des occupations plus palpables. Aussi, Mahmud choisi-t-il de se taire pour se concentrer sur la route. La circulation devenait dense à ces heures.

Lorsque après plusieurs minutes il jeta de nouveau un coup d'œil, ils ne les vit plus ! S'en se formaliser, il orienta vers le bas son rétroviseur. Oh, sans doute avaient-ils basculés sur la banquette, ces Français...Il se pencha un peu tout de même pour voir, mais Mahmud ne vit rien ! Inquiet, il risqua son bras au-delà du siège, sa main ne rencontra que le vide. Son pied lâcha brusquement l'accélérateur et une voiture le doubla en zigzagant et klaxonnant. Il avisa cinquante mètres plus loin une sorte de bas-côté où il allait pouvoir se garer.

- *Qu'est-ce que la scoumoune, ça vouloir encore dire cette histoire ? Jamais plus Mahmud, il fichera les pieds dans ce pays de foutus fantômes… jamais… jamais !*

Mahmud s'arrêta en bougonnant, tira violemment sur son frein à main et descendit de son véhicule. Sa portière arrière n'était pas fermée, il s'en étonna et l'ouvrit en grand pour constater de visu le mystère, rien ni personne ne se trouvait à l'intérieur. Il se pencha pour voir s'il pouvait découvrir un indice quelconque, seul un léger parfum de fleur sauvage occupait l'air ambiant. Le vieux chauffeur redressa l'échine avec la lenteur d'un colimaçon s'extrayant de sa coquille. Puis il porta la main sur le dessus de sa tête en observant d'un regard extatique le parcours qu'il venait d'effectuer.

Il ne s'était seulement arrêté qu'une vingtaine de secondes, quand le conducteur de ce gros camion qui barrait la route s'activait pour rentrer dans une usine… C'est vrai que cette manœuvre avait fixé un petit moment son attention, mais tout de même ! Jamais ce petit couple de français gentils n'aurait été assez casse-cou pour gicler de la banquette ! Et puis pourquoi faire qu'ils auraient fait ça… Non, il les aurait vus. La circulation était normale, s'il s'était produit un accident, le trafic aurait été perturbé.

Ça alors… c'est le manque de baraka…j'y arrête tout, moi… j'y arrête tout ! Le téléphone à l'intérieur sonnait avec insistance. Mahmud finit par décrocher :

- *Allô… j'écoute !*
- *Mahmud ?*
- *Oui, j'écoute !*
- *Nous avons deux clients pour les pyramides, borne 777 du code touriste… vous prenez ?*
- *Ah, non… Écoutez… Je suis fatigué… J'ai décidé de m'arrêter… Oui, je prends ma retraite, maintenant là… Toute suite !*
- *Toute suite… la retraite… mais je croyais que c'était dans un mois, Ah bon… Ben, vous voyez avec le secrétariat alors… Salut Mahmud !*

Mahmud s'installa sur son siège. Ses deux mains cajolèrent un instant encore ce vieux volant qu'il avait si longtemps moiré de ses étreintes. Mais avant de se décider à reprendre la route du Caire, il tenta de clarifier ses pensées. D'abord scellés par l'incompréhension, les traits de Mahmud se détendirent insensiblement, pour finir par afficher un étrange sourire, qu'il conserva un instant, tel un léger rictus sur son visage ridé. Puis, ayant réajusté son rétroviseur, il tourna sa clé de contact avec un petit hochement de tête :

« C'était lui, mon djinn, qu'est revenu de l'autre monde, pour me présenter sa petite fiancée... à moi Mahmud...c'était lui ! »

Loin, à l'Ouest du pays des âmes, Rê embrasait l'horizon de ses tons de pourpre. Au-dessus des bancs vaporeux aux pourtours violacés, deux oiseaux d'un blanc lumineux pénétrèrent la clarté encore intense du Soleil. Très vite, ils furent semblables à de petits points que l'immensité du couchant absorbait de ses feux. L'astre Roi paraissait attendre cette ultime réponse de la vie, il s'exila alors en ses mystères de brumes pour gagner les abîmes éthérés de la douât !

7‼ 444

GLOSSAIRE

Ab – *(Égypte) – Ib – le cœur après la mort – L'une des 5 Parcelles corruptibles de l'entité humaine –*

Atavique *–(lat ancêtre) – réapparition de critères ancestraux disparus au cours des générations -*

Apollonius de Tyane – *(Contemporain de Jésus-Christ) Né en l'an 4 - pythagoricien – thaumaturge – philosophe – prophète - C'est le magicien le plus célèbre de la Grèce antique –*

Afrit – *(Afrique) - Génies assimilés aux djinns, esprits mythique dotés de pouvoirs magiques.*

Abraxas – *(O latine) Pierre précieuse portées en amulette sur laquelle étaient gravés des caractères*

Atoum – *(Égypte) – « celui qui est complet » « celui qui est » Le dieu des dieux, c'est-à-dire « Dieu » -*

Akh – *(Égypte) – Le corps de lumière, le corps de gloire – Principe secret en l'être évolutif – Héka magie divine –*

Anubis – *(Égypte) Chien noir divinité funéraire – il facilite l'ascension du mort vers les régions célestes*

Apotropaïque – *(Égypte) – Propre à détourner les influences néfastes -*

Ba – *(Égypte) – âme – représentation symbolique avec l'oiseau âme le jabirou -*

Bétyle – *(Hébraïque) – La maison de Dieu – Bethel – Beith-el – symbole de la science Sacrée –*

Biloculation – *(latin) – Séparation pathologique d'un organe en deux loges – Par extension « corps »*

Coussous - *(Provence Alpilles) – Grands pâturages incultes consacré à la nourriture des troupeaux.*

Chthonien – *(Égypte) – Domaine de la Terre – Mais aussi de la terre et du sol – entités chthoniennes -*

Démiurge – *(Grèce) – Dieu pour Platon – Entité manifestant une puissance créatrice assimilable à...*

Dionysos – *(Grèce) – dieu de la végétation assimilé à Osiris – Les mystères dionysiaques –*

Djinns – *(Islam) génies créés par Allah à partir du feu – ils habitent les ruines, les déserts – ils peuvent êtres bons ou mauvais, ils procurent le discernement – ils sont à l'origine de faits inexplicables rationnellement.*

Douat – *(Égypte) –* **Duat** *– Au-delà - Lieu de passage à franchir la mort venue – Symbolisé par le parcours du Soleil, jour et nuit – Accès à un monde similaire, mais autre que celui des vivants -*

Dru-Wides – *(Gaule) – Druides – Dru-wides, épithète celtique « les très savants »*

Émeraude – *(Pierre de connaissance) – références Coran – Hermès Trismégiste – graal – Lucifer -*

Égrégore – *(Penser collectivement) – appel à l'inconscient collectif – la conscience universelle -*

Eurydice – *(Épouse d'Orphée) – Mordu par un serpent elle va aux Enfers où Orphée va la chercher.*

Épagomène – *(Égypte) – Les cinq jours additionnels ajoutés à l'année de 360 jours pour faire 365 -*

Ennéade – *(Égypte) Les 9 chiffres – En Inde « Anka » - Avec le zéro ils réalisent tous les nombres –*

Édicule – *(Égypte) – Petit édifice à caractère religieux placé çà et là dans la nature –*

Entropie – *(Grec) – Permet d'évaluer la dégradation de l'énergie d'un système* -

Fatum – *(latin) – Destin – fatalité – Épreuve que l'on se doit de maîtriser –*

Féal – *(ancien français) – Littéralement loyal – Fidèle – Dévoué-e à une cause –*

Eschatologie – *(grec) – Doctrines, croyances portant sur le sort ultime de l'homme et de l'univers –*

Imam – *(Islam) – Un des successeurs de Mahomet – les imams dirigent les prières à la mosquée –*

Hathorique – *(Égypte) - Colonnes à lignes parallélépipédiques à l'effigie d'Hahor (?), La Dame du Ciel*

Héliaque – *(Égypte) Levée d'étoile qui a lieu juste avant le lever du Soleil – Sirius - Étoile héliaque –*

Hermès Trismégiste – *(Grèce – Égypte) – « Le trois fois grand » - dieu grec dont les qualités furent emprunté au dieu égyptien Thot – Les grecs donnèrent naissance à « 'hermétisme » sous l'égide du dieu des Sages égyptiens à l'époque gréco-romaine –*

Hiérogamie – *(Racines grecques) - Mariage sacré d'un dieu et d'une déesse – Union Ciel Terre –*

Haroëris – *(Égypte) – « Horus le Grand ou l'Ancien) – dieu majeur sur un plan cosmique – Guerrier au service de la lumière, défenseur du Soleil – L'un des fils de Nout - Précepteur d'Horus le jeune*

Hypogée – *(Égypte-Grèce) Construction souterraine de chambres destinées à recevoir des sépultures*

Hypostase- *(Religion) – Chacune des trois personnes divines, substantiellement distinctes -*

Irrémissible – *(litt.) Qui ne mérite pas de pardon – implacable – fatal – impardonnable -*

Gwenved – (Celte) – Le « Monde Blanc » - l'assemblée des âmes – Paradis chrétien –

Guémétria – (Religion juive) – Gal Enai – C'est le calcul des équivalences numériques avec les lettres.

Gymnosophiste – (Grèce) – Ascètes hindous vivant nus – doctrine philosophique antique -

Ka – (Égypte) – Force vitale de l'être – double énergétique d'une personne après sa mort –

Kalam – (Origine Mésopotamie – Égypte) El Kalam, la plume avec laquelle est écrite la loi, le Coran –

Kaliyuga – (Inde) – Ère du Kaliyuga, âge de fer – Cycle de temps de 432 000 années. Les forces du mal triomphant de celles du bien. Ère contemporaine, la nôtre, destruction par le feu et l'eau.

Khat – (Égypte) – Un aspect du corps corruptible après la mort -

Lao-Tseu – (Chine) – 600 av J.C – Le vieux maître – contemporain de Confucius – le Tao-te-King –

Lucifer – (Christianisme) – ange déchu précipité sur Terre – épreuve humaine – porteur de lumière –

Lotus – (Inde – Égypte) – fleur de basin - le lotus du cœur – éveilleur de conscience – les huit pétales –

Lion – (En Égypte) – Symbole de la Terre-Mère – hat, haty = cœur – Routy, les lions divins –

Lug – (dieu celtique) – Irlandais - dieu aux multiples fonctions - Roi - Guerrier – polytechnicien –

Maât – (Déesse égyptienne) – L'ordre social et cosmique – Gardienne de la morale et des rites –

Melchisedeq – (Hébreux) – prêtre du très haut – pontife et roi de Salem – maître de justice –

Mout – (Égypte) – Mut – Maut - Mou signifie eau le (t) a un sens féminin – Mout = Mère universelle – En son temple se trouvaient 365 statues en granite noir de la déesse Sekhmet. En ce sanctuaire, on accomplissait matin et soir des rites d'apaisements – Son temple jouxte celui d'Amon (le secret) – Sa tiare est surmontée d'un vautour, idéogramme de « voir loin » –

Métempsycose – (Grèce) Réincarnation de l'âme après la mort, corps humain, animal ou végétal –

Métapsychique – (Psychologie) - parapsychologie – doctrine freudienne, principes généraux d'une expérience susceptible d'éclairer – Placée au-dessus des principes considérés – Métempsychose

Métensomatose – (Grec) – Transmigration d'un corps dans un autre –

Maâkherou – (Égypte) – justifié – triomphant – initiation de haut niveau qui consistait à plonger l'impétrant dans le bassin purificateur d'eau sacrée – initié à Maât – l'Osireion bassins –

Machiavélien – (Italie Florence) Machiavel, philosophe et homme politique – Ordre nouveau- laïque -

Noun – (Égypte) – Océan Primordial – Cosmogonie d'Héliopolis – La voûte céleste -

Némésis – (Déesse grecque) – Elle est l'instrument de la vengeance divine – Elle combat les excès –

Nephtys – (Déesse égyptienne) – Sœur d'Isis – Déesse de (du ?) charme, elle séduit Osiris – Épouse de Seth

Nout – (Égypte) – Déesse du Ciel – son époux Geb la Terre – Elle eut 5 enfants la Genèse égyptienne ?

Naos – (Égypte) – Partie sacrée d'un sanctuaire – Endroit spécifique, tabernacle – Espace sacré -

Nyctalope – (Grec) – Faculté de voir la nuit chez certains animaux et individus -

Nanotechnologie – *(tech) Fabrication de structures à l'échelle atomique ou microélectronique -*

Orphée – *(Héros grec) – Pouvoir d'enchantement – Poète – chanteur-musicien, il envoûte au moyen de son art les dieux et les hommes. Orphée a épousé la nymphe Eurydice –*

Plasmique – *(Grèce biochimie) Plasma – Membrane formée de plasma de nature semi-transparente*

Préconceptif – *(terme philosophique) Qui conçoit d'avance, découvrir la vérité pour la placer en ordre*

Paradigme – *(terme sémantique de substituabilité) – prototype du monde sensible où nous vivons – paradigme du capital (Pierre Bourdieu) – Utilisé le plus souvent pour « paradis » pour...*

Pandore – *(Héroïne grecque) – Piège et séduction, Pandore entraîne les hommes à leur perte.*

Pentagramme – *(étoile à 5 branches) – Elle symbolise l'homme tête en haut, la femme tête en bas –*

Phylactère – *(Hébreux) amulette - talisman – Il se porte attaché au front au bras ou à la poitrine*

Parèdre – *(Grèce) – Divinité associée à une divinité principale –*

Propitiatoire – *(Religion) Qui a pour but de rendre propice – Sacrifice propitiatoire –*

Primosophie – *(Horizon 444) – Recherche ayant trait aux 100 premiers nombres premiers et leurs applications avec les lettres de l'alphabet pour composer des nombres spécifiques. Ceux-ci se révèlent être « Les neterou cachés des personnes ou des choses » - neterou pluriel de neter -*

Progiciel – *(inform(?)) Ensemble de programmes en vue d'une même application par différents utilisateurs*

Rê – *(Égypte) – Le Soleil - Il exprime la puissance d'Atoum dans le monde concret – Atoum-Rê –*

Rosmerta – *(Déesse gallo-romaine)* – *Elle est la providence, celle qui fournit ce qui est nécessaire.*

Rishi – *(Inde) Les 7 Rishis grands sages du passé – En Inde, ils sont nés de la pensée de Brahmâ –*

Réincarnation – *(toutes les religions de l'antiquité par des voies claires ou nuancées) – Capacité de l'être humain à renaître en une autre personne – la métempsychose est une réincarnation en un animal – l'âme est immortelle – le karma est une sorte de destin justifiant des actions commises en des vies antérieur –*

Rosetaou – *(Égypte) – Royaume du dieu Sokar – Espace imaginaire sous la protection de Sokar-Osiris – Dans le livre de l'Amdouat, c'est la quatrième heure « 4 » qui marque l'entrée du domaine –*

Solipsisme – *(philo) – Le moi constituerait la seule réalité existante – Proche du narcissisme -*

Sanskrit – *(Inde) – Langue sacrée indo-aryenne et littéraire de l'Inde ancienne -*

Sistre – *(Égypte) – Instrument de musique utilisé lors des cérémonies religieuses -*

Seth – *(dieu égyptien) – Il passe pour l'incarnation du mal – Mais son rôle est beaucoup plus subtil.*

Sokar – *(Égypte) – dieu - La maison de Sokar – Lieu dédié à Ptah et Osiris - nécropole de Memphis -*

Sifr – *(Mésopotamie) – Le chiffre - officiellement, IIIe millénaire av. J.C à Uruk – (la place vide). Pour les scribes arabes « al sifr », il s'agissait de représenter un petit cercle semblable à la lettre « o ». « aah » le soupir.*

Sapientiel – *(latin) – Sagesse – Les cinq livres sapientiaux – Se dit de la sagesse humaine -*

Sycophante – *(Antique grec) Calomniateur – Délateur – Dénonciateur des atteintes au bien public -*

Thot – *(dieu égyptien) – Secrétaire des dieux au secret pouvoir – Juge – magicien - guérisseur –*

Transmigration – *(Ésotérisme) – voyage de l'âme pour animer une entité corporelle – réincarnation -*

Templiers – *(France par extension Europe) – 1099 après J.C – Prise de Jérusalem – les croisés – ordre*

Tétraktys – *(Doctrine de Pythagore)– Somme des 4 premiers 1+2+3+4 = 10 – l'esprit de la matière –*

Télépathie – *(Métaphysique) – transmission de la pensée par les voies sensorielles –*

Thaumaturge – *Thaumaturgie – Faiseur de miracle – Pouvoir du thaumaturge –*

Théogamie – *(Égypte) – Union rituelle d'un dieu et d'une déesse ou d'entités parèdres -*

Zéro – *(Inde) Shûnya signifiant « vide » en langue sanskrite - On peut lui adjoindre le mot « bindu » qui signifie littéralement « point ». Shûnya-bindu = « le point vide ». Pour les savants indiens de l'antiquité, du zéro abstrait à l'infini mathématique, il n'y avait qu'un pas. Exemple le mot « ananta » = « infini ». Les significations du « zéro » s'étendaient à « éther – espace – ciel firmament – atmosphère – infini – point et vide ». Le zéro de « 102 », Dieu, est donc parfaitement à sa place en Primosophie au centre du nombre (voir Sifr arabe). « 1 » Eka « 0 » Shûnya « 2 » Dva en sanskrit, le 102 de la Primosophie = Dieu – Lucifer = 201 –*

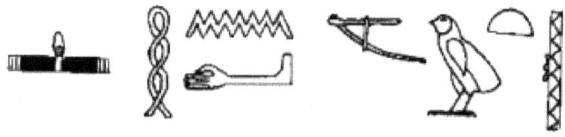

La sérénité est un don de l'amour

« *La lumière est réputée invisible,
tant qu'elle ne trouve pas d'opposition
sur sa trajectoire.*

*C'est grâce à l'épreuve que la pensée
se désolidarise de l'obscur.* »

DÉJÀ PARUS

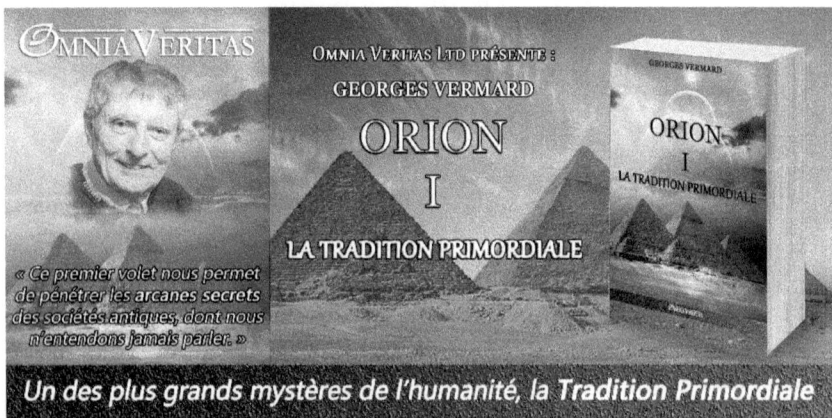

www.omnia-veritas.com

www.ingramcontent.com/pod-product-compliance
Lightning Source LLC
Chambersburg PA
CBHW071310150426
43191CB00007B/569